AF459602

MINISTÈRE DE L'INTÉRIEUR

STATISTIQUE

DE

L'ÉGYPTE

Année 1873 — 1290 de l'Hégire.

LE CAIRE
IMPRIMERIE FRANÇAISE MOURÈS & Cie.

1873.

RAPPORT AU KHÉDIVE

MONSEIGNEUR,

J'ai l'honneur de soumettre à Votre Altesse les documents composant la publication de la Statistique de l'Egypte pour l'année 1873-1290.

Ces documents comprennent, avec les renseignements que recueille chaque année le Bureau Central de Statistique relevant de mon Département, le résumé succinct de l'enquête agricole et industrielle ordonnée par Votre Altesse en vue de l'Exposition Universelle de Vienne, et offrent la récapitulation décennale que comportaient les programmes de cette Exposition.

Pour une récapitulation de ce genre, le moment ne pouvait être plus opportun en ce qui concerne l'Egypte.

Dix ans se sont écoulés en effet depuis que la Providence a remis à Vos soins les destinées de notre pays.

Pendant cette période, de grands et incontestables progrès ont été accomplis; — d'autres, non moins importants, sont en voie de se réaliser : — un regard jeté aujourd'hui en arrière, embrassant un temps suffisant, inspire pleine confiance pour l'avenir.

L'intérêt que Votre Altesse porte à la statistique, intérêt dont témoignent notamment la création d'un bureau spécial et la participation aux études qui se font périodiquement en Europe, nous a permis de procéder à cet examen avec plus de précision que jamais.

Votre Altesse a voulu que le résultat de nos travaux statistiques fût régulièrement livré à la publicité, non-seulement dans la langue nationale, mais encore de manière à être compris de l'étranger. C'est dans ce but qu'a été rédigé le recueil que je viens présenter à Votre Altesse.

J'ose espérer qu'Elle daignera l'honorer de Son approbation.

Je suis, avec le plus profond respect,

MONSEIGNEUR,

De Votre Altesse,

Le très-humble, très-fidèle et très-dévoué serviteur,

Le Ministre de l'Intérieur,

ISMAÏL-SADDIK-PACHA.

CAIRE, 4 Rabi-Awel 1290
(1er Mai 1873).

PREMIÈRE PARTIE.

INTRODUCTION

INTRODUCTION.

Territoire et Population.

La surface cultivée de l'Egypte est, en 1872 (année copte 1588), de 4,624,221 feddans.

Cette même surface était en 1812 (année copte 1528) de 3,218,715 feddans.

L'augmentation est par conséquent de 1,405,506 feddans, dont 327,485 sont dus à cinq années de la période 1863-1872, qui a tant fait pour l'agriculture du pays. Les nombreux travaux exécutés ou entrepris récemment, et qui ont pour but de faire jouir une plus grande surface de terres encore des bienfaits de l'irrigation agricole et de l'inondation du Nil, augmenteront incessamment l'étendue des terres cultivées. Clot-bey rapporte que la surface des terres comprises dans l'arpentage, et dont une partie seulement était cultivée en 1840, s'élève à 7 millions de feddans. En tenant compte des 4,624,221 feddans actuellement cultivés, et de l'emprise du Nil, des canaux, des routes et des chemins de fer, qui portent ce chiffre à 5 millions de feddans environ, on voit que le développement de l'agriculture trouvera de longtemps encore à s'exercer sur un terrain entièrement neuf, que le limon du Nil suffit amplement à fertiliser. La richesse du pays est donc appelée à en recevoir de jour en jour un accroissement considérable.

La population est-elle en nombre suffisant pour répondre à ce que le territoire attend d'elle ?

L'étude des mouvements de population en Egypte, par l'examen des naissances et des décès, montrera plus loin que cette population s'augmente chaque année dans une proportion qui n'a rien à envier à l'Europe, et qui doublera le nombre des habitants en 74 ans, si ce n'est en 60 ans : l'immigration qui, depuis quelques années, se dirige avec tant d'empressement vers ce pays, apporte un nouvel appoint à cette augmentation, tandis que, — signe déjà favorable, — l'émigration y est tout à fait nulle, les tableaux des arrivées et départs de voyageurs en font foi.

Mais, dès aujourd'hui, on peut dire que l'Egypte possède une population en état d'apporter un concours efficace aux travaux qui réclament ses bras.

Les 5 millions de feddans mentionnés précédemment, et d'ailleurs équivalant à 21,000 kilomètres carrés, représentent pour l'Egypte proprement dite 249 habitants pour un kilomètre carré. A ce compte, le territoire dont il s'agit aurait une population proportionnellement plus grande que tous les pays d'Europe.

Il semble que, pour un calcul de ce genre, on ne doive considérer en Egypte que le territoire réellement cultivé et habité, en y comprenant bien entendu la surface occupée par le fleuve et par les travaux publics, routes, etc. Les accroissements successifs que le sol Egyptien reçoit du développement de l'agriculture sont en effet des éventualités en quelque sorte extérieures, difficiles à mettre en ligne de compte dans une comparaison avec des pays qui jouissent actuellement de tout leur territoire. Si, cependant, on devait comprendre cet élément supplémentaire dans l'évaluation du territoire Egyptien proprement dit, on aurait à appliquer à la population de 5,250,000 habitans une surface de 7 millions de feddans, ou 29,400 kilomètres carrés, représentant 178 habitants par kilomètre carré.

Ces chiffres donneraient lieu aux comparaisons suivantes.

Le territoire Egyptien proprement dit égale celui de la Belgique (29,455 kilomètres carrés) c'est-à-dire celui de l'Etat d'Europe le moins étendu en surface ; la population Egyptienne par contre, inférieure à celle des grandes puissances, dépasse celle de la Belgique, de la Suède, de la Roumanie, du Portugal, des Pays-Bas, de la Suisse, du Danemarck, de la Norvège, de la Grèce, de la Serbie, etc. La densité de la population demeurerait plus forte en Egypte que dans aucun autre pays d'Europe, puisque l'Egypte aurait, dans l'hypothèse la moins favorable, 178 habitants par kilomètre carré, et que les autres Etats n'en possèdent : la Belgique que 173, la Hollande 110, l'Angleterre 101, l'Italie 90, l'Allemagne 76, la France 69, la Suisse 64, l'Autriche 58, le Danemarck 48, le Portugal 45, l'Espagne 33, etc.

On voit que l'Egypte ne le cède sous ce rapport à aucun pays, même de ceux où l'agriculture est le plus développée : dès à présent, ce ne sont donc pas les bras qui lui manquent ; le perfectionnement des moyens de culture par les nouveaux engins de l'industrie moderne, les engrais, etc., trouve dès ce jour dans la population tous les auxiliaires dont elle a besoin pour augmenter la production agricole déjà proportionnellement si grande dans ce pays ; et l'extension de l'arrosage des terres augmente continuellement la surface du sol cultivé, en même temps que s'augmente la population qui demande à ce sol ses moyens d'existence.

Il est remarquable que l'Egypte, plus peuplée proportionnellement que nul autre pays d'Europe, satisfasse tous ses habitants sans que se produise chez elle, comme on l'a dit plus haut, ce mouvement d'émigration qui, dans des contrées pourtant moins peuplées, éloigne d'Europe des populations entières que leur sol natal est impuissant à nourrir.

Bien au contraire l'Egypte, déjà si peuplée, reçoit ces émigrants sans jamais s'épuiser.

Les diverses colonies européennes établies en Egypte il y a 30 ans étaient évaluées à 6.150 individus au total, dont 2.000 grecs européens, 2.000 italiens, 1.000 maltais, 800 français, 100 anglais, 100 autrichiens, 30 russes, 20 espagnols, 100 divers.

Ces mêmes colonies sont évaluées en 1871 à 79,696, soit 73,546 d'augmentation ou douze fois plus que le nombre de 1840. Cette énorme augmentation est confirmée :

1° Par le nombre des voyageurs venus d'Europe

ou du Levant à Alexandrie, de l'année 1840 à l'année 1863, lequel a été de 1,100,266, dont plus de la moitié (576,098) appartiennent à la période 1863-1872 ;

2° Par le nombre des voyageurs venus d'Europe ou du Levant à Port-Saïd de 1860 à 1872, et qui a été de 203,203, dont 201,818 pendant les dix dernières années.

En déduisant du nombre général (1,303,469) le nombre des voyageurs du transit des Indes qui s'est élevé : pour Alexandrie, à 50,314 de 1850 à 1872, et à 46,839 de 1863 à 1872, et pour Port-Saïd à 47,875 de 1870 à 1872, soit en tout 145,028, — la différence (1,158,441) représente la masse d'étrangers qui a séjourné quelque temps en Egypte et dans laquelle figurent les résidents eux-mêmes revenant de voyage. Les 73,546 résidents dont s'est accrue la Colonie Européenne depuis trente ans, représentent environ le 15e des voyageurs arrivés de toute part, à Alexandrie et à Port-Saïd, pour y faire un séjour plus ou moins prolongé.

Climatologie.

On s'est demandé si le climat a changé en Egypte depuis que des observations régulières et précises sur la météorologie y ont été faites : les observations actuelles tendent à faire croire qu'il ne s'est pas produit à cet égard de changement, tout au moins notable.— A l'égard entr'autres, de la quantité et de la fréquence des pluies, la question de savoir si les plantations d'arbres en Egypte ont pu avoir quelque influence sur elles, a appelé l'attention de la science. Clot-bey, dans son ouvrage sur l'Egypte, — M. Jomard, au sein de l'Académie des Sciences à Paris, déclaraient que, malgré les grandes plantations d'arbres, de mûriers principalement (plus de 3 millions de pieds), faites par Méhémet-Ali, « il pleuvait en Egypte dans la même mesure « que 40 ans auparavant, et probablement comme « depuis plusieurs siècles. » — Les tables météorologiques dressées pendant les trois années de l'Expédition française en Orient (par M. Coutelle au Caire), comparées à des observations plus récentes (celles de M. Destouches par exemple), ne démontrent pas de variation sensible : le nombre de jours de pluie observés de 1798 à 1800 avait été en moyenne de 15 à 16 par an ; il était de 12 à 13 en moyenne pour chacune des 5 années 1835 à 1839, pendant lesquelles la quantité d'eau tombée, au lieu d'augmenter à raison des plantations effectuées depuis quelque temps déjà, descendait successivement de 17 millim. 5 en 1835, et de 21 millim. en 1836, à 15 millim. 4 en 1837, à 11 millim. 1 en 1838, et à 3 millim. en 1839.

Si les plantations effectuées par Méhémet-Ali n'avaient pas encore eu d'influence marquée vers l'année 1840, cette influence s'est-elle manifestée ou aurait-elle pu se manifester plus tard? La question reste douteuse, la plupart des plantations d'arbres alors faites ayant dépéri et commencé à disparaître sous le règne suivant, et de nouvelles observations météorologiques n'ayant pas été faites ou tout au moins publiées pour ce court intervalle : cette question n'aurait plus du reste qu'un intérêt historique.

Les plantations d'arbres ordonnées de nos jours par le Khédive ne sont pas encore, d'après les hommes de l'art, assez étendues en surface ni surtout assez anciennes pour avoir pu marquer une influence sur les pluies et sur la fertilité générale du sol. Les registres météorologiques de l'Observatoire établi dans la plaine de l'Abbassieh par le Khédive constatent en effet que, pendant l'année 1871, le nombre de jours de pluie a été au Caire de 9 (pendant lesquels la durée totale des pluies a été de 9 heures 08'), chiffre encore inférieur à celui qui a été observé au commencement et à la fin de la première moitié du siècle.

Les observations météorologiques citées plus haut s'appliquent non seulement au Caire, mais à tout le Delta, où le pluie a été constatée être à peu près la même (voir l'ouvrage du Dr Schnepp sur le climat de l'Egypte) : l'expression de journées de pluies employée dans ces observations s'entend de journées dans le cours desquelles la pluie est tombée à quelque intervalle ; elle ne tombe jamais au Caire pendant toute une journée d'une manière continue.

En dehors de cette zône générale, la plus communément prise comme représentation moyenne de l'Egypte, et dans laquelle ont été faites les grandes plantations d'arbres, il est des zônes particulières que l'on peut examiner séparément.

1° *La Haute Egypte* : mais là, les pluies sont fort rares, pour ne pas dire toujours absentes, et n'apparaissent qu'à de longs intervalles ; il en a toujours été notoirement ainsi ;

2° *Alexandrie*, comme le reste du littoral de la Méditerranée jusqu'à Port-Saïd. — A Alexandrie, où des plantations ont successivement été faites et se continuent toujours depuis un certain nombre d'années, la quantité de pluie tombée n'augmente pas sensiblement: de 226.7 millimètres en 1867 et de 334.7 millimètres, en 1868, elle est descendue à 158.0 en 1869, à 72.7 en 1870, et est remontée à 168.1 en 1871, et à 283.1 en 1872. Le nombre de jours de pluie a été de 22 en 1870, de 44 en 1871, et de 38 en 1872, souvent avec pluies continues pendant toute la durée de la journée. — A Port-Saïd, le nombre de jours de pluie (y compris ceux où la pluie a peu duré) a été de 9 dans l'année comprise du 1er Juin 1869 au 30 Mai 1870, et de 61 dans l'année comprise du 1er Juin 1870 au 30 Mai 1871.

3° *L'Isthme de Suez*: à vrai dire, le développement de la culture dans cette zône depuis dix ans, a moins porté sur les arbres que sur les plantes proprement dites: aussi n'y a-t-il point été constaté que les pluies y soient devenues plus fréquentes qu'auparavant; toutefois le climat s'est notablement amélioré, la température est devenue plus égale, moins élevée en été, moins basse en hiver: on sait que le thermomètre était descendu deux fois au-dessous de zéro pendant les premières années des travaux à sec du canal de Suez, mais ce cas ne s'est plus représenté depuis lors, et ne se représentera probablement jamais. — Cette modification de la température est attribuée aux infiltrations qui s'établissent par capillarité dans les parties peu élevées du désert de chaque côté du canal maritime, à des distances fort variables; mais elle s'attribue encore aux cultures qui s'étendent chaque jour le long du Canal.

Mouvements de Population

Pendant les dix dernières années de l'Hégire (1279-1288), le total des naissances a été de 1,811,627 ; celui des décès, de 1,342,655 ; et l'excédant des naissances sur les décès, de 469,020 : la population Egyptienne a donc augmenté en moyenne de 46,902 individus par an. Pendant la période décennale précédente (1269-1278). le total des naissances n'avait été que de 1,400,813 ; celui des décès de 1,066,107, et l'excédant des naissances sur les décès de 334,706, représentant une augmentation de population de 33,470 individus par an.

Les excédants des naissances sur les décès présentent donc en faveur des dernières dix années une augmentation de 135,324, soit 13,532 par an.

Les 33,470 naissances d'excédant annuel de la période 1269-1278, rapportés à une population qui était en 1278 de 4,780,980 âmes, représentent 1 naissance d'excédant sur les décès par 139 habitants, — tandis que la comparaison des 46,902 naissances d'excédant annuel de la dernière période 1279-1288, à une population de 5,250,000 âmes, chiffre actuel, montre qu'il suffit aujourd'hui de 111 habitants pour fournir 1 naissance d'excédant sur les décès.

Cet accroissement de développement de la population

du pays tient surtout à l'augmentation proportionnelle des naissances qui s'est manifestée pendant les dix dernières années.

De 1269 à 1278, la moyenne annuelle a été de 140,081 pour les naissances et de 106,610 pour les décès : ces moyennes, rapportées à la population de 4,780,980 âmes, représentent 292 naissances et 222 décès pour 10,000 habitants.

De 1279 à 1288, la moyenne annuelle a été de 181,162 naissances et de 134,265 décès, nombres qui, rapportés à la population de 5,250,000 âmes, représentent 345 naissances et 255 décès pour 10,000 habitants.

Comme on le voit, il naît aujourd'hui 53 individus de plus qu'il y a 10 ans, par 10,000 habitants : il est vrai qu'il en meurt 33 de plus, par 10,000 habitants ; mais la balance des naissances et des décès, laisse aujourd'hui à la vie 20 individus de plus qu'il y a 10 ans, par 10,000 habitants.

Ce résultat tout favorable, et qui témoigne de l'amélioration des conditions d'existence de la population du pays, eût été plus considérable encore, sans des faits exceptionnels, tels que l'épidémie de choléra qui, en 1865, fit à elle seule 61,189 victimes en Egypte, sans compter une épidémie meurtrière de typhus.

Il est vrai que la période décennale précédente vit, elle aussi, une épidémie de choléra augmenter la proportion de ses décès : mais si l'on peut compter de plus en plus sur le perfectionnement des sciences qui tendent à prévenir ou à guérir des maux exceptionnels de ce genre, on doit par là même conclure pour la période qui s'ouvre actuellement, une diminution comparative de la proportion des décès à la population. Il ne restera alors comme éléments du mouvement progressif de la population, que l'augmentation de la proportion des naissances devenue plus rapide encore avec la disparition de maux accidentels, et une augmentation de la mortalité qui n'aura plus rien que de normal; en Egypte, comme dans tous les pays, l'enfance étant plus sujette que l'âge mûr aux maladies et à la mort, un plus grande nombre de naissances entraine forcément un plus grand nombre de décès : l'important est que, dans cette augmentation parallèle, l'avantage reste aux naissances, et c'est ce qui a lieu en Egypte dès à présent, puisque pendant les dix 10 dernières années l'excédant annuel des naissances sur les décès a atteint le chiffre de 90 par 10,000 habitants, tandis que ce même excédant n'était que de 70 par 10,000 habitants de 1269 à 1278.

Après avoir ainsi constaté le progrès obtenu depuis 10 ans, en Egypte, relativement aux époques précédentes, si l'on veut comparer, sous le rapport des mouvements de population, l'Egypte aux pays étrangers, il convient de se baser, non plus sur les années de l'Hégire (lunaires), mais sur les années grégoriennes (solaires) qui comptent environ 11 jours de plus.

Les dernières 10 années grégoriennes (1862-1871), auxquelles ont été rapportés les naissances et décès des époques correspondantes dans le calendrier musulman, donnent un total de 1,880,104 naissances, dont 994,207 du sexe masculin et 885,897 du sexe féminin, et de 1,385,805 décès, dont 752,020 du sexe masculin et 633,785 du sexe féminin.

Ces nombres représentent une moyenne annuelle de 188,010 naissances, dont 99,420 du sexe masculin et 88,589 du sexe féminin, et 138,580 décès, dont 75,202 du sexe masculin et 63,378 du sexe féminin.

L'accroissement total de la population, d'après l'excédant des naissances sur les décès, et indépendamment de l'influence que peuvent avoir sur cet accroissement l'immigration et l'émigration qui réclament une étude séparée, a été pendant ces dix années de 494,299, soit par an 49,429, — ou, eu égard à une population de 5,250,000 âmes, 0.94 pour 100 habitants. (1) — Cet accroissement annuel qui, en Europe, a son maximum en Russie où il est de 1.39 p. 100 habitants, est plus avantageux en Egypte que: en Belgique (0.88 p. 100), en Wurtemberg (0.84), en Italie (0.83), en Bavière (0.70), en Espagne (0.67), en Autriche (0.63), et en France (0.38), d'après les études faites par la Statistique Générale de la France pour la période 1861-65 (tome XVIII des publications, 2e série).

Prolongé au même taux, l'accroissement annuel de population ci-dessus (0.94 en Egypte) doublerait la population de ce pays, c'est-à-dire lui donnerait

(1) Pendant les cinq dernières années (1867 à 1871), l'augmentation totale de la population a été de 314,480 âmes, soit par an 63,296 ; elle représente 1.20 naissances par 100 habitants, et n'est inférieure qu'à celle de la Russie, de la Suède, de l'Angleterre et de la Prusse pendant la période 1861-1865 qui sert de terme de comparaison commune.

10,500,000 habitants, en 74 ans (1), tandis que, un doublement analogue serait acquis par la Russie après 50 ans, mais n'aurait lieu en Belgique qu'après 79 ans, en Wurtemberg après 83, en Italie après 84, en Bavière après 99, en Espagne après 104, en Autriche après 110, en France après 183 ans.

Ces deux derniers pays mettraient le plus de temps à doubler leur population, mais les raisons qui empêcheraient chez elle un doublement plus rapide sont inverses : en France, c'est la moins grande fécondité de sa population ; en Autriche, une plus grande proportion dans la mortalité. Voici quelle est, sous ce double aspect, la position de l'Egypte devant les autres pays de l'Europe.

Les 188,010 naissances annuelles de l'Egypte représentent, proportionnellement à sa population actuelle, 3,57 naissances pour 100 habitants : la proportion analogue la plus forte qui soit en Europe se trouve en Russie, où elle atteint 5,07 ; mais elle descend au-dessous de celle de l'Egypte, en Hollande où elle est de 3,56 pour 100, en Angleterre 3,54, en Ecosse 3,54, en Suède 3,30, en Belgique 3,21, en Norvège 3,17, en Danemarck 3,11, en France 2,66.

Ainsi, la fécondité de la population est plus grande en Egypte que dans ces pays, sans être pourtant

(1) Cet accroissement calculé, non sur les dix dernières années qui comprennent la presque totalité de la période 1861-1865, mais sur les 5 années 1867 à 1871, doublerait, en se continuant au même taux, la population de l'Egypte en moins de 60 ans,— en dehors de toute comparaison avec l'Europe pour cette nouvelle période.

aussi forte qu'en Russie, en Hongrie, en Saxe, en Wurtemberg, en Autriche, en Espagne, en Prusse, en Italie, en Bavière. La statistique qui a voulu expliquer la fécondité des populations par les latitudes qu'elles habitent, se trouverait donc en défaut pour la population Egyptienne, puisque cette fécondité, plus grande au midi qu'au nord de l'Europe, est en Egypte moindre qu'en Espagne et en Italie, mais plus forte que dans les pays Scandinaves, en Angleterre, etc.

L'Egypte serait donc à ce point de vue dans une sorte de milieu entre le Nord et le Midi de l'Europe.

Elle aurait aussi à peu près la même place à l'égard des décès.

Ses 138,580 décès annuels représentent 2,64 décès pour 100 habitants : la mortalité est plus forte en Russie, où elle atteint la proportion de 3,68 pour 100 habitants, en Autriche 3,24, en Wurtemberg 3,11, en Hongrie 3,06, en Italie 3,01, en Espagne 2,96, en Saxe 2,95, et en Bavière 2,95. Elle est moins forte en Prusse, en Hollande, en Belgique, en France, en Angleterre, en Ecosse, en Danemark, en Suède et enfin en Norvège, où elle descend à 1,84 pour 100 habitants. Il est juste de dire que, de ces neuf derniers pays, les 5 du Nord de l'Europe, pour lesquels les calculs ci-dessus se basent sur la moyenne des cinq années 1861 à 1865, n'ont pas vu leur mortalité augmenter d'une manière exceptionnelle par le fait de l'épidémie cholérique de 1865, comme en ont souffert les autres, l'Egypte notamment ; cette observation élève d'autant le rang favorable que l'Egypte occupe pour sa mortalité normale, relativement faible : pendant la période quinquennale 1861-65, à laquelle s'appliquent les calculs précédents, l'Europe a d'ailleurs joui d'une parfaite tranquillité.

Il n'est pas sans intérêt de rechercher si l'avantage qui résulte pour l'Egypte en général de sa mortalité relativement faible, et qui, en principe, témoigne d'une race assez forte pour pouvoir résister aux maladies, et d'une administration sachant écarter ou diminuer les causes de mort ou d'affaiblissement du peuple confié à ses soins, — si cet avantage, disons-nous, est acquis pour tout le pays ou seulement pour les campagnes. Les chiffres de mortalité spéciaux aux villes du Caire et d'Alexandrie vont montrer si, en Egypte comme en Europe, la mortalité est beaucoup plus forte dans les villes que dans les campagnes.

Les décès de ces deux grandes villes ont été :

			AU CAIRE		ALEXANDRIE
Pendant l'année de l'Hégire	1284	de	14911	et de	7663
	1285	»	15155	»	8237
	1286	»	16161	»	8046
	1287	»	16570	»	8702
	1288	»	16365	»	9522
Soit de 1284 à 1288 de l'Egire			79162	»	42172
Ou par année lunaire en moyenne . .			15832	»	8434
et par année solaire (11 jours de plus)			16309.	»	8688

Ces nombres, pour une population déclarée de 449,883 individus au Caire et de 212,034 à Alexandrie, donnent une moyenne de 21.45 habitants pour 1 décès dans la capitale, et de 24.40 habitants pour 1 décès dans la seconde ville du pays; tandis que les 138,580 décès annuels de tout le pays donnent, en raison d'une population totale de 5,250,000 habitants, une proportion de 37.88 habitants pour 1 décès. — Si ce compte devait être admis comme exact, la mortalité serait donc beaucoup plus forte à Alexandrie et surtout au Caire que dans le reste de l'Egypte, puisque l'écart serait de 13.48 et de 16.43 habitants pour 1 décès dans ces deux villes.

La disproportion avec les pays d'Europe serait encore fort grande. En effet la statistique (M. Legoyt, *Journal des Economistes* de mars 1872) a établi comme suit le taux comparé de la mortalité des différents Etats d'Europe, pour la capitale et pour l'ensemble du pays.

PAYS.	HABITANTS POUR 1 DÉCÈS.		
	Dans la capitale.	Dans l'ensemble du pays.	Ecart.
Angleterre.	38.9	43.3	4.4
France.	35.7	42.2	6.5
Belgique.	27.5	44.0	16.5
Hollande.	27.3	37.2	9.9
Prusse.	25.2	38.0	12.8
Autriche (partie Allemande)	32.6	24.8	7.8
Russie.	24.3	29.5	5.2
Suède	39 1	43.8	4.7
Danemarck (sans les Duchés)	39.0	43.6	4.6
Bavière	34.2	35.5	1.3
Portugal.	42.3	47.4	5.1
Espagne	24 5	38.2	13.7

Abstraction faite de l'Autriche (celui des pays d'Europe qui, après la Russie, présente la plus forte mortalité, et qui offre l'anomalie d'un moindre nombre de décès dans sa capitale que dans l'ensemble du pays), on ne trouve nulle part un écart aussi grand qu'en Egypte, entre la mortalité d'ensemble et la mortalité de la capitale.

Ces résultats, nous devons le dire, mettront en garde contre les éléments du calcul précédent tout ou moins en ce qui touche le Caire. — Il est, en effet, difficile d'admettre qu'une ville comme le Caire, favorisée d'un climat exceptionnel, d'un ciel pur, d'une ventilation constante, d'une sécheresse salubre, et qui voit chaque année affluer davantage les visiteurs partis des points les plus éloignés du continent, présente une mortalité plus forte qu'aucune capitale d'Europe, alors surtout que cette mortalité est tellement en désaccord avec la mortalité générale, laquelle est moindre en Egypte que dans la plupart des autres pays.

On peut faire la part de certaines considérations locales, telles que : la mortalité anormale des malades venus d'Europe au Caire souvent sans espoir de guérison ; celle des natifs du Soudan pour lesquels l'air vif du Caire en hiver est parfois dangereux ; celle enfin des nationaux qui, dans une vue de religion ou de famille, se font transporter au Caire à l'approche de la mort, pour finir leurs jours dans une ville aussi sainte ou dans la maison de leurs pères, — la plupart des familles aisées du pays étant originaires du Caire.

On peut surtout, et l'on doit même considérer que le Caire n'a pas toujours été ce qu'il est aujourd'hui : des quartiers malsains, encombrés de masures mal construites, humides, sans air et sans lumière, pouvaient, il y a peu de temps encore, donner prise bien plus facilement à la maladie, à l'étiolement et à la mort; aussi les grands travaux ordonnés par le Khédive ont-ils eu en vue l'assainissement autant et plus que l'embellissement de la Capitale; et si le temps n'a pas encore permis d'apporter un remède complet à l'état des choses précédent, si le Caire n'a encore pu être qu'en partie transformé, nul doute que l'achèvement de travaux si nécessaires, l'exécution complète de desseins si sages, ne doivent modifier le chiffre général de la mortalité, sans doute beaucoup moindre dans les nouveaux quartiers.

Si toutes ces considérations spéciales, mises ensemble, n'arrivent pas à justifier les résultats précédents, il est enfin permis de supposer que, par des motifs quelconques, le nombre de 349,883 habitants indiqués pour le Caire est au-dessous de la vérité, en ce qui concerne la population Egyptienne qui entre pour 330,763 dans ce nombre, — l'excédant des naissances sur les décès n'ayant d'ailleurs pas modifié sensiblement ce chiffre depuis l'année à laquelle il se rapporte jusqu'à la présente année; et cette conclusion amène-t-elle à souhaiter qu'un nouveau et complet recensement, dressé sur les bases méthodiques et uniformes que le Congrès International de statistique a si bien précisées, vienne bientôt fournir de sûrs moyens d'information pour le Caire, et confirmer ou améliorer encore les résultats tout favorables déjà reconnus à l'ensemble de l'Egypte.

Se réservant d'étudier ultérieurement les décès dans leur rapport avec l'âge, ou avec l'âge et la saison combinés, d'après les documents spéciaux à recueillir à cet effet, si l'on examine maintenant les naissances et les décès de l'Egypte aux points de vue spéciaux des sexes et des saisons, on obtient les résultats suivants.

Pendant la période décennale de 1862 à 1871, la proportion des naissances et des décès du sexe masculin au total des naissances et des décès a été :

En 1862	de 59.471	pr %	naissances	et de 54.321	pr %	décès.
1863	» 52.924	»	»	54.414		»
1864	» 52.653	»	»	55.512		»
1865	» 53.069	»	»	54.877		»
1866	» 52.796	»	»	54.362		»
1867	» 52.379	»	»	54 312		»
1868	» 52.520	»	»	53.884		»
1869	» 52.544	»	»	53.481		»
1879	» 52.392	»	»	53.295		»
1871	» 53.019	»	»	53.556		»
Soit en moyenne	52.776	»	»	54.221		»

Il ressort de ces chiffres que la prédominance du sexe masculin dans les décès tend à diminuer en Egypte, tandis que cette même prédominance dans les naissances semble à peu près se maintenir : résultat qui pourrait, après un certain nombre d'années, augmenter considérablement la population masculine et par conséquent les forces vives du pays.

Les trimestres qui, pendant les dix dernières années de l'Hégire, ont fourni le plus de naissances ont été :

En 1279 les mois de Giamad I à Regeb (de novembre 1862 à janvier 1863)......... 50.072

1280 » Giamad II à Chaaban (novembre 1863 à janvier 1864)........ 46.591

1281 » Chawal à Zilhegge (mars 1865 à mai 1865)............... 43.450
1282 » Ramadan à Zilcade (février 1866 à avril 1866)................ 48.163
1283 » Ramadan à Zilcade (janvier 1867 à mars 1867)................ 50.430
1284 » Chaaban à Chawal (décembre 1867 à février 1868)......... 49.707
1285 » Ramadan à Zilcade (décembre 1868 à février 1869)........ 55.012
1286 » Ramadan à Zilcade (décembre 1869 à février 1870)........ 51.957
1287 » Chawal à Zilhegge (janvier 1871 à mars 1871)..... .... 51.731
1288 » Chawal à Zilhegge (décembre 1871 à février 1872)........ 52.239

La concordance de calendriers ci-dessus a été établie en attribuant aux mois grégoriens ceux des mois lunaires dont ils comprenaient plus de la moitié. Elle montre que la plus grande natalité a lieu ordinairement aux mois d'hiver : le mois de janvier, sauf dans les années 1865 et 1866, et le mois de décembre, sauf dans les années 1864, 1865 et 1870, figurent au relevé ci-dessus comme participant annuellement au trimestre de plus forte natalité.

De même, les trimestres qui, pendant les dix dernières années de l'Hégire, ont fourni le plus de décès, ont été, avec la concordance en mois grégoriens comme ci-dessus :

En 1279 les mois de Chawal à Zilhegge (d'avril 1863 à juin 1863).............. 31.972
1280 » Giamad II à Chaaban (novembre 1863 à janvier 1864)........ 49.040

1281	»	Moharrem à Rabi I (juin 1864 à Août 1864)	40.970
1282	»	Saffer à Rabi II (juin 1865 à août 1865)	89 535
1283	»	Giamad II à Chaaban (octobre 1866 à décembre 1866)	33.469
1284	»	Regeb à Ramadan (novembre 1867 à janvier 1868)	33.548
1285	»	Chaaban à Chawal (novembre 1868 à janvier 1869)	31.984
1286	»	Chaaban à Chawal (novembre 1869 à janvier 1870)	36.550
1287	»	Ramadan à Zilcade (décembre 1870 à février 1871)	36.159
1288	»	Ramadan à Zilcade (novembre 1871 à janvier 1872)	37.810

Ce relevé des décès semble présenter une loi moins régulière que le relevé des naissances. Mais si l'on observe :

Qu'en 1279, le trimestre Giamad II — Chaaban (décembre 1862 à janvier 1863) qui a 31,519 décès à son actif, a sensiblement égalé celui de Chawal à Zilhegge;

Et qu'en 1282 l'épidémie de choléra, qui a régné pendant l'été, a déplacé le maximum de mortalité ; et qu'en déduisant du trimestre de Saffer-Rabi II où elle a régné les 61,189 décès de choléra, la plus forte mortalité par maladies ordinaires appartient, pour la même année, au trimestre Giamad I — Regeb (octobre 1865 à décembre 1865) ;

On reconnaîtra la loi de mortalité par une substitution légitime des deux trimestres dont il s'agit. Le mois de novembre, sauf dans les années 1862, 1864 et 1870 ; le mois de décembre, sauf dans l'année 1864 ;

et le mois de janvier, sauf dans les années 1865, 1866 et 1867, figureront comme participant annuellement au trimestre de plus forte mortalité. — L'année 1864 se maintiendra comme exception ; mais cette année ayant eu une cause anormale de décès dans une assez forte épidémie de typhus qui sévît pendant l'été, la loi du maximum de la mortalité ordinaire n'en souffrira pas.

Ainsi, en Egypte, comme dans la plupart de l'Europe d'ailleurs, l'hiver (décembre et janvier pour la natalité, — novembre, décembre et janvier pour la mortalité) est la saison où les naissances comme les décès sont habituellement le plus considérables : tout au plus, cette saison est-elle légèrement en avance pour l'Egypte sur la saison analogue qui, en Europe, voit le plus de naissances.

Un fait résulte du 2e relevé ci-dessus : c'est que le mois de Ramadan ne figure aux trimestres de plus forte mortalité que pendant les 5 dernières années, où il coïncidait avec les mois de novembre, décembre et janvier de la saison d'hiver : lorsque ce mois tombe dans les autres saisons, il ne se fait remarquer par aucune mortalité insolite, bien qu'en Orient la manière de se comporter soit alors tout à fait exceptionnelle, à raison du jeûne, des veilles, etc.

Enfin, au point de vue des morts-nés, l'Egypte tient comparativement aux pays étrangers un rang très-satisfaisant.

L'administration en Egypte comprend sous la

dénomination de morts-nés les seuls enfants morts avant ou pendant l'accouchement (avortements), et non, comme dans d'autres pays, les enfants décédés avant la déclaration de naissance à l'officier de l'état civil.

L'enregistrement des morts-nés ne comprenait pas jusqu'à ce jour leur distinction par sexe, et n'avait lieu que pour la capitale, les ports et les chefs-lieux de provinces qui représentent à peu près la population urbaine.

Leur nombre est d'ailleurs en dehors du nombre enregistré des naissances et des décès.

Pour les 12 années de l'Hégire comprises de 1,277 à 1,288, le nombre des morts-nés est en moyenne de 1,628 par an. De 1286 à 1288, cette moyenne devient 1520, et représente, comparée aux 35,497 naissances des mêmes localités pendant les mêmes années, 1 mort-né pour 23,35 naissances, ou 4,28 pour 100 naissances. Cette dernière proportion, qui deviendrait 4,41 p. 100 appliquée à une année grégorienne (11 jours de plus que l'année musulmane), serait inférieure à la moyenne analogue de la Belgique (4,61), — de la Suisse (4,92) et des Pays-Bas (5,19), — égale à celle du Wurtemberg, — mais supérieure à celle de la Prusse, de la France, de la Saxe, des Etats Scandinaves, de la Bavière, de l'Autriche, de l'Italie, de l'Espagne, et de la Hongrie (0,97 p. 100). Là encore, l'Egypte semblerait faire exception à la règle qui voudrait voir moins de morts-nés dans les pays du midi que dans ceux du nord : mais la proportion des morts-nés qui vient d'être citée pour l'Egypte, s'abaisserait certainement si les morts-nés y étaient constatés (comme l'Administration vise à le faire) pour les campagnes, en même temps que pour les villes où les gestations sont incontestablement plus laborieuses; la situation du pays à cet égard en recevrait certainement un avantage marqué.

Instruction Publique.

Les tableaux statistiques relatifs à l'instruction publique témoignent hautement des progrès déjà accomplis en Egypte depuis l'année 1863 et de ceux qu'il est permis d'attendre encore pour l'avenir.

Le nombre des enfants recevant l'instruction primaire en Egypte s'est élevé, de 3,000 sous Méhémet-Ali, à 60,000 dans les premières années de la période 1863-1872 (chiffres recueillis par M. Regaldi en 1869). Il est aujourd'hui (1873) de 89,893, soit 90,000, pour toutes les écoles primaires et préparatoires, gratuites ou rétribuées, existant en Egypte, indépendamment de l'enseignement supérieur ou spécial ; et les projets en voie de réalisation ne tarderont pas à l'augmenter.

Ce nombre de 89,893 élèves, mis en regard d'une population de 5,250,000 âmes, représente 173 élèves fréquentant les écoles, pour 10,000 habitants : la proportion analogue est, à la vérité, plus grande dans la plupart des grands Etats d'Europe pour lesquels nous possédons des renseignements; néanmoins, elle est moindre en Russie, dont le vaste territoire compte 150 enfants fréquentant les écoles pour 10,000 habitants (d'après O. Hubner).

L'Egypte tient donc déjà un certain rang à cet égard : mais ce rang serait du double plus avantageux sans certaines causes relatives aux mœurs mêmes qui ont jusqu'ici été celles de tout l'Orient, et desquelles les meilleures intentions d'un Gouvernement ne sauraient triompher immmédiatement. Parmi les 89,893 enfants fréquentant les écolès primaires en Egypte, ne figurent que 3,018 filles, d'ailleurs toutes ou presques toutes de familles non-musulmanes : si donc l'on tient compte de la nécessité de la situation, et de l'exclusion qui régnait jusqu'à ce jour en matière d'instruction contre une moitié entière de la population, ce n'est plus seulement 173 élèves pour 10,000 habitants, mais plus de 300 pour 10,000 que l'on devra mettre à l'actif de l'Egypte, comparée à des pays que n'entrave pas un même passé.

En tout cas, un avenir assez prochain réserve dans cette direction un changement favorable. Rompant avec des préjugés séculaires qui n'avaient point pour eux l'excuse du dogme religieux, et réservant d'ailleurs les questions relatives au mode d'existence des femmes ou à la constitution de la famille, le Khédive n'a pas voulu que, dans ses Etats, la future mère de famille continuât à être privée des bienfaits de l'éducation. Par ses ordres, le Gouvernement s'occupe activement de l'instruction des filles : une école, la première de tout l'Orient, est déjà créée à Sioufieh, au Caire, et de grands établissements sont en voie d'organisation. Le progrès que l'on est en droit d'attendre dans l'instruction des garçons sera donc accompagné désormais du développement parallèle de l'instruction des filles.

Si l'on compare maintenant le nombre des garçons fréquentant actuellement les écoles primaires à celui des garçons qui sont en âge de les fréquenter, on obtient les résultats suivants. Ce dernier nombre, tiré de l'examen des éléments de la population, serait en Egypte de 350,000 âmes, d'après un auteur spécial et compétent, M. Dor, qui a justement apprécié la situation en faisant abstraction des filles de la population musulmane : ce nombre ne s'applique pas non plus aux enfants des étrangers établis en Egypte, dont les conditions d'éducation sont différentes, et de tous enfants que la maladie ou d'autres causes soustraient à l'influence de l'Ecole. — Le nombre des garçons fréquentant effectivement les écoles primaires ou secondaires, en tenant compte des mêmes déductions que ci-dessus, est de plus de 83,000 : la proportion est de 23,6 pour 100. Cette proportion est inférieure, il est vrai, à celle d'un certain nombre d'Etats Européens, mais elle est supérieure à celle des anciens Etats Romains (16,4 p. 100), de la Turquie (10,5 p. 100) et de la Russie (5,7 p. 100), et tend à se rapprocher de celle de l'Italie (31,9 p. 100), d'après l'ouvrage de Von Ettingen : *Die moral statistisk*, publié en 1869. — Le nombre des jeunes gens illettrés serait en Egypte, suivant les chiffres établis précédemment, de 76,4 p. 100 : or, il n'y a pas si longtemps (année 1828) que le nombre de recrues illettrées, appelées au service militaire en France, était de 66 p. 100 (Dr Lombard, *Journal statistique de la Suisse*, 1872, d'après Dufau) ; et plus près de nous encore, la proportion des illettrés était, d'après M. Flechey (*journal de la Société de statistique de Paris*, 1872) : en Espagne (recensement de 1860) de 64,85 p. 100 chez les hommes et de 87,03 p. 100 chez les femmes ; en

Italie (année 1861) de 68,1 p. 100 chez les hommes et de 81,2 p. 100 chez les femmes; en Pologne (année 1862) de 91 p. 100 chez les deux sexes réunis.

Si la France de 1828, si l'Espagne, l'Italie et la Pologne de 1860-62, ont progressé comme on sait depuis les époques indiquées, le résultat des 10 dernières années donne droit d'espérer également en Egypte de nouveaux progrès peut-être plus rapides encore. Ce n'est pas ici le lieu d'examiner avec M. Dor (ouvrage cité: de *l'instruction publique*) s'il convient de continuer en Egypte le système scolaire actuellement suivi qui fait fournir à l'élève par l'Etat, non-seulement l'instruction, mais aussi le logement, la nourriture, le vêtement et jusqu'à un salaire, et qui fait qu'un élève coûte à l'Etat 676 francs par an. Mais le Gouvernement a suffisamment montré, dès l'avènement du Khédive, qu'il ne se laissait pas arrêter dans cette voie d'amélioration par des considérations d'argent secondaires. Le dernier budget du précédent Gouvernement (1578-1862) n'allouait à l'instruction publique que 750 bourses (375,000 piastres) soit 93,700 fr. environ. Une somme de 16,400 bourses, est aujourd'hui consacrée à ce chapitre, savoir :

Subvention annuelle du Gouvernement portée au budget (1)	9,030	bourses.
Revenus du domaine de l'Ouady, don du Khédive aux Ecoles	4,546	»
Du Divan des Wakfs	2,260	»
Du Gouvernorat du Caire . . .	564	»
Total	16,400	bourses,

(1) Cette subvention vient encore d'être augmentée pour la présente année (1589) et portée à 9603 bourses, ce qui élève l'allocation totale des Ecoles à 8.500.000 piastres environ, soit 2,125,000 francs.

ou 8,200,000 piastres (soit 2,050,000 francs), non compris les nombreuses subventions spécialement accordées par le Khédive ou par Son Fils à divers Etablissements d'instruction, nationaux ou étrangers, par exemple aux Ecoles Libres gratuites, aux Sœurs de la Miséricorde, aux Ecoles Coptes du Caire (1500 feddans de terrain donnés par le Khédive), etc : — en outre, ces exemples ont encouragé de nombreux particuliers à doter les Ecoles Nationales; donations et biens Wakfs ont augmenté; et enfin, la contribution des pères de famille aisés aux frais d'éducation de leurs enfants, non-seulement accroit aujourd'hui le budget réel de l'instruction publique en Egypte, mais apporte à l'Etat un concours moral dont on reconnait partout de nos jours l'influence sur les fruits de l'enseignement.

Chemins de Fer.

La période décennale 1863-1872 a vu se constituer le réseau des chemins de fer Egyptiens.

Avant l'avénement du Khédive, les deux Gouvernements précédents avaient établi, à eux deux successivement, 245 milles de chemins de fer, y compris la ligne d'Alexandrie au Caire commencée par S. A. Abbas-Pacha, et l'ancienne ligne du Caire à Suez, depuis reconnue défectueuse et abandonnée.

Ce nombre de 245 milles (ou plutôt de 155 milles, en ne tenant compte que des anciens travaux aujourd'hui utilisés) a été porté par le Gouvernement du Khédive à 1,112 milles anglais, c'est-à-dire est devenue sept ou huit fois plus considérable. Mais en outre, 208 autres milles vont être incessamment livrés à l'exploitation, et augmenteront encore cette proportion déjà si honorable ; de nouveaux travaux leur succéderont immédiatement, et porteront le réseau Egyptien à son plein développement.

Ces vastes Entreprises sont appelées à recevoir leur couronnement dans un projet grandiose, dû aux conceptions du Khédive, et actuellement à l'ordre du jour. Le chemin de fer du Soudan, après de persistantes études, commencées dès l'année 1864 et dernièrement reprises, est aujourd'hui reconnu réalisable pour une dépense de 100 millions de francs : il appartenait au Prince qui a ouvert l'Isthme de Suez à la navigation maritime, de frayer jusqu'au centre de l'Afrique une voie de communication, qui, pour n'avoir pas coûté les sacrifices du Canal de Suez, n'en aura pas des résultats moins fructueux pour la richesse du pays et le commerce du monde, et sera certainement pour des nations encore ignorées un des plus rapides et plus sûrs moyens de civilisation qui aient été. Le bénéfice qu'en retirera l'humanité est immense, rapide, irrécusable ; en dehors même de l'Afrique centrale, à qui elle donnera la vie, cette grande œuvre pourra contribuer, elle aussi, à faciliter les relations avec l'Extrême Orient, lorsque, complété au Nord et au Sud-Est par des lignes complémentaires, le chemin du Soudan mettra Alexandrie en communication directe et continue avec Massaouah et n'abrégera pas de moins de trois jours le voyage des Indes, de la Chine, du Japon et de l'Australie.

Les résultats de ce projet pour la richesse du pays sont incalculables. Qui saurait dire en effet à quel chiffre de développement pourront atteindre les ressources d'une vaste et féconde contrée comme le Soudan, et des régions voisines, quand, par l'Egypte, elles pourront se répandre sur l'Europe et sur le monde entier. Mais s'il y a là un développement qui échappe à toute prévison, il est un minimum de profits que la situation actuelle des pays, leurs conditions connues, leur production non encore agrandie par le progrès, permettent d'envisager. Les quelques produits du Soudan, que de rares négociants réussissent à amener sur les marchés du Caire et d'Europe, à travers mille obstacles, mille difficultés, en passant par des intermédiaires peu sûrs, inintelligents ou coûteux ; à force de temps, de patience, de dépenses et de changements de transports, donnent encore un bénéfice suffisant à qui peut et sait nouer ces relations éloignées, pour compenser non-seulement les frais de la marchandise finalement arrivée, mais encore la perte de celle que souvent il a fallu sacrifier en route ; on en a la preuve dans le fait que ces négociants continuent semblable commerce malgré tous les inconvénients qui viennent d'être énumérés. Que sera-ce lorsque ce commerce s'ouvrira librement, largement, à tous, sans sacrifices de temps ni d'argent, et moyennant un tarif de transport que le prix peu élevé d'établissement du chemin de fer rendra proportionnellement modique.

« Cette ligne une fois établie, dit M. l'Ingénieur « Fowler dans son rapport, le transport principal « vers le nord consistera en grains, sucre, cotons, « gommes, séné, dattes, ébènes, peaux, bois aromati- « ques, potasse, or, ivoire, plumes d'autruche, etc., « pendant que le transport vers le midi sera celui des « cotonnades, des machines, de la coutellerie, des « outils, du tabac, du riz, de la poterie, de la verroterie « et autres marchandises. Dès les temps les plus recu- « lés, le Nil et les caravanes qui traversent le désert « ont amené en grandes quantités de l'ivoire, de l'or, « et d'autres produits précieux et transportables du « vaste intérieur de l'Afrique : l'exportation de ces « produits sera sans doute grandement facilitée et « augmentée par le chemin fer projeté ; mais ils « perdront en importance et ne figureront que pour

« une valeur insignifiante, en comparaison des grains, « du sucre et du coton que produiront et exporteront « les vastes pleines alluviales du Soudan. »

Les notes statistiques sur l'agriculture et le commerce du Soudan, ne donnent qu'une idée de la fertilité du sol, de son étendue, de sa production actuelle et de celle qu'on en peut espérer, comme aussi du prix actuel des produits sur place et des nombreux profits qui résulteront de leur transport en Egypte et de leur exportation en Europe.

Sous réserve de l'exécution du vaste projet qui formera une si belle continuation au réseau des chemins de fer Egyptiens, et qui en augmentera si grandement le propre trafic et l'importance, il n'est pas sans intérêt de comparer ce réseau, tel que l'a constitué et réalisé le Khédive, aux chemins de fer de l'Etranger. Nos 1,112 milles actuels de chemin de fer (1,780 kilomètres), même en faisant abstraction des voies doubles, l'emportent sur la longueur du réseau : de la Hollande (1,458 kilomètres), de la Suisse (1,472), du Danemarck (876), du Portugal (787), de la Roumanie (806), de la Turquie (298), de la Grèce (12).

Rapportés aux 5,250,000 habitants de l'Egypte proprement dite, ils représentent 339 kilomètres pour 1 million d'habitants, proportion supérieure à celle de l'Italie (239 p. 1 m.), de l'Autriche-Hongrie (335 p. 1 m.), de l'Espagne (330 p. 1 m.), du Portugal (197 p. 1 m.), et n'est inférieure qu'à celle : de la Belgique

(598 p. 1 m.), de l'Angleterre (793 p. 1 m.), des Pays-Bas (400), de l'Allemagne (514), de la Suisse (549), de la France (483), du Danemarck (487), et de la Suède (440).

Les services que rendent les chemins de fer au pays, et qui ne peuvent d'ailleurs que s'accroître au fur et à mesure que toute la population en sentira mieux les avantages, sont dès à présent considérables. Pour se borner à un élément de comparaison, et prenant pour exemple la Russie, on voit que cet Empire a, pendant l'année 1871, vu transporter par les lignes de l'Etat et les lignes particulières réunies, un nombre total de 18,037,718 voyageurs, qui représentent, pour une population de 71,871,469 habitants (moins la Sibérie), 253 voyageurs pour 1,000 habitants, — et pour une longueur de lignes exploitées de 12,722 verstes ou 21,245 kilomètres, 840 voyageurs pour 1 kilomètre. — Cette proportion a été, en Egypte, pendant la même année, de 344 voyageurs pour 1,000 habitants, et de 1,007 voyageurs pour 1 kilomètre; et si l'on veut même faire abstraction du transit international qui apporte à l'Egypte un élément exceptionnel de circulation, elle se maintient encore à 340 voyageurs pour 1,000 habitants, et à 993 pour 1 kilomètre.

Par contre, quant aux marchandises, leur transport par les chemins de fer russes s'est élevé à 881,786,153 pouds ou 14,443,657 tonnes, nombre qui représente en Russie (Sibérie exceptée) 200 tonnes par 1,000 habitants et 679 tonnes par kilomètre. Cette proportion n'a été en Egypte, pendant la même année, que de 63 tonnes pour 1,000 habitants et de 186 par kilomètre, — et descend encore à 53 tonnes pour 1,000 habitants et à 154 par kilomètre, si l'on veut faire abstraction du transit international et s'en tenir au seul trafic local.

Un grand organe anglais, le *London Trade*, a publié, et l'excellent annuaire de l'Economie politique de Mr M. Block (29e année) a reproduit le relevé suivant de la valeur des chemins de fer du monde entier, en 1870 :

Angleterre........ ..	Francs	12.556.572.175
Etats-Unis.........	»	12.206.128.850
France............	»	7.883.074.450
Russie............	»	7.241.781.075
Prusse	»	4.238.446.725
Indes-Anglaises.....	»	1.959.443.700
Italie............	»	1.912.903.850
Espagne..........	»	1.837.189.625
Autriche..........	»	1.636.860.000
Allemagne.........	»	1.174.571.400
Belgique..........	»	910.994.300
Canada...........	»	825.000.000
Egypte............	»	225.819.400
Turquie...........	»	74.682.750
Grèce.............	»	25.000.000

Quelle que soit la base des évaluations ci-dessus, à l'égard desquelles nous exprimons toutes nos réserves, ce relevé a son intérêt en raison de la source d'où il émane, et c'est à ce titre que nous le mentionnons, sans commentaire.

Télégraphes.

Le réseau des télégraphes égyptiens date en presque totalité de la période 1863-72. En effet, l'Egypte ne possédait avant 1863 que 6 lignes ayant un développement de 582 kilomètres, et une longueur de fils, de 2,349 kilomètres ; tandis qu'en 1873, elle a 6,486 kilomètres de lignes et 13,750 kilomètres de fils sans compter les lignes projetées et dont l'exécution se poursuit incessamment.

Comparé aux télégraphes de l'étranger, le réseau télégraphique égyptien, d'un développement actuel de 6,472 kilomètres au total, est à peu près égal à celui de la Suède 6,838, et supérieur à celui : de la Belgique 4,342, du Danemark 1,692, de la Grèce 1,600, de la Norwège 5,898, de la Hollande 3,121, du Portugal 3,111, de la Roumanie 3,488, de la Serbie 787, et de la Suisse 5,312.

Toutefois les lignes télégraphiques de la Belgique, pays de si grande industrie, sont munies de plus de fils, ce qui donne à ces derniers une longueur totale de 14,152 kilomètres, sensiblement égale à la longueur totale des fils en Egypte — 13,750 kilomètres.

Le réseau télégraphique égyptien, qui traverse des contrées comme le Soudan, a besoin d'un moins grand nombre de stations sur tout son parcours ; néanmoins, ce nombre, qui est de 77 en Egypte, est encore supérieur à celui de la Grèce, de la Roumanie et de la Serbie.

Quant au mouvement télégraphique, il n'a pas jusqu'à ce jour reçu tout son développement en Egypte, où une partie de la population n'a pas encore appris à se servir couramment de ce vaste moyen de communications que le Gouvernement a dès à présent mis à sa disposition, devançant ainsi les besoins d'un certain nombre.

La quantité des dépêches transmises par le Télégraphe Egyptien en un an (1871) a été de 563,000. En supposant que les dépêches échangées avec l'étranger par le moyen du télégraphe anglais soit égal à celui de la ligne extérieure de Gaza, et en faisant en outre abstraction des dépêches échangées en Egypte même par ce télégraphe anglais, on obtient encore un total d'environ 570,000 dépêches (indépendamment des dépêches de simple transit), nombre absolument supérieur au nombre obtenu en Danemarck 420,000, — en Grèce 128,000, en Serbie 50,000, et presque égal au nombre obtenu en Norwège 603,000, en Portugal 612,000, en Roumanie 629,000. Les 570,000 dépêches, réduites à 560,000 pour le seul service de l'Egypte proprement dite, représentent, pour une population de 5,250,000 âmes, 120 dépêches pour 1,000 habitants, nombre supérieur au nombre obtenu en Espagne 62, en Grèce 88, et à peu près égal au nombre obtenu en Italie 118.

Travaux publics.

Les chemins de fer, les télégraphes, établis ou entrepris depuis l'année 1863, constituent sans doute une œuvre digne à elle seule de la reconnaissance et de l'estime générale. Mais d'autres travaux non moins considérables ont en outre été exécutés : les uns dont l'importance intéresse le monde entier ; les autres qui, pour être moins éclatants, n'en sont pas moins utiles au pays même.

Au premier rang figure le Canal Maritime de Suez.

Commencé le 22 Avril 1859, les travaux furent pendant les 5 premières années, exécutés principalement à l'aide de corvées réquisitionnées parmi la population du pays, en vertu des actes de concession primitifs. Mais un des premiers soins du Khédive fut de remédier à cet état de choses : les corvées, supprimées en 1864, furent remplacées, en grande partie, par le travail des machines ; les dragues à long couloir notamment permirent une rapidité d'exécution qu'il eût été sans doute difficile d'atteindre avec le système précédemment suivi ; et les opérations de l'entreprise, continuées depuis lors sans interruption, furent, dès l'année 1869, assez avancées pour que l'inauguration du Canal pût avoir lieu le 17 Novembre.

Le Canal Maritime de Suez, d'une longueur de 160 kilomètres de Suez à Port-Saïd, a aujourd'hui une largeur de 58 à 100 mètres au niveau de l'eau, et de 22 mètres au fond, et une profondeur moyenne de 8^m 30 qui, partout supérieure à 8 mètres, atteint en certains points 9 m. et plus. Le déblai total enlevé pour arriver à ce résultat est de 75 millions de mètres cubes; un déblai d'entretien continuera sur le pied de 500,000 mètres cubes par an.— Les dépenses de construction et de premier établissement du Canal, avec les frais du commencement de l'exploitation, se sont élevées jusqu'à la fin de 1870, à 442,545,934 francs, auxquels ont pourvu : un capital social de 200 millions de francs, une émission de 100 millions d'obligations, deux sommes de 84 et de 30 millions successivement payées par le Gouvernement Égyptien, la dernière représentée en partie par l'émission de 20 millions en délégations trentenaires sur le produit de coupons d'actions cédés provisoirement par le Khédive, et diverses autres recettes.

La part financière de l'Egypte dans ces dépenses a donc été de 114 millions,— plus 88 millions de francs, capital des 176,602 actions appartenant au Gouvernement Egyptien, 10 millions pour l'achat du domaine de Wady, et 21 millions et demi pour la construction du Canal d'eau douce,— soit 233,500,000 francs de capital, — non compris les accessoires, les pertes d'intérêts, et les dépenses diverses occasionnées par l'ouverture du Canal de Suez, phares, travaux de ports, etc., qui, d'après une évaluation sommaire, élèveraient à 352,827,000 francs ce que coûte à l'Egypte le Canal maritime.

Quelle que soit l'étendue du concours pécuniaire ainsi prêté à la grande œuvre du Canal de Suez par le Gouvernement Egyptien, et qui représente en principal près de la moitié des dépenses de construction et de premier établissement,— on peut dire que ce concours aura ses fruits, tout en restant principalement le plus grand service que ce siècle ait vu rendre au commerce du monde. Indépendamment de la conquête de toute une province prise sur le désert, de la création de deux villes importantes, d'une augmentation considérable de la population, et d'un immense développement donné au commerce et à l'industrie du pays par des travaux mémorables dont la main-d'œuvre indigène a également profité, — le mouvement maritime qui s'augmente chaque jour par le Canal de Suez n'est pas sans avoir une influence avantageuse sur la prospérité commerciale du pays, bien qu'il modifie sensiblement dans quelques unes de leurs conditions, les relations de commerce et de transit de l'Egypte avec l'étranger : modification qui peut évidemment déplacer quelques intérêts, mais non les ruiner, Alexandrie par exemple n'ayant pas plus à craindre de Port-Saïd que Marseille n'a souffert de Brindisi. Enfin, le Gouvernement Egyptien comme fondateur et actionnaire du Canal peut compter à un jour donné sur les résultats pécuniaires de l'Entreprise, toujours croissants : depuis trois ans que le Khédive a inauguré l'œuvre à laquelle son nom reste attaché avec celui de M. Ferdinand de Lesseps, la faveur avec laquelle le commerce international a adopté cette nouvelle voie, n'a fait que s'accroître, avec une rapidité de bon augure pour l'avenir.

Le nombre des navires ayant transité d'une mer à l'autre a été : en 1870, de 502 ; en 1871, de 765 ; en 1872, de 1,082 ; leur tonnage s'est successivement élevé de 443,709 tonnes, à 761,467, puis à 1,442,617 ; enfin les recettes, qui étaient de 6,704,119 francs en 1870, et de 9,152,277 en 1871, ont atteint le chiffre de 16,191,172 en 1872. Le mouvement constaté pendant les premiers mois de l'année 1873 fait présager, pour la présente année, une augmentation de plus en plus considérable sur les résultats de l'année 1872 (1) : et l'on peut dire que l'avenir sera définitivement acquis à l'œuvre du Canal de Suez, lorsque la solution de diverses questions telles que l'appréciation du tonnage dans les tarifs, la réforme judiciaire à laquelle est subordonnée la mise en valeur des immeubles indivis du Gouvernement et de la Compagnie, enfin l'achèvement de la transformation de la flotte commerciale Européenne en vue du transit par la voie de Suez, en auront pour toujours écarté les premiers obstacles, inhérant à une si vaste entreprise.

Les travaux des ports d'Alexandrie, de Suez, les phares Egyptiens, etc., intéressent au plus haut degré le commerce de la Méditerranée et de l'extrême Orient, et forment en quelque sorte le complément du perce-

(1) Pendant les quatre premiers mois de l'année 1873, le transit du Canal a été de 453 navires, jaugeant 731,962 tonnes ; la recette a été de 8,006,738 francs. La recette n'avait été que de 5,056,470 pendant la période correspondante de 1872 : une même proportion pour le reste de l'année produirait une recette de 25,638,137 francs pour tout l'exercice 1873. Or, les frais et les charges de l'Entreprise n'exigent, par an, que 16 millions de francs environ.

ment de l'Isthme de Suez : ils ne sont pas un moindre sujet de légitime orgueil pour l'Egypte.

Sauf le phare d'Alexandrie qui a lui-même reçu de récentes améliorations, tous les autres phares Egyptiens doivent leur création à la période décennale 1863-1872, y compris celui de Suez, destiné à remplacer l'ancien feu flottant (voir tableau n° 64). Les services qu'ils rendent à la navigation seraient plus que prouvés, s'il en était besoin, par le petit nombre et les conséquences relativement minimes des accidents de mer dans les Eaux Egyptiennes : la mer Rouge, notamment, jadis redoutée par les navigateurs, n'a vu dans tous nos parages en 1872 que deux naufrages, et encore s'agissait-il de très-légères embarcations à voile. Le nombres des phares va de nouveau prochainement s'accroître et augmenter ainsi les services qu'ils rendent à la marine.

Les travaux du Port-Vieux d'Alexandrie, confiés en 1869 et 1870 à l'entreprise Greenfield et Cie, comprennent :

1° Un avant-port ou rade d'une surface totale de 350 hectares, et d'une profondeur d'eau de dix mètres au minimum. Cet avant-port sera abrité du côté du large par un brise-lames ou digue, construit en blocs artificiels immergés en enrochements, au nombre de 20,000, chacun cubant 10 mètres et pesant 20 tonnes, avec revêtement, du côté du port, de blocs naturels tirés des carrières du Mex et pesant chacun 1,500 à 2,500 kilogrammes. Ce brise-lames a une largeur en couronne de 6 mètres ; il sera élevé à une hauteur de 3 mètres au-dessus du niveau de l'eau, et aura une hauteur moyenne totale de 8 m. environ ainsi qu'une largeur totale de 2,340 mètres; laissant aux petits bâtiments un passage libre de 600 mètres entre son extrémité nord et la pointe de Ras-el-Tin, il se dirigera vers le rocher dit Abou-Haggar, et de là par une courbe vers le Mex, et s'arrêtera pour réserver à la navigation une entrée de 800 mètres de largeur minimum.

2° Un bassin intérieur, d'une surface totale de 72 hectares, et d'une profondeur minimum de 8m 50 en contrebas des plus basses eaux. Ce port sera fermé du côté du Nord-Ouest par un môle d'abri et muni de murs de quai, qui auront un développement total de 3,200 mètres. Les quais, élevés de 2m 50 au-dessus du niveau de la mer, seront fondés de manière à ce que les plus gros navires puissent les aborder : des grues hydrauliques y donneront toutes facilités à la manœuvre des marchandises et au mouvement général du port; de doubles voies ferrées, se reliant à la gare du chemin de fer du Caire, seront posées sur toute la longueur des quais. La ligne de quai étant coupée par l'embouchure du Canal Mahmoudyé, un pont volant joindra les deux sections. — Enfin, l'établissement d'une forme de radoub longue de 460 pieds, à l'extrêmité des quais, à l'arsenal, est en projet.

Les travaux préparatoires ont commencé en mai 1870 ; la première pierre des travaux intérieurs a été posée par S. A. le Khédive le 15 mai 1871, et le même jour a commencé l'immersion des blocs artificiels du brise-lames. Les travaux intérieurs du môle d'abri ont été entamés en mars 1872; à cette date, 1,800 hommes étaient employés sur les travaux. Enfin, au 28 avril 1873, — 17,000 blocs avaient été immergés à raison de 1,000 par mois environ, et le brise-lames, dont le travail de revêtement se continuait à raison de 3,000 mètres cubes de moëllon par mois, était ainsi élevé au-dessus de l'eau sur une longueur de 2,000 mètres cubes; 250,000 mètres cubes de moëllon avaient été déposés sur la ligne du grand môle avec une activité d'immersions de 12,000 mètres par jour; le curage du bassin intérieur du port, et la fabrication des blocs artificiels pour la formation des murs de quai à petite profondeur, étaient commencés.

L'entreprise totale, qui coûtera environ 50,000,000 de francs, doit être complétement terminée en 1876.

Les travaux du port de Suez, confiés en 1866 à l'Entreprise Dussaud frères, doivent se terminer dans une période de 7 années qui prend fin en 1873-74. — Ils comportent : 1° la construction préalable d'une cale de radoub, déjà terminée; 2° l'établissement en pleine rade, à 2,400 mètres de la côte (distance occupée par la jetée du chemin de fer maritime), d'un mouillage de 39 hectares de superficie; ce mouillage sera protégé contre les vents du large par des digues d'une longueur totale de 2,310 mètres; des lignes de quai, d'un développement de 1,600 mètres, y permettront les opérations de commerce. L'Entreprise exécute également les terre-pleins, les hangards et autres ouvrages nécessaires à l'exploitation. — Ces travaux poussés avec activité approchent actuellement de leur fin : leur devis total, bassin de radoub et port Ibrahim compris, s'élevait à plus de 32,000,000 francs.

Les autres travaux publics de tout genre, exécutés en Egypte depuis dix ans, indépendamment des grandes entreprises qui viennent d'être mentionnées, se rattachent principalement à l'agriculture, aux voies de communication, au bien-être et à l'embellissement des villes.

Le tableau statistique des ponts et canaux exécutés dans les provinces, de l'année 1280 à l'année 1289, donne un exemple de ce qui a été fait en faveur de l'agriculture et des voies de communication dans les campagnes : à cette dernière époque, le total des ouvrages ci-dessus était de 426 ponts et 112 canaux, d'un cube total de 123,000,000 mètres. L'activité avec laquelle ces ouvrages ont été exécutés en moins de 10 années, ne s'est pas ralentie depuis lors, pas plus que n'a diminué l'intérêt qui a présidé à leur exécution. Tout récemment encore, le discours du Khédive, à l'ouverture de la session de l'Assemblée des Délégués de 1873, annonçait divers autres travaux de ce genre, dont l'un de la plus haute importance pour l'extension et le règlement de l'irrigation dans toute la Basse-Egypte.

Outre les grands canaux Ismaïlyeh, Ibrahimieh, et autres exécutés depuis l'année 1863, le premier notamment avec deux barrages éclusés, — la période 1863-72 a vu exécuter le Canal d'eau douce qui amène le Nil jusque dans l'ancien désert de Suez.

Le curage d'autres grands canaux, tels que le Mahmoudye, le Katatbeh, le Bahr Moëz, etc., a été établi d'une manière périodique et exécuté en 1871-72 : le premier, confié à la Compagnie des forges et chantiers de la Méditerranée, comportait un déblai des plus considérables.

Enfin, le curage annuel des canaux ordinaires durant l'année dernière a porté sur un cube total de 372,254 mètres dans les seules moudyriehs suivantes :

Menoufye . .	119.683	Dahkalye . .	73.664
Charkye . . .	29.840	Garbye . . .	69.393
Béhéra. . . .	35.400	Galioubye. .	44.274

Un pont monumental a été exécuté au Caire, à Kasr-el-Nil, par les soins de la Compagnie Fives-Lille, suivant un devis de 2,700,000 fr., et a été livré à la circulation au mois de février 1872. Sa longueur est de 406 mètres d'une culée à l'autre, se décomposant ainsi : une travée tournante de 64 mètres du côté de la ville (rive droite) ; deux travées extrêmes de 46 mètres ; cinq travées intermédiaires de 50 mètres. Le pont tournant laisse une ouverture de 32 mètres pour la navigation sur un fond de 10 mètres d'eau en moyenne.

D'autres ponts ont encore été construits dans les villes : deux ponts mobiles sur le Canal Mahmoudyé, à Alexandrie, aux abords de la gare du chemin de fer; deux ponts tournants au Caire sur le Canal Ismaïlyeh ; un autre à Gisé, près le Caire, sur le Nil, d'une longueur totale de 180 mètres, construit par MM. Shaw et Thompson, et achevé pendant l'année 1872. — D'autres enfin ont été établis pour les besoins des chemins de fer, en dernier lieu à l'Abbassieh, et à Foueh (livré en Décembre 1872, longueur 52 mètres).

On peut, en dernier lieu, noter comme rentrant dans les travaux qui ont pour but d'assurer la circulation générale, l'étude faite par M. l'Ingénieur Fowler, par ordre du Khédive, sur la possibilité et l'utilité de l'établissement d'un plan incliné contournant la première cataracte du Nil à Assouan, pour le transport à sec des bateaux en deçà ou au-delà de cette cataracte ; l'Administration ne s'est d'ailleurs pas jusqu'ici prononcée d'une manière définitive sur ce projet.

Les travaux publics ayant pour but l'assainissement, la viabilité et l'embellissement des grandes villes, sont nombreux. Dans ces dix dernières années, le Caire, de l'aveu général, a subi une complète transformation qui, tout en respectant son caractère oriental et ses richesses artistiques, en a fait un séjour que bien des capitales d'Europes envieraient.

Dans cet espace de temps, de grands établissements industriels ont été créés pour distribuer à toute la ville l'eau et la lumière.

Le système de distribution d'eau du Caire comporte : un établissement principal à la Salpêtrière, sur la route du vieux Caire, destiné à fournir l'eau à toute la ville intérieure, y compris la Citadelle et les hauts quartiers ; un établissement auxiliaire à Boulaq (terminé en 1871), destiné à distribuer l'eau dans les bas quartiers et à pourvoir aux besoins de l'arrosage ; un vaste réservoir à l'Abassyeh (terminé en 1872, entreprise Meillon), dont les bassins et filtres, d'une capacité de 30,000 mètres cubes ensemble, reçoivent l'eau de l'usine de Boulaq pour alimenter les quartiers voisins.

L'usine à gaz (1869-1870) comprend 62 cornues et deux gazomètres d'une contenance de 5,000 mètres qui permet aisément de subvenir à une consommation de 6,000 mètres de luminaire par 24 heures.

La voirie, qui a créé au Caire tout un vaste et riche quartier, l'Ismaïlyeh, a ouvert jusqu'au cœur de l'ancienne ville des Khalifes de larges boulevards : les voies publiques ont eu leur longueur totale portée de 18,000 mètres à 41,800, et leur surface de 147,000 à 547,000.

De grands travaux de terrassement sont exécutés aux abords de la capitale : les uns, comme à Faggala (entreprise Cambourian), ont pour but un aplanissement général de la localité, en vue de son exploitation industrielle, moyennant un déblai de 480,000 mètres cubes environ ; les autres, comme à Gizé sur la rive gauche du Nil, près la bifurcation de la route des Pyramides (Entreprise Meunier), préparent la création d'un vaste jardin d'acclimatation.

La construction de nombreux édifices publics accompagne cette transformation du Caire.

Depuis l'année 1863, il a été construit au Caire 20 mosquées nouvelles, parmi lesquelles la mosquée Rifay, élevée sur un plan grandiose près la Citadelle, aux frais de Son Altesse la Princesse mère du Khédive, et ayant deux annexes, un orphelinat et un hospice de vieilles femmes. Deux écoles avec fontaines publiques monumentales ont en outre été élevées aux frais d'autres princesses de la famille du Khédive. Un observatoire astronomique a été construit à l'Abbassyeh, une école de filles s'élève à Sioufyeh, pendant que les théâtres, les hôtels, les palais, les monuments, les statues, les jardins publics naissent de toutes parts; que les constructions particulières suivent l'exemple des constructions publiques, grâce aux encouragements qu'elles reçoivent du Gouvernement; et qu'un Musée digne des trésors archéologiques et des collections de toutes sortes qu'il doit renfermer vient d'être mis, avec ses annexes, en adjudication publique à Gézireh.

Les autres villes d'Egypte ont également reçu depuis 1863 de nombreuses améliorations. Alexandrie est dotée aujourd'hui d'un pavage qui s'étend, dans le quartier du Commerce d'exportation, sur une surface de près de 100,000 mètres; d'une ligne dequai réédifiée sur la plus grande traversée du Canal Mahmoudyeh; d'un pavage de 60,000 mètres carrés dans l'intérieur de la ville; de divers édifices, tels qu'abattoir, marché, bourse de Commerce d'exportation, etc., et d'un magnifique dock flottant construit par la Compagnie des forges et chantiers de la Méditerranée en 1866, qui apporte désormais les plus grandes facilités à la marine nationale et étrangère.

A Syout, à Benha, etc, des écoles pour 200 élèves sont construites; des hôtels de préfecture sont élevés à Tantah, à Sohag. A Ismaïlya, comme à Suez et jusqu'à Port-Saïd, la population connait aujourd'hui les bienfaits d'une abondante et régulière distribution d'eau douce; et dans cette dernière ville enfin, le Gouvernement crée un dock, reliant le bassin du commerce à l'intérieur de la Douane.

Cette récapitulation sommaire des principaux travaux publics exécutés en Egypte depuis dix ans suffit pour qu'il soit inutile de faire ressortir, et l'activité qui y a présidé, et la persévérance avec laquelle toutes les conditions nécessaires à leur exécution ont été prévues et établies.

Navigation.

Pendant les dix années de 1863 à 1872, le nombre des bâtiments de toute espèce, de toute provenance et de tout pavillon, entrés au port d'Alexandrie, en grande navigation, a été de 32,433 dont 31,909 navires de poste et de commerce jaugeaient ensemble 12,462,703 tonneaux. La moyenne annuelle qui en résulte est par conséquent de 3,243 navires, dont 3,190 de poste et de commerce d'une portée de 1,246,270 tonneaux, soit 390 tonnes chaque.

La moyenne analogue du mouvement des autres ports de l'Egypte, est, pour chacune des années comprises de 1863 à 1872 :

A Port-Saïd, de 1,010 navires, dont 970 de poste et de commerce jaugeant ensemble 384,474 tonneaux, ou 396 tonnes chaque;

A Suez, de 481 navires dont 440 de poste et de commerce jaugeant ensemble 312,352 tonneaux, soit 709 tonnes chaque ;

A Rosette (d'après l'année 1872), de 2 navires de commerce jaugeant 29 tonneaux, soit 15 tonnes chaque;

A Damiette (d'après l'année 1872), de 713 navires, dont 702 de commerce jaugeant ensemble 53,721 tonneaux, soit 76 tonnes chaque;

A Kosseïr (d'après l'année 1872), de 247, dont 245

de poste et de commerce jaugeant ensemble 20,388 tonneaux, soit 83 tonnes chaque ;

A Souakin (d'après l'année 1872), de 163 navires, dont 153 de poste et de commerce jaugeant ensemble 3,772 tonneaux, soit 24 tonnes chaque ;

Et enfin, à Massaouah (d'après l'année 1872), de 214, dont 207 de poste et de commerce jaugeant ensemble 17,092 tonneaux soit 82 tonnes chaque.

La moyenne générale des bâtiments entrés annuellement dans ces 8 ports, en grande navigation, de 1863 à 1872, est donc de 6073 bâtiments, dont 5,909 de poste et de commerce jaugeant ensemble 2,038,098 tonneaux (soit 345 tonneaux par bâtiment de poste ou de commerce).

Ainsi Alexandrie, qui représente la presque totalité du commerce extérieur de l'Egypte, ne représente que les 3 cinquièmes environ du mouvement maritime de tous les ports égyptiens : ce fait tient à ce que la navigation par les autres ports dessert, principalement à Port-Saïd et à Suez, les intérêts du simple transit, — à Damiette, Rosette et dans les ports de la mer Rouge, le trafic local entre les diverses parties de l'Egypte. Aussi, voit-on le tonnage moyen des navires qui passent par Port-Saïd et Suez pour se rendre à des destinations lointaines (surtout pour ce qui regarde ce dernier port) atteindre 396 et même 709 tonneaux, tandis qu'il ne dépasse pas 15 tonnes à Rosette, 76 à Damiette, 83 à Kosseïr, 24 à Souakin et 82 à Massaouah, et qu'à Alexandrie, plus rapprochée de l'Europe que ne l'est Suez de ses relations extrêmes, ce même tonnage moyen se maintient à 390 tonnes.

L'examen des provenances des navires entrés dans les différentes ports Egyptiens confirme cette explication.

Une comparaison rétrospective de la navigation Egyptienne donne les résultats suivants, élimination faite de Massaouah et Souakin entrés depuis peu d'années sous l'autorité du Khédive, ainsi que des autres ports de moindre importance.

Alexandrie, qui, dans chacune des dix dernières années, voyait entrer dans ses ports 3,243 navires de tout genre, n'en recevait que 2,172 pendant chacune des dix années précédentes, c'est-à-dire de 1853 à 1862, et 1726 de 1843 à 1852. Le nombre des navires de tout genre a donc à peu près doublé en 20 ans, rapidité légèrement supérieure à celle qui, de 1830 à 1850, a élevé la moyenne de la navigation pour tous les ports de la France, de 18,557 navires à 33,829.

Cette progression a d'ailleurs été beaucoup plus rapide pour la navigation à vapeur que pour la navigation à voile, laquelle, de 1843 à 1852, comptait 1,582 navires ; de 1853 à 1862,— 1,704 navires ; et de 1863 à 1872,— 2,400, — parmi les bâtiments de tout genre entrés aux ports d'Alexandrie : conséquence forcée de la tendance générale de la navigation à vapeur ou tout au moins de la navigation mixte à remplacer la navigation à voile dans les grands ports, et qui pour l'Egypte deviendra certainement de plus en plus sensible avec le Canal de Suez et les travaux du port d'Alexandrie.

La navigation présente deux point de vue spéciaux d'un certain intérêt : celui du pavillon, et celui des provenances et destinations.

Au premier point de vue, pour s'en tenir aux seuls bâtiments de commerce et de poste, la navigation de guerre dépendant d'éventualités tout à fait exceptionnelles, — on observe que les principaux pavillons figurant au mouvement du port d'Alexandrie ont été en moyenne, pour chacune des quatre années de 1869 à 1872, et sur un total moyen de 2,829 navires : de 125 Egyptiens, 1,114 ottomans, 730 anglais, 223 autrichiens, 188 italiens, 163 français, 132 grecs, 82 russes, 33 suédois et norwégiens, 18 allemands, 3 américains des Etats-Unis, 1 belge et 1 hollandais. — Mais ces chiffres pourraient donner une fausse idée de l'importance de la part de chaque pavillon dans le mouvement du port d'Alexandrie, si l'on ne s'empressait d'ajouter que les navires ottomans, grecs, et allemands sont presque exclusivement à voile, et qu'une partie des navires italiens et surtout des navires autrichiens est elle même à voile, dans une bien plus grande proportion que les navires anglais et français par exemple.

Au point de vue de la provenance, sur 2,911 navires de tout genre et de tout pavillon arrivés à Alexandrie pendant chacune des 4 années de 1869 à 1872, en moyenne : 267 provenaient de ports Egyptiens, 555 d'Angleterre, 529 de la Turquie d'Asie, 408 de l'Archipel Ottoman, 255 de Syrie, 172 de Malte, 156 d'Italie, 147 de France, 97 d'Autriche, 96 de Barbarie, Tunisie et Maroc, 87 de Constantinople, 55 de Grèce, 30 de la Turquie d'Europe, 27 d'Espagne et Gibraltar, 9 de Suède, 5 des Etats-Unis d'Amérique, 3 de Russie, 3 d'Allemagne, 2 de Portugal, 2 de Hollande et 1 d'Algérie, le reste de la haute mer.

Une certaine différence se manifeste pour la destination de ces mêmes navires à leur sortie : des 2,912 navires de tout genre et de tout pavillon partis d'Alexandrie pendant chacune des 4 années de 1869 à 1872 en moyenne, 145 se dirigeaient sur des Ports Egyptiens (pour 267 arrivés de ces mêmes ports), 593 sur la Turquie d'Asie (pour 529 arrivés de cette provenance), 512 d'Angleterre (pour 555 arrivés), 347 sur Constantinople (p. 87 arrivés), 325 sur la Syrie (p. 255 arrivés), 307 sur l'Archipel Ottoman (p. 408 arrivés), 154 sur l'Italie (p. 156 arrivés), 148 sur la Grèce (p. 55 arrivés), 130 sur la France (p. 147 arrivés), 86 sur l'Autriche (p. 97 arrivés), 81 sur la Turquie d'Europe (p. 30 arrivés), 52 sur la Barbarie, la Tunisie et le Maroc (p. 96 arrivés), 20 sur la Russie (p. 3 arrivés), 20 sur l'Espagne et Gibraltar (p. 27 arrivés), 20 sur Malte (p. 172 arrivés), 7 sur les Indes (p. 0 arrivé), 4 sur l'Algérie (p. 1 arrivé), 4 sur les Etats-Unis d'Amérique (p. 5 arrivés), 3 sur la Belgique (p. 0 arrivé), 1 sur la Hollande (p. 2 arrivés), 1 sur l'Allemagne (p. 3 arrivés), et 1 sur le Japon et la Chine (p. 0 arrivé), le reste pour la haute mer. Aucun navire n'est parti pour la Suède et le Portugal, tandis que 9 étaient arrivés du premier et 2 du second de ces pays.

Il résulte de ces chiffres comparés qu'une notable partie des navires arrivés des ports Egyptiens, de l'Archipel Ottoman, de la France, de la Barbarie, de l'Espagne et de Malte, et quittant Alexandrie après y avoir fait leurs opérations, partent pour d'autres directions ; et qu'une notable partie des navires partant d'Alexandrie pour la Turquie d'Europe et d'Asie, la Syrie, Constantinople, la Russie, la Grèce, et l'Angleterre, provenaient de directions différentes à leur arrivée à Alexandrie. Les provenances des pays qui ne sont pas mentionnés ci-dessus, tels que l'Italie, l'Autriche, etc., sont à peu près égales aux départs pour ces mêmes localités.

Enfin, et malgré la supériorité des exportations d'Alexandrie sur les importations, le nombre des bâtiments à vide qui partent de ce port est plus considérable que celui des bâtiments qui y arrivent: en 1872, — 1,239 navires, et en 1871, — 1,188 navires partaient d'Alexandrie sans chargement, tandis que 28 seulement en 1872 et 21 en 1871 y étaient arrivés en lest.

Port-Saïd ne datant que de 1859, la période décennale 1863-1872, en ce qui le concerne, n'a point de terme de comparaison dans les époques précédentes. Les 101 bâtiments en moyenne qui y sont arrivés pendant chacune des dix dernières années, provenaient : 292 d'autres ports. Egyptiens, 391 de Turquie et de Russie, 183 d'Angleterre, 84 de France, 21 de Grèce, 15 d'Autriche, 8 d'Italie, 5 de Malte, le reste de diverses directions.

A Suez, les 481 bâtiments en moyenne qui y sont arrivés pendant chacune des dix dernières années, provenaient : 172 d'autres ports Egyptiens, 136 des Indes Anglaises, 121 d'Arabie, 29 de Chine et Cochinchine, 8 de Aden, 11 de la Réunion et Zanzibar, 2 du Golfe Persique et 2 des Indes Hollandaises. En comparant cette dernière période à la période décennale précédente, on constate un accroissement d'une rapidité considérable, mais attendue. En 1849, c'est-à-dire il y a 25 ans, ce port était visité par trois navires à vapeur et 116 bâtiments à voile ; en 1872, par 643 navires à vapeur et 205 bâtiments à voile : ici, plus encore qu'à Alexandrie, l'accroissement se porte tout sur la navigation à vapeur. La moyenne annuelle de 481 navires pour la période 1863-1872 n'était que de 336 dans la période décennale précédente ; c'est déjà un accroissement considérable; mais l'augmentation du nombre des navires devient insignifiante en comparaison de l'augmentation de leur tonnage : en 1863, le tonnage total des navires de poste et de commerce entrés à Suez est de 171,772 tonneaux ; il descend à 123,829 en 1864, mais pour suivre dès lors une progression rapidement ascendante et arriver à 666,469 tonneaux en 1872 : ce tonnage a donc quadruplé dans l'espace de la dernière période décennale.

Ce développement du port de Suez ne peut que s'accroître sans cesse, en raison des améliorations et des travaux importants qui y ont été exécutés par ordre du Khédive, et en raison du mouvement de plus en plus considérable du Canal maritime. On calcule ailleurs sous la rubrique des travaux publics une partie de ce mouvement, qui a doublé en deux ans et a porté le nombre de 502 navires en 1870, à 1082 en 1872 : mais on terminera cet aperçu de la navigation Egyptienne par l'examen du transit du Canal maritime au point de vue des pavillons. Indépendamment du pavillon national Egyptien, la marine étrangère profite aujourd'hui du Canal de Suez de la manière suivante : pour 758 navires anglais, qui représentent les trois quarts du nombre total 1,082, on compte dans le Canal 81 navires français, 67 italiens, 60 autrichiens, 32 ottomans, 16 allemands, 13 hollandais, 10 portugais, 10 russes, 8 espagnols, 7 suédois, etc. Depuis la première année de l'exploitation, c'est-à-dire en trois ans, le mouvement des navires anglais a plus que doublé, celui des navires autrichiens presque triplé, celui des navires italiens plus que quintuplé.

Les ports Egyptiens sont reliés périodiquement à l'étranger ou entre eux par les lignes de navigation postale à vapeur ci-après :

Trois lignes Egyptiennes, dont une bi-mensuelle directe d'Alexandrie à Constantinople par Syra; une bi-mensuelle indirecte d'Alexandrie à Constantinople par Smyrne et l'Anatolie; et une bi-mensuelle de Suez à Souakin et Massaouah par Gedda ;

Cinq lignes anglaises, dont une hebdomadaire d'Alexandrie à Venise par Brindisi et Ancône; une hebdomadaire d'Alexandrie à Southampton par Malte et Gibraltar; une hebdomadaire de Suez à Bombay; une mensuelle de Suez à Calcutta par Pointe de Galles avec embranchement sur l'Indo-Chine; et une mensuelle de Suez à Calcutta par Pointe de Galles, avec embranchement sur l'Australie et embranchement sur Zanzibar et le Cap de Bonne-Espérance ;

Cinq lignes françaises, dont une hebdomadaire d'Alexandrie à Marseille par Naples; une bi-mensuelle indirecte d'Alexandrie à Smyrne par Port-Saïd et la Syrie; une bi-mensuelle de Port-Saïd et Alexandrie à Marseille par Malte; une bi-mensuelle de Marseille à Hong-Kong par Port-Saïd et Suez;

Quatre lignes austro-hongroises, dont une hebdomadaire d'Alexandrie à Trieste par Corfou; une bi-mensuelle directe d'Alexandrie à Constantinople par Smyrne; une bi-mensuelle indirecte d'Alexandrie à Constantinople par Port-Saïd et la Syrie, et une mensuelle de Trieste à Bombay par Port-Saïd et Suez;

Deux lignes italiennes, dont une tri-mensuelle d'Alexandrie à Gênes par Naples; une mensuelle de Gênes à Bombay par Port-Saïd et Suez;

Une ligne russe bi-mensuelle d'Alexandrie à Constantinople et Odessa par Port-Saïd et la Syrie;

Une ligne ottomane mensuelle de Constantinople à Bassora par Port-Saïd et Suez;

Une ligne hollandaise mensuelle d'Amsterdam à Java par Port-Saïd et Suez.

Sont en projet : le rétablissement d'une ligne Egyptienne indirecte d'Alexandrie à Constantinople par Port-Saïd et la Syrie; et l'établissement d'une ligne grecque entre Alexandrie, Port-Saïd et le Pirée.

Outre les lignes postales ci-dessus, l'Egypte est encore reliée périodiquement à l'étranger par des lignes de navigations à vapeur de commerce, qui desservent principalement les ports de l'Angleterre, en partant d'Alexandrie et de Port-Saïd.

Commerce.

Le tableau de la valeur officielle de toutes les marchandises exportées par les différentes douanes de l'Egypte proprement dite (tableau n° 99), accuse à son total une valeur de 12,024,358,944 piastres tarif pour les dix dernières années (de 1579-1863 à 1588-1872) : soit pour chacune de ces années en moyenne 1,202,435,894 P., ou plus de 300 millions de francs.

Cette même valeur n'était, d'après le même tableau, que de 2,671,782,727 piastres pour les dix années précédentes, soit 267,178,272 P., ou 65 millions de francs seulement par an.

La période décennale 1863-1872 a donc vu presque quintupler la valeur des marchandises de tout genre exportées par l'Egypte ; et encore le tableau auquel sont empruntés ces chiffres, laisse-t-il à part les douanes de Souakin et Massaouah, d'un si grand avenir au point de vue du Commerce du Soudan, et qui déjà ne laissent pas que d'apporter un appoint important au mouvement commercial de l'Egypte depuis que l'autorité du Khédive s'y est étendue (1866).

Un accroissement si prodigieux en un si court espace de temps gagne encore à être comparé aux accroissements analogues des pays étrangers : le commerce spécial d'exportation de la France, par exemple, malgré l'énergique impulsion qu'il a reçue de nos jours, n'a fait que doubler en 12 ans, puisque, s'élevant déjà à 1442 millions en 1855, il est monté à 2825 millions en 1867.

L'exportation actuelle d'Egypte (300 millions de francs en moyenne) tend du reste à augmenter de jour en jour, ainsi que le prouve le mouvement d'exportation de la dernière année (350 millions en 1872) : le développement de son agriculture, de son industrie, de ses ressources, et les quantités toujours croissantes de coton, de sucre, et d'autres marchandises qu'elle verse sur l'Europe, lui maintenant dans toute sa grandeur l'essor dont la hausse cotonnière de 1864-1865 avait été l'occasion.

Dès à présent, comparé au commerce actuel d'exportation des pays étrangers, les 300 millions de marchandises aujourd'hui exportées d'Egypte par commerce spécial, et qui sont encore au-dessous de la vérité car ils sont établis d'après le droit de douane lequel se base sur un tarif toujours modéré, représentent environ la moitié des exportations de la Turquie d'Europe et d'Asie (580 millions), de l'Italie (600 m.), de la Belgique (597 m. commerce spécial) ; égalent presque celles de l'Espagne (360 m. pour la péninsule) et du Portugal (300 m.); et dépassent celles du Danemarck (60 m.), de la Grèce, (48 m.), de la Suède (313 m.), de la Roumanie, (111 m.), de la Suisse (225 m.). De ces pays, la Belgique doit à son industrie de voir doubler par son commerce général la valeur de ses exportations, dont le chiffre ci-dessus ne représente qu'une partie, celle des produits exclusivement locaux : mais si la comparaison devait porter sur le commerce général, et non sur le commerce spécial d'exportation, la situation de l'Egypte n'en serait pas moins avantageuse, sinon grâce à son industrie, du moins grâce à sa situation qui fait passer sur son sol les produits et les matières premières échangées entre l'Europe et l'Orient.

Rapportés aux 5,250,000 habitants de l'Egypte, les 300 millions d'exportation représentent l'apport à l'étranger d'une production, presque uniquement agricole, de 57 francs par tête : cette proportion est rarement aussi forte, dans les pays mêmes dont l'exportation dépasse d'une manière absolue l'exportation d'Egypte. En effet, elle n'est que de 23 francs par habitant en Italie, de 21 francs en Turquie d'Europe et d'Asie, de 53 en Autriche, de 35 en Allemagne, de 80 en France, et n'atteint qu'en Angleterre 177 : toutefois est-il juste d'ajouter que, pour ces trois derniers pays, cette proportion, ne concernant que la production agricole, laisse de côté un élément de production considérable, la transformation industrielle des matières premières reçues de l'étranger.

Au point du vue des relations avec l'Europe, le commerce d'Alexandrie prime celui de toutes les autres places d'Egypte; il figure en effet pour 1,127,311,884 piastres (soit 280 millions de francs) par année en moyenne sur les 1,202,435,894 piastres (300 millions de francs) exportés par toutes les douanes d'Egypte. Sur cette somme, les produits à destination de l'Angleterre l'emportent de beaucoup sur tous les autres, grâce au coton principalement (comme on le verra plus loin), car ils s'élèvent par année en moyenne à 874,038,705 piastres, soit environ 8 dixièmes de la valeur totale. La France vient ensuite, et reçoit 118,621,110 piastres, soit un dixième des exportations d'Alexandrie; le reste est partagé par les autres pays dans l'ordre suivant: l'Autriche-Hongrie, l'Italie, la Turquie d'Europe et Asie mineure, la Syrie, la Russie, la Barbarie, la Belgique, la Grèce, etc.

Les principales marchandises exportées par l'Egypte, sont le coton, le sucre, et les céréales.

Le coton, aujourd'hui la principale richesse du pays, ne date pour l'Egypte que de 1820, époque à laquelle il y fut acclimaté par M. Jumel : le tableau des exportations annuelles de ce produit montre que, malgré une progression, d'ailleurs lente, irrégulière et interrompue par de fréquents arrêts, l'exportation, qui déjà en 1824 atteignait 228,000 quintaux, avait tout au plus doublé pour les années 1854 à 1861.

La guerre de sécession en Amérique, en obligeant l'industrie de l'Europe à chercher sur d'autres points son aliment, vint alors stimuler la culture du coton en Egypte ; et dès l'année 1863, l'exportation annuelle de ce produit doublait encore, triplait, quadruplait même. Aujourd'hui que l'occasion a cessé, la culture du coton, au lieu de diminuer, augmente encore : le résultat de la campagne cotonnière des deux dernières années (1587-1588) dépasse en effet le chiffre le plus élevé que l'Egypte ait jamais fourni, même au plus fort de la crise produite par la guerre ; et ce pays, qui a pendant ces 10 dernières années exporté d'Alexandrie un total de 15,821,236 quintaux de coton, c'est-à-dire plus que pendant les 40 années précédentes (11,984,855 quintaux seulement de 1821 à 1862), est devenu un des pourvoyeurs réguliers du marché européen pour environ 1 huitième ou 1 neuvième de sa consommation. Les document du *Board of Trade*, pour l'année 1870, déclaraient que sur les 11,949,157 quintaux de coton brut importés en Angleterre, 1,283,037 provenaient d'Egypte; or la production Egyptienne, s'étant notablement accrue pendant les années plus récentes, sa part dans l'approvisionnement général de l'Europe n'a pu qu'augmenter encore.

Tout naturellement, celui des pays d'Europe dont l'industrie consomme le plus de coton est aussi celui qui en demande à l'Egypte la plus forte quantité. Sur les 2,168,181 quintaux exportés d'Alexandrie en 1872 d'après les tableaux particuliers (la quantité officielle et réelle est de 2,387, 159 quintaux), il en aurait été expédié 1,667,385 ou les 4 cinquièmes en Angleterre, 186,426 en France, 143,964 en Italie, 91,140 en Autriche et 62,676 en Russie. Pour l'année 1871, sur les 1,845,452 quintaux exportés d'après des tableaux particuliers (chiffre officiel et réel 1,961,152 quintaux), 1,409,472 quintaux auraient été dirigés sur l'Angleterre, 167,037 en Italie, 135,954 en France, 116,867 en Autriche et 11,130 en Russie; et enfin en 1870, sur une exportation de 1,229,916 quintaux (réellement de 1,481,471 quintaux), l'Angleterre en aurait reçu 996,798, l'Italie 80,400, la France 78,035, l'Autriche 58,151. On voit, que la part étant faite aux besoins des usines de l'Angleterre, la France, qui est après elle en temps ordinaire la plus grande consommatrice du coton d'Egypte, et qui a repris dès 1871 sa position à cet égard, ne l'avait cédé à l'Italie seule que pour une faible différence pendant les deux années de la guerre. Quant à la Russie, c'est fort rapidement que sa consommation a pris l'extension qu'elle a aujourd'hui et qui parait devoir se continuer désormais.

Deux questions également intéressantes peuvent être posées relativement au coton d'Egypte : celle de la culture et du rendement, et celle des prix. On trouvera une réponse à ces questions dans les tableaux statistiques qui indiquent : d'une part, le nombre de feddans cultivés en coton, et la moyenne de la production spécifique dans chaque province d'Egypte; d'autre part, le prix en talaris et par quintal pour chacune des années 1821 à 1853, et pour chaque mois des années 1854 à 1872. On constatera une première hausse sur les prix habituels d'alors, du mois de novembre 1856 au mois de novembre 1857. Au milieu de l'année 1861, le prix de 14 talaris par quintal reparait pour s'élever progressivement jusqu'à 52 talaris au mois d'août 1864. Depuis lors, ce prix exceptionnel a fait place à un prix normal que l'on peut considérer pour les dernières années comme étant en moyenne de 20 talaris par quintal. Le tableau du marché d'exportation et de consommation d'Alexandrie en 1871 fait connaitre les différentes variations de ce prix théorique en raison des qualités, des quantités vendues, de la spéculation, etc.

La statistique ne peut encore trouver à s'exercer

avec certitude sur la culture et la production du coton au Soudan : mais on peut, dès à présent, être assuré que les essais qui ont été entrepris au Soudan depuis peu d'années, auront pour la prospérité de ce pays un résultat au moins égal à celui qu'a eu pour l'Egypte l'acclimatation encouragée par S. A. Méhémet-Ali : ces prévisions, basées sur la nature des lieux, trouveraient au besoin une première confirmation dans les rapports recueillis par l'autorité, mais qui ne sont point encore du ressort de la statistique.

L'industrie du sucre dont le Khédive a doté l'Egypte n'a pris que depuis peu d'années le développement qui en a fait une nouvelle fortune pour le pays, et que les travaux en cours doivent augmenter encore dans une proportion considérable. Comme on l'a fait observer avec raison, l'histoire du coton en Egypte est un exemple de nature à faire présager pour l'industrie du sucre dans ce pays, un succès égal ou supérieur : le climat, la richesse du sol, et toutes les conditions en général, s'accordent à seconder les vues du Prince, à qui l'Egypte devra le sucre, comme elle doit le coton au fondateur de la dynastie.

De fait, la production du sucre a pris, dans ces dernières années, un développement dont la rapidité dépasse tout ce que l'on a vu pour le coton.

La production qui, d'après Clot-Bey, n'était en 1833 que de 382,000 kilogrammes ou 8.581 quintaux, avait fourni à l'Europe les quantités suivantes, de 1853 à 1862 : en 1853 — 29,276 quintaux, en 1854 —

29,943, en 1855—24,056, en 1856 — 14,237, en 1857 — 24,999, en 1858 — 28,261, en 1859 — 23,517, en 1860 — 11,681, en 1861 — 14,184, en 1862 — 13,226 quintaux. A cette dernière époque, la cherté du coton qui stimula exceptionnellement sa culture, suspendit quelque peu le progrès réservé au sucre, et les quantités exportées de cette dernière denrée ne furent plus que de 7.657 quintaux en 1863, de 2,300 en 1864, de 1,544 en 1865, et de 1,090 en 1866. C'est de cette dernière époque que date une extension prodigieuse qui, en 7 ans, rend l'exportation 150 fois plus considérable. De 3,000 quintaux en moyenne, l'exportation monte successivement à 54,982 en 1867, à 145,212 en 1868, à 293,279 en 1869, et à 283,828 en 1870, puis à 356,468 en 1871 et à 456,851 en 1872.

On peut douter que jamais il y ait eu exemple d'une semblable rapidité de développement dans aucune culture, dans aucune industrie. Pour se borner à une comparaison, celle des colonies françaises, la production du sucre aux Antilles est restée stationnaire depuis 30 ans, car elle était de 66,000 tonnes en 1835 et de 62,000 en 1865, à la Martinique et à la Guadeloupe. La production de la Réunion a seule augmenté: de 22,000 tonnes en 1830, elle est montée à 52,800 tonnes en 1865, et a mis ainsi un peu moins de 30 ans à doubler ; — en Egypte, pendant chacune des 7 dernières années, l'exportation doublait consécutivement d'année en année. Aujourd'hui, au point de vue de l'approvisionnement général, une exportation annuelle de 450,000 quintaux d'Egypte (soit environ 20,000 tonnes), qui ne peut qu'augmenter encore incessamment, représente à peu près toute la production de la Réunion en 1835. L'exportation de sucre des autres pays est : de 50,000 tonnes au Brésil, de 125,000 tonnes aux Colonies françaises, de 180,000 aux Indes Occidentales anglaises, de 120,000 à Maurice, de 120,000 aux Indes Orientales hollandaises, soit en tout 600,000 tonnes : on voit donc que l'exportation d'Egypte, devenue en 7 ans la 30e partie du commerce international, pourra aisément et en peu d'années, tant par son sol même où de jour en jour cette culture progresse avec une telle rapidité, que par ses annexes Soudaniennes où tout invite à l'extension de cette culture, s'élever au 20e, au 10e du Commerce du monde : — il suffira pour ce dernier résultat que son exportation totale s'élève de 450,000 quintaux, chiffre de 1872, à un million ; et l'expérience des dernières années peut certes faire espérer d'atteindre ce chiffre avec la plus grande rapidité et peut être même dans l'année courante.

Pendant les trois dernières années, l'exportation du sucre d'Egypte s'est ainsi distribuée : en 1872, sur 456,851 quintaux, 243,886 ont été expédiés en France, 100,812 en Angleterre, 85,262 en Italie, le reste en Autriche et en Orient ;

En 1871, sur 356,468 quintaux, 155,815 en France, 130,984 en Angleterre, 28,769 en Italie, le reste en Orient ;

En 1870 (année de la guerre), sur 283,828 quintaux, 139,419 quintaux en Angleterre, 106,567 en France, 23,002 en Italie, le reste en Orient et en Autriche.

Comme on le voit, la part prépondérante dans

ces exportations appartient à la France ; vient ensuite l'Angleterre, puis l'Italie où ce commerce a pris depuis peu de temps une certaine extension.

Il convient de signaler une anomalie qui doit évidemment disparaître, surtout avec le système de libre concurrence d'enchères actuellement adopté par la Daïra du Khédive pour le débit de ses sucres.— L'importation du sucre étranger en Egypte n'a plus aujourd'hui de raison, les quantités, les qualités et les prix du sucre local (comme en font foi les tableaux statistiques) donnant pleine satisfaction à la consommation intérieure : néanmoins, cette importation subsiste, dans une faible proportion il est vrai. D'après les tableaux particuliers, elle a été de 20,000 quintaux en moyenne pour chacune des dix années 1863 à 1872, après avoir été de 7,000 pour chacune des dix années précédentes.

On ne saurait contester que la culture du coton et des cannes à sucre ait quelque peu diminué le commerce des céréales : toutefois l'année 1872, par exemple, celle des dernières années qui a vu exporter le plus de sucre et de coton, est aussi celle qui a vu exporter le plus de céréales. L'exportation des blés d'Egypte a évidemment comporté de grandes fluctuations d'année en année, mais comme dans tous pays ; et encore ces variations devaient-elles être attribuées aux différences de besoins de l'étranger et aux cours des prix en Europe, plutôt qu'à des augmentations ou des diminutions de récoltes qui en Egypte varient moins que partout ailleurs, l'irrigation des terres ne dépendant point des pluies ou des sécheresses, mais des crues du Nil à l'égard desquelles l'industrie et la prudence humaine peuvent se prémunir bien plus aisément.

L'exportation du blé d'Egypte par Alexandrie a été en 1863 de 779,320 ardebs, en 1864 de 88,109, en 1865 nulle, en 1866 de 12,535, en 1867 de 798,202, en 1868 de 1,147,147, en 1869 de 368,897, en 1870 de 14,991, en 1871 de 464,669, et en 1872 de 867,728.

Il n'est pas sans intérêt de comparer ces chiffres à la qualification des crues du Nil pour chacune des années correspondantes : d'après le travail de statistique de M. l'Ingénieur Tissot sur le Nilomètre, la crue a été : très forte en 1863, insuffisante en 1864, moyenne en 1865, très-forte en 1866, moyenne en 1867, insuffisante en 1868, très-forte en 1869 et en 1870, abondante en 1871 et en 1872. On se convaincra que la crue du Nil, ayant une influence sur la récolte, en a nécessairement une aussi sur l'exportation ; mais cette influence n'est pas exclusive, car la crue insuffisante de 1868, par exemple, n'a pas empêché l'exportation du blé, qui avait été de 1,147,147 ardebs en 1868, d'atteindre encore le chiffre de 368,897 ardebs en 1869.

L'exportation de blé pendant les années 1853-1862, avait été de 965,793 en 1853, de 1,015,686 en 1854, de 1,674,852 en 1855, de 1,561,448 en 1856, de 752,573 en 1857, de 1,170,448 en 1858, de 527,395 en 1859, de 564,718 en 1860, de 905,240 en 1861 et de 1,328,851 en 1862. Ces chiffres sont en moyenne supérieurs à ceux de la période décennale 1863-1872, mais il n'y a pas lieu de s'en étonner, en présence de la récente augmentation des autres exportations. Tout ce que l'on en pourrait conclure, c'est que l'Egypte tend à ne cultiver en céréales que la quantité nécessaire à son alimentation, et préfère approvisionner l'Europe de marchandises plus riches.

La moyenne de l'exportation des 10 dernières années par Alexandrie a été de 454,161 ardebs., correspondant à 831,114 hectolitres, de blé du pays; 59,741 ardebs ou 109,326 hectolitres de blé turc; 46,284 ardebs ou 84,699 hectolitres d'orge; 426,204 ardebs ou 779,953 hectolitres de fèves; 22,291 ardebs ou 40,792 hectolitres de lentilles. — La moyenne de l'exportation annuelle était, de 1825 à 1836, de 43,000 ardebs de blé et 97,000 ardebs de fèves d'après M. Duhamel, consul de Russie.

Sur les 867,728 ardebs de blé exportés en 1872, il en a été expédié 829,472 en Angleterre, 24,330 en France, et 11,771 en Italie : sur les 464,969 exportés en 1871, — 419,656 en Angleterre, 41,020 en France.

Les 485,733 ardebs de fèves exportés en 1872 étaient à destination : 477,853 de l'Angleterre, et 5,444 de France; et les 848,230 ardebs de fèves exportés en 1871 étaient à destination : 812,576 de l'Angleterre, et 34,797 de la France.

On peut dire que les neuf dixièmes des céréales exportées d'Alexandrie sont absorbés par l'Angleterre, et presque tout le reste par la France.

La valeur totale des importations d'Alexandrie pendant les 10 dernières années est de 5,140,040,795 piastres, soit par année en moyenne de 514,004,079 piastres ou près de 130,000,000 francs. Cette moyenne n'avait été que d'environ la moitié pendant chacune des 10 années précédentes (1853-1862); comme la France de 1855 à 1866, l'Egypte n'a donc pas mis plus de dix ans à doubler son commerce spécial d'importation.

Cette progression n'a rien qui puisse étonner, en présence de l'enrichissement général du pays par le développement bien plus considérable encore de ses exportations : d'une part, l'aisance augmentant a permis de satisfaire davantage le bien-être; d'autre part, l'industrie locale, trouvant un débouché plus facile, des encouragements plus nombreux, a demandé à l'étranger un plus grand fond de matières premières.

Les 130,000,000 francs d'importation s'appliquent au seul port d'Alexandrie, qui représente environ 93 pour cent de la valeur des importations de toute l'Egypte. En s'en tenant pourtant à ce seul chiffre, le commerce d'importation en Egypte dépasse le commerce d'importation du Danemark (110 millions), de la Grèce (60 m.), de la Serbie (36 m.), et atteint presque celui de la Suède (157 m.) : s'il reste inférieur à celui des autres pays d'Europe, il n'en faudrait point conclure que sa population n'a pas les ressources nécessaires pour payer ses approvisionnements extérieurs : bien plutôt pourrait-on croire que cette population, longtemps restée séparée de la société Européenne par les anciennes mœurs de l'Orient, n'a pas encore contracté le goût général des marchandises européennes. Mais encore ne faudrait-il pas exagérer cette situation. L'importation étrangère, telle que les dix dernières années l'ont augmentée, représente 26 francs de marchandises étrangères pour chacun des 5,250,000 habitants de l'Egypte : cette proportion est supérieure à celle de l'Espagne (25 francs par habitant), et de la Turquie (12).

On voit donc que la population Egyptienne, à qui sa frugalité, son économie, et en même temps les ressources si variées et si grandes de son sol permettraient indubitablement de satisfaire ses besoins sans recourir à l'étranger, — situation exceptionnellement avantageuse,— ne se fait pas faute pourtant, quand elle y trouve son avantage, de faire usage des productions des autres pays, sans pour cela devenir leur tributaire réel.

Ces pays, au point de vue de la quantité de marchandises qu'ils fournissent à l'Egypte par la voie d'Alexandrie, sont rangés dans l'ordre suivant: L'Angleterre qui, sur les 514,004,079 piastres de marchandises annuellement importées à Alexandrie, en fournit 226,112,912, représente un peu plus de 4 dixièmes; la Turquie d'Europe avec la Syrie (105,050,409 piastres) représente 2 dixièmes : la France (60,385,241 p.) plus de 1 dixième ; viennent ensuite l'Autriche pour 44,232,469 p., l'Italie pour 33,595,330 p., puis la Barbarie, la Grèce, la Belgique, la Russie, la Suède, etc.

Sans s'arrêter, pour le moment, aux différentes espèces de marchandises importées, sur lesquelles cependant les tableaux statistiques présentés donnent lieu à d'utiles réflexions, — on ne saurait se dispenser de comparer le mouvement total des importations à celui des exportations.

En Egypte, la valeur annuelle des marchandises importées est, comme on l'a vu, de 130,000,000 francs, (chiffre qui, ne s'appliquant qu'à Alexandrie, devrait être augmenté de 7 pour cent pour s'appliquer à toute l'Egypte), tandis que la valeur annuelle des exportations est de 300,000,000 francs : l'exportation est donc plus du double de l'importation pendant la période décennale 1863-1872 : au contraire, sous la période 1853-1862, l'exportation ne dépassait l'importation que dans une proportion relativement faible. Ce n'est donc que depuis dix ans que l'Egypte a conquis sa position parmi les pays de production qui ont peu besoin des autres et dont les autres ont besoin. L'Autriche, la Roumanie, la Russie pour une partie de ses Etats, la Turquie, sont les seuls pays d'Europe qui, avec le Brésil, les Républiques de l'Amérique Centrale, et les Colonies anglaises, françaises, hollandaises, etc., dans les autres parties du monde, aient comme l'Egypte, le privilège de donner plus qu'ils ne reçoivent, en marchandises s'entend.

Cette situation s'est en partie traduite pour les dix dernières années par un apport de près d'un demi milliard de francs en numéraire, que l'Egypte a reçu de l'étranger et qui est demeuré dans le pays : pour 687 millions au moins de numéraire importés à Alexandrie de 1863 à 1872, il n'en a effectivement été exporté que 246 millions.

Le minimum de 441 millions de francs qui, depuis dix ans, est ainsi venu augmenter en Egypte le stock métallique d'encaisse ou de circulation, au bénéfice de la fortune générale ou pour la plus grande facilité du commerce, réparti entre les 5,250,000 habitants de ce pays, représente 84 francs par habitant.

Sans doute, les nouvelles quantités de métal produites par l'Australie dans ces dernières années, ont pu en tout pays amener un supplément de numéraire : mais telle n'est point la raison qui a pu faire affluer d'Europe en Egypte les 441 millions ci-dessus, car la plus grande partie des importations métalliques en Egypte a eu lieu dans la première moitié de la période décennale 1863-1872, — c'est-à-dire avant que la production de l'Australie n'ait acquis son récent développement (voir le tableau du mouvement de numéraire par l'Egypte entre l'Europe et l'Australie ou les Indes, — d'ailleurs tout à fait distinct du mouvement local de numéraire que nous examinons).

Force est donc de supposer que les 441 millions de francs et plus, apportés et restés en Egypte depuis 1863, doivent être attribués, indépendamment de l'agio et du plus ou moins d'abondance de numéraire sur le marché européen, à l'une des deux raisons suivantes, et probablement à toutes les deux réunies :

1° Rémunération de la main d'œuvre (en majeure partie indigène) employée dans les grands travaux publics, — le matériel de ces mêmes travaux acquis en Europe étant payé en Europe ;

2° Paiement fait par l'Etranger à l'Egypte pour balancer la valeur des marchandises reçues de ce pays (exportation) avec la valeur des marchandises envoyées (importation).

Dans les deux cas, le surcroit de numéraire ci-dessus a profité à la fortune générale qui s'est accrue, de ce seul chef, d'un chiffre déjà constaté de 84 francs par habitant.

Mais ce chiffre, déjà considérable pour une si courte durée, n'est en réalité qu'une partie de l'augmentation de la richesse du pays.

La valeur des marchandises exportées de 1863 à 1872 par l'Egypte est, comme on l'a dit plus haut, de 3 milliards de francs, et celle des marchandises importées, de 1 milliard et demi seulement. La somme totale à payer par l'Etranger à l'Egypte pour balancer ces valeurs était donc, pour ces mêmes années, de 1 milliard et demi de francs. Les 441 millions d'excédant de numéraire importé ne représentent par conséquent qu'une partie de cette somme totale, d'autant plus qu'ils se partageaient entre la main d'œuvre (on vient de le voir) et la production commerciale.

Comment a été acquitté le surplus ? Sans vouloir entrer ici dans le domaine des suppositions, on peut mentionner comme plus ou moins plausibles diverses explications, qui concourraient toutes ensemble à la solution partielle d'un problème si délicat et si complexe, à savoir : retard dans la liquidation et le règlement monétaire des échanges commerciaux par le fait de la circulation et du renouvellement du papier ; — placement en Europe, soit en biens fonds, soit en valeurs européennes, d'une portion du bénéfice réalisé en Egypte ; — attribution à des associés d'Europe, commanditaires et banquiers par exemple, d'une autre portion de ce bénéfice ; — compensation en Europe, pour portion encore, avec ce que l'Egypte empruntait aux capitaux étrangers pour construire ses chemins de fer et ses télégraphes, creuser ses canaux agricoles et maritimes, agrandir ses ports, etc., etc.

Mais de quelque manière qu'on pose le problème et qu'on tente de le résoudre, — quelle que soit la proportion dans laquelle les explications ci-dessus peuvent être invoquées,— il n'en demeure pas moins acquis que le bénéfice réalisé de 1863 à 1872 par la production et par le commerce en Egypte s'est élevé à un milliard et demi de francs, qui n'ont pas été payés en marchandises et qui dès lors ont constitué une épargne. Ce bénéfice a-t-il été payé diversement, ou cette épargne a-t-elle été plus tard transportée ailleurs par ceux qui l'ont réalisée? c'est là un autre côté de la question. Mais cette réalisation de bénéfice n'en subsiste pas moins ; et appliquée à une population de 5,250,000 habitants, nationaux ou résidents étrangers, représente une augmentation de la fortune publique de 285 francs par habitant en 10 ans.

Ces chiffres ont assurément leur éloquence.

Le Chef du Bureau Central de Statistique,

E. DE RÉGNY-BEY.

DEUXIÈME PARTIE.

TABLEAUX ET NOTES

RAPPORT des Monnaies, Mesures et Calendriers usités en Égypte, avec le système métrique décimal et le calendrier Grégorien.

I. MONNAIES.

L'unité monétaire Egyptienne est la piastre, monnaie d'argent, du poids de 1 gram. 35,339, et de la valeur de 0 fr. 259, — qui se subdivise en 40 paras.

La bourse Egyptienne représente, en valeur de compte, 500 piastres.

Le tarif légal établit comme suit le rapport des monnaies étrangères, ayant cours en Egypte, à la piastre Égyptienne :

1 Franc	= 3 piastres	et 34	paras.
1 Guinée Turque	= 87	» 30	»
1 Livre Sterling	= 97	» 20	»
1 Guinée Russe	= 79	» 18	»

II. MESURES (1).

Mesures de longueur :

Pic indigène ou ordinaire (derâ Beledi), base du système métrique Égyptien, = m. lin. 0.5826.

Pic ou coudée du Nil (derâ Nili), = m. lin. 0.5245.

Pic de construction (derâ meïmari), = m. lin. 0.7500.

Kassabah, = m. lin. 3.55.

Mesures de superficie :

Feddan (agraire), = m. carr. 4,200.8333.

Pic carré (de construction) = m. carr. 0.5625.

Kassabah, = m. carr. 12.6025.

(1) Pour la plupart, d'après les récents travaux de Mahmoud-Bey, astronome du Khédive.

Mesures de capacité :

Ardeb ordinaire, cube de la coudée ordinaire, de 24 roubebs, de 12 kélés, ou de 6 ouebebs, = 197 litres 7477.

Mesures de poids :

Quintal ou Kantar (de 100 rotolis / ou 36 okes) = kilog. 44.5458.

Oke (de 400 drachmes ou dirhems) = » 1.236.

Rotoli ou rotl (de 144 drachmes) = » 0.44496.

Ardeb de blé quelconque = kilog. 133.6374.

» de lentilles et pois = » 151.45572.

» de riz de Rosette = » 185.6085.

Balle de coton d'Egypte (1), en général de 6 quintaux 1/3 = 282 kilog.

Jauge des navires :

Le tonneau mentionné pour la jauge des navires, est celui de la loi spéciale à leur pavillon. Pour les navires égyptiens : le tonneau est de 40 kilos d'Orient, et pèse, comme le tonneau anglais, 792 ocques ; l'ardeb équivaut à 5 kilos et 1/3.

III. CALENDRIERS.

Le 1er Janvier de l'année grégorienne 1871 correspond :
au 8 Chawal de l'année musulmane 1587,
au 23 Kyak de l'année copte 1587,
et au 20 Décembre de l'année grecque 1870.

Le 31 Décembre de l'année grégorienne 1871 correspond :
au 19 Chawal de l'année musulmane 1288,
au 22 Kyak de l'année copte 1588,
et au 19 Décembre de l'année grecque 1871.

(1) La balle de coton vaut aussi, mais rarement, 5 quintaux.

Le 31 Décembre de l'année grégorienne 1872 correspond :
au 1er Zilcade de l'année musulmane 1289,
au 23 Kyak de l'année copte 1589,
et au 19 Décembre de l'année grecque 1872.

L'année Musulmane 1287 — ère de l'Hégire (1) a commencé le 2 Avril 1870 et fini le 21 Mars 1871 ; l'année Musulmane 1288 a commencé le 22 Mars 1871 et fini le 10 Mars 1872 ; l'année Musulmane 1289 a commencé le 11 Mars 1872 et fini le 27 février 1873.

L'année Copte 1587 — ère des Martyrs (2) a commencé le 11 Septembre 1870 et fini le 10 Septembre 1871 ; l'année Copte 1588 a commencé le 11 Septembre 1871 et fini le 10 Septembre 1872 ; l'année Copte 1589 a commencé le 11 Septembre 1872 et finira le 10 Septembre 1873.

L'année Grecque 1872 — Calendrier Julien (3) a commencé le 13 Janvier de l'année grégorienne 1872 et fini le 12 Janvier de l'année grégorienne 1873.

La période décennale 1269-1278 (ère de l'Hégire) comprend du 14 Octobre 1852 au 27 Juin 1862 ; la période décennale 1279-1288 comprend du 28 Juin 1862 au 10 Mars 1872.

(1) L'année musulmane (lunaire) se compose de 12 mois dans l'ordre suivant : Moharrem (30 jours), Saffer (29), Rabi-Awel (30), Rabi-Akher (29), Giamad-Awel (30), Giamad-Akher (29), Redgeb (30), Chaban (29), Ramadan (30), Chawal (29), Zilcade (30), Zillhegge (29).

(2) L'année copte (solaire) se compose de 12 mois de 30 jours et d'un mois complémentaire de 5 jours, dans l'ordre suivant : Thout, Babe, Hatour, Kyak, Toube, Amchir, Barmahat, Barmouda, Bachans, Baouna, Abib, Misre, Nasi (mois complémentaire).

(3) L'année grecque (solaire) se compose, comme l'année grégorienne, de 12 mois portant les mêmes noms et dans le même ordre.

N° 1. — Division Administrative.

1° MOHAFZAS

VILLES ADMINISTRÉES PAR DES GOUVERNEURS SPÉCIAUX.

Surface en Mètres (1)	
9.284.400	*Le Caire*, capitale (10 quartiers ou toums : Ezbékieh, Bab-Charye, Abdin, Darb-el-Gammamiz, Darb-el-Ahmar, Gemelyé, Chessun, Kaliffa, Boulaq, et le Vieux Caire ou Masr-el-Attiqa).
5.586.400	*Alexandrie*, (4 quartiers ou toums : Ras-el-Tin, Magarbe, Attarin, Minet-el-Bassal ; juridiction sur les environs, Ramlé et Aboukir, le Mex et Dekele).
709.164	*Rosette*,
852.732	*Damiette*,
513.600	*Port-Saïd* (juridiction sur le Nord du Canal maritime, jusqu'à et y compris Kantara).
	El-Arich, (juridiction jusqu'à la frontière).
650.800	*Ismaïlia*,
350.000	*Suez*, (juridiction sur la côte orientale de la Mer Rouge, jusqu'au delà d'El-Widj).
	Kosseïr, (relevant de la Moudyrieh de Kéné).

(1) Des villes proprement dites, sans leurs annexes et dépendances.

2° MOUDYRIEHS

PROVINCES ADMINISTRÉES PAR DES PRÉFETS.

I. Basse-Egypte.

Surfaces imposées FEDDANS	
364.240	1. *Béhéra*, chef-lieu Damanhour ; 5 districts : Damanhour, Chibrikit, Deffine, Neghile, Kanis-el-Mahmoudye ; — 22 villes, 253 villages ou communes.
170.943	2. *Gisé*, chef-lieu Gisé ; 3 districts sans noms spéciaux ; 3 villes, 160 villages.
181.115	3. *Galioubye*, chef-lieu Benha ; 3 districts : Benha, Aghour, Khanca ; 3 villes, 159 villages.
404.493	4. *Charkye*, chef-lieu Zagazig ; 5 districts : Minet-el-Gamkh, Bilbeïs, El-Akmek, Arin, Agizze ; 11 villes, 429 villages.
352.253	5. *Menoufye*, chef-lieu Chibin ; 5 districts : Menouf, Subke, Tenoub, Milique, Achmoun ; 13 villes, 331 villages.
747.883	6. *Garbye*, chef-lieu Tanta ; 10 districts : Mehallet-el-Kibir, Giaffarye, Mehallet-Menouf, Bassioun, Zifte, Mehalla, Talha, Ariamoun, Dessouk, Brullos ; 36 villes, 484 villages.
429.636	7. *Dahkalye*, chef-lieu Mansoura ; 4 districts : Mit-Gamar, Naousa-el-Gheït, Simbellaweïn, Dikiernes ; 4 villes, 437 villages.

II. Moyenne-Égypte.

228.782	8. *Benisouef-Fayoum*. 1re subdivision, *Benisouef*, chef-lieu Benisouef ; 3 districts : Benisouef, El-Zaouï, Bibeh ; 3 villes, 69 villages. —
206.056	2me subdivision, *Fayoum*, chef-lieu Medinet-el-Fayoum ; 3 districts : Medinet, Sinorès, El-Hoïate ; 1 ville, 86 villages.

392.778 9. *Minye-Benimazar*, chef-lieu Minye; 4 districts : Minye, Closna, Benimazar, Fachn; 2 villes, 259 villages.

III. Haute-Égypte.

421.102 10. *Assyout*, chef-lieu Siout; 5 districts : Siout, Ebnub, Aboutik, Monfalout, Mallawi; 4 villes, 281 villages. — Oasis, 14 villages.

330.176 11. *Ghirghe*, chef-lieu Souhag; 4 districts : Souhag, Tahta, El-Manchié, Ghirghe; 4 villes, 188 villages.

263.023 12. *Kéné-Kosseïr*, chef-lieu Kéné; 4 districts : Kéné, Farchout, Gouso, Kosseïr; 5 villes, 102 villages.

131.740 13. *Esné*, chef-lieu Esné; 3 districts : Esné, Assouan, Wady-Halfa; 2 villes, 87 villages.

4.624.221 Feddans.

3° COTES DE LA MER ROUGE

ADMINISTRATION SPÉCIALE.

Massaoua,
Souakin,
Province de *Taka* et localités adjacentes.

4° SOUDAN

ADMINISTRÉ PAR UN GOUVERNEUR GÉNÉRAL
RÉSIDANT A KHARTOUM.

Moudirieh de *Khartoum*, chef-lieu Khartoum.
» *Dongola* et *Berber*, chef-lieu Dongola; villes principales Berber, Motemmeh, Chinde.
» *Sennaar* et *Fazoglou*, chef-lieu Sennaar.
» *Kordofan*, chef-lieu Kordofan.
» *Bahr-el-Abiad* (fleuve Blanc).

N° 2. — Altitude des principales Stations de la vallée du Nil (1).

DISTANCES kilométriques de Khartoum.	STATIONS.	Altitudes.
—	**Khartoum.** Confluent du Nil Bleu..... .	378m00
184	**Chendy.** Niveau des Hautes eaux du Nil en 1866..............	363.23
	Basses Eaux en 1867........	354.76
	L'altitude de Chendy résulte d'un nivellement direct exécuté en 1867 par l'astronome Ismaïl-Bey, entre le port de Souakin, sur la mer Rouge, et Chendy.	
320	**Confluent de l'Atbara**.............	355.40
350	**Berber**..............................	349.80
614	**El-Kab**..............................	293.90
649	**Oum Deras**..........................	285.15
729	**Guérendid**..........................	235.63
1069	**Hannek,** cataracte..................	209.37
1131	**Kaïbar** cataracte	205.40
1320	**Dale**................................	190 80
1458	**Ouady Halfa**........................	128.00
1858	**Philœ**...............................	100.91
	Le Nil est navigable de Khartoum à Chendy. De ce dernier point à El-Kab, il y a trois cataractes ; entre El-Kab et Oum Deras, une série continue de rapides ; entre Oum Deras et Guérindid, sept cataractes ; entre Dale et Ouady Halfa, il y en a neuf autres, après quoi, le fleuve redevient navigable jusqu'à Philœ. Entre Philœ et Assouan, il y a encore une cataracte qu'on désigne communément sous le nom de première cataracte.	

(1) Dressé par M. Tissot, Ingénieur du Ministère des Travaux Publics, d'après les nivellements exécutés de 1848 à 1872, par MM. Linant-Bey, D'Arnaud-Bey, Salama-Bey, De Gottberg, Ismaïl-Bey, Mahmoud-Bey, Aladenise et Richard.

Les altitudes sont comptées au-dessus du niveau moyen de la mer Méditerranée. Les distances sont comptées sur l'axe du fleuve ; jusqu'à Assouan, elles ont été mesurées sur la carte de M. de Gottberg, et à partir d'Assouan, sur les cartes de la Description de l'Egypte.

TABLEAU N° 2. *(suite).*

DISTANCES kilométriques de Khartoum.	STATIONS.	Altitudes.
1869	**Assouan.**	
1979	**Edfou.**	
2028	**Esné.**	
2068	**Herment.**	
2088	**Louksor.**	
2292	**Sohag.**	
	La pente en étiage entre Assouan et Herment est d'environ $16^{m}00$; le nivellement de cette ligne n'a pas été encore relié avec celui de Siout à la Méditerranée.	
2400	**Siout.** Etiage de 1872 à la prise d'eau du canal Ibrahimieh.......	44.61
2479	**Deïrout.** Radier du pont barrage établi sur le canal Ibrahimieh....	38.10
2553	**Minieh.** Couronnement du quai de Cheikh Fouli..........	40.41
	Radier du pont barrage établi sur le canal Ibrahimieh....	35.35
	Hautes eaux de 1870..........	40.14
	Etiage de 1871..............	32.69
	NOTA. La pente moyenne des terrains de culture le long du canal Ibrahimieh, d'après les nivellements dirigés par Mahmoud-Bey, est de 1 mètre pour 11.572^{m} de longueur, soit de $0^{m}086415$ pour un kilomètre.	
2659	**Fachn.** Etiage de 1871..............	25.25
2692	**Bénisouef.** Etiage de 1871..............	22.87
2807	**Le Caire.** Couronnement du parapet du Nilomètre de l'île de Roda..	20.696
	Niveau du grand mastaba ou palier de l'Ouest, correspondant à 9 coudées de l'échelle du cheikh-mesureur.......	13.353
	Niveau du mastaba inférieur, situé à l'Est du Nilomètre, et appelé Mastaba des Pharaons..................	10.853
	Zéro de l'Echelle des coudées du cheikh-mesureur.......	8.632
	Etiage théorique au Nilomètre de Roda.................	12.100
	Hautes eaux de 1869.........	20.510
	Couronnement du quai de l'usine de la Compagnie des Eaux à la Salpétrière, près du vieux Caire............	20.535

TABLEAU N° 2. *(suite).*

DISTANCES kilométriques de Khartoum.	STATIONS.	Altitudes.
	Zéro de l'Echelle placée contre ce quai....................	9.462
	Etiage théorique à cette échelle (2m50)	11 962
	Hautes eaux de 1872 (10m15)..	19.612
	Niveau du trottoir du grand pont de Kasr-el-Nil..........	23.70
	Etiage théorique à ce pont....	11.90
	Hautes eaux de 1872..........	19.55
2832	**Barrage** du Delta. Zéro de l'Echelle de cette station..............	10.675
	Plus basses eaux observées (1859)....................	10.50
	Plus hautes eaux observées (1869).................. ..	18.82
2886	**Benah** (Branche de Damiette). Hautes eaux de 1863....................	14.41
	Niveau de l'étiage..........	6.96
2954	**Kafr-Zayat** (Branche de Rosette). Hautes eaux de 1869.............	10.06
	Etiage moyen...............	1.32
	Zéro de l'échelle du pont (datum)................	0.76
3008	**Atfeh** (Branche de Rosette). Prise d'eau du Canal Mahmoudieh ; Hautes eaux du Nil en 1869.......	4.45
	Hautes eaux dans le Canal....	2.45
	Niveau normal des eaux dans le Canal................	1.50
3085	**Alexandrie**. Embouchure du Canal Mahmoudieh ; hautes eaux dans le Canal..................	2.22
	Niveau normal des eaux dans le Canal.................	1.27
	Plus hautes mers connues à Alexandrie (9 février 1860).	0.72
	Plus basses mers connues à Alexandrie (10 mars 1860)..	—0.48

N° 3. — MÉTÉOROLOGIE DU CAIRE

De l'année 1868 à l'année 1871.

I. — THERMOMÈTRE CENTIGRADE.

MOIS.	MOYENNES MENSUELLES.				de 1868 à 1871
	1868	1869	1870	1871	
Janvier	12.30	12.23	14.11	12.75	12m85
Février	11.92	12.94	13.81	12 45	12 78
Mars	16.89	17.03	18.48	15.45	16.96
Avril	20.15	19.82	19.18	20.90	20.01
Mai	26 23	26.18	27.44	26.15	26.50
Juin	28.69	30.39	28.57	28.30	28.99
Juillet	29.98	29 42	30.41	29.70	29.88
Août	29.77	29 31	29.41	29.25	29.43
Septembre	27.02	25.66	25.94	24.94	25.84
Octobre	24.89	22.12	21.84	23.20	23.01
Novembre	18.12	18.31	18.04	19.58	18.51
Décembre	14.27	15.53	14.88	15.77	15.11
Moyennes annuelles	21.68	21.58	21 84	21.54	21m66

II. — BAROMÈTRE RÉDUIT A ZÉRO.

MOIS.	MOYENNES MENSUELLES.				de 1868 à 1871
	1868	1869	1870	1871	
Janvier	761.13	761.63	760.91	761 21	761m40
Février	761.28	762.09	760.86	762.07	761.57
Mars	758.39	755.70	755.48	760.73	757 57
Avril	758.45	758.37	758.71	757.19	758.18
Mai	757.21	756.67	756 64	756.82	756.83
Juin	754.78	755.86	755.58	756.55	755.69
Juillet	753.56	754.68	752.85	753.27	753.59
Août	754.18	754.54	753.38	754.27	754.09
Septembre	756.71	756.63	757.37	758.05	757.19
Octobre	758.08	760.48	756.66	758.89	758 53
Novembre	760.89	761.26	761.12	760.32	760.90
Décembre	762.62	761.65	761. »	761.77	761.76
Moyennes annuelles	758.15	758 27	757.54	758.42	758m10

Dressé par l'Astronome Ismaïl-Bey,
Directeur de l'Observatoire Khédivié du Caire.

N° 4. — Direction des vents et quantité des pluies

Observés au Caire en 1871.

VENTS.

MOIS.	NOMBRE TOTAL D'OBSERVATIONS à raison de 7 par jour de 3 heures en 3 h.	Ouest.	Nord-Ouest.	Nord.	Nord-Est.	Est.	Sud-Est.	Sud.	Sud-Ouest.
Janvier....	217	15	24	18	68	1	13	36	42
Février....	196	23	48	29	30	3	4	22	37
Mars......	217	50	32	35	20	17	14	14	35
Avril......	210	17	21	58	16	47	26	3	19
Mai.......	217	19	14	66	79	6	18	11	4
Juin......	210	12	»	107	48	11	5	13	14
Juillet....	217	»	8	171	12	»	»	4	22
Août.......	217	1	»	215	1	»	»	»	»
Septembre..	210	»	»	208	»	»	»	»	2
Octobre....	217	»	»	155	41	5	1	7	8
Novembre..	210	4	15	121	16	16	9	18	11
Décembre..	217	24	»	67	33	49	3	2	39
	2555	165	165	1250	364	155	93	130	233

Pluies. — *Janvier :* le 17, à 12 heures 24 minutes, pluie légère pendant 10 minutes, et à 9 h. 8 m. soir, pluie légère pendant 42 minutes ; le 18, à 7 h., pluie légère pendant 2 m. — *Février :* le 5, à 2 h. 4 m., pluie très légère pendant 1 h. 16 m.; le 19, à 4 h. 10 m., pluie légère pendant 30 m. ; le 28, à minuit 40 m,, pluie légère pendant 22 m. — *Mars :* le 14, à 6 h., pluie légère pendant 6 m. — *Avril :* le 4, à 1 h. 10 m., pluie légère pendant 2 h. 50 m. ; le 13, à 3 h., pluie légére pendant 10 m., et à 9 h., pluie pendant 2 h. 40 m. — *Mai, Juin, Juillet, Août, Septembre, Octobre,* aucune pluie. — *Novembre,* le 22, à 9 h. 15 m., pluie pendant 15 m., et à 3 h. s., pluie pendant 5 m. — *Décembre :* aucune pluie.

N° 5. — MÉTÉOROLOGIE D'ALEXANDRIE
EN 1872

TEMPÉRATURE

MOIS.	MINIMUM des MINIMA.	MAXIMUM des MAXIMA.	MOYENNE des MINIMA.	MOYENNE des MAXIMA.	MOYENNE GÉNÉRALE.
	Centigr.	Centigr.	Centigr.	Centigr.	Centigr.
Janvier...........	6,9	20,5	10,5	17,7	14,1
Février...........	8,0	26,4	11,8	18,6	15,2
Mars.............	10,7	32,2	14,0	22,9	18,5
Avril.............	12,3	33,9	14,8	23,5	19,2
Mai..............	13,1	34,1	18,2	25,7	22,0
Juin.............	17,3	42,8	21,5	28,4	24,9
Juillet............	20,4	36,6	23,2	28,9	26,1
Août.............	21,4	30,5	24,2	29,4	26,8
Septembre	20,6	30,2	23,4	28,9	26,1
Octobre..........	16,6	31,9	20,7	27,6	24,1
Novembre.........	12,7	29,0	16,8	25,0	20,9
Décembre.........	8,4	24,5	13,4	20,1	16 7
MOYENNE GÉNÉRALE DE L'ANNÉE 1872...					21,2

TABLEAU N° 5 *(suite)*.

ÉVAPORATION ET PLUIES.

MOIS.	HAUTEUR D'EAU ÉVAPORÉE.	HAUTEUR D'EAU TOMBÉE.	DATES DES JOURS PLUVIEUX.
	Mètres.	Millimètres	
Janvier......	0,093	56,4	Du 4 au 7, 15 au 17, 25 et 31.
Février... .	0,102	22,5	1 et 2, 6 au 8, 10.
Mars	0,170	58,9	6, 28 au 31.
Avril	0,207	3,0	14.
Mai.........	0,258	—	Quelques gouttes les 11 et 16
Juin	0,316	—	
Juillet.......	0,322	—	
Août........	0,308	—	
Septembre...	0,245	—	
Octobre	0,214	—	Quelques gouttes le 20.
Novembre ...	0,144	76,2	6, 9 au 11, 23 et 24.
Décembre....	0,129	66,5	8 et 9, 22 au 26, 28 au 31.
	Mètres.	Millimètres	
TOTAL....	2,508	283,5	38 Jours pluvieux.

Les phénomènes météorologiques complémentaires à signaler pour l'année 1872, à Alexandrie, sont les suivants :

Orage, les 31 Janvier, 30 Mars, 20 Octobre, 10 et 23 Novembre, 23 Décembre ;

Grêle, les 31 Janvier et 23 Novembre;

Brouillard, le 23 Janvier ;

Aurore boréale, le 4 Février.

Dû à M. DRORY, Ingénieur du Service des Eaux d'Alexandrie.

N° 6. — Direction et force des Vents, à Alexandrie,

DU MOIS D'OCTOBRE 1872 AU MOIS DE FÉVRIER 1873.

DATES.	OCTOBRE.		NOVEMBRE.		DÉCEMBRE.		JANVIER.		FÉVRIER.	
	DIRECTION.	FORCE	DIRECTION.	FORCE	DIRECTION.	FORCE	DIRECTION.	FORCE	DIRECTION.	FORCE
1	—	—	E	210	NO	80	ESE	170	SSO	120
2	—	—	NE	—	—	—	SSE	140	NE	120
3	—	—	NE	340	N p. E	200	E	100	O	440
4	—	—	NO	760	N	420	ESE	160	ONO	260
5	—	—	SO p. N	120	NE	270	SE	170	SSE	30
6	—	—	S p. O	480	NE	170	SSE	130	NE	360
7	—	—	SO	500	NE	90	SSO N	170 —	SO	—
8	—	—	SO	140	SSO	150	S	20	S	360
9	—	—	OSO	950 850	NO	300	ENE	70	NE	50
10	—	—	O	880	NNO	420	ESE	50	NE	30
11	—	—	OSO	360	NE	130	S	70	E	20
12	—	—	S	50	E	40	SSO	250	O	310
13	—	—	S p. E	90	E	20	SSO	70	E	60
14	—	—	E	30	NE	240	N	230	SSO	230
15	—	—	ENE	70	ENE	120	S	180	O	850
16	—	—	SE	—	SO	280	NO	320	OSO	840
17	—	—	NE	50	S	210	SSO	130	NO	450
18	—	—	NE	70	SE	90	SSO	160	NO NNO	1250 1200
19	NNO	650	NNE	200	SO	600	S	230	SSO	330
20	NO	780	E	140	SSO SO	290 440	OSO	1100	NO	320
21	N	410	NE	90	SO	440	S	120	S	80
22	NE	35	NNE N	100 670	O	310	SE	130	SSO	40
23	N	260	NNE	60	SSO OSO	380 1230	S	—	SO	20
24	NE p. E	670	NNO	280	NO	1820 1760	SO	250	SO	—
25	NE	300	NNE	40	NO	1450	SSO	70	NE	270
26	NO	260	NE	230	S	510	ESE	30	NO	270
27	NO	120	NE	280	SSO	140	SSO	290	NO	200
28	NO	600	NO	350	—	—	SO	30	S	70
29	NO	270	NE	80	ENE	70	SE	60		
30	SO	220	SSO	300	NO	430	NE	160		
31	S p. O	—	—	—	NNE	960	NNO	400		

Dressé d'après les observations de la Cie des Travaux du port d'Alexandrie sur la côte du Mex.

La force des vents est exprimée en milles anglais.

N° 7. — Plus hautes Eaux du Nil au Caire, DE 1825 A 1872.

Expression de la crue en coudées du nilomètre de Roda, et hauteur correspondante en mètres au-dessus de l'étiage.

Dates		coud.	doigts	mètres.	
....	1825 —	19	4	5.80	crue insuffisante.
—	1826 —	22	18	6.95	crue moyenne.
—	1827 —	22	8	6.70	crue moyenne.
—	1828 —	21	14	6.40	crue moyenne.
—	1829 —	24	2	7.60	crue très-abondante
—	1830 —	21	8	6.35	crue moyenne.
—	1831 —	22	11	6.75	crue moyenne.
—	1832 —	21	23	6.50	crue moyenne.
—	1833 —	18	23	5.75	crue insuffisante.
—	1834 —	23	10	7.26	crue abondante.
—	1835 —	19	15	5.92	crues insuffisantes, disette de 3 ans.
—	1836 —	20	17	6.20	
—	1837 —	19	4	5.80	
—	1838 —	21	12	6.40	crue moyenne.
—	1839 —	22	9	6.70	crue moyenne.
—	1840 —	24	2	7.64	crues très-abondantes pendant 3 ans.
—	1841 —	24	0	7.60	
—	1842 —	24	2	7.64	
—	1843 —	22	7	6.70	crue moyenne.
—	1844 —	22	3	6.60	crue moyenne.
—	1845 —	21	6	6.32	crue moyenne.
—	1846 —	23	23	7.55	crue abondante.
—	1847 —	23	2	7.10	crue moyenne.
2 Octobre	1848 —	24	6	7.70	crue très-abondante
7 Octobre	1849 —	24	5	7.68	crue très-abondante
19 Septembre	1850 —	21	20	6.46	crue moyenne.
3 Octobre	1851 —	24	9	7.77	crue très-abondante
31 Août	1852 —	21	8	6.35	crue moyenne.
1er Octobre	1853 —	24	9	7.77	crue très-abondante

Dates			coud.	doigts.	mètres.	
29	Septembre	1854	— 23	23	7.55	crue abondante.
10	Septembre	1855	— 20	18	6.20	crue faible.
2	Octobre	1856	— 24	8	7.75	crue très-abondante
13	Septembre	1857	— 21	22	6.48	crue moyenne.
6	Septembre	1858	— 21	14	6.40	crue moyenne.
27	Octobre	1859	— 21	7	6 32	crue faible.
17	Octobre	1860	— 24	5	7.67	crue abondante.
27	Septembre	1861	— 24	16	7.92	crue très-abondante
22	Octobre	1862	— 23	»	7.04	crue moyenne.
20	Septembre	1863	— 25	1	8.11	crue très-forte.
20	Septembre	1864	— 19	21	5.95	crue insuffisante.
18	Octobre	1865	— 22	23	7.02	crue moyenne.
27	Septembre	1866	— 25	11	8 31	crue très-forte.
11	Septembre	1867	— 21	22	6.46	crue moyenne.
27	Août	1868	— 19	13	5.87	crue insuffisante.
11	Octobre	1869	— 25	15	8.40	crue très-forte.
14	Octobre	1870	— 24	17	7.92	crue très-forte.
27	Septembre	1871	— 23	16	7.38	crue abondante.
20	Octobre	1872	— 24	3	7.65	crue abondante.

Dressé par M. l'Ingénieur Tissot,
ainsi que les deux Numéros suivants.

Nº 8. — Température de l'eau du Nil au Caire (1)

En 1872.

15 Janvier,	14°2 ;	15 Février,	15° ;	15 Mars,	18°9
15 Avril,	19°5 ;	15 Mai,	22°5 ;	15 Juin,	23°6
15 Juillet,	25°7 ;	15 Août,	27° ;	15 Septembre,	26°5
15 Octobre,	24°5 ;	15 Novembre,	21° ;	15 Décembre,	18°5

Moyenne de l'année : 21°4.
Température minima : 14°2, le 15 Janvier.
Température maxima : 28°, les 2 et 3 Août.

(1) Observée à la surface du fleuve à 9 heures du matin.

N° 9. — ÉVAPORATION AU CAIRE

(Années 1870-71-72).

ANNÉES.	Janvier.	Février.	Mars.	Avril.	Mai.	Juin.	Juillet.	Août.	Septembre.	Octobre.	Novembre.	Décembre.	TOTAL.
Année 1870........	0.085	0.151	0.292	0.301	0.320	0.308	0.291	0.242	0.190	0.143	0.082	0.078	2m483
» 1871........	0.074	0.073	0.123	0.191	0.266	0.299	0.290	0.243	0.199	0.153	0.099	0.090	2m100
» 1872........	0.087	0.145	0.221	0.260	0.339	0.314	0.263	0.233	0.157	0.110	0.080	0.078	2m287
Années 1870-71-72..	0.246	0.369	0.636	0.752	0.925	0.921	0.844	0.718	0.546	0.406	0.261	0.246	6m870
Moyenne annuelle..	0.082	0.123	0.212	0.257	0.308	0.307	0.281	0.240	0.182	0.135	0.087	0.082	2m290

Nº 10. — SUJETS ÉTRANGERS, DE DIVERSES NATIONALITÉS,

Résidant en Egypte.

RÉSIDENCES.	Grecs.	Italiens.	Français.	Anglais.	Autrichiens-Hongrois.	Allemands.	Persans.	Espagnols.	Russes.	Hollandais.	Belges.	Suédois, Danois, Portugais, Américains et divers.	TOTAL.
ALEXANDRIE	21.000	7.539	10.000	4 500	3.000	600	100	150	127	220	40	40	47.316
LE CAIRE (banlieue comprise)	7.000	3.367	5.000	1.000	1.800	450	400	103					19.120
AUTRES LOCALITÉS (Isthme de Suez et Delta princip[t])	6.000	3.000	2.000	500	1.500	50	210						13.260
TOTAUX	34.000	13.906	17.000	6.000	6.300	1.100	1.390						79.696

Nota. — Ces chiffres ont été évalués par les Consulats respectifs en 1871-72, d'après les enregistrements de leurs nationaux, qui, à Alexandrie, représentent environ la moitié du nombre réel ou supposé tel. Pour la colonie Italienne seule, on s'est servi des résultats d'un recensement assez complet effectué en 1871-72, mais auquel a sans doute échappé un certain nombre de résidents.

Le total général — 79,696 — comprend environ 800 Suisses jouissant de diverses protections étrangères : il ne s'applique pas à la population flottante ou de passage, mais seulement aux résidents.

N° 11. — POPULATION DE L'ÉGYPTE, PAR VILLES ET PAR PROVINCES,

Au 1er Moharrem 1289 (11 Mars 1872).

	POPULATION ÉGYPTIENNE			RÉSIDENTS	TOTAL.
	SEXE masculin.	SEXE féminin.	ENSEMBLE.	ÉTRANGERS	
Mohafzas (Gouvernorats spéciaux).					
Le CAIRE, capitale, et ses faubourgs.	164.679	166.084	330.763	19.120	349.883
Le Barrage.	1.450	1.567	3.017	»	3.017
Alexandrie, et la banlieue.	80.269	84.449	164.718	47.316	212.034
Rosette.	7.185	7.807	14.992	10	15.002
Damiette.	14.622	14.711	29.333	50	29.383
Port-Saïd (et Kantara).	2.314	2.147	4.461	4.210	8.671
El-Arich.	1.403	881	2.284	»	2.284
Ismaïlia.	1.145	807	1.952	1.110	3.062
Suez.	5.221	5 877	11.098	2.400	13.498
Souakin.	1 845	2.233	4.078	»	4.078
Massaouah.	1.509	842	2.351	»	2.351
TOTAL des Mohafzas.	281.642	287.405	569.047	74.216	643.283
[illegible]	[illegible]	[illegible]	[illegible]	[illegible]	[illegible]
[illegible]	[illegible]	[illegible]	[illegible]	370	[illegible]
Dahkalié (c.-l. Mansourah, 16,170 hab.).	*244.870*	*255.434*	*500.304*		
Garbyé (c.-l. Tanta, 60,000 habitants).	*310.903*	*318.860*	*629.763*		
Galioubyé (c.-l. Benha, 5,170 habitants).	*93.855*	*97.109*	*190.964*		
Gizeh (c.-l. Gizeh, 10,511 habitants).	*124.008*	*129.737*	*153.745*		
Haute et Moyenne Egypte.					
Benisouëf.	60.479	65.032	125.511		
Fayoum.	75.658	78.509	154.167	1.000	3.541.254
Minié et Benimazar.	162.699	162.397	325.096		
Assyout (c.-l. Syout, 27,470 habitants).	214.599	218.512	433.111		
Gherghe.	191.889	186.348	378.237		
Kéné-Kosseïr, c.-l. Kéné, 13,200 h., ville pr. Kosseïr, 1,870 habitants.	152.001	145.613	297.614		
Esné.	124.358	127.384	251.742		
TOTAL des Moudyriehs.	2.272.522	2.330.492	4.603.014	5.480	4.606.494
TOTAL GÉNÉRAL.	2.554.164	2.617 897	5.172.061	79.696 (1)	5.251.757 (2)

(1) Parmi les résidents étrangers, on peut admettre que les deux tiers environ appartiennent au sexe masculin.

(2) On peut se former une idée de la population flottante en considérant notamment : dans les ports, le nombre d'hommes d'équipage et de voyageurs arrivés en une année ; dans les provinces, le nombre d'Arabes du désert qui y sont venus camper, soit, pour l'année 1871, — 9,000 dans la Béhéra, 2,000 dans la Galioubyé, 220 dans la Dahkalyé, 70 dans la Menoufyé, 5,896 dans le Fayoum, 2,500 dans Minié et Benimazar, 70 dans Kéné, 19,470 dans Esné, — en tout près de 40,000.

N° 12. — POPULATION DU CAIRE EN 1585 (1868), CLASSÉE PAR AGE

Sujets Egyptiens.

SEXE MASCULIN.

AGE.	D'Origine Locale. du Caire.	D'Origine Locale. des Provinces.	D'ORIGINE ÉTRANGÈRE. Turcs.	Grecs.	Syriens.	Algériens.	Américains.	Hongrois.	Persans.	Indiens.	Juifs Valaques.	TOTAL
Au-dessous de 1 an.. ..	11.261	596	139	6	47	61	4	4	»	»	»	[illegible]
De 1 an à 2 ans.. ..	3.848	208	42	4	7	2	1	2	»	»	»	[illegible]
2 » 3 ..	3.756	292	47	9	14	7	»	2	»	»	»	[illegible]
3 » 4 ..	3.694	275	41	4	22	16	1	»	»	»	»	[illegible]
4 » 5 ..	3.591	323	44	1	14	19	»	1	»	»	»	[illegible]
5 » 6 .	3.824	275	51	2	13	8	2	3	»	»	»	[illegible]
6 » 7 ..	2.601	231	51	2	15	7	2	2	»	»	»	[illegible]
7 » 8 .	4.599	557	69	4	22	24	1	4	»	»	»	[illegible]
8 » 9 ..	1 540	206	56	»	7	6	»	»	»	»	»	[illegible]
9 » 10 ..	5.038	1.017	128	5	28	22	1	4	»	»	1	[illegible]
10 » 11 ..	674	116	21	1	5	»	»	1	»	»	»	[illegible]
11 » 12 ..	4.378	1.087	126	7	27	18	2	2	»	»	»	[illegible]
12 » 13 .	1 160	393	41	»	6	2	»	1	»	»	»	[illegible]
13 » 14 ..	1.514	449	48	2	11	5	»	1	»	»	»	[illegible]
14 » 15 ..	3 237	1.251	101	7	32	14	1	2	»	»	»	[illegible]
15 » 16 ..	1.046	370	61	3	8	5	»	1	»	»	»	[illegible]
16 » 17 ..	684	99	41	5	5	4	»	2	»	»	»	[illegible]
17 » 18 ..	250	75	23	3	9	2	»	»	»	»	»	[illegible]
18 » 19 ..	3 471	1.061	126	13	33	12	5	1	»	»	»	[illegible]
19 » 20 ..	5.846	1.562	155	17	63	23	3	8	»	»	»	[illegible]
20 » 21 .	175	34	17	3	11	3	»	»	»	»	»	[illegible]
21 » 22 ..	2.120	579	68	12	36	12	2	3	»	2	»	[illegible]
22 » 23 ..	760	115	26	3	19	3	2	1	»	»	»	[illegible]
23 » 24 .	357	127	20	5	15	3	1	»	»	»	»	[illegible]
24 » 25 ..	8.371	2.257	282	31	92	41	8	22	»	1	2	[illegible]
25 » 26 ..	287	88	24	4	13	1	»	1	»	»	»	[illegible]
26 » 27 ..	856	159	56	6	27	3	1	4	»	1	»	[illegible]

TABLEAU N° 12 (*suite*).

AGE.	D'Origine Locale.		D'ORIGINE ÉTRANGÈRE.									TOTAL.
	du Caire.	des Provinces.	Turcs.	Grecs.	Syriens.	Algériens.	Américains.	Hongrois.	Persans.	Indiens.	Juifs Valaques.	
De 27 ans à 28 ans..	1.132	391	78	9	37	17	1	2	»	1	»	1.668
28 » 29 ..	113	32	27	3	8	»	1	»	»	»	»	184
29 » 30 ..	8.400	2.218	449	40	114	62	9	11	»	1	3	11.307
30 » 31 ..	56	14	11	1	2	1	»	»	»	»	»	85
31 » 32 ..	589	190	79	7	15	29	3	2	»	1	»	915
32 » 33 ..	214	38	36	4	3	4	1	1	»	»	»	301
33 » 34 ..	61	6	16	3	3	1	1	»	»	»	»	91
34 » 35 ..	7.791	1.810	426	44	124	99	17	6	2	3	2	10.324
35 » 36 ..	106	16	17	2	7	8	»	1	»	»	»	157
36 » 37 ..	165	22	27	1	7	7	1	1	»	»	»	231
37 » 38 ..	463	115	43	3	6	26	»	1	»	1	»	654
38 » 39 ..	87	14	11	1	3	4	»	»	»	»	»	120
39 » 40 ..	6.804	1.434	481	24	104	91	5	7	»	4	2	8.956
40 » 41 ..	32	5	3	2	3	1	»	»	»	»	»	46
41 » 42 ..	194	37	29	2	7	22	»	2	»	»	»	293
42 » 43 ..	69	6	17	6	2	5	»	»	»	»	»	105
43 » 44 ..	7	2	2	»	»	»	»	»	»	»	»	11
44 » 45 ..	4.856	784	299	14	50	52	6	14	1	»	»	6.076
45 » 46 ..	33	6	5	»	»	2	1	»	»	»	»	47
46 » 47 ..	124	13	18	1	»	2	»	»	»	»	»	158
47 » 48 ..	231	36	28	1	2	8	»	»	»	»	»	306
48 » 49 ..	60	5	1	»	2	3	»	»	»	»	»	71
49 » 50 ..	5.689	841	415	19	80	62	5	9	»	4	»	7.124
50 » 51 ..	15	2	4	»	2	»	»	»	»	»	»	23
51 » 52 ..	62	21	9	2	3	3	1	1	»	»	»	102
52 » 53 ..	39	3	13	»	»	»	»	»	»	»	»	55
53 » 54 ..	18	4	3	»	»	»	1	»	»	»	»	26
54 » 55 ..	2.244	307	204	12	32	25	1	5	»	»	»	2.830
55 » 56 ..	23	4	9	»	2	»	»	»	»	»	»	38
56 » 57 ..	50	3	7	»	1	1	»	»	»	»	»	62
57 » 58 ..	58	4	14	2	»	1	»	»	»	»	»	79
58 » 59 ..	33	3	2	»	1	2	»	»	»	»	»	41
59 » 60 ..	4.444	518	286	11	49	27	3	3	1	1	»	5.343
60 » 61 ..	5	1	2	»	»	»	»	»	»	»	»	8
61 » 62 ..	15	»	5	»	»	1	»	»	»	»	»	21

TABLEAU N° 12 *(suite).*

AGE.	D'Origine Locale.		D'ORIGINE ÉTRANGÈRE.									TOTAL.
	du Caire.	des Provinces.	Turcs.	Grecs.	Syriens.	Algériens.	Américains.	Hongrois.	Persans.	Indiens.	Juifs Valaques.	
De 62 ans à 63 ans ..	13	3	5	»	1	1	»	»	»	»	»	[illegible]
63 » 64 ..	3	»	1	»	»	»	»	»	»	»	»	[illegible]
64 » 65 ..	1.196	116	107	5	13	16	1	3	»	1	»	[illegible]
65 » 66 ..	9	»	1	»	»	»	»	»	»	»	»	[illegible]
66 » 67 ..	14	»	1	»	»	»	»	»	»	»	»	[illegible]
67 » 68 ..	16	3	4	»	»	»	»	»	»	»	»	[illegible]
68 » 69 .	6	»	1	»	»	»	»	»	»	»	»	[illegible]
69 » 70 ..	2.216	256	195	7	22	14	2	2	»	»	»	[illegible]
70 » 71 ..	2	»	»	»	»	»	»	»	»	»	»	[illegible]
71 » 72 ..	11	1	4	1	1	»	»	»	»	»	»	[illegible]
72 » 73 ..	9	»	»	»	»	»	»	»	»	»	»	[illegible]
73 » 74 ..	2	»	»	»	»	»	»	»	»	»	»	[illegible]
74 » 75 ..	470	56	40	3	3	4	1	»	»	»	»	[illegible]
75 » 76 ..	2	»	1	»	»	»	»	»	»	»	»	[illegible]
76 » 77 ..	3	»	»	»	»	»	»	»	»	»	»	[illegible]
77 » 78 ..	2	2	»	»	»	»	»	»	»	»	»	[illegible]
78 » 79 ..	3	»	1	»	»	»	»	»	»	»	»	[illegible]
79 » 80 ..	714	77	60	1	6	3	1	»	»	»	»	[illegible]
80 » 81 ..	»	»	1	»	»	»	»	»	»	»	»	[illegible]
81 » 82 ..	2	»	»	1	»	»	»	»	»	»	»	[illegible]
82 » 84 ..	»	»	1	»	»	»	»	»	»	»	»	[illegible]
84 » 85 ..	68	11	3	»	»	»	1	»	»	1	»	[illegible]
85 » 89 ..	152	19	7	»	4	3	1	1	»	1	»	[illegible]
89 » 90 ..	1	»	»	»	»	»	»	»	»	»	»	[illegible]
90 » 95 ..	17	»	1	»	2	»	»	»	»	»	»	[illegible]
95 » 98 ..	2	»	»	»	1	»	»	»	»	»	»	[illegible]
98 » 100 ..	16	1	»	»	»	»	»	1	»	»	»	[illegible]
100 » 101 ..	»	»	1	»	»	»	»	»	»	»	»	[illegible]
101 » 105 ..	1	»	»	»	»	»	»	»	»	»	»	[illegible]
105 » 108 ..	»	»	»	»	»	»	»	»	»	»	»	[illegible]
108 » 110 ..	1	»	»	»	»	»	»	»	»	»	»	[illegible]
110 » 111 ..	2	»	»	»	»	»	»	»	»	»	»	[illegible]
111 » 112 ..	1	»	»	»	»	»	»	»	»	»	»	[illegible]
112 » 114 ..	1	»	»	»	»	»	»	»	»	»	»	[illegible]
114 » 130 ..	1	»	»	»	»	»	»	»	»	»	»	[illegible]

Tableau nº 12 *(suite)*.

AGE.		D'Origine Locale. du Caire.	D'Origine Locale. des Provinces.	D'ORIGINE ÉTRANGÈRE. Turcs.	Grecs.	Syriens.	Algériens.	Américains.	Hongrois.	Persans.	Indiens.	Juifs Valaques.	TOTAL.
AGE INCONNU.													
Individus originai[res] du Caire.	33	33											
Individus originai[res] des Provinces. . .	9		9										
Bédouins.	20												20
Soudaniens et Abyssiniens.	4.409												4.409
Ensemble. . .	4.471												
Totaux du sexe masculin.		128.209	23 461	5.415	391	1.320	309	101	144	4	23	10	164.437

SEXE FÉMININ.

	Bédouines.	Soudaniennes.	Anglaises et Françaises épouses de sujets locaux.	du Caire	des Provinces	Turcs	Grecs	Syriens	Algériens	Américains	Hongrois	Persans	Indiens	Juifs Valaques	TOTAL
Enfants. . .	25	687	»	49.245	3.159	629	25	150	132	10	1	»	1	»	54.064
Adultes. . .	25	11346	4	91.029	6.105	3 467	83	355	289	43	20	»	11	1	112.778
Totaux du sexe féminin	50	12033	4	140.274	9.264	4.096	108	505	421	53	21	»	12	1	166.842
Totaux des deux sexes	70	16442	4	268.483	32.725	9.511	499	1.825	1.351	154	165	4	35	11	331.279

Sujets Étrangers.

Les sujets étrangers résidant au Caire sont au nombre d'environ 19,120.

La population totale de la capitale est donc de 350,399 âmes, les deux sexes réunis, au cours de l'année copte 1585 (grégor. 1868).

N° 13. — NAISSANCES ET DÉCÈS

DE TOUTE L'ÉGYPTE

Pendant la période décennale de 1269 à 1278
et pendant la période décennale de 1279 à 1288.

ANNÉES.	NAISSANCES	DÉCÈS.	EXCÉDANT	
			des NAISSANCES sur LES DÉCÈS.	Des DÉCÈS sur les NAISSANCES
1269	98.344	83.587	14.757	»
1270	98.967	99.750	»	783
1271	104.194	123.883	»	19.689
1272	138.309	93.449	44.860	»
1273	128.138	107.936	20.202	»
1274	161 702	99.392	62.310	»
1275	159.345	100.750	58.595	»
1276	163.353	131.968	31.385	»
1277	171.552	113 292	58.260	»
1278	176 909	112.100	64.809	»
de 1269 à 1278	1.400.813	1.066.107	334.706	»
1279	179.634	118.548	61.086	»
1280	173.820	170.283	3.537	»
1281	165.772	131.152	34.620	»
1282	181.122	174.270	6.852	»
1283	184.437	118.178	66.259	»
1284	183.335	121.882	61.453	»
1285	195.224	115 663	79.561	»
1286	186.264	131.765	54.499	»
1287	184.389	127.275	57.114	»
1288	177.678	133.639	44.039	»
de 1279 à 1288	1.811.675	1.342.655	469.020	»

Nota. — Les Naissances et Décès du Soudan, de Souakin et de Massaoua, ne sont pas compris dans ce tableau.

N° 14. — Naissances et Décès de chaque sexe,

POUR TOUTE L'ÉGYPTE

(SOUDAN NON COMPRIS) (1)

Rapportés aux années Grégoriennes de 1862 à 1871.

ANNÉES Grégoriennes.	NAISSANCES.			DÉCÈS.		
	SEXE masculin.	SEXE féminin.	TOTAL.	SEXE masculin.	SEXE féminin.	TOTAL.
1862	101.814	88.594	190.408	63.411	53.322	116.733
1863	95.002	84.502	179.504	78.612	65 858	144.470
1864	92.291	82.989	175.280	95.719	76.710	172.429
1865	95.071	84.076	179.147	100.233	82.418	182.651
1866	99.296	88.779	188.075	64.306	54.006	118.312
1867	101.477	88.450	189.927	67.640	56.901	124.541
1868	103.294	93.383	196.677	63.887	54.499	118.386
1869	103.059	93.088	196.147	70.279	61.139	131.418
1870	99.149	90.100	189.249	69.650	61.046	130.696
1871	103.754	91.936	195.690	78.283	67.886	146.169

(1) On n'a pas compris dans ce tableau le Soudan, pour rendre comparables les résultats de toute la période décennale dont il s'agit.

N° 17. — Naissances et Décès,

DANS CHAQUE MOUDYRIEH DU SOUDAN

Pendant l'année de l'Hégire 1288.

PAR MOIS.

MOIS.		DONGOLA.	TAKA.	BERBER.	KORDOFAN.	SENNAR et FAZOGLOU	KHARTOUM.	TOTAUX.
Moharrem ..	Naissances.....	71	9	10	90	18	8	206
»	Décès..	49	21	14	89	2	45	220
Saffer.....	Naissances.....	76	10	7	95	20	13	221
»	Décès..........	61	16	9	99	3	28	216
Rabi-Awel ..	Naissances.....	82	16	11	100	14	21	244
»	Décès..........	69	14	13	105	3	»	204
Rabi-Akher..	Naissances.....	55	10	14	50	13	10	152
»	Décès..........	37	20	23	40	2	62	174
Giamad-Awel.	Naissances.....	50	5	14	60	13	20	167
»	Décès..........	57	22	19	40	3	39	180
Giamad-Akher	Naissances.....	44	24	16	60	16	20	180
»	Décès..........	39	12	21	35	3	»	110
Regeb.....	Naissances.....	47	22	15	80	21	14	198
»	Décès..	55	15	17	60	3	42	192
Chaaban ...	Naissances.....	26	10	9	50	27	18	140
»	Décès..........	25	24	10	30	3	54	146
Ramadan ...	Naissances	23	14	12	70	15	17	151
»	Décès..........	26	6	13	40	»	30	115
Chawal	Naissances.....	46	15	9	90	15	19	194
»	Décès..........	32	12	17	60	2	41	164
Zilcade	Naissances.....	49	7	12	301	16	19	404
»	Décès..........	39	13	13	140	1	98	304
Zilhegge ...	Naissances.....	47	19	11	160	13	16	266
»	Décès..........	40	22	16	140	»	46	314
TOTAUX	Naissances.....	616	161	139	1206	201	195	2 518
	Décès..........	524	199	185	878	25	525	2 336

N° 18. — Caravanes entrées en Égypte

ET SORTIES D'ÉGYPTE, PAR VOIE D'EL-ARICH,

ou ayant passé par Kantara à leur entrée en Égypte,

En 1872.

MOIS.	ENTRÉE EN ÉGYPTE venant de Gaza, VOIE D'EL-ARICH		SORTIE D'ÉGYPTE VOIE D'EL-ARICH.		ENTRÉE EN ÉGYPTE PAR KANTARA.	
	Caravanes.	Voyageurs.	Caravanes.	Voyageurs.	Caravanes.	Voyageurs.
Janvier.	38	339	10	34	40	241
Février.......	26	150	15	41	59	321
Mars.........	77	287	59	928	69	265
Avril.........	41	316	77	1.074	60	328
Mai.........	71	355	25	96	88	513
Juin.	83	348	36	148	101	428
Juillet........	45	167	34	167	56	217
Août.........	44	231	49	180	34	135
Septembre....	105	609	37	146	102	581
Octobre.......	80	417	59	314	110	691
Novembre. ...	72	306	37	151	73	308
Décembre.....	63	330	33	123	82	389
TOTAL de l'année 1872..	745	3.855	471	2.502	784	4.417

N° 19. — PASSAGERS

DE TOUTE NATURE ET DE TOUTE PROVENANCE

Arrivés à Alexandrie de 1837 à 1872, et à Port-Saïd de 1860 à 1872.

ALEXANDRIE.

Année	1837 —	10.176	passagers	Année	1855 —	26.680	passagers
»	1838 —	14.438	»	»	1856 —	33.429	»
»	1839 —	15.066	»	»	1857 —	36.685	»
»	1840 —	7.065	»	»	1858 —	35.487	»
»	1841 —	10.857	»	»	1859 —	29.015	»
»	1842 —	18.709	»	»	1860 —	28.924	»
»	1843 —	15.760	»	»	1861 —	28.963	»
»	1844 —	13.097	»	»	1862 —	32.722	»
»	1845 —	14.015	»	»	1863 —	43.333	»
»	1846 —	18.913	»	»	1864 —	56.612	»
»	1847 —	16.290	»	»	1865 —	74.990	»
»	1848 —	15.653	»	»	1866 —	50.317	»
»	1849 —	17.435	»	»	1867 —	45.950	»
»	1850 —	7.574	»	»	1868 —	43.538	»
»	1851 —	17.603	»	»	1869 —	77.776	»
»	1852 —	18.303	»	»	1870 —	64.328	»
»	1853 —	19.138	»	»	1871 —	51.482	»
»	1854 —	22.172	»	»	1872 —	67.772	»

PORT-SAID.

Année	1860 —	401	passagers	Année	1867 —	8.316	passagers
»	1861 —	651	»	»	1868 —	19.056	»
»	1862 —	333	»	»	1869 —	24.815	»
»	1863 —	497	»	»	1870 —	24.978	»
»	1864 —	1.696	»	»	1871 —	58.565	»
»	1865 —	7.080	»	»	1872 —	62.062	»
»	1866 —	10.953	»				

N° 20. — Voyageurs civils en transit par l'Égypte

ARRIVÉS DE TOUTE PROVENANCE

A Alexandrie, de 1850 à 1872, et à Port-Saïd, de 1870 à 1872.

ALEXANDRIE

Année	1850 —	1.226	voyageurs	Année	1862 —	4.236	voyageurs.
»	1851 —	2.901	»	»	1863 —	4.402	»
»	1852 —	3.587	»	»	1864 —	4.196	»
»	1853 —	3.161	»	»	1865 —	4.842	»
»	1854 —	6.243	»	»	1866 —	4.963	»
»	1855 —	2.071	»	»	1867 —	6.469	»
»	1856 —	2.436	»	»	1868 —	4.548	»
»	1857 —	6.258	»	»	1869 —	5.863	»
»	1858 —	4.029	»	»	1870 —	3.558	»
»	1859 —	4.807	»	»	1871 —	3.879	»
»	1860 —	5.015	»	»	1872 —	4.119	»
»	1861 —	4.344	»				

PORT-SAID.

Année	1870 —	2.829	voyageurs.
»	1871 —	23.670	»
»	1872 —	21.376	»

Nota. — Les mouvements de troupes militaires étrangères et de pèlerins étrangers, en transit par l'Égypte, ne sont pas compris dans les chiffres ci-dessus.

N° 21. — ÉQUIPAGES et PASSAGERS

Arrivés aux Ports d'Alexandrie, par mer, en 1872.

PROVENANCES.	ÉQUIPAGES.	PASSAGERS — CIVILS. Pour le Pays.	CIVILS. En Transit *via Southampton*	CIVILS. En Transit *via Brindisi.*	MILITAIRES Ottomans.	PÈLERINS.	TOTAL DES PASSAGERS.
PORTS égyptiens. Brullos	6	»	»	»	»	»	»
PORTS égyptiens. Damiette	228	138	»	»	»	»	138
PORTS égyptiens. Port-Saïd	9.910	8.518	»	»	»	2.642	11.160
Constantinople	12.079	11.837	»	»	539	6.968	19.344
Iles Ottomanes	4.650	771	»	»	»	»	771
Syrie	2.908	895	»	»	»	716	1.611
Turquie d'Asie	5.649	1.050	»	»	»	»	1.050
Turquie d'Europe	406	124	»	»	»	»	124
Algérie	35	963	»	»	»	»	963
Amérique	123	2	»	»	»	»	2
Allemagne	37	»	»	»	»	»	»
Autriche	3.822	2.513	»	»	»	»	2.513
Barbarie	494	1.194	»	»	»	909	2.103
France	5.518	4.108	»	»	»	560	4.668
Grèce	1.269	279	»	»	»	»	279
Italie	10.616	4.740	»	1.414	»	»	6.154
Angleterre	12.267	3.274	2.705	»	»	»	5.979
Malte	4.140	5.149	»	»	»	2.149	7.298
Hollande	32	»	»	»	»	»	»
Portugal	127	4	»	»	»	»	4
Russie	221	»	»	»	»	»	»
Suède-Norwége	92	»	»	»	»	»	»
Espagne	345	1.271	»	»	»	384	1.655
Tunis	33	1.952	»	»	»	»	1.952
En relâche	18	4	»	»	»	»	4
TOTAL	75.025	48.793	2.705	1.414	539	14.328	67.772

N° 22. — Équipages et Passagers

PARTIS D'ALEXANDRIE, PAR MER, EN 1872.

DESTINATIONS.	HOMMES d'équipage.	PASSAGERS civils du pays.	PASSAGERS de transit.
PORTS égyptiens. Rosette	6	»	»
Damiette	424	»	»
Suez	433	1	»
Port-Saïd	1.087	67	»
Angleterre	19.484	591	3.000
France	4.291	2.194	»
Russie	675	47	»
Autriche	3.180	1.722	»
Italie	9.305	1.984	4.000
Espagne	186	204	»
Belgique	32	»	»
Hollande	23	»	»
Allemagne	21	»	»
Malte	304	737	»
Grèce et Archipel Grec	1.541	7	»
Constantinople	11.676	6.094	»
Turquie d'Europe	168	»	»
Turquie d'Asie	5.596	»	»
Syrie	8.204	6.205	»
Archipel Ottoman	2.833	»	»
Barbarie	357	29	»
Tunisie et Maroc	19	»	155 Pèlerins.
Algérie	34	21	»
Amérique	108	»	»
Indoustan	1.731	»	»
Japon	40	»	»
La haute-mer	1.366	»	»
TOTAL	73.124	19.903	7 155

N° 23. — Équipages et Passagers

ARRIVÉS AUX DIVERS POINTS DE LA CÔTE ÉGYPTIENNE

DE LA MER MÉDITERRANÉE, OU PARTIS,

PAR BATIMENTS DE PETIT CABOTAGE

en 1872.

PORTS ÉGYPTIENS.	PROVENANCES ET DESTINATIONS.	ARRIVÉS		PARTIS	
		HOMMES d'équipage.	PASSAGERS.	HOMMES d'équipage.	PASSAGERS.
Alexandrie (port vieux)	Egypte.	175	33	»	»
» (port neuf)	Egypte.	5.388	2.729	5.240	2.210
Brullos.........	Egypte.	1 464	1.136	1.217	850
»	Syrie.	4	»	»	»
Rosette...........	Egypte.	3.485	1.764	3.585	1.044
Damiette.........	Egypte.	1.580	71	1.456	34
»	Syrie.	»	»	19	»
Port-Saïd.........	Egypte.	348	2	366	3
»	Archipel Ottoman	20	»	»	»
El-Arich.........	Egypte.	29	»	40	»
»	Syrie.	45	6	34	2
Totaux.....	Egypte.	12.469	5.735	»	»
	Syrie.	49	6	»	»
	Archipel Ottoman	20	»	»	»
Ensemble...		12.538	5.741	»	»

N° 24.

Équipages et Passagers arrivés à Damiette

PAR VOIE DE MER PENDANT L'ANNÉE 1872.

Provenances.	HOMMES D'ÉQUIPAGE.	PASSAGERS				
		CIVILS.		MILITAIRES.		PÈLERINS.
		Pour le pays.	En Transit.	Egyptiens.	Etrangers.	
Alexandrie	346	3	5	»	»	»
El-Arich	18	»	»	»	»	»
Port-Saïd	1.065	13	5	»	»	»
Turquie d'Asie	1.733	11	»	»	»	»
Syrie	2.181	219	»	»	»	»
Iles Ottomanes	291	9	»	»	»	»
TOTAUX	5.634	255	10	»	»	»

N° 25.

Équipages et Passagers partis de Damiette

PAR VOIE DE MER PENDANT L'ANNÉE 1872.

Destinations.	HOMMES D'ÉQUIPAGE.	PASSAGERS				
		CIVILS.		MILITAIRES.		PÈLERINS.
		Du pays.	En Transit.	Egyptiens.	Etrangers.	
Alexandrie	224	»	5	»	»	»
El-Arich	12	»	»	»	»	»
Port-Saïd	904	»	5	»	»	»
Grèce	93	4	»	»	»	»
Turquie d'Asie	1.743	9	»	»	»	»
Syrie	2.381	221	»	»	»	»
Iles Ottomanes	167	7	»	»	»	»
TOTAUX	5.524	241	10	»	»	»

N° 26. — ÉQUIPAGES ET PASSAGERS ARRIVÉS A PORT-SAID

Par voie de mer, en 1872.

PROVENANCES.		Équipages.	PASSAGERS CIVILS ordinaires.		MILITAIRES EN TRANSIT.						TOTAL	PÈLERINS.	
			Pour le Pays	En Transit.	Anglais.	Espagnols.	Français.	Hollandais.	Ottomans.	Portugais.		Pour le Pays	En Transit.
Ports Égyptiens	Alexandrie. .	8.782	1.064	7.014	»	»	»	»	»	»	»	»	»
	Aboukir.	6	»	»	»	»	»	»	»	»	»	»	»
	Rosette.	5	»	»	»	»	»	»	»	»	»	»	»
	Damiette. . . .	908	»	»	»	»	»	»	»	»	»	»	»
	El-Arich. . . .	22	3	»	»	»	»	»	»	»	»	»	»
	Suez.	1.375	»	60	»	»	»	»	1.589	»	1.589	»	8.688
Allemagne.		164	»	24	»	»	»	»	»	»	»	»	»
Angleterre.		15.438	»	2.404	423	»	»	»	»	»	423	»	»
Autriche.		609	»	97	»	»	»	»	»	»	»	»	»
Espagne.		[illegible]	»	128	»	2.201	»	»	»	»	2.201	»	»
France.		5.159	»	2.300	»	»	3.802	»	»	»	3.802	»	»
Gibraltar.		161	»	»	»	»	»	»	»	»	»	»	»
Grèce		21	»	»	»	»	»	»	»	»	»	»	»
Hollande.		670	»	449	»	»	»	452	»	»	452	»	»
Italie.		1.394	»	245	»	»	»	»	»	»	»	»	»
Malte.		4.785	»	244	11.429	»	»	»	»	»	11.429	»	»
New-York.		9	»	»	»	»	»	»	»	»	»	»	»
Portugal.		118	»	50	»	»	»	»	»	416	416	»	»
Russie.		63	»	3	»	»	»	»	»	»	»	»	»
Samos		18	2	»	»	»	»	»	»	»	»	»	»
Tunisie.		1.491	»	»	»	»	»	»	»	»	»	»	»
Constantinople. .		1.469	»	359	»	»	»	»	3.038	»	3.038	»	2.016
Turquie d'Europe		25	»	3	»	»	»	»	»	»	»	»	»
Turquie d'Asie .		491	49	»	»	»	»	»	769	»	769	»	227
Syrie.		7.106	130	7.906	»	»	»	»	2.091	»	2.091	»	1.198
Iles Ottomanes. .		420	19	»	»	»	»	»	990	»	990	»	»
		50.999	1.267	21.376	11.852	2.201	3.802	452	8.477	416	27.290	»	12.129

N° 27. — ÉQUIPAGES ET PASSAGERS PARTIS DE PORT-SAID

Par voie de mer en 1872.

DESTINATIONS.	Équipages.	Passagers civils ordinaires. Du Pays.	Passagers civils ordinaires. En Transit.	Militaires en transit. Anglais.	Espagnols.	Français.	Hollandais.	Ottomans.	Portugais.	TOTAL.	Pèlerins. Du Pays.	Pèlerins. En Transit.
Ports égyptiens: Alexandrie	7.682	107	3.936	»	»	»	»	»	»	»	»	»
Ports égyptiens: Brullos	4	»	»	»	»	»	»	»	»	»	»	»
Ports égyptiens: Damiette	1 148	20	»	»	»	»	»	»	»	»	»	»
Ports égyptiens: El-Arich	9	»	»	»	»	»	»	»	»	»	»	»
Ports égyptiens: Ismaïlia	168	»	»	»	»	»	»	»	»	»	»	»
Ports égyptiens: Suez	3.539	»	415	2 712	»	»	»	»	»	2.712	52	»
Aden et les Indes	9.364	»	1.851	»	1.925	34	»	»	416	2.375	»	»
Allemagne	120	»	4	»	»	»	»	»	»	»	»	»
Algérie	35	»	»	»	»	»	»	»	»	»	»	600
Angleterre	12.087	»	2.622	»	»	»	»	»	»	»	»	»
Arabie	2.411	»	68	»	»	»	»	6.842	»	6.842	»	3.761
Autriche	825	»	58	»	»	»	»	»	»	»	»	»
[illegible]	[illegible]	»	[illegible]	»	»	»	»	»	»	»	»	[illegible]
[illegible]	[illegible]	[illegible]	[illegible]	[illegible]	[illegible]	[illegible]	[illegible]	[illegible]	[illegible]	[illegible]	[illegible]	[illegible]
France	4.805	»	780	»	»	2.375	»	»	»	2.375	»	»
Gibraltar	191	»	9	»	»	»	»	»	»	»	»	»
Golfe Persique	207	»	7	»	»	»	»	»	»	»	»	»
Grèce	49	14	»	»	»	»	»	»	»	»	»	»
Iles Grecques	29	»	»	»	»	»	»	»	»	»	»	»
Hollande	627	»	416	»	»	»	274	»	»	274	»	»
Indes Hollandaises	729	»	530	»	»	»	452	»	»	452	»	»
Italie	989	1	281	»	»	»	»	»	»	»	»	»
Malte	1 246	»	15	821	»	»	»	»	»	821	»	»
New-York	263	»	3	»	»	»	»	»	»	»	»	»
Nouvelle Calédonie	185	»	390	»	»	202	»	»	»	202	»	»
Portugal	567	»	60	»	»	»	»	»	490	490	»	»
Russie	379	»	10	»	»	»	»	»	»	»	»	»
Samos	10	4	»	»	»	»	»	»	»	»	»	»
Tunisie	27	»	»	»	»	»	»	»	»	»	»	500
Constantinople	2.524	125	298	»	»	»	»	2.290	»	2.290	»	»
Turquie d'Asie	394	»	»	»	»	»	»	»	»	»	»	2.872
Syrie	8.516	881	4.124	»	»	»	»	»	»	»	»	869
Iles Ottomanes	382	27	»	»	»	»	»	»	»	»	»	808
Zanzibar	54	»	6	»	»	»	»	»	»	»	»	»
La Haute-mer	1.287	»	20	»	»	535	»	»	»	535	»	»
TOTAL	71.943	1.179	18 324	3.956	2.201	5.673	726	9.132	906	22.594	52	11.043

N° 28. — ÉQUIPAGES et PASSAGERS

Arrivés à Suez par voie de mer pendant l'année 1872.

PROVENANCES.		HOMMES D'ÉQUIPAGES.	PASSAGERS								TOTAL.
			CIVILS.			MILITAIRES.					
			En Transit	Pour l'Égypte.	Pèlerins.	Anglais.	Français.	Hollandais.	Ottomans.	Portugais.	
PORTS ÉGYPTIENS.	Kosseïr	183	192	6	»	»	»	»	82	»	280
	Massaouah	382	»	75	»	»	»	»	»	»	75
	Port-Saïd	3.742	461	104	2.436	475	»	»	1.280	»	4.756
	Souakin	1.678	73	324	»	»	»	»	»	»	397
	Acaba	300	»	8	»	»	»	»	»	»	8
	Bourour	250	»	10	»	»	»	»	»	»	10
	Moelleh	329	»	6	»	»	»	»	»	»	6
	Tor	394	10	»	»	»	»	»	»	»	10
	Widj	2.551	210	11	10.397	»	»	»	1.510	»	12.128
Arabie		3.438	302	646	2.684	»	»	»	3.997	»	7.629
Aden		296	296	»	»	»	»	»	»	»	296
Golfe Persique		339	64	1	»	»	»	»	»	»	65
Indoustan		26.292	8.717	374	»	5.810	»	»	»	»	14.901
Indes Hollandaises		1.091	441	»	»	»	»	260	»	»	701
Chine, Cochinchine, Japon		5.444	2.409	34	»	»	3.235	»	»	»	5.678
Réunion, Zanzibar et Mozambique		357	42	»	»	»	405	»	» »	» 482	929
TOTAUX		47.066	13.217	1.599	15.517	6.285	3.640	260	6.869	482	47.869

N° 29. — ÉQUIPAGES et PASSAGERS

Partis de Suez par voie de mer pendant l'année 1872.

DESTINATIONS.		HOMMES D'ÉQUIPAGES.	PASSAGERS									TOTAL.
			CIVILS.			MILITAIRES.						
			Pour l'Égypte.	En Transit.	Pèlerins.	Égyptiens.	Anglais.	Français.	Hollandais.	Ottomans.	Portugais.	
PORTS ÉGYPTIENS.	Kosseïr	303	»	»	»	»	»	»	»	»	»	»
	Massaouah	1.062	13	»	»	1.101	»	»	»	»	»	1.114
	Port-Saïd	29.854	383	9.374	9.430	»	6.285	3.310	260	4 382	482	33.906
	Souakin	1.173	183	»	»	2.699	»	»	»	»	»	2 882
	Acaba	72	»	»	»	»	»	»	»	»	»	»
	Bourour	176	29	»	»	»	»	»	»	»	»	29
	Moelleh	277	»	»	»	»	»	»	»	»	»	»
	Tor	660	55	»	»	»	»	»	»	»	»	55
	Widj	1.337	49	»	974	»	»	»	»	»	»	1.023
Arabie		3.777	»	850	13.106	261	»	»	»	2.487	»	16 704
Aden		50	»	7	»	»	»	»	»	»	»	7
Indoustan		280	»	5	»	»	»	»	»	»	»	5
Indes Hollandaises		53	»	50	»	»	»	»	»	»	»	50
Réunion		260	»	8	»	»	»	330	»	»	»	338
TOTAUX		39.334	712	10 294	23.510	4.061	6.285	3.640	260	6.869	482	56.113

N° 30. — EQUIPAGES ET PASSAGERS

ARRIVÉS A KOSSEÏR PAR VOIE DE MER

Pendant l'année 1872.

PROVENANCES.		Equipages.	PASSAGERS		
			Civils ordinaires pour le pays	Pèlerins en transit.	TOTAL.
PORTS Egyptiens.	El-Wich....	381	24	381	405
	Ras-Banass.	6	»	»	»
	Moueleh....	11	»	»	»
	Giobal......	7	»	»	»
	Goueh......	123	5	»	5
	Suez.......	233	35	»	35
Arabie.............		2.517	410	951	1.361
TOTAL ...		3 278	474	1.332	1.806

N° 31. — EQUIPAGES ET PASSAGERS

PARTIS DE KOSSEÏR PAR VOIE DE MER

Pendant l'année 1872.

DESTINATIONS.		Equipages.	PASSAGERS		
			Civils du pays.	Pèlerins en transit.	TOTAL.
PORTS Egyptiens.	El-Wich....	515	177	»	177
	Béchérié....	5	4	»	4
	Suez.......	267	»	»	»
Arabie............		2.396	251	1.101	1.352
TOTAL ...		3 183	432	1.101	1.533

N° 32.

Équipages et Passagers arrivés à Souakin

PAR VOIE DE MER EN 1872.

Provenances.		Équipages.	Passagers — Civils — Pour le pays.	Passagers — Civils — En Transit.	Passagers — Militaires Égyptiens.
Ports égyptiens.	Suez	2.222	111	295	2.848
	Massaouah	694	207	301	56
	Aghig	274	113	»	»
	Tokar	183	35	»	»
	Cheikh-Barghout	8	»	»	»
	Salines (Souakin)	99	55	»	»
Arabie		519	133	296	»
Total		3.999	654	892	2.904

N° 33.

Équipages et Passagers partis de Souakin

PAR VOIE DE MER EN 1872.

Destinations.		Équipages.	Passagers — Civils — Pour le pays.	Passagers — Civils — En Transit.	Passagers — Militaires Égyptiens.	Pèlerins.
Ports égyptiens	Suez	2 183	»	766	368	»
	Massaouah	856	»	296	1.425	»
	Aghig	303	»	52	»	»
	Tokar	147	»	65	480	»
	Salines	177	»	21	»	»
Arabie		610	283	57	»	1.535
Total		4.276	283	1.257	2.273	1.535

N° 34. — Équipages et Passagers

Arrivés à Massaouah par mer en 1872.

PROVENANCES		HOMMES d'équipage.	PASSAGERS Civils.	PASSAGERS Militaires.	PASSAGERS Pèlerins.	TOTAL.
PORTS ÉGYPTIENS	Suez....	492	»	970	»	970
	Souakin.	1.817	277	1.386	»	1.663
Arabie................		2.728	209	»	232	441
TOTAL....		4.037	486	2.356	232	3.074

N° 35. — Équipages et Passagers

Partis de Massaouah par mer en 1872.

DESTINATIONS		HOMMES d'équipage.	PASSAGERS Civils.	PASSAGERS Militaires.	PASSAGERS Pèlerins.	TOTAL.
PORTS ÉGYPTIENS	Suez....	234	17	»	»	17
	Souakin.	1.915	351	75	»	426
Arabie............		1.543	243	»	135	378
TOTAL...		3.692	611	75	135	821

N° 36. — Passagers ayant transité par le Canal de Suez dans les deux directions, en 1872.

MOIS.	PASSAGERS civils ordinaires	PÈLERINS.	MILITAIRES						TOTAL.
			Anglais.	Espagnols.	Français.	Ottomans.	Portugais	Hollandais	
Janvier......	962	»	119	»	1.313	3.661	»	»	6.055
Février......	774	»	6 359	»	586	1.272	464	»	9.455
Mars.........	1.057	376	2.122	»	1.123	404	»	»	5.082
Avril...... ..	1.087	5.003	850	327	330	330	423	389	8.739
Mai..........	1.544	2.190	»	»	909	705	»	»	5.348
Juin	566	189	293	1.726	»	2 593	»	405	5.772
Juillet.	771	»	»	»	1.073	852	»	136	2.832
Août.	543	»	»	»	430	2.614	»	»	3.587
Septembre..	305	»	»	»	1.065	»	»	221	1.591
Octobre......	903	»	3.412	»	»	1 752	»	140	6.206
Novembre...	821	»	4.065	271	443	1.004	»	»	6.605
Décembre...	577	411	3.158	»	361	662	»	265	5.434
Total de l'an. 1872	9.910	8.169	20.378	2.324	7.633	15.849	887	1.556	66.706

N° 37. — MARINE ÉGYPTIENNE

I. — Navigation à la Mer, sur le Canal de Suez et les Lacs maritimes.

STATIONS et DÉPENDANCES.	NAVIRES À VAPEUR.		NAVIRES À VOILE																				HOMMES D'ÉQUIPAGE DE TOUS NAVIRES.	PROPRIÉTAIRES.
			Bricks.		Voiliers ord^res et divers.		Sandals.		Chaloupes et Barques.		Mahonnes.		Bombardes.		Schooners		Djermes.		Sambouks.		Canges.			
	Nombre.	Tonnage.	Nombre.	Tonnage.	Nombre.	Tonnage.	Nombre.	Tonnage.	Nombre.	Tonnage.	Nombre.	Tonnage.	Nombre.	Tonnage.	Nombre.	Tonnage.	Nombre.	Tonnage.	Nombre.	Tonnage.	Nombre.	Tonnage.		
Alexandrie : Ministère de la Marine..	(1) 14	16.476	»	»	20	774	»	»	»	[illegible]	»	»	»	»	»	»	»	»	»	»	»	»	2.526 (Ministère de la Marine et au Port)	Le Gouvernement.
» au Port.	6	5.260	»	»	»	»	»	»	»	[illegible]	13	440	»	»	»	»	»	»	»	»	»	»		id.
» Paquebots-poste khédiviés	(2) 16	18.152	»	»	»	»	5	700	9	[illegible]	»	»	»	»	»	»	»	»	»	»	»	»	1.529	id.
» Service du Transit..	2	400	»	»	»	»	30	1.781	»	[illegible]	»	»	»	»	»	»	»	»	»	»	»	»	59	id.
» Entreprises particulières.	2	1.792	32	6.979	32	1.235	»	»	»	[illegible]	»	»	1	70	2	223	1	175	»	»	»	»	606	Particuliers.
Rosette	»	»	»	»	17	539	»	»	26	[illegible]	»	»	»	»	»	»	3	190	»	»	»	»	125	id.
Borg-Moghzal	»	»	»	»	14	444	»	»	6	[illegible]	»	»	»	»	»	»	3	191	»	»	»	»	82	id.
Brullos : à la mer.	»	»	»	»	61	2.825	»	»	»	[illegible]	»	»	»	»	»	»	»	»	»	»	»	»	343 (à la mer et au lac)	id.
» au lac.	»	»	»	»	91	1 282	»	»	»	[illegible]	»	»	»	»	»	»	»	»	»	»	»	»		id.
Damiette	»	»	22	3.700	5	75	»	»	2	[illegible]	»	»	29	1.723	2	225	23	288	»	»	»	»	587	id.
Port-Saïd	»	»	»	»	20	1.757	»	»	»	[illegible]	»	»	»	»	»	»	»	»	»	»	»	»	66	id.
Suez : Ministère de la Marine..	5	3.010	»	»	»	»	»	»	»	[illegible]	»	»	»	»	»	»	»	»	»	»	»	»	576	Le Gouvernement.
» Paquebots-poste khédiviés..	(3) 10	8.621	»	»	»	»	»	»	»	[illegible]	»	»	»	»	»	»	»	»	»	»	»	»	670	id.
» Entreprises particulières.	»	»	»	»	(4) 74	1 127	4	171	»	[illegible]	»	»	»	»	»	»	»	»	»	»	»	»	293	Particuliers.
Mer Rouge : (Kosseïr, Suez, Elwidj).	»	»	»	»	»	»	»	»	»	[illegible]	»	»	»	»	»	»	»	»	6	2.250	2	900	88	id.
TOTAL	55	53.711	54	10.679	334	10.058	39	2.632	43	1.4[illegible]	13	440	30	1.793	4	448	30	844	6	2.250	2	900	7.550	

TOTAL : 555 Navires à voile jaugeant ensemble 30,009 Tonneaux.

(1) Ces 14 navires consomment annuellement 6,000 tonnes de charbon sur la mer Méditerranée et 4,000 tonnes sur la mer Rouge. — Ce sont : le *Mahroussa* (800 chevaux), yacht du Khédive, à roues ; le *Masr* (600 chevaux), et le *Garbie* (500 chevaux), yachts de la suite ; le *Méhémet-Aly* (450 chevaux), et le *Siriyahat* (450 chevaux), frégates à hélices ; le *Latifé* (300 chevaux), et le *Saka* (300 chevaux), corvettes à hélice ; le *Ta*[illegible] (180 chevaux), le *Dongolah* (80 chevaux), le *Sennaar* (120 chevaux), et le *Khartoum* (200 chevaux), canonnières à hélice ; l'*Assyout*, aviso à roues ; et les chaloupes canonnières N°s 1 et 2.

(2) et (3) Ces 26 navires consomment annuellement 51,200 tonnes de charbon sur la mer Méditerranée, et 14,300 tonnes sur la mer Rouge. — Ce sont : le *Rahmanyé* (300 chevaux); le *Taka* (300 chevaux); le *Fayoum* (300 chevaux); le *Béhéra* (350 chevaux); le *Charkyé* (350 chevaux); le *Dahkalyé* (350 chevaux); le *Chinde* (260 chevaux); le *Tanta* (250 chevaux); le *Chibin* (140 chevaux); le *Dessouk* (200 chevaux); le *Koffeit* (300 chevaux); le *Samanoud* (250 chevaux); le *Minié* (170 chevaux); le *Giafferie* (160 chevaux); le *Missir* (140 chevaux); le *Mansoura* (140 tonneaux); le *Mehalleh* (120 chevaux); le *Neghile* (120 chevaux); le *Damanhour* (120 chevaux); le *Zagazig* (120 chevaux); le *Hedjaz* (150 chevaux); le *Hodeïda* (130 chevaux); le *Yambo* (97 tonneaux); le *Souakin* (85 chevaux); le *Massaouah* (85 chevaux); et le *Kosseïr* (97 chevaux).

(4) Dont 31 appartenant à Djebel-Tor.

MARINE ÉGYPTIENNE

(Suite).

II. — Navigation sur le Nil et les Canaux.

STATIONS et DÉPENDANCES.	NAVIRES À VAPEUR.			NAVIRES À VOILE (1).																				HOMMES D'ÉQUIPAGE DE TOUS NAVIRES.	PROPRIÉTAIRES.
				Canonnières.		Dahabyés.		Sandals.		Bâtiments ordinaires.		Barques.		Kayass.		Makouras.		Talawis.		Felouques.		Nakaërs.			
	Nombre.	Force en chevaux.	Équipage.	Nombre.	Portée.	Nombre.	Portée.	Nombre.	Portée.	Nombre.	Portée.	Nombre.	Portée.	Nombre.	Portée.	Nombre.	Portée.	Nombre.	Portée.	Nombre.	Portée.	Nombre.	Portée.		
Divan des vapeurs du Maych	28	812	»	3	1.300	2	760	12	4.270	»		1	»	»	»	»	»	»	»	»	»	»	»	375	Le Gouvernement.
Remorquage	24	580	»	»	»	»	»	181	10.998	»		1	»	»	»	»	»	»	»	»	»	»	»	725	id.
Chounas de Sel Dahrans (Dahkalyé)	»	»	»	»	»	»	»	»	»	56	2.3[illegible]	»	»	»	»	»	»	»	»	»	»	»	»	190	Particuliers.
Ancienne ferme	4	»	»	»	»	»	»	»	»	225	10.4[illegible]	»	»	»	»	»	»	»	»	»	»	»	»	2 221	Daïra du Khédive.
Moudiryeh de Syout	1	»	19	»	»	»	»	»	»	»		»	»	»	»	»	»	»	»	»	»	»	»	19	Gouvernement.
Moudiryeh de Garbyé	1	»	13	»	»	»	»	»	»	»		»	»	»	»	»	»	»	»	»	»	»	»	13	id.
id. id.	»	»	»	»	»	»	»	1	»	»		»	»	»	»	»	»	»	»	»	»	»	»	4	Particuliers.
id. id.	»	»	»	»	»	»	»	»	»	16	11[illegible]	10	95	»	»	»	»	»	»	»	»	»	»	48	Daïra.
Administration des Salines	»	»	»	»	»	»	»	168	8.286	»		»	»	»	»	»	»	»	»	»	»	»	»	2.012	Gouvernement.
id. id.	»	»	»	»	»	374	13.810	514	2.335	1.570	28.3[illegible]	348	3.526	5 682	16.538	34	341	7	156	342	1.108	10	3.400	30.650	Particuliers.
TOTAL	(2) 58	»	»	3	1.300	376	14.570	870	25.889	18.73	50.3[illegible]	360	3.621	5.682	16.538	34	341	7	156	342	1.108	10	3.400	36.287	

TOTAL : 9.503 Navires à Voile, Jaugeant ensemble 117.286 Ardebs.

(1) La portée totale de chaque espèce de ces navires est évaluée en Ardebs.

(2) Ces 58 navires consomment annuellement 26,250 Tonnes de charbon, dont 11,250 au service du Remorquage.

N° 38. —Navires entrés au Port d'Alexandrie

DE 1837 A 1862.

ANNÉES.	NAVIRES DE GUERRE.		BATIMENTS DE COMMERCE et PAQUEBOTS-POSTE.		NOMBRE TOTAL.
	à Vapeur	à Voile.	à Vapeur.	à Voile.	
1837	»	»	37	»	1 161
1838	5	166	77	895	1.143
1839	12	111	85	860	1 068
1840	32	37	55	1.021	1.145
1841	13	178	65	1.443	1 699
1842	9	155	71	1.273	1.408
1843	107	217	74	1.173	1.571
1844	17	46	68	1.416	1.547
1845	21	12	41	1.326	1.400
1846	41	17	86	1 402	1.546
1847	20	31	128	1.885	2 064
1848	37	19	136	1 553	1.745
1849	27	23	116	1.484	1.650
1850	15	12	135	1.672	1.834
1851	11	8	181	1.937	2.137
1852	38	17	139	1.572	1·766
1853	34	9	139	1.396	1.578
1854	17	6	212	1.788	2.023
1055	13	15	247	2.093	2.368
1856	26	14	306	2·053	2.399
1857	22	9	349	1.829	2.209
1858	31	10	358	1.644	2.043
1859	31	4	348	1.677	2.060
1860	41	5	457	1.539	2 042
1861	2	59	469	1.842	2.372
1862	52	3	529	2.047	2.631

N° 39. — Navires arrivés à Rosette

EN 1872.

Les navires arrivés à Rosette en 1872 ont été au nombre de 2 (bâtiments à voile Ottomans) : 1 de 16 tonneaux, venant d'Alexandrie, et 1 de 13 tonneaux, venant de Port-Saïd.

N° 40. — Navires partis de Rosette

EN 1872.

Les navires partis de Rosette en 1872 ont été au nombre de 4, dont un bâtiment de guerre à vapeur (Egyptien) pour Alexandrie, et 3 bâtiments de commerce à voile, jaugeant ensemble 204 tonneaux, pour la Syrie.

N° 41. — NAVIRES ARRIVÉS A ALEXANDRIE PENDANT LA PÉRIODE DÉCENNALE DE 1863 A 1872,

Classés par espèce et par provenance.

	PORTS ÉGYPTIENS.																													
	Aboukir.	Rosette et Brullos.	Damiette.	Port-Saïd.	El-Arich.	**Total.**	Angleterre.	France.	Russie.	Autriche.	Italie et anciens [illegible]	Espagne.	Portugal.	Hollande.	Belgique.	Allemagne.	Suède.	Constantinople.	Turquie d'Europe.	Turquie d'Asie.	Syrie.	Barbarie.	Archipel Ottoman.	Tunisie.	Algérie.	Amérique.	Malte.	Grèce et îles Ioniennes.	En relâche ou de la haute-mer.	**Total général.**	TONNAGE (Navires de guerre non compris.)
1863.																															
Navires de guerre à vapeur	»	»	»	»	»	»	»	5	»	»	[illegible]	1	»	»	»	»	»	20	»	1	4	3	3	»	»	»	3	1	»	43	
Navires de guerre à voile	»	»	»	»	»	»	»	1	»	»	[illegible]	»	»	»	»	»	»	»	»	»	»	»	»	»	»	»	»	»	»	1	
Paquebots-poste à vapeur	»	»	1	»	»	1	32	96	»	49	[illegible]	»	»	»	»	»	»	»	»	27	87	1	»	»	»	»	32	30	»	361	
Bâtiments de commerce à vapeur	»	»	1	»	»	1	11	3	»	19	[illegible]	1	»	»	»	»	»	6	»	20	38	2	»	1	2	»	76	24	»	247	907436
Bâtiments de commerce à voile	»	»	171	»	»	171	367	82	»	88	[illegible]	8	»	1	2	»	4	79	82	516	222	80	321	13	1	»	72	12	»	2150	
	»	»	173	»	»	173	410	187	»	150	[illegible]	10	»	1	2	»	4	105	82	564	351	86	324	14	3	»	173	67	»	2802	
1864.																															
Navires de guerre à vapeur	»	»	»	»	»	»	»	8	»	»	[illegible]	1	»	»	»	»	»	15	»	»	1	»	»	»	»	»	9	1	»	35	
Navires de guerre à voile	»	»	»	»	»	»	»	»	»	»	[illegible]	»	»	»	»	»	»	»	»	1	»	»	2	»	»	»	1	»	»	4	
Paquebots-poste à vapeur	»	»	»	»	»	»	48	98	»	62	[illegible]	2	»	»	1	»	»	76	7	35	80	»	1	»	»	»	28	»	»	402	
Bâtiments de commerce à vapeur	»	»	»	»	»	21	34	30	»	18	[illegible]	6	»	1	»	1	»	39	8	24	85	»	5	»	2	»	106	9	»	439	1334437
Bâtiments de commerce à voile	»	»	»	»	»	189	739	100	»	150	[illegible]	7	»	2	3	1	9	169	230	665	354	90	415	5	9	1	81	87	»	3339	
	»	»	»	»	»	210	821	256	»	230	[illegible]	16	»	3	4	2	9	299	245	725	520	90	423	5	11	1	225	97	»	4309	
1865.																															
Navires de guerre à vapeur	»	»	»	»	»	2	»	5	»	»	[illegible]	»	»	»	»	»	»	5	»	»	8	»	»	»	»	»	2	2	»	25	
Navires de guerre à voile	»	»	»	»	»	»	»	»	»	»	[illegible]	»	»	»	»	»	»	»	»	»	»	»	»	»	»	»	2	»	»	2	
Paquebots-poste à vapeur	»	»	»	»	»	3	51	105	»	52	[illegible]	»	»	»	»	»	»	111	»	35	97	»	2	»	»	»	25	»	»	529	
Bâtiments de commerce à vapeur	»	»	»	»	»	55	45	48	»	15	[illegible]	16	»	»	»	»	»	61	7	15	125	6	1	»	»	»	135	17	»	591	1350876
Bâtiments de commerce à voile	»	»	»	»	»	180	541	90	2	131	[illegible]	8	2	1	6	8	7	140	182	716	240	136	525	9	12	»	41	133	»	3136	
	»	»	»	»	»	240	637	248	2	198	[illegible]	24	2	1	6	8	7	320	189	766	470	142	528	9	12	»	205	152	»	4283	
1866.																															
Navires de guerre à vapeur	»	»	»	»	»	»	»	7	»	»	[illegible]	»	»	»	»	»	»	14	»	»	5	14	»	2	»	»	6	»	»	39	
Navires de guerre à voile	»	»	»	»	»	»	»	»	»	»	[illegible]	»	»	»	»	»	»	»	»	»	»	»	»	»	»	»	»	»	»	»	
Paquebots-poste à vapeur	»	»	»	»	»	»	48	98	»	53	[illegible]	»	»	»	»	»	»	68	7	26	100	1	13	»	»	»	4	»	»	407	
Bâtiments de commerce à vapeur	»	»	»	»	»	66	59	46	»	9	[illegible]	7	2	»	1	»	»	37	»	7	94	2	2	»	2	»	102	4	»	474	1373277
Bâtiments de commerce à voile	»	»	»	»	»	137	596	75	»	114	[illegible]	6	»	»	2	4	10	82	106	531	287	137	439	16	9	1	49	56	»	2718	
	»	»	»	»	»	203	703	220	»	176	[illegible]	[illegible]	2	»	3	4	10	201	113	564	486	151	454	18	11	1	161	60	»	3698	
1867.																															
Navires de guerre à vapeur	»	»	»	»	»	2	4	»	»	»	[illegible]	»	»	»	»	»	»	6	»	»	13	»	»	»	»	»	»	42	»	67	
Navires de guerre à voile	»	»	»	»	»	»	»	»	»	1	[illegible]	»	»	»	»	»	»	»	»	»	»	»	»	»	»	»	4	8	»	13	
Paquebots-poste à vapeur	»	»	»	»	»	95	48	93	»	50	[illegible]	»	»	»	»	»	»	63	»	»	10	»	48	»	»	»	75	»	»	530	
Bâtiments de commerce à vapeur	»	»	»	»	»	8	16	18	»	15	[illegible]	9	»	»	»	»	»	45	»	22	97	»	10	4	3	»	114	8	»	369	1319947
Bâtiments de commerce à voile	»	»	»	»	»	78	725	50	»	20	[illegible]	36	1	1	1	1	1	19	42	354	268	57	443	15	4	1	7	4	10	2202	
	»	»	»	»	»	183	793	161	»	86	[illegible]	45	1	1	1	1	1	133	42	376	388	57	501	19	7	1	200	62	10	3181	

	Ports Égyptiens.																														
	Aboukir.	Rosette et Brullos.	Damiette.	Port-Saïd.	El-Arich.	**Total.**	Angleterre.	France.	Russie.	Autriche.	Italie et anciens [illegible]	*Espagne.*	Portugal.	Hollande.	Belgique.	Allemagne.	Suède.	Constantinople.	Turquie d'Europe.	Turquie d'Asie.	Syrie.	Barbarie.	Archipel Ottoman.	Tunisie.	Algérie.	Amérique.	Malte.	Grèce et Iles Ioniennes.	En relâche ou de la haute-mer.	**Total général.**	TONNAGE (Navires de guerre non compris.)
1868.																															
Navires de guerre à vapeur	»	»	»	»	»	2	1	5	»	»	[illegible]	»	»	»	»	»	»	18	»	2	7	2	2	1	»	»	20	1	1	64	
Navires de guerre à voile	»	»	»	»	»	»	1	»	»	»	[illegible]	»	»	»	»	»	»	»	»	»	»	»	»	1	»	»	3	»	»	6	
Paquebots-poste à vapeur	»	»	»	»	»	143	54	93	»	52	[illegible]	17	»	»	»	»	»	60	»	26	26	»	1	»	»	»	26	»	»	550	
Bâtiments de commerce à vapeur	»	»	»	»	»	13	115	13	»	[illegible]	[illegible]	3	»	»	2	»	»	14	»	8	39	»	3	»	»	»	73	7	3	334	1213163
Bâtiments de commerce à voile	»	»	»	»	»	64	370	40	»	31	[illegible]	»	»	»	5	»	»	12	40	439	117	36	342	3	»	2	106	33	4	1662	
	»	»	»	»	»	222	541	151	»	85	[illegible]	20	»	»	7	»	»	104	40	475	189	38	348	5	»	2	228	41	8	2616	
1869.																															
Navires de guerre à vapeur	1	1	»	33	»	35	»	9	»	2	[illegible]	»	»	»	»	»	»	9	»	»	16	1	1	»	»	1	17	8	»	104	
Navires de guerre à voile	»	»	»	»	»	»	»	1	»	»	[illegible]	»	»	»	»	»	»	1	1	»	»	»	3	»	»	»	6	»	»	12	
Paquebots-poste à vapeur	»	»	»	182	»	182	50	103	»	53	[illegible]	25	»	»	»	»	»	58	»	28	30	1	7	»	»	»	41	17	»	651	
Bâtiments de commerce à vapeur	»	»	»	17	»	17	42	4	»	2	[illegible]	7	1	»	»	»	»	11	»	6	52	2	1	»	»	»	98	2	1	283	1263144
Bâtiments de commerce à voile	3	2	25	135	»	167	515	60	»	28	[illegible]	»	»	»	3	1	8	5	18	417	221	52	345	3	1	»	42	20	»	1834	
	6	3	25	267	»	301	607	177	»	85	[illegible]	32	1	»	3	1	8	84	19	451	322	56	357	3	1	1	204	47	1	2884	
1870.																															
Navires de guerre à vapeur	»	»	2	20	»	22	4	5	»	»	[illegible]	1	»	»	»	»	»	6	»	3	3	»	2	20	»	»	10	»	»	50	
Navires de guerre à voile	»	»	»	»	»	»	»	»	»	»	[illegible]	»	»	»	»	»	»	»	»	12	2	»	11	»	»	»	3	2	»	30	
Paquebots-poste à vapeur	»	»	»	183	»	183	53	91	»	52	[illegible]	28	1	»	»	»	»	57	1	24	2	»	5	»	»	»	33	35	»	628	
Bâtiments de commerce à vapeur	»	»	»	25	»	25	12	3	»	1	[illegible]	»	»	»	1	»	»	15	»	7	62	3	5	4	»	»	[illegible]	3	»	275	1199081
Bâtiments de commerce à voile	3	2	31	27	9	72	464	29	»	40	[illegible]	»	»	2	1	1	10	12	21	524	153	89	403	1	»	3	29	18	1	1899	
	3	2	33	255	9	302	533	128	»	93	[illegible]	29	1	2	2	1	10	90	22	570	222	92	426	25	»	3	171	58	1	2880	
1871.																															
Navires de guerre à vapeur	»	»	»	17	»	17	3	»	»	»	[illegible]	»	»	»	»	»	»	6	»	»	2	1	3	»	»	»	3	1	»	37	
Navires de guerre à voile	2	»	»	»	»	2	»	»	»	[illegible]	[illegible]	»	»	»	»	»	»	»	»	33	»	»	»	»	»	»	»	»	»	35	
Paquebots-poste à vapeur	»	»	»	173	»	173	51	71	»	51	[illegible]	22	1	»	»	»	»	40	»	1	1	»	1	»	»	»	»	40	»	573	
Bâtiments de commerce à vapeur	»	»	»	30	»	30	58	8	»	4	[illegible]	7	»	»	»	»	»	18	1	2	17	5	3	»	1	»	149	1	»	330	1262602
Bâtiments de commerce à voile	»	»	23	24	2	49	415	38	»	40	[illegible]	»	»	2	»	5	12	2	30	503	178	135	389	2	»	6	19	34	3	1940	
	2	»	23	244	2	271	537	117	»	104	[illegible]	29	1	2	»	5	12	66	37	539	198	141	396	2	1	6	171	76	3	2921	
1872.																															
Navires de guerre à vapeur	»	»	»	6	»	6	»	»	»	»	[illegible]	»	»	»	»	»	»	13	1	»	1	»	3	»	»	»	4	4	»	36	
Navires de guerre à voile	»	»	»	»	»	»	»	»	»	»	[illegible]	»	»	»	»	»	»	»	»	8	»	»	3	»	»	»	1	»	»	12	
Paquebots-poste à vapeur	»	»	»	124	»	124	52	74	1	53	[illegible]	12	3	»	»	»	»	88	»	»	6	»	»	»	»	»	1	»	»	516	
Bâtiments de commerce à vapeur	»	»	»	26	»	26	93	10	10	8	[illegible]	5	»	»	»	»	»	7	1	19	31	»	3	2	1	»	118	1	»	366	1238740
Bâtiments de commerce à voile	»	1	24	13	»	38	378	84	»	46	[illegible]	»	»	4	»	5	5	2	41	530	239	76	443	9	»	12	20	36	3	2023	
	»	1	24	169	»	194	523	168	11	107	[illegible]	17	3	4	»	5	5	110	43	557	277	76	452	11	1	12	144	41	3	2953	
Total des dix années de 1863 à 1872	11	6	»	»	»	2299	6125	1819	13	1320	[illegible]	235	11	14	28	27	66	1512	832	5587	3429	832	4209	91	47	27	1882	701	17	32433	
Moyenne de chaque année	»	»	»	»	»	230	613	182	1	132	[illegible]	23	1	1	3	3	7	151	83	559	343	83	421	9	5	3	188	70	2	3243	

N° 42. — NAVIRES ENTRÉS AUX PORTS D'ALEXANDRIE PENDANT L'ANNÉE 1872.

Navires de Guerre.

PROVENANCES.	A voile: Egyptiens.	A voile: Anglais.	A voile: Total.	A vapeur: Egyptiens.	A vapeur: Ottomans.	A vapeur: Anglais.	A vapeur: Américains.	A vapeur: Austro-Hongrois.	A vapeur: Portugais.	A vapeur: Russes.	A vapeur: Français.	A vapeur: Suédois-Norwég.ns	A vapeur: Total.
Ports égyptiens: Brullos	»	»	»	»	»	»	»	»	»	»	»	»	»
Ports égyptiens: Damiette	»	»	»	»	»	»	»	»	»	»	»	»	»
Ports égyptiens: Port-Saïd	»	»	»	4	»	»	1	»	»	1	»	»	6
Constantinople	»	»	»	12	1	»	»	»	»	»	»	»	13
Iles Ottomanes	3	»	3	»	»	1	»	»	2	»	»	»	3
Syrie	»	»	»	»	1	»	»	»	»	»	»	»	1
Turquie d'Asie	8	»	8	»	»	»	»	»	»	»	»	»	»
Turquie d'Europe	»	»	»	»	»	1	»	»	»	»	»	»	1
Algérie	»	»	»	»	»	»	»	»	»	»	»	»	»
Amérique	»	»	»	»	»	»	»	»	»	»	»	»	»
Allemagne	»	»	»	»	»	»	»	»	»	»	»	»	»
Autriche	»	»	»	»	»	»	»	»	»	»	»	»	»
Barbarie	»	»	»	»	»	»	»	»	»	»	»	»	»
France	»	»	»	»	»	»	»	»	»	»	»	»	»
Grèce	»	»	»	»	»	2	»	1	»	»	1	»	4
Italie	»	»	»	2	»	»	1	»	»	1	»	»	4
Angleterre	»	»	»	»	»	»	»	»	»	»	»	»	»
Malte	»	1	1	1	»	2	»	»	»	»	»	1	4
Hollande	»	»	»	»	»	»	»	»	»	»	»	»	»
Portugal	»	»	»	»	»	»	»	»	»	»	»	»	»
Russie	»	»	»	»	»	»	»	»	»	»	»	»	»
Suède et Norwége	»	»	»	»	»	»	»	»	»	»	»	»	»
Espagne	»	»	»	»	»	»	»	»	»	»	»	»	»
Tunis	»	»	»	»	»	»	»	»	»	»	»	»	»
En relâche	»	»	»	»	»	»	»	»	»	»	»	»	»
TOTAL	11	1	12	19	2	6	2	1	2	2	1	1	36

Paquebots-Poste (A vapeur)

PROVENANCES.	Egyptiens.	Austro-Hongrois.	Français.	Italiens.	Anglais.	Russes.	TOTAL.
Ports égyptiens: Brullos	»	»	»	»	»	»	»
Ports égyptiens: Damiette	»	»	»	»	»	»	»
Ports égyptiens: Port-Saïd	3	30	45	6	14	26	124
Constantinople	61	26	»	»	»	1	88
Iles Ottomanes	»	»	»	»	»	»	»
Syrie	6	»	»	»	»	»	6
Turquie d'Asie	»	»	»	»	»	»	»
Turquie d'Europe	»	»	»	»	»	»	»
Algérie	»	»	»	»	»	»	»
Amérique	»	»	»	»	»	»	»
Allemagne	»	»	»	»	»	»	»
Autriche	»	53	»	»	»	»	53
Barbarie	»	»	»	»	»	»	»
France	»	»	74	»	»	»	74
Grèce	»	»	»	»	»	»	»
Italie	»	»	»	65	52	»	117
Angleterre	»	»	»	»	52	»	52
Malte	1	»	»	»	»	»	1
Hollande	»	»	»	»	»	»	»
Portugal	»	»	»	»	»	»	»
Russie	»	»	»	»	»	1	1
Suède et Norwége	»	»	»	»	»	»	»
Espagne	»	»	»	»	»	»	»
Tunis	»	»	»	»	»	»	»
En relâche	»	»	»	»	»	»	»
TOTAL	71	109	119	71	118	28	516

Bâtiments de Commerce — A voile

PROVENANCES.	Ottomans.	Egyptiens.	Américains.	Allemands.	Austro-Hongrois.	Belges.	Français.	Jérusalémitains.	Grecs.	Italiens.	Anglais.	Hollandais.	Russes.	Suédois-Norwég.ns	Santiottes.	Valaques.	TOTAL.
Ports égyptiens: Brullos	»	[illegible]	»	»	»	»	»	»	1	»	»	»	»	»	»	»	1
Ports égyptiens: Damiette	24	[illegible]	»	»	»	»	»	»	»	»	»	»	»	»	»	»	24
Ports égyptiens: Port-Saïd	7	[illegible]	»	»	»	»	»	»	»	5	»	»	1	»	»	»	13
Constantinople	1	[illegible]	»	»	»	»	»	»	1	»	»	»	»	»	»	»	2
Iles Ottomanes	326	[illegible]	»	»	»	»	»	»	78	7	»	»	16	»	13	3	443
Syrie	226	[illegible]	»	»	»	»	»	»	1	5	»	»	»	»	1	»	230
Turquie d'Asie	478	[illegible]	»	»	»	»	»	5	40	»	»	1	6	»	1	»	530
Turquie d'Europe	32	[illegible]	»	»	»	»	»	»	5	»	»	»	4	»	»	»	41
Algérie	»	[illegible]	»	»	»	»	»	»	»	»	»	»	»	»	»	»	»
Amérique	»	[illegible]	4	»	1	»	»	»	»	4	1	»	»	2	»	»	12
Allemagne	»	[illegible]	»	3	»	»	»	»	»	»	»	»	»	2	»	»	5
Autriche	1	[illegible]	»	»	37	»	»	»	3	5	»	»	»	»	»	»	46
Barbarie	75	[illegible]	»	»	»	»	»	»	»	»	»	»	»	»	»	»	76
France	[illegible]	[illegible]	»	2	46	»	3	»	12	18	»	»	1	»	»	»	84
Grèce	[illegible]	[illegible]	»	»	1	»	»	»	32	1	»	»	»	»	»	»	36
Italie	»	[illegible]	»	»	6	»	»	»	2	37	1	»	1	»	»	»	47
Angleterre	»	[illegible]	1	10	44	1	»	»	4	51	237	»	17	13	»	»	378
Malte	»	[illegible]	»	»	2	»	»	»	4	7	7	»	»	»	»	»	20
Hollande	»	[illegible]	»	2	»	»	1	»	»	1	»	»	»	»	»	»	4
Portugal	»	[illegible]	»	»	»	»	»	»	»	»	»	»	»	»	»	»	»
Russie	»	[illegible]	»	»	»	»	»	»	»	»	»	»	»	»	»	»	»
Suède et Norwége	»	[illegible]	»	1	»	»	»	»	»	»	»	»	»	4	»	»	5
Espagne	»	[illegible]	»	»	»	»	»	»	»	1	3	»	»	1	»	»	5
Tunis	9	[illegible]	»	»	»	»	»	»	»	»	»	»	»	»	»	»	9
En relâche	3	[illegible]	»	»	»	»	»	»	»	»	»	»	»	»	»	»	3
TOTAL	1186	6	5	18	137	1	4	5	183	142	249	1	46	22	15	3	2023

Bâtiments de Commerce — A vapeur, Total Général, Tonnage

PROVENANCES.	Egyptiens.	Danois.	Français.	Austro-Hongrois.	Anglais.	Hollandais.	Suédois-Norwég.ns	TOTAL.	Total Général.	TONNAGE (Navires de guerre non compris)
Ports égyptiens: Brullos	»	»	»	»	»	»	»	»	1	45
Ports égyptiens: Damiette	»	»	»	»	»	»	»	»	24	1900
Ports égyptiens: Port-Saïd	2	»	1	»	22	»	1	26	169	150570
Constantinople	»	»	»	»	7	»	»	7	110	71123
Iles Ottomanes	1	»	»	»	2	»	»	3	452	34780
Syrie	5	»	6	»	20	»	»	31	277	30145
Turquie d'Asie	3	»	7	»	9	»	»	19	557	101992
Turquie d'Europe	»	»	»	»	1	»	»	1	43	7925
Algérie	»	»	»	»	1	»	»	1	1	1105
Amérique	»	»	»	»	»	»	»	»	12	4185
Allemagne	»	»	»	»	»	»	»	»	5	1203
Autriche	»	»	»	»	8	»	»	8	107	90798
Barbarie	»	»	»	»	»	»	»	»	76	4124
France	»	»	3	»	6	»	1	10	168	94416
Grèce	»	»	»	»	»	»	1	1	41	8675
Italie	»	»	»	»	21	»	»	21	180	163742
Angleterre	»	»	1	»	90	»	1	93	523	307756
Malte	»	1	»	»	115	1	1	118	144	140021
Hollande	»	»	»	»	»	»	»	»	4	696
Portugal	»	»	»	»	3	»	»	3	3	4527
Russie	»	»	»	»	10	»	»	10	11	5229
Suède et Norwége	»	»	»	»	»	»	»	»	5	3001
Espagne	»	»	1	»	10	»	1	12	17	9662
Tunis	»	»	»	»	2	»	»	2	11	777
En relâche	»	»	»	»	»	»	»	»	3	340
TOTAL	11	1	19	1	327	1	6	366	2953	1238740

Nota. — Les navires en lest étaient au nombre de 28, dont 16 de Port-Saïd, 4 d'Italie, et 8 de Malte.

N° 43. — Navires partis d'Alexandrie en 1872.

DESTINATIONS.	NAVIRES de guerre		PAQUEBOTS-POSTE À VAPEUR.	BATIMENTS de commerce		TOTAL.	Tonnage (Navires de guerre non-compris).
	À VOILE.	À VAPEUR.		À VOILE.	À VAPEUR.		
Rosette........	»	»	»	1	»	1	16
Damiette	»	»	»	43	»	43	3.928
Suez...........	»	2	3	»	»	5	2.260
Port-Saïd... ...	1	3	17	20	2	43	16.104
Angleterre......	»	1	52	304	243	600	487.338
France...... .	»	»	67	20	13	100	73.099
Russie.........	»	»	»	1	30	31	21.114
Autriche	»	»	55	23	»	78	60.716
Italie..........	1	2	112	37	3	155	157.286
Espagne.	»	»	»	3	5	8	6.860
Belgique..... ..	»	»	»	3	»	3	916
Hollande.......	»	»	»	»	1	1	707
Allemagne.....	»	»	»	2	»	2	550
Malte	»	1	»	7	3	11	5.217
Grèce	»	»	»	137	6	143	22.085
Iles Grecques....	»	»	»	46	»	46	5.322
Constantinople .	»	13	96	143	23	275	142.372
Turquie d'Europe	»	»	»	28	»	28	4 508
Turquie d'Asie..	9	»	»	514	»	523	70.213
Syrie..........	1	1	78	309	47	436	114.596
Iles Ottomanes ..	1	»	»	343	»	344	34.492
Barbarie.... ...	»	»	»	40	»	40	1.507
Tunisie........	»	»	»	1	»	1	1.067
Algérie....... .	»	»	»	1	1	2	1.055
Amérique......	»	»	»	5	1	6	4.548
Indoustan.... .	»	»	12	1	1	14	37.857
Japon.........	»	»	»	»	1	1	759
La haute-mer...	1	7	»	»	»	8	»
TOTAL...	14	30	492	2.032	380	2.948	1.276.492

N° 44. — Navires arrivés à Damiette en 1872.

PROVENANCES		NAVIRES DE GUERRE A VAPEUR ÉGYPTIENS.	BATIMENTS DE COMMERCE à voile. Hellènes.	Jérusalémitains	Ottomans.	Samioles.	TOTAL GÉNÉRAL.	NAVIRES EN QUARANTAINE ET EN OBSERVATION.	NAVIRES EN LEST.	NAVIRES EN RELACHE FORCÉE.	TONNAGE (Navires de guerre exceptés)
PORTS Égyptiens	Alexandrie	1	»	»	39	»	40	»	1	»	3.754 1/2
	El-Arich. .	»	»	»	3	»	3	»	»	»	80
	Port-Saïd.	8	»	»	110	1	119	1	64	»	6.627 1/4
Turquie d'Asie.		»	2	4	176	8	190	1	»	»	25.052 1/2
Syrie.		»	»	2	315	»	317	8	»	»	16 212
Iles Ottomanes.		»	»	»	41	3	44	»	»	»	1.995 1/2
TOTAUX.		9	2	6	684	12	713	10	65	»	53.721

N° 45. — Navires partis de Damiette en 1872.

DESTINATIONS. . .	ALEXANDRIE.	EL-ARICH.	PORT-SAÏD.	GRÈCE.	TURQUIE D'ASIE.	SYRIE.	ILES OTTOMANES	TOTAL.
Navires de guerre à voile.	»	»	»	»	»	»	»	»
Navires de guerre à vapeur.	1	»	8	»	»	»	»	9
Paquebot-poste . .	»	»	»	»	»	»	»	»
Bâtiments de commerce à voile. .	30	2	88	12	188	350	28	698
Bâtiments de commerce à vapeur.	»	»	»	»	»	»	»	»
TOTAL. . . .	31	2	96	12	188	350	28	707
TONNAGE. . . (Navires de guerre exceptés).	2 279	55	5.415	510	25.519	18.035	935	52.748

N° 46. — BATIMENTS DE PETIT CABOTAGE

ARRIVÉS AUX DIVERS POINTS DE LA CÔTE ÉGYPTIENNE DE LA MER MÉDITERRANÉE, OU PARTIS,

Pendant l'année 1872.

PORTS ÉGYPTIENS	PROVENANCES et DESTINATIONS.	BATIMENTS ARRIVÉS						BATIMENTS PARTIS					
		Égyptiens.	Ottomans.	Italiens.	TOTAL.	EN LEST	PORTÉE en kilos.	Égyptiens.	Ottomans.	Italiens.	TOTAL.	EN LEST	PORTÉE en kilos.
Alexandrie, port vieux	Egypte.	38	»	»	38	15	45.535	15	»	»	15	»	»
» port neuf	Egypte.	1.262	»	»	1.262	253	1.166.973	1 383	»	»	1.383	127	1.317 529
Aboukir	Egypte.	447	»	»	447	»	381.470	445	»	»	445	»	378.190
»	Syrie.	»	»	»	»	»	»	2	»	»	2	»	3.280
Brullos	Egypte.	354	»	»	354	»	334.265	283	»	»	283	»	279.110
»	Syrie.	1	»	»	1	»	920	»	»	»	»	»	»
Rosette	Egypte.	874	»	»	874	»	719.620	914	»	»	914	»	773.580
Damiette	Egypte.	288	»	»	288	»	433.760	282	»	»	282	»	432.120
»	Syrie.	»	»	»	»	»	»	5	»	»	5	5	1.365
Port-Saïd	Egypte.	70	»	»	70	»	88.760	69	»	»	69	»	87.400
»	Archipel Ottoman	»	»	2	2	»	1.440	»	»	»	»	»	»
El-Arich	Egypte.	1	4	»	5	»	5.600	1	6	»	7	»	7.880
»	Syrie.	»	11	»	11	»	4.460	»	9	»	9	»	2.180
TOTAUX...	Egypte.	3.334	4	»	3.338	»	3.176.083	3.392	6	»	3.392	»	»
	Syrie.	1	11	»	12	»	5.380	7	9	»	16	»	»
	Archipel Ottoman	»	»	2	2	»	1.440	»	»	»	»	»	»
	ENSEMBLE..	3.335	15	2	3.352	»	3.182.803	3.399	15	»	3.414	»	»

N° 47. — Navires entrés au Port de Suez

de 1849 à 1862

		A VAPEUR.		A VOILE.		**Total.**
Année 1849	—	3	—	116	—	119
» 1850	—	26	—	120	—	146
» 1851	—	30	—	175	—	205
» 1852	—	25	—	179	—	204
» 1853	—	35	—	190	—	225
» 1854	—	38	—	231	—	269
» 1855	—	47	—	251	—	298
» 1856	—	45	—	262	—	307
» 1857	—	55	—	319	—	374
» 1858	—	88	—	284	—	372
» 1859	—	103	—	268	—	371
» 1860	—	88	—	280	—	368
» 1861	—	116	—	285	—	401
» 1862	—	123	—	254	—	377

N° 48. — NAVIRES ARRIVÉS A SUEZ PENDANT LA PÉRIODE DÉCENNALE DE 1863 A 1872.

Classés par espèce et par provenance.

	PORTS ÉGYPTIENS.																											
	Rade et Phares.	Ismaïlia.	Port-Saïd.	Alexandrie.	Ras-Gharib.	Ras-Mohamed.	Gebel Tor.	Accaba.	Moheilah.	El-Wich.	Kosseir.	Souakin.	Massaouah.	Divers.	**Total.**	Arabie.	Aden.	Indes Anglaises.	Golfe Persique.	Indes Hollandaises.	Réunion-Zanzibar.	Chine, Cochinchine.	Japon.	Angleterre.	France.	Brésil.	**Total.**	**TONNAGE** (Navires de guerre non compris.)
1863.																												
Navires de guerre à vapeur......	»	»	»	»	»	»	»	»	»	»	»	»	»	»	»	2	2	1	»	»	»	3	»	»	»	»	8	
Navires de guerre à voile........	»	»	»	»	»	»	»	»	»	»	»	»	»	»	»	»	»	»	»	»	»	»	»	»	»	»	»	
Paquebots-poste à vapeur........	»	»	»	»	»	»	»	»	»	»	»	»	»	»	»	»	1	45	»	»	10	10	»	»	1	»	67	
Bâtiments de commerce à vapeur..	»	»	»	»	»	»	1	»	»	4	»	»	»	1	6	28	»	»	»	»	»	»	»	»	»	»	34	171.772
Bâtiments de commerce à voile...	»	»	»	»	»	»	14	4	»	13	10	»	»	11	52	186	»	»	»	»	»	»	»	»	»	»	238	
	»	»	»	»	»	»	15	4	»	17	10	»	»	12	58	216	3	46	»	»	10	13	»	»	1	»	347	
1864.																												
Navires de guerre à vapeur......	»	»	»	»	»	»	»	»	»	»	»	»	»	»	»	»	»	»	»	»	»	4	»	»	»	»	4	
Navires de guerre à voile........	»	»	»	»	»	»	»	»	»	»	»	»	»	»	»	»	»	»	»	»	»	»	»	»	»	»	»	
Paquebots-poste à vapeur	»	»	»	»	»	»	»	»	»	»	»	»	»	»	»	»	6	46	»	»	11	9	»	»	»	»	72	
Bâtiments de commerce à vapeur .	»	»	»	»	»	»	»	»	»	»	»	2	»	»	2	46	»	»	»	»	»	»	»	»	»	»	48	123.829
Bâtiments de commerce à voile...	»	»	»	»	»	»	20	3	»	13	3	1	»	12	52	185	1	1	»	»	»	»	»	»	»	»	239	
	»	»	»	»	»	»	20	3	»	13	3	3	»	12	54	231	7	47	»	»	11	13	»	»	»	»	303	
1865.																												
Navires de guerre à vapeur......	»	»	»	»	»	»	»	»	»	»	»	»	»	»	»	»	»	»	»	»	»	4	»	»	»	»	4	
Navires de guerre à voile........	»	»	»	»	»	»	»	»	»	»	»	»	»	»	»	»	»	»	»	»	»	»	»	»	»	»	»	
Paquebots-poste à vapeur........	»	»	»	»	»	»	»	»	»	»	»	9	»	»	9	69	23	62	»	»	28	21	»	»	»	»	212	
Bâtiments de commerce à vapeur..	»	»	»	»	»	»	»	»	»	»	»	»	»	»	»	»	»	»	»	»	»	»	»	»	»	»	»	207.535
Bâtiments de commerce à voile...	»	»	»	»	»	»	38	6	»	39	»	»	»	18	104	105	»	»	»	»	»	»	»	»	»	»	209	
	»	»	»	»	»	»	38	6	»	39	3	9	»	18	113	174	23	62	»	»	28	25	»	»	»	»	425	
1866.																												
Navires de guerre à vapeur......	»	»	»	»	»	1	4	»	»	»	»	5	1	1	12	3	»	»	»	»	1	4	»	»	»	»	20	
Navires de guerre à voile......	»	»	»	»	»	»	»	»	»	»	»	»	»	»	»	»	»	»	»	»	»	»	»	»	»	»	»	
Paquebots-poste à vapeur........	»	»	»	»	»	»	10	»	»	1	»	12	»	»	23	53	9	85	»	»	15	12	»	»	»	»	199	
Bâtiments de commerce à vapeur..	»	»	»	»	»	»	»	»	»	»	»	»	»	»	»	»	»	»	»	»	»	»	»	»	»	»	»	210.689
Bâtiments de commerce à voile...	»	»	»	»	»	»	35	4	»	36	3	»	»	10	88	46	9	»	»	»	»	»	»	»	»	»	134	
	»	»	»	»	»	1	49	4	»	37	3	17	[illegible]	11	123	104	9	85	»	»	16	16	»	»	»	»	353	
1867.																												
Navires de guerre à vapeur.....	»	»	»	»	»	»	»	»	»	4	»	3	3	19	20	5	8	4	»	»	»	4	»	1	»	»	51	
Navires de guerre à voile........	»	»	»	»	»	»	»	»	»	»	»	»	»	4	4	»	3	»	»	»	»	»	»	»	»	»	9	
Paquebots-poste à vapeur........	»	»	»	»	»	»	»	»	»	»	»	9	4	»	13	23	1	65	»	»	11	12	2	1	1	»	172	
Bâtiments de commerce à vapeur..	»	»	»	»	»	»	2	»	»	»	»	»	»	2	4	4	»	27	»	»	»	»	»	»	»	»	35	218.929
Bâtiments de commerce à voile...	»	»	»	»	»	»	47	2	»	53	»	»	»	9	111	35	»	2	»	»	»	»	»	»	»	»	148	
	»	»	»	»	»	»	49	2	»	57	»	12	7	34	161	67	12	98	»	»	11	16	2	2	1	»	370	

Tableau N° 48 (suite).

	PORTS ÉGYPTIENS																											TONNAGE (Navires de guerre non compris.)
	Rade et Phares.	Ismaïlia.	Port-Saïd.	Alexandrie.	Ras-Gharib.	Ras-Mohamed.	Gebel Tor.	Accaba.	Mohellah.	El-Wich.	Kosséir.	Souakin.	Massaouah.	Divers.	Total.	Arabie.	Aden.	Indes Anglaises.	Golfe Persique.	Indes Hollandaises.	Réunion-Zanzibar.	Chine, Cochinchine.	Japon.	Angleterre.	France.	Brésil.	Total.	
1868.																												
Navires de guerre à vapeur......	»	»	»	»	»	»	1	»	»	2	»	[illegible]	6	39	58	3	1	11	»	1	»	4	»	»	»	»	78	
Navires de guerre à voile.......	»	»	»	»	»	»	»	»	»	»	»	[illegible]	»	8	8	»	»	»	»	»	»	»	»	»	»	»	8	
Paquebots-poste à vapeur........	»	»	»	»	»	»	»	»	»	»	»	[illegible]	»	20	20	30	»	71	»	»	12	13	»	»	»	»	146	
Bâtiments de commerce à vapeur.	»	»	»	»	»	»	1	»	»	»	»	[illegible]	»	4	5	12	»	13	»	»	»	»	»	»	»	»	30	296.211
Bâtiments de commerce à voile...	»	»	»	»	11	»	37	2	»	59	1	[illegible]	»	3	115	49	»	8	»	»	»	»	»	1	»	»	173	
	»	»	»	»	11	»	39	2	»	61	1	[illegible]	6	74	206	94	1	103	»	1	12	17	»	1	»	»	435	
1869.																												
Navires de guerre à vapeur......	»	»	3	»	»	»	3	»	»	1	1	[illegible]	3	1	18	1	4	7	»	1	3	»	»	»	»	»	34	
Navires de guerre à voile........	»	»	»	»	»	»	»	»	»	»	»	[illegible]	»	»	»	»	1	1	»	»	1	4	»	»	»	»	7	
Paquebots-poste à vapeur..	»	»	»	»	»	»	»	»	»	»	»	[illegible]	»	1	5	39	»	80	»	»	3	12	»	»	»	»	139	
Bâtiments de commerce à vapeur.	»	»	8	»	»	»	»	»	»	»	»	[illegible]	»	5	13	6	»	20	»	»	»	»	»	»	»	»	39	234.740
Bâtiments de commerce à voile..	»	»	3	»	1	»	56	»	»	61	»	[illegible]	»	11	132	7	»	»	»	»	»	»	»	»	»	»	139	
	»	»	14	»	1	»	59	»	»	62	1	[illegible]	3	18	168	53	5	108	»	1	7	16	»	»	»	»	358	
1870.																												
Navires de guerre à vapeur......	3	»	35	»	»	»	3	»	»	1	»	[illegible]	»	2	47	7	2	9	»	»	1	6	»	»	»	»	72	
Navires de guerre à voile........	»	»	2	»	»	»	»	»	»	»	»	[illegible]	»	»	4	»	»	»	»	»	»	»	»	»	»	»	4	
Paquebots-poste à vapeur........	»	»	41	»	»	»	»	»	»	»	»	[illegible]	»	»	41	47	2	87	»	»	1	11	»	»	»	»	189	
Bâtiments de commerce à vapeur.	»	1	161	»	»	»	»	»	»	»	1	[illegible]	»	»	103	22	10	89	1	4	2	18	»	»	»	»	309	534.537
Bâtiments de commerce à voile...	1	»	18	»	»	»	41	1	»	69	2	[illegible]	»	1	133	18	»	»	»	»	»	»	1	»	»	»	152	
	4	1	257	»	»	»	44	1	»	70	3	[illegible]	»	3	388	94	14	185	1	4	4	35	1	»	»	»	726	
1871.																												
Navires de guerre à vapeur....	»	1	»	»	3	»	2	»	»	»	2	[illegible]	1	»	12	6	»	15	»	1	1	10	»	»	»	»	45	
Navires de guerre à voile.......	»	»	»	»	»	»	»	»	»	»	»	[illegible]	1	»	»	»	»	»	»	»	»	»	»	»	»	»	»	
Paquebots-poste à vapeur........	»	»	»	1	»	»	»	»	»	»	»	[illegible]	»	»	18	50	»	98	»	»	»	19	»	»	»	»	185	
Bâtiments de commerce à vapeur.	»	1	»	1	»	»	»	»	»	»	1	[illegible]	»	»	3	28	»	136	5	2	1	51	»	»	»	»	226	458.809
Bâtiments de commerce à voile...	»	»	»	»	»	»	48	2	»	46	»	[illegible]	»	»	96	24	»	»	»	»	»	»	»	»	»	»	120	
	»	2	»	»	3	»	50	2	»	46	3	[illegible]	2	»	129	108	»	249	5	3	2	80	»	»	»	»	576	
1872.																												
Navires de guerre à vapeur......	»	»	10	»	»	»	4	»	»	8	1	[illegible]	2	»	31	7	2	12	»	1	2	9	»	»	»	»	64	
Navires de guerre à voile.	»	»	»	»	»	»	»	»	»	»	»	[illegible]	2	»	»	»	»	»	»	»	»	»	»	»	»	»	»	
Paquebots-poste à vapeur........	»	»	16	»	»	»	»	»	»	12	1	[illegible]	»	»	43	23	»	103	»	»	»	17	1	»	»	»	189	
Bâtiments de commerce à vapeur.	»	»	44	»	»	»	»	»	»	13	»	[illegible]	»	»	57	27	1	256	9	11	3	36	»	»	»	»	400	666.469
Bâtiments de commerce à voile...	»	»	16	»	»	»	42	19	37	32	9	[illegible]	»	33	188	16	»	1	»	»	»	»	»	»	»	»	205	
	»	»	86	»	»	»	46	19	37	65	11	[illegible]	4	33	319	73	3	374	9	12	5	62	1	»	»	»	858	
Total des dix années de 1863 à 1872	4	3	357	2	15	1	409	43	37	467	38	[illegible]	23	215	1.719	1.214	77	1.357	15	21	106	293	4	3	2	»	4.811	3.123.520
Moyenne de chaque année........	»	»	36	»	2	»	41	4	4	47	4	[illegible]	2	22	172	121	8	136	2	2	11	29	»	»	»	»	481	312.352

N° 49. — NAVIRES ENTRÉS DANS LE PORT DE SUEZ PENDANT L'ANNÉE 1872.

PROVENANCES.	Navires de guerre à vapeur: Égyptiens.	Anglais.	Français.	Ottomans.	Portugais.	Total.	Paquebots-poste à vapeur: Égyptiens.	Anglais.	Autrichiens.	Espagnols.	Français.	Hollandais.	Italiens.	Russes.	Total.
Ports Égyptiens. Kosseïr	»	1	»	»	»	1	»	»	1	»	»	»	»	»	1
Massaouah	2	»	»	»	»	2	2	»	»	»	»	»	»	»	[illegible]
Port-Saïd	3	2	»	3	2	10	4	1	11	»	»	»	»	»	16
Souakin	6	»	»	»	»	6	12	»	»	»	»	»	»	»	1[illegible]
Acaba	»	»	»	»	»	»	»	»	»	»	»	»	»	»	[illegible]
Bourour	»	»	»	»	»	»	»	»	»	»	»	»	»	»	[illegible]
Moelleh	»	»	»	»	»	»	»	»	»	»	»	»	»	»	[illegible]
Tor	3	1	»	»	»	4	»	»	»	»	»	»	»	»	[illegible]
El-Widj	7	»	»	1	»	8	7	»	5	»	»	»	»	»	1[illegible]
Arabie	1	1	»	5	»	7	14	1	8	»	»	»	»	»	23
Aden	»	1	1	»	»	2	»	»	»	»	»	»	»	»	[illegible]
Golfe Persique	»	»	»	»	»	»	»	»	»	»	»	»	»	»	[illegible]
Indoustan	»	11	»	»	1	12	»	75	12	»	1	1	14	2	10[illegible]
Indes Hollandaises	»	»	»	»	1	1	»	»	»	»	»	»	»	»	[illegible]
Chine, Cochinchine	»	»	9	»	»	9	»	1	»	1	15	»	»	»	17
Japon	»	»	1	»	»	1	»	»	»	»	1	»	»	»	1
Réunion, Zanzibar, Mozambique	»	»	1	»	1	2	»	»	»	»	»	»	»	»	[illegible]
Totaux	22	17	11	9	5	64	39	78	37	1	17	1	14	2	18[illegible]

PROVENANCES.	Bâtiments de commerce à voile: Égyptiens.	Autrichiens.	Anglais.	Hellènes.	Italiens.	Ottomans.	Total.	Bâtiments de commerce à vapeur: Égyptiens.	Allemands.	Anglais.	Autrichiens.	Espagnols.	Français.	Hollandais.	Italiens.	Norvégiens.	Ottomans.	Portugais.	Russes.	Total.	Total général.	Arrivés en pratique.	En quarantaine.	Chargés.	En lest.	Portée en tonneaux (Navires de guerre non-compris).
Ports Égyptiens. Kosseïr	8	»	»	»	»	1	9	»	»	»	»	»	»	»	»	»	»	»	»	»	11	6	5	9	2	18
Massaouah	»	»	»	»	»	»	»	»	»	»	»	»	»	»	»	»	»	»	»	»	4	4	»	2	2	1.250
Port-Saïd	»	1	»	»	13	2	16	»	1	30	2	»	»	»	1	»	10	»	»	44	86	86	»	76	10	56.754
Souakin	»	»	»	»	»	»	»	»	»	»	»	»	»	»	»	»	»	»	»	»	18	14	4	12	6	7.280
Acaba	10	»	»	»	»	9	19	»	»	»	»	»	»	»	»	»	»	»	»	»	19	19	»	19	»	800
Bourour	15	»	»	»	»	18	33	»	»	»	»	»	»	»	»	»	»	»	»	»	33	32	1	33	»	1.130
Moelleh	18	»	»	»	»	19	37	»	»	»	»	»	»	»	»	»	»	»	»	»	37	36	1	37	»	697
Tor	20	»	1	3	»	12	42	»	»	»	»	»	»	»	»	»	»	»	»	»	46	30	16	42	4	47
El-Widj	22	»	»	»	»	10	32	»	»	7	»	»	1	»	»	»	5	»	»	13	65	23	42	57	8	16.539
Arabie	11	»	»	»	»	5	16	»	»	17	2	»	»	»	»	»	8	»	»	27	73	32	41	66	7	36.538
Aden	»	»	»	»	»	»	»	»	»	1	»	»	»	»	»	»	»	»	»	1	3	3	»	1	2	1.474
Golfe Persique	»	»	»	»	»	»	»	»	»	7	»	»	»	»	»	»	2	»	»	9	9	3	6	9	»	6.743
Indoustan	1	»	»	»	»	»	1	»	1	243	3	»	3	1	1	1	»	1	2	256	374	370	4	360	14	441.644
Indes Hollandaises	»	»	»	»	»	»	»	»	»	4	»	3	»	4	»	»	»	»	»	11	12	12	»	11	1	15.934
Chine, Cochinchine	»	»	»	»	»	»	»	»	1	34	»	»	1	»	»	»	»	»	»	36	62	61	1	53	9	70.658
Japon	»	»	»	»	»	»	»	»	»	»	»	»	»	»	»	»	»	»	»	»	1	1	»	1	»	1.551
Réunion, Zanzibar, Mozambique	»	»	»	»	»	»	»	»	»	3	»	»	»	»	»	»	»	»	»	3	5	4	1	3	2	2.412
Totaux	111	1	1	3	13	76	205	»	3	346	7	3	5	5	2	1	25	1	2	400	858	736	122	791	67	666.459

N° 50. — Navires partis de Suez en 1872.

DESTINATIONS.		NAVIRES DE GUERRE A VAPEUR.	PAQUEBOTS-POSTE A VAPEUR.	BATIMENTS de commerce. A VOILE.	BATIMENTS de commerce. A VAPEUR.	TOTAL.	Tonnage (Navires de guerre non-compris).
Ports Égyptiens.	Kosseïr	2	»	9	»	11	321
	Massaouah ..	6	4	»	»	10	2.880
	Port-Saïd...	34	90	14	354	492	519.012
	Souakin.....	8	5	»	»	13	3.413
	Acaba.......	»	»	7	»	7	294
	Bourour.....	»	»	24	»	24	550
	Moelleh	»	»	28	»	28	867
	Tor.........	3	»	45	»	48	686
	El-Widj	5	9	23	2	39	7.978
Arabie..........		3	27	30	40	100	48.500
Aden		1	»	»	»	1	»
Indoustan		»	»	3	7	10	8.609
Indes hollandaises		»	»	»	1	1	530
Réunion.........		1	»	»	»	1	»
TOTAL.....		63	135	183	404	785	593.640

Nº 51. — Navires arrivés à Port-Saïd

De 1859 à 1862.

Années	Provenant de :	Egypte.	Angleterre.	Autriche.	Barbarie.	Belgique.	France.	Italie.	Malte.	Turquie.	Syrie.	Archipel.	TOTAL.
1859	Bâtiments à vapeur	»	»	»	»	»	4	»	»	4	»	»	8
	à voile. .	»	»	»	»	»	»	»	»	»	»	»	»
	Ensemble. . .	»	»	»	»	»	4	»	»	4	»	»	8
1860	Bâtiments à vapeur	1	»	»	»	»	»	»	»	»	1	»	2
	à voile. .	51	7	1	1	2	14	1	1	6	16	5	105
	Ensemble. . .	52	7	1	1	2	14	1	1	6	17	5	107
1861	Bâtiments à vapeur	1	»	»	»	»	»	»	»	»	»	»	1
	à voile. .	209	5	3	»	2	5	»	1	6	18	4	253
	Ensemble. . .	210	5	3	»	2	5	»	1	6	18	4	254
1862	Bâtiments à vapeur	1	»	»	»	»	»	»	»	1	»	»	2
	à voile. .	346	10	2	»	»	3	»	»	32	»	8	400
	Ensemble. . .	347	10	2	»	»	3	»	»	33	»	8	402

N° 52. — NAVIRES ARRIVÉS A PORT-SAID PENDANT LA PÉRIODE DÉCENNALE DE 1863 A 1872,

Classés par espèce et par provenance.

	Egypte.	Turquie et Russie.	France.	Angleterre.	Autriche.	Grèce.	Italie.	Belgique.	Espagne.	Portugal.	Samos.	Barbarie et Tunisie.	Gibraltar.	Hollande.	Malte.	Allemagne.	Amérique.	En relâche.	**Total Général.**	**TONNAGE** (Navires de guerre non compris.)
1863.																				
Navires de guerre à vapeur.......	1	»	»	»	»	»	»	»	»	»	»	»	»	»	»	»	»	»	1	
Navires de guerre à voile.........	»	»	»	»	»	»	»	»	»	»	»	»	»	»	»	»	»	»	»	
Paquebots-poste à vapeur.......	»	»	»	»	»	»	»	»	»	»	»	»	»	»	»	»	»	»	»	
Bâtiments de commerce à vapeur..	»	»	»	»	»	»	»	»	»	»	»	»	»	»	»	»	»	»	»	
Bâtiments de commerce à voile....	236	60	23	21	18	»	»	»	»	»	»	»	»	»	»	»	»	»	358	52.186
	237	60	23	21	18	»	»	»	»	»	»	»	»	»	»	»	»	»	359	
1864.																				
Navires de guerre à vapeur.......	1	»	»	»	»	»	»	»	»	»	»	»	»	»	»	»	»	»	1	
Navires de guerre à voile.........	»	»	»	»	»	»	»	»	»	»	»	»	»	»	»	»	»	»	»	
Paquebots-poste à vapeur.......	»	»	»	»	»	»	»	»	»	»	»	»	»	»	»	»	»	»	»	
Bâtiments de commerce à vapeur..	15	»	4	5	»	»	»	»	»	»	»	»	»	»	»	»	»	»	24	
Bâtiments de commerce à voile....	152	188	84	20	5	13	»	»	»	»	»	»	»	»	»	»	»	»	402	56.215
	168	188	88	25	5	13	»	»	»	»	»	»	»	»	»	»	»	»	487	
1865.																				
Navires de guerre à vapeur.......	3	»	»	»	»	»	»	»	»	»	»	»	»	»	»	»	»	»	3	
Navires de guerre à voile.........	»	»	»	»	»	»	»	»	»	»	»	»	»	»	»	»	»	»	»	
Paquebots-poste à vapeur.......	»	»	»	»	»	»	»	»	»	»	»	»	»	»	»	»	»	»	»	
Bâtiments de commerce à vapeur..	51	4	27	5	»	»	»	»	»	»	»	»	»	»	»	»	»	»	87	
Bâtiments de commerce à voile....	188	242	95	9	19	17	1	»	»	»	»	»	»	»	»	»	»	»	571	87.928
	242	246	122	14	19	17	1	»	»	»	»	»	»	»	»	»	»	»	661	
1866.																				
Navires de guerre à vapeur.......	»	1	»	»	»	»	»	»	»	»	»	»	»	»	»	»	»	»	1	
Navires de guerre à voile.......	»	»	»	»	»	»	»	»	»	»	»	»	»	»	»	»	»	33	33	
Paquebots-poste à vapeur.......	13	14	»	»	»	»	»	»	»	»	»	»	»	»	»	»	»	»	27	
Bâtiments de commerce à vapeur..	65	11	16	10	»	»	1	»	»	»	»	»	»	»	»	»	»	»	103	
Bâtiments de commerce à voile....	114	406	156	34	50	71	5	1	»	»	»	»	»	»	»	»	»	»	837	138.091
	192	432	172	44	50	71	6	1	»	»	»	»	»	»	»	»	»	33	1.001	
1867.																				
Navires de guerre à vapeur.......	»	»	»	»	»	»	»	»	»	»	»	»	»	»	»	»	»	»	»	
Navires de guerre à voile........	»	»	»	»	»	»	»	»	»	»	»	»	»	»	»	»	»	31	31	
Paquebots-poste à vapeur........	28	36	1	»	»	»	»	»	»	»	»	»	»	»	»	»	»	»	65	
Bâtiments de commerce à vapeur..	80	»	5	10	»	»	»	»	»	»	»	»	»	»	»	»	»	»	95	
Bâtiments de commerce à voile....	122	534	127	70	10	24	3	2	»	»	»	»	»	»	»	»	»	»	892	212.315
	230	570	133	80	10	24	3	2	»	»	»	»	»	»	»	»	»	31	1.083	

	Egypte.	Turquie et Russie.	France.	Angleterre.	Autriche.	Grèce.	Italie.	Belgique.	Espagne.	Portugal.	Samos.	Barbarie et Tunisie	Gibraltar.	Hollande.	Malte.	Allemagne.	Amérique.	En relâche.	**Total Général.**	TONNAGE (Navires de guerre non compris.)
1868.																				
Navires de guerre à vapeur......	»	»	»	»	[illegible]	»	»	»	»	»	»	»	»	»	»	»	»	»	»	
Navires de guerre à voile.......	7	3	»	»	[illegible]	»	»	»	»	»	»	»	»	»	»	»	»	»	10	
Paquebots-poste à vapeur........	109	98	»	»	[illegible]	»	»	»	»	»	»	»	»	»	»	»	»	»	207	
Bâtiments de commerce à vapeur.	38	»	3	4	[illegible]	»	»	»	»	»	»	»	»	»	»	»	»	»	45	335.657
Bâtiments de commerce à voile...	103	402	81	197	[illegible]	21	6	»	»	»	»	»	»	»	»	»	»	»	822	
	259	503	84	201	[illegible]	21	6	»	»	»	»	»	»	»	»	»	»	»	1.084	
1869.																				
Navires de guerre à vapeur......	45	14	»	1	[illegible]	4	»	»	1	»	»	»	»	»	»	»	»	»	65	
Navires de guerre à voile.......	»	»	»	»	[illegible]	»	»	»	»	»	»	»	»	»	»	»	»	»	»	
Paquebots-poste à vapeur.......	148	125	2	1	[illegible]	2	3	»	»	»	»	»	»	»	»	»	»	»	276	
Bâtiments de commerce à vapeur.	54	6	6	12	[illegible]	»	4	»	»	»	»	»	»	»	»	»	»	»	82	438.462
Bâtiments de commerce à voile...	78	509	59	207	[illegible]	34	4	»	»	1	3	»	»	»	»	»	»	»	897	
	320	654	67	221	[illegible]	40	11	»	1	1	3	»	»	»	»	»	»	»	1.320	
1870.																				
Navires de guerre à vapeur......	40	15	6	12	[illegible]	1	4	»	»	»	»	»	»	»	»	»	»	1	80	
Navires de guerre à voile........	6	1	»	1	[illegible]	»	»	»	»	»	»	»	»	»	»	»	»	»	8	
Paquebots-poste à vapeur........	180	122	16	»	[illegible]	»	3	»	»	»	»	»	»	»	»	»	»	»	327	
Bâtiments de commerce à vapeur.	175	21	7	182	[illegible]	»	1	»	»	2	3	»	»	»	»	»	»	»	389	739.249
Bâtiments de commerce à voile...	72	251	21	138	[illegible]	4	»	»	»	»	»	»	»	»	»	»	»	»	490	
	473	410	50	333	[illegible]	5	8	»	»	2	3	»	»	»	»	»	»	1	1.294	
1871.																				
Navires de guerre à vapeur.....	56	10	7	5	[illegible]	1	2	»	»	1	»	»	»	»	10	»	»	»	93	
Navires de guerre à voile.......	4	»	»	»	[illegible]	»	»	»	»	»	»	»	»	»	»	»	»	»	4	
Paquebots-poste à vapeur........	193	142	21	4	[illegible]	1	11	»	»	»	»	»	»	2	»	»	»	»	382	
Bâtiments de commerce à vapeur.	180	10	»	232	[illegible]	»	»	»	3	1	»	»	7	»	4	1	»	»	458	927.796
Bâtiments de commerce à voile. .	64	203	4	145	[illegible]	11	4	»	»	»	»	1	2	»	»	»	»	»	435	
	497	305	32	406	[illegible]	13	17	»	3	2	»	1	9	2	14	1	»	»	1.372	
1872.																				
Navires de guerre à vapeur......	20	8	10	»	[illegible]	»	2	»	»	1	»	4	1	»	18	»	»	»	64	
Navires de guerre à voile.	1	»	»	»	[illegible]	»	»	»	»	»	»	»	»	»	»	»	»	»	1	
Paquebots-poste à vapeur........	112	92	27	5	[illegible]	»	12	»	»	»	»	»	»	7	3	»	»	»	270	
Bâtiments de commerce à vapeur.	37	30	2	403	[illegible]	»	12	»	5	1	»	»	1	»	14	6	»	»	512	856.845
Bâtiments de commerce à voile...	127	350	26	79	[illegible]	3	6	»	»	»	2	»	»	»	»	»	1	»	596	
	297	480	65	487	[illegible]	3	32	»	5	2	2	4	2	7	35	6	1	»	1.443	
Total des dix années de 1863 à 1872	2.915	3.908	836	1.832	148	207	84	3	9	7	8	5	11	9	49	7	1	65	10.104	3.844.744
Moyenne de chaque année........	292	391	84	183	15	21	8	»	1	1	1	1	1	1	5	1	»	7	1.010	384.474

N° 53.— NAVIRES ENTRÉS DANS LE PORT DE PORT-SAID PENDANT L'ANNÉE 1872.

PROVENANCES.	Navires de Guerre — à voile	Navires de Guerre — à vapeur									Paquebots-Poste — à vapeur								Bâtiments de Commerce — à voile													Bâtiments de Commerce — à vapeur															Total Général des navires de toutes espèces	Portée en Tonneaux (Navires de guerre non-compris)	Navires en quarantaine ou en observation.	Navires en lest.	Navires en relâche forcée.
	Anglais.	Égyptiens.	Américains.	Anglais.	Français.	Italiens.	Ottomans.	Portugais.	Russes.	Total.	Égyptiens.	Anglais.	Autrichiens.	Français.	Italiens.	Hollandais.	Russes.	Total.	Allemands.	Anglais.	Autrichiens.	Danois.	Français.	Jérusalémitains.	Hellènes.	Italiens.	Norwégiens.	Ottomans.	Russes.	Samiotes.	Total.	Égyptiens.	Allemands.	Anglais.	Autrichiens.	Danois.	Espagnols.	Français.	Hollandais.	Italiens.	Norwégiens.	Ottomans.	Portugais.	Suédois.	Tunisiens.	Total.					
Ports égyptiens : Alexandrie	1	2	»	3	1	»	»	2	1	10	11	12	27	27	»	»	27	104	»	4	3	»	»	»	»	3	1	12	»	»	23	2	»	3	»	»	»	19	»	»	»	»	»	»	1	25	162	128.978	3	17	»
Aboukir	»	»	»	»	»	»	»	»	»	»	»	»	»	»	»	»	»	»	»	»	»	»	»	»	»	»	»	1	»	»	1	»	»	»	»	»	»	»	»	»	»	»	»	»	»	»	1	43	»	1	»
Rosette	»	»	»	»	»	»	»	»	»	»	»	»	»	»	»	»	»	»	»	»	»	»	»	»	»	»	»	1	»	»	1	»	»	»	»	»	»	»	»	»	»	»	»	»	»	»	1	13	»	»	»
Damiette	»	6	»	»	»	»	»	»	»	6	»	»	»	»	»	»	»	»	»	»	»	»	»	»	1	»	»	97	»	»	98	»	»	»	»	»	»	»	»	»	»	»	»	»	»	»	104	5.956	5	15	15
El-Arich	»	»	»	»	»	»	»	»	»	»	»	»	»	»	»	»	»	»	»	»	»	»	»	»	»	»	»	4	»	»	4	»	»	»	»	»	»	»	»	»	»	»	»	»	»	»	4	117	»	»	»
Suez	»	3	»	»	»	»	2	»	»	5	2	»	4	»	2	»	»	8	»	»	»	»	»	»	»	»	»	»	»	»	»	»	»	9	»	»	»	»	»	»	»	3	»	»	»	12	25	15.253	»	3	»
Allemagne	»	»	»	»	»	»	»	»	»	»	»	»	»	»	»	»	»	»	»	»	»	»	»	»	»	»	»	»	»	»	»	»	6	»	»	»	»	»	»	»	»	»	»	»	»	6	6	4.202	2	»	»
Angleterre	»	»	»	»	»	»	»	»	»	»	»	2	»	1	»	»	2	5	1	24	2	»	»	»	1	45	3	1	2	»	79	»	4	386	5	1	»	3	1	2	1	»	»	»	»	403	487	465.173	20	6	»
Autriche	»	»	»	»	»	»	»	»	»	»	»	»	12	»	»	»	»	12	»	»	»	»	»	»	2	»	»	»	»	»	2	»	»	1	»	»	»	»	»	»	»	»	»	»	»	1	15	12.853	1	»	»
Espagne	»	»	»	»	»	»	»	»	»	»	»	»	»	»	»	»	»	»	»	»	»	»	»	»	»	»	»	»	»	»	»	»	»	»	»	»	5	»	»	»	»	»	»	»	»	5	5	3.923	»	»	»
France	»	»	»	»	10	»	»	»	»	10	»	»	»	27	»	»	»	27	»	»	17	»	1	»	4	4	»	»	»	»	26	»	»	1	»	»	»	1	»	»	»	»	»	»	»	2	65	54 794	»	4	»
Gibraltar	»	»	1	»	»	»	»	»	»	1	»	»	»	»	»	»	»	»	»	»	»	»	»	»	»	»	»	»	»	»	»	»	»	1	»	»	»	»	»	»	»	»	»	»	»	1	2	138	»	1	»
Grèce	»	»	»	»	»	»	»	»	»	»	»	»	»	»	»	»	»	»	»	»	»	»	»	»	3	»	»	»	»	»	3	»	»	»	»	»	»	»	»	»	»	»	»	»	»	»	3	107	»	»	»
Hollande	»	»	»	»	»	»	»	»	»	»	»	»	»	»	»	7	»	7	»	»	»	»	»	»	»	»	»	»	»	»	»	»	»	»	»	»	»	»	»	»	»	»	»	»	»	»	7	11.601	»	»	»
Italie	»	»	»	»	»	2	»	»	»	2	»	»	»	»	12	»	»	12	»	»	»	»	»	»	»	6	»	»	»	»	6	»	»	7	»	»	»	»	»	5	»	»	»	»	»	12	32	21.633	1	11	»
Malte	»	»	1	15	»	»	»	2	»	18	»	3	»	»	»	»	»	3	»	»	»	»	»	»	»	»	»	»	»	»	»	»	»	12	»	»	»	»	»	»	»	1	»	1	»	14	35	15.011	»	8	»
New-York	»	»	»	»	»	»	»	»	»	»	»	»	»	»	»	»	»	»	»	»	»	1	»	»	»	»	»	»	»	»	1	»	»	»	»	»	»	»	»	»	»	»	»	»	»	»	1	245	»	»	»
Portugal	»	»	»	»	»	»	»	1	»	1	»	»	»	»	»	»	»	»	»	»	»	»	»	»	»	»	»	»	»	»	»	»	»	»	»	»	»	»	»	»	»	»	1	»	»	1	2	1.011	»	»	»
Russie	»	»	»	»	»	»	»	»	»	»	»	»	»	»	»	»	1	1	»	»	»	»	»	»	»	»	»	»	»	»	»	»	»	»	»	»	»	»	»	»	»	»	»	»	»	»	1	997	»	»	»
Samos	»	»	»	»	»	»	»	»	»	»	»	»	»	»	»	»	»	»	»	»	»	»	»	»	»	»	»	»	»	2	2	»	»	»	»	»	»	»	»	»	»	»	»	»	»	»	2	87	»	»	»
Tunisie	»	»	»	»	4	»	»	»	»	4	»	»	»	»	»	»	»	»	»	»	»	»	»	»	»	»	»	»	»	»	»	»	»	»	»	»	»	»	»	»	»	»	»	»	»	»	4	»	»	»	»
Constantinople	»	»	»	»	»	»	3	»	»	3	»	»	3	»	»	»	5	8	»	»	»	»	»	»	»	»	»	8	»	»	8	»	»	7	»	»	»	»	»	»	»	6	»	»	»	13	32	19.515	17	»	»
Turquie d'Europe	»	»	»	»	»	»	»	»	»	»	»	»	»	»	»	»	»	»	»	»	»	»	»	»	»	»	»	»	»	»	»	»	»	1	»	»	»	»	»	»	»	»	»	»	»	1	1	854	»	»	»
Turquie d'Asie	»	»	»	»	»	»	»	»	»	»	»	»	»	»	»	»	»	»	»	»	»	»	»	1	4	»	»	60	»	1	66	»	»	2	»	»	»	»	»	»	»	1	»	»	»	3	69	5.108	»	»	»
Syrie	»	1	1	1	»	»	1	»	»	4	7	»	28	26	»	»	22	83	»	»	»	»	»	»	»	»	»	239	»	»	239	2	»	8	»	»	»	»	»	»	»	3	»	»	»	13	339	87.442	17	5	»
Iles Ottomanes	»	»	»	»	»	»	1	»	»	1	»	»	»	»	»	»	»	»	»	»	»	»	»	»	3	»	»	33	»	1	37	»	»	»	»	»	»	»	»	»	»	»	»	»	»	»	38	1.646	2	»	»
TOTAL.	1	12	3	19	15	2	7	5	1	65	20	17	74	81	14	7	57	270	1	28	22	1	1	1	18	58	4	456	2	4	596	4	10	438	5	1	5	23	1	7	1	14	1	1	1	512	1.443	856.845	68	71	15

N° 54.—Navires partis de Port-Saïd en 1872.

DESTINATIONS.	Navires de guerre à voile.	Navires de guerre à vapeur.	Paquebot-poste à vapeur.	Bâtiments de commerce à voile.	Bâtiments de commerce à vapeur.	TOTAL.	Tonnage (Navires de guerre non-compris).
Ports égyptiens: Alexandrie	»	6	97	18	35	156	116.814
Ports égyptiens: Brullos	»	»	»	1	»	1	17
Ports égyptiens: Damiette	»	7	»	124	»	131	7.381
Ports égyptiens: El-Arich	»	»	»	2	»	2	44
Ports égyptiens: Ismaïlia	»	1	»	8	1	10	4.013
Ports égyptiens: Suez	»	8	19	18	9	54	46.695
Aden et les Indes	»	7	27	5	201	240	251.772
Allemagne	»	»	»	»	5	5	3.571
Algérie	»	»	»	»	1	1	450
Angleterre	»	»	4	23	266	293	333.558
Arabie	»	5	11	1	28	45	29.258
Autriche	»	»	12	3	5	20	15.656
Barbarie	»	»	2	1	1	4	3.587
Chine et Cochinchine	»	9	30	»	139	178	177.265
France	1	6	28	3	20	58	60.917
Gibraltar	»	»	»	»	7	7	5.363
Golfe Persique	»	»	»	1	5	6	4.513
Grèce	»	»	»	7	»	7	261
Iles Grecques	»	»	»	3	»	3	334
Hollande	»	»	5	»	2	7	10.506
Indes Hollandaises	»	»	7	»	2	9	12.190
Italie	»	1	7	16	10	34	21.587
Malte	»	4	1	»	14	19	14.079
New-York	»	»	»	2	4	6	7.234
Nouvelle Calédonie	»	1	»	»	»	1	»
Portugal	»	3	»	»	1	4	1.012
Russie	»	»	3	»	8	11	10.087
Samos	»	»	»	1	»	1	35
Tunisie	»	»	»	»	1	1	977
Constantinople	»	3	»	49	62	114	60.661
Turquie d'Asie	»	»	»	16	7	23	6.103
Syrie	»	7	92	264	6	369	101.891
Iles Ottomanes	»	»	»	56	1	57	4 294
Zanzibar	»	»	»	»	2	2	1.326
La haute-mer	1	7	»	»	»	8	»
TOTAL	2	75	345	622	843	1.887	1.313.441

N° 55. — NAVIRES ENTRÉS DANS LE PORT DE KOSSEIR

Pendant l'année 1872.

PROVENANCES.	NAVIRES DE GUERRE à VAPEUR.				BATIMENTS DE COMMERCE à				NAVIRES en QUARANTAINE ET EN OBSERVATION.	NAVIRES EN LEST.	NAVIRES EN RELACHE FORCÉE.	PORTÉE en TONNEAUX (Navires de guerre non-compris.)	
					Voile.	VAPEUR.							
	Egyptiens.	Anglais.	Français.	Ottomans.	Egyptiens.	Egyptiens.	Anglais.	Autrichiens					
Ports égyptiens : El-Wich	»	»	»	»	36	1	»	»	37	20	»	2.181	10
Ports égyptiens : Ras-Banass	»	»	»	»	2	»	»	»	»	2	»	12	20
Ports égyptiens : Moueleh	»	»	»	»	1	»	»	»	1	1	»	100	»
Ports égyptiens : Giobal	»	»	»	»	1	»	»	»	»	»	»	7	20
Ports égyptiens : Goueh	»	»	»	»	28	»	»	»	»	7	»	183	30
Ports égyptiens : Suez	»	1	»	»	10	»	»	»	»	10	»	366	10
Arabie	»	»	»	1	163	»	1	2	167	148	4	24.287	»
TOTAL	»	1	»	1	241	1	1	2	205	198	4	20.388	10

N° 56. — Navires partis de Kosseïr

EN 1872.

A DESTINATION DE :	PORTS ÉGYPTIENS			ARABIE.	TOTAL.
	EL-WICH.	BÉCHÉRIÉ.	SUEZ.		
Navires de guerre à vapeur......	1	»	1	»	2
Bâtiments de commerce à voile..	31	1	»	182	214
Bâtiments de commerce à vapeur.	1	»	1	»	2
TOTAL....	33	1	2	182	218
TONNAGE.... (Navires de guerre exceptés.)	1.709	25	1.628	17.474	20.836

N° 57. — Navires arrivés à Souakin

Pendant l'année 1872.

PROVENANCES.		BATIMENTS DE GUERRE et Transports d'État à vapeur ÉGYPTIENS.	PAQUEBOTS-POSTE à vapeur ÉGYPTIENS.	BATIMENTS DE COMMERCE à voile ÉGYPTIENS.	TOTAL GÉNÉRAL.	BATIMENTS EN 40ne ET EN OBSERVATION.	PORTÉE EN TONNEAUX (Navires de guerre et de poste non-compris.)
PORTS ÉGYPTIENS	Suez	6	22	»	28	9	»
	Massaouah	4	18	»	22	2	325
	Aghig	»	»	47	47	17	1.088
	Tokar	»	»	11	11	»	247
	Cheikh Bargout	»	»	1	1	»	37
	Salines (Souakin)	»	»	9	9	»	337
Arabie		»	»	45	45	55	1.738
TOTAL		10	40	115	163	83	3.772

N° 58. — Navires partis de Souakin en 1872.

À DESTINATION DE :	SUEZ.	MASSAOUAH.	AGHIG.	TOKAR.	SALINES.	ARABIE.	TOTAL.
Navires de guerre à vapeur	5	5	»	»	»	1	11
Paquebots-poste à vapeur	18	18	»	»	»	»	36
Bâtiments de commerce à voile	»	7	46	21	10	58	142
TOTAL	23	30	46	21	10	59	189
TONNAGE (Bâtiments de guerre et de poste non compris).		202	1.035	472	375	2.187	4.331

N° 59. — Navires arrivés à Massaouah en 1872.

PROVENANCES.		NAVIRES DE GUERRE à vapeur ÉGYPTIENS.	PAQUEBOTS-POSTE à vapeur ÉGYPTIENS.	BATIMENTS de commerce A VOILE Grecs.	BATIMENTS de commerce A VOILE Ottomans.	Total.	PORTÉE EN TONNEAUX (Navires de guerre non-compris)	NAVIRES EN LEST.
PORTS Égyptiens.	Suez....	3	1	»	»	4	750	4
	Souakin.	4	18	»	6	28	11.650	7
Arabie.........		»	»	1	181	182	4.692	34
TOTAL...		7	19	1	187	214	17.092	45

N° 60. — Navires partis de Massaouah en 1872.

DESTINATIONS.		NAVIRES DE GUERRE à vapeur ÉGYPTIENS.	PAQUEBOTS-POSTE à vapeur ÉGYPTIENS.	BATIMENTS DE COMMERCE à voile OTTOMANS.	Total.	PORTÉE EN TONNEAUX (Navires de guerre non-compris).	NAVIRES EN LEST.
PORTS Égyptiens.	Suez....	2	»	»	2	»	2
	Souakin.	4	19	8	31	14.706	5
Arabie.........		»	»	171	171	4.455	91
TOTAL...		6	19	177	202	19 161	98

N° 61. — PETIT CABOTAGE

sur la Côte Egyptienne de la mer Rouge

(Port de Massaouah) en 1872.

PROVENANCES ou DESTINATIONS.	BATIMENTS ARRIVÉS (germes à voile égyptiennes).				BATIMENTS PARTIS (germes à voile égyptiennes).			
	NOMBRE.	PORTÉE en kilos.	EN LEST.	HOMMES d'équipage.	NOMBRE.	PORTÉE en kilos.	EN LEST.	HOMMES d'équipage.
Dalak	120	62.500	8	808	123	64.000	122	825
Dohol	43	12.900	»	241	53	17.900	53	301
Desse	1151	517.950	4	6.330	1148	516.150	1148	6.312
Salines de Souakin	46	18.000	»	273	45	16.000	45	267
Zulla	23	10.000	1	154	24	10.200	24	160
Daharat	1	600	1	8	1	600	1	8
Rafile	10	5.000	4	50	11	5.500	11	55
Dangal	2	2.500	1	25	2	2.500	2	25
Merse Umbarak	5	2.300	»	27	1	200	1	5
Arena	1	500	»	6	2	1.500	2	17
Marasi	»	»	»	»	5	4.400	3	43
Hed	»	»	»	»	2	1.800	2	15
Hebab	»	»	»	»	1	600	1	7
Gadem	»	»	»	»	2	800	2	11
TOTAL	1402	632.250	19	7.922	1420	642.150	1417	8.051

N° 62. — COURS DES FRÊTS MARITIMES D'ÉGYPTE SUR L'EUROPE

Pendant l'année 1872.

DESTINATIONS.	MARCHANDISES.	PAR VAPEURS — PLUS HAUT COURS — Frêt.	Dates.	PAR VAPEURS — PLUS BAS COURS — Frêt.	Dates.	PAR VOILIERS — PLUS HAUT COURS — Frêt.	Dates.	PAR VOILIERS — PLUS BAS COURS — Frêt.	Dates.
Pour Cork et Falmouth.	Graines de Coton	—	—	—	—	24/— à 25/— p. tonne.	4 Janvier	19/— à 21/— p. tonne.	4 Février
»	» ports directs	—	—	—	—	23/— à 24/— »	—	18/— à 20/— »	—
»	Fèves	—	—	—	—	5/— à 5/3 p. 480 lb.	—	4/— à 4/3 p. 480 lb.	—
»	» ports directs	—	—	—	—	4/— à 5/— »	—	3/9 à 4/— »	—
Pour Londres et Hull.	Graines de Coton	30/— à 33/— p. tonne.	4 Janvier	17/— à 18/— p. tonne.	1er Août.	—	—	—	—
»	Gommes	50/— à 60/— »	—	30/— à —/— »	—	—	—	—	—
»	Fèves	5/6 à 6/— p. 480 lb.	—	2/— à 2/6 p. 480 lb.	4 Février	—	—	—	—
Pour Liverpool	Graines de Coton	30/— à —/— p. tonne	11 Octobre	10/— à —/— p. tonne.	13 Octobre	—	—	—	—
»	Coton (pressé à vapeur)	28/— à —/— »	4 Janvier	11/— à —/— »	1er Août.	—	—	—	—
»	Lin	30/— à 60/— »	—	17/6 à —/— »	4 Février	—	—	—	—
»	Fèves et Blés	5/6 à —/— p. 480 lb.	—	2/6 à —/— p. 480 lb.	1er Août.	—	—	—	—
»	Gomme	23/— à —/— p. tonne.	1er Août.	23/— à —/— p. tonne.	—	—	—	—	—
Pour Marseille	Coton (pressé à m.)	Francs 10.50 les 100 kil.	11 Février	Francs 10.50 les 100 kil	11 Février	—	—	—	—
»	» (pressé à vapeur)	» 8.— »	13 Octobre	» 6.— »	1er Août.	—	—	—	—
»	Gomme	» 3.— »	11 Février	» 3.— »	11 Février	—	—	—	—
»	Peaux	» 12.— »	11 Février	» 12.— »	—	—	—	—	—
»	» sèches	» 9.— »	13 Octobre	» 9.— »	13 Octobre	—	—	—	—
»	Café	» 8.50 »	11 Février	» 8.50 »	11 Février	—	—	—	—
»	Grains	» 3.— »	—	» 2.50 »	11 Février	—	—	—	—
»	Plumes d'autruche, ivoire	» 0.75/00 »	13 Octobre	» 0.75 0/0 »	13 Octobre	—	—	—	—
»	Lin, Séné	» 10.— »	—	» 10.— »	—	—	—	—	—
»	Céréales et Graines	» 2.— »	—	» 2.— »	—	—	—	—	—
»	Sucre	» 2.50 »	—	2.50 »	—	—	—	—	—
»	Gommes, Encens, Nacre, Tamarin et Cire	» 3.50 »	—	8.50 »	—	—	—	—	—
»	Grains	—	—	—	—	Francs 1.40 les 100 kil.	11 Février	Francs 1.40 l. 100 kil.	11 Février
»	Graines de Coton	—	—	—	—	» 1.50 »	—	» 1.50 »	—
Pour Trieste et Venise.	Coton pressé	» 1.50 les 100 l.z.	13 Octobre	» 1.50 les 100 l.z.	13 Octobre	—	—	—	—
»	Gommes, Cafés	» 1.— »	—	» 1.— »	—	—	—	—	—
»	Céréales et Graines	» 1.— »	—	» 1.— »	—	—	—	—	—
»	Peaux sèches	» 1.10 »	—	» 1.10 »	—	—	—	—	—
»	Nacre	» 0.80 »	—	» 0.80 »	—	—	—	—	—
»	Lin, Séné	» 1.20 »	—	» 1.20 »	—	—	—	—	—
Pour Gênes et Livourne	Céréales et Graines	» 2.50 les 100 kil.	—	» 2.50 les 100 kil.	—	—	—	—	—
»	Gomme, Cafés, Encens, etc.	» 5.— »	—	» 5.— »	—	—	—	—	—
»	Sucre	» 2.50 »	—	» 2.50 »	—	—	—	—	—
»	Peaux sèches	» 7.— »	—	» 7.— »	—	—	—	—	—
»	Séné	» 8.— »	—	8.— »	—	—	—	—	—

N° 63. — SINISTRES MARITIMES SU ENUS DANS LES EAUX ÉGYPTIENNES

Penda année 1872.

PARAGES.	CIRCONSTANCES DU SINISTRE.					DÉSIGNATION DU BATIMENT.				CHARGEMENT.		RÉSULTAT DU SINISTRE.		
	DATE.	LIEU.	NATURE.	CAUSE RÉELLE OU PRÉSUMÉE.	HEURE	NOM.	GENRE.	PAVILLON.	PORTÉE EN TONNEAUX.	PRINCIPALE MARCHANDISE.	NOMBRE DE Personnes à bord.	LE BATIMENT.	LES HOMMES.	LA MARCHANDISE.
Mer Méditerranée														
ALEXANDRIE	»	»	»	»	»	»	»	»	»	»	»	»	»	»
ABOUKIR	»	»	»	»	»	»	»	»	»	»	»	»	»	»
ROSETTE	»	»	»	»	»	»	»	»	»	»	»	»	»	»
BRULLOS	7 Janvier.	Massaba.	Ensablement.	Ouragan.	Nuit.	Unione.	Bombarde.	Grec.	37	Raisins secs.	7	Sauvé.	Sauvés.	Sauvée.
id.	9 Février.	Boghaz.	Rencontre d'écueil.	Fort vent.	Jour.	»	Germe.	Egyptien.	13	Grains.	6	Perdu.	id.	Perdue.
id.	5 Août.	id.	id.	id.	id.	»	id.	id.	14	Bois.	3	id.	id.	Sauvée.
DAMIETTE	4 Avril.	Boghaz.	Coulé à fond.	Rencontre d'écueil.	id.	»	id.	id.	25	Houille.	6	id.	id.	Perdue.
id.	25 Décembre	id.	Ensablé.	Tempête.	id.	Lady Aberdeen.	Brick.	Anglais.	287	Houille.	10	Sauvé.	id.	Sauvée.
PORT-SAÏD	6 Août.	Plage, O. de la jetée	Echoué.	Fausse route.	Nuit.	Christine.	Bombarde.	Ottoman.	33	Oignons.	6	Perdu.	id.	Perdue.
id.	3 Décembre	id.	id.	id.	id.	Mabruka.	Goëlette.	id.	60	Riz.	8	id.	id.	id.
id.	27 Décembre	Plage, E. de la jetée	id.	Manq. de précautns	id.	Stamboul.	Brick.	id.	242	Houille.	12	id.	id.	id.
EL-ARICH	»	»	»	»	»	»	»	»	»	»	»	»	»	»
Mer Rouge														
SUEZ	»	»	»	»	»	»	»	»	»	»	»	»	»	»
KOSSEÏR	8 Juin.	Côté Nord.	Brisé sur les coraux	Tempête.	Nuit.	Marzouk.	Sambouk.	Egyptien	60	Lest.	8	Perdu.	Sauvés.	»
SOUAKIN	9 Novembre	Toccalud.	Coulé à fond.	id.	Jour.	Dokkan.	id.	Ottoman.	39	id.	11	id.	3 h. perdus.	»
MASSAOUAH	»	»	»	»	»	»	»	»	»	»	»	»	»	»

N° 64. — Phares.

MER MÉDITERRANÉE.

ÉPOQUE d'établissement.	LOCALITÉS.	POSITIONS GÉOGRAPHIQUES Latitude Nord.	Longitude Est (Méridien de Greenwich).	DESCRIPTION DES FEUX.
	Alexandrie ..... (Raz-el-Tin)	31° 12′	29° 52′	Feu scintillant, éclipses de 20′ en 20′
1872	Golfe des Arabes.	30° 51′	29° 11′ 10″	Feu fixe 1re classe, visible à 20 milles.
1869-70	Brullos........	31° 36′	31° 9′	Feu fixe blanc.
1869-70	Rosette	31° 29′ 30″	30° 29′	Feu à éclats alternativement rouges et blancs.
1869-70	Damiette.......	31° 31′ 30″	31° 51′	Feu blanc à éclipses.
1869-70	Port-Saïd	31° 13′	32° 20′	Feu scintillant, éclipses de 20′ en 20′
1872	Alexandrie ..... (Extrémité sud du brise-lames.)	31° 12′	29° 52′	Lumière rouge, portée 6 milles, établie en raison des travaux du port
	MER ROUGE.			
1872	Suez..........	29° 53′	32° 32′	Ancien feu flottant, portée 6 milles, remplacé par un phare nouveau, portée 18 milles.
1870	Ras-Gharib.....	28° 21′	33° 6′	Feu blanc fixe, 1re classe, portée 20 milles.
1865	Zafarana	29° 7′	32° 38′	Feu fixe, portée 14 milles.
1865	Jubal (île)......	27° 48′	33° 42′	Feu tournant, éclat de minute en minute, portée 18 milles.
1865	Dedalus........	24° 55′	35° 51′	Feu fixe, portée 14 milles.

EN CONSTRUCTION OU EN PROJET :

Mer Méditerranée. — Phare du Marabout, des passes d'Alexandrie, de Raz-El-Erch.
Mer Rouge. — Phare de Souakin.

N° 65. — Cours du Nil et de ses branches en Égypte.

D'Assouan au Barrage du Delta.

Noms des Moudiriehs	Longueur du Nil en kassabas	Largeur du Nil en kassabas	Superficie en kassabas
Esné......	62.000	200 à 250	14.723.400
Keneh.....	45.000	200	9.000.600
Girgeh....	37.558	325 à 360	12.862.000
Siout	36.000	250 à 350	14.090.000
Minieh....	35.210	225	7.922.250
Benisouef..	24.000	500 à 600	12.450.000
Giseh.....	32.261	200 à 250	8.006.625
	272.029		79.054.375

Du Barrage à la Mer.

La branche de Damiette ou de l'Est a une longueur de 62.000 kassabas, une largeur variant de 60 à 207 kassabas et une superficie de 9.570.184 kassabas carrés. Elle baigne les provinces de Kalioubieh, Menoufieh, Charkieh, Garbieh et Dakhalieh.

La branche de Rosette ou de l'Ouest a une longueur de 61.541 kassabas, une largeur de 120 à 180 kassabas et une superficie de 9.447 855 kassabas carrés. Elle baigne les provinces de Gizeh, Menoufieh, Beherah et Garbieh.

La superficie totale du cours du Nil en Egypte et de ses branches serait donc de 98.072.414 kassabas carrés, correspondant à 294.217 feddans.

N° 66. — Canaux navigables.

HAUTE et MOYENNE-ÉGYPTE.

I. *Moudirieh d'Esné.*

2 canaux navigables, d'une superficie totale de 240,893 kassabas carrés, se décomposant ainsi qu'il suit :

		Kassabas carrés.
District	d'Edfou.........	87.768
d°	d'Esné...........	113 525
d°	d'Herment.......	39.600
		240.893

II. *Moudirieh de Kéné.*

8 canaux navigables, d'une longueur totale de 36,010 kassabas et d'une superficie de 244,930 kassabas carrés, se divisant ainsi qu'il suit :

		Kassabas carrés.
District	de Koss.........	47.000
d°	de Kéné.........	102.000
d°	de Farchout......	95.930
		244.930

III. *Moudirieh de Girgeh.*

40 canaux navigables, d'une longueur totale de 137,618 kassabas, et d'une superficie de 1,323,420 56 kassabas carrés, se décomposant de la manière suivante :

				Kassabas carrés.
District	de Girgeh,	10	canaux.	184.555 20
d°	de Manchah,	6	»	158.930 00
d°	de Sohag,	19	»	599.904 50
d°	de Tahtah,	5	»	380.030 86
				1.323 420 56

De tous ces canaux, le plus remarquable est le Sohagieh, qui arrose les districts de Sohag et de Tahtah. Sa longueur est de 18,700 kassabas, sa largeur de 43 kassabas, et sa superficie de 811,900 kassabas carrés. C'est le seul canal de la Haute-Égypte que l'on ouvre solennellement vers la mi-août.

IV. *Moudirieh de Siout.*

7 canaux navigables, d'une longueur totale de 58,332 kassabas, et d'une superficie de 892,960 kassabas carrés, qui se décomposent ainsi qu'il suit :

		Kassabas carrés.
District	de Siout........	141.500
d°	de Monfallout....	184 000
d°	de Mellaoui......	567.460
		892.960

Les plus importants de ces canaux sont l'Ibrahimieh et le Bahr-Youssef. Le premier, de création récente, prend son origine à Siout et arrose les deux provinces de Siout et de Minieh ; il a une largeur de 20 kassabas sur un parcours de 17,200 kassabas, et de 14 Kassabas sur le reste de son parcours, soit sur 31,830 kassabas. Le Bahr-Youssef, dont la création remonterait, suivant la légende, au temps du patriarche Joseph, arrose également plusieurs provinces, savoir : celle de Siout, sur un parcours de 15,240 kassabas ; celle de Minieh, sur 37,180 kassabas; celle de Bénisouef, sur un parcours de 17,600 kassabas ; et enfin celle du Fayoum, sur un parcours de 6,708 kassabas, de sorte que le développement total du Bahr-Youssef est de 76,728 kassabas.

V. *Moudirieh de Minieh.*

Le Bahr-Youssef et l'Ibrahimieh, continués, sont les seuls canaux navigables de cette province ; ils ont ensemble une longueur de 69,010 kassabas et une superficie de 1,077,680 kassabas carrés.

VI. *Moudirieh de Bénisouëf.*

5 canaux y compris le tronçon du Bahr-Youssef susmentionné, présentant un développement total de 44,078 kassabas, et une superficie de 446,312 kassabas carrés,

VII. *Moudirieh du Fayoum.*

Le seul canal navigable de cette province est le tronçon final du Bahr-Youssef qui a une longueur de 6,708 kassabas et une surface de 105,317 kassabas carrés.

VIII. *Moudirieh de Gizeh.*

Pas de canaux navigables.

BASSE-ÉGYPTE.

IX. *Moudirieh de Kalioubieh.*

7 canaux navigables, d'une longueur de 32,185 kassabas, et d'une superficie totale de 378,500 kassabas carrés.

On y remarque notamment le Cherkaouieh et l'Ismaïlieh, qui prennent leur origine près du Caire et arrosent les provinces de l'Est. Le premier a une longueur de 8,500 kassabas, et le second une longueur utile de 10,700 kassabas. Quand ce dernier canal aura été mis en eau sur tout son parcours, sa longueur utile sera de 27,300 kassabas.

X. *Moudirieh de Charkieh.*

18 canaux navigables, d'une longueur de 176,952 kassabas, et d'une superficie totale de 2,912,245 kassabas carrés.

Le plus remarquable d'entr'eux est le Bahr-Moëz. On croit que ce canal est l'ancienne branche Tanitique, bien qu'il porte le nom du sultan Moëz-Eddin (970 ap. J.-C.), qui probablement le fit restaurer. Le Bahr-Moëz prend son origine à Mit-Radi, près de Benha, sur la branche de Damiette, et se jette dans le lac Menzaleh près des ruines de la ville de Sân. Sa longueur totale est de 42,072 kassabas.

XI. *Moudirieh de Menoufyé.*

17 canaux d'une longueur totale de 101,803 kassabas, et d'une superficie de 1,271,533 kassabas carrés.

Un des plus importants de ces canaux est le Chibini, qui prend son origine dans la branche de Damiette et se jette dans la mer à Achetoun, après avoir traversé toute la province de Garbieh. Son développement est de 39,200 kassabas.

XII. *Moudirieh de Garbieh.*

8 canaux y compris la fin du Chibini, présentant un développement total de 108,672 kassabas et une superficie de 1,867,956 kassabas carrés.

XIII. *Moudirieh de Dakhalieh.*

2 canaux d'un développement total de 39,184 kassabas, et d'une superficie de 423,846 kassabas carrés.

L'un de ces canaux, le Bahr-es-Sagir, est l'ancienne branche Mendésienne.

XIV. *Moudirieh de Béhéreh.*

2 canaux, le Khatatbeh et le Mahmoudieh, d'un développement total de 38,000 kassabas et d'une superficie de 540,000 kassabas carrés.

Le Mahmoudieh prend son origine à Atfeh et débouche dans le port vieux d'Alexandrie après un parcours de 21,700 kassabas (77 kilom.).

RÉSUMÉ GÉNÉRAL.

	Nombre des Canaux navigables	Longueur totale en kassabas lin.	Superficie totale en kassabas carrés.
Haute-Égypte.	61	375 756	4.331.512 56
Basse-Égypte.	52	496.796	7.394.080 00
TOTAUX...	113	872.552	11.725.592 56

Convertie en feddans, à raison de 1,000 kassabas carrés pour 3 feddans, la superficie de tous les canaux navigables de l'Égypte, s'élèverait à 35,177 feddans.

Résumé par M. l'Ingénieur TISSOT.

N° 67. — PÊCHE MARITIME ET PÊCHE FLUVIALE EN ÉGYPTE.

I. Pêche Maritime.

LOCALITÉS.	NOMBRE DE PÊCHEURS.	NOMBRE DE BARQUES.	POISSON DE MER PÊCHÉ ANNUELLEMENT — QUANTITÉ TOTALE (en quintaux).	POISSON DE MER PÊCHÉ ANNUELLEMENT — PRIX TOTAL (en bourses).	OBSERVATIONS.
Alexandrie et les côtes voisines	(1) 641	156	»	2.600	(1) Y compris 250 pêcheurs Italiens, montant 27 barques ; 30 pêcheurs grecs avec 10 barques, et 40 pêcheurs Maltais.
Rosette	78	22	»	105	
Port-Saïd	58	16	1.200	240	
Ismaïlia	15	13	»	71	
Suez	65	27	»	607	
Mattarye (lac Menzaleh)	2 900	580	15.000 (2)	13.750	(2) Ce poisson se vend au Caire et dans 21 localités diverses de la Basse-Égypte.
TOTAL	3.761	814	—	17.373	

II. Pêche Fluviale.

LOCALITÉS.	NOMBRE DE PÊCHEURS — EN BARQUES.	NOMBRE DE PÊCHEURS — AUX FILETS et à la ligne.	NOMBRE DE PÊCHEURS — Total.	NOMBRE DE BARQUES (APPROXIMATIF).	POISSON D'EAU DOUCE pêché annuellement. — PRIX TOTAL (en bourses).	OBSERVATIONS.
Moudirieh de Béhéra	14	287	301	4	188	
» Garbyé (1)	190	515	705	38	1.242	(1) Ces pêcheurs prennent aussi le poisson de mer à Djeiret, Borg-Maghzal et Hordat, pour le vendre à Rosette.
» Charkyé	24	497	521	6	414	
» Dahkalyé	14	320	334	4	287	
» Menoufyé	65	946	1.011	13	188	
» Galioubyé	»	»	474	25	65	
» Gizeh, et le Caire	104	532	636	22	2.340 (2)	(2) Ce poisson se vend au Caire.
» Benisouëf-Fayoum	50	200	250	10	562	
» Minié-Benimazar	11	152	163	3	137	
» Assyout	»	»	671	20	203	
» Gherghe	»	»	362	10	161	
» Kéné	»	»	»	»	88	
» Esné	20	657	677	5	54	
Alexandrie	»	»	541	30	44	
Rosette	»	»	»	»	41 (3)	(3) Ce poisson est pêché par les pêcheurs des mêmes localités déjà mentionnés à la pêche maritime.
Ismaïlia (canal d'eau douce)	»	»	»	»	1 (3)	
Suez id.	»	»	»	»	1 (3)	
TOTAL	—	—	—	—	6.106	

N° 68. — TRANSIT DES NAVIRES PAR LE CANAL MARITIME DE SUEZ DANS LES DEUX DIRECTIONS

Pendant chaque mois de l'année 1872.

PAVILLON	JANVIER. NOMBRE.	JANVIER. TONNAGE.	FÉVRIER. NOMBRE.	FÉVRIER. TONNAGE.	MARS. NOMBRE.	MARS. TONNAGE.	AVRIL. NOMBRE.	AVRIL. TONNAGE.	MAI. NOMBRE.	MAI. TONNAGE.	JUIN. NOMBRE.	JUIN. TONNAGE.
Egyptien	»	»	2	600	3	1.742	2	1.060	3	2.100	1	40[illegible]
Anglais	69	77.297	79	91.302	82	86 393	75	78.548	58	62 550	48	54.0[illegible]
Allemand	2	769	1	629	»	»	1	629	1	426	2	1.9[illegible]
Austro-Hongrois	8	5.172	5	3.081	10	8.734	5	3.426	6	5.340	6	4.3[illegible]
Américain	»	»	»	»	»	»	»	»	1	695	»	[illegible]
Birman	»	»	»	»	»	»	1	409	»	»	»	[illegible]
Danois	»	»	»	»	»	»	»	»	»	»	»	[illegible]
Espagnol	1	530	»	»	»	»	2	1.145	»	»	3	2.2[illegible]
Français	9	13.093	6	3.102	7	10.568	4	6.602	8	11.775	6	9.1[illegible]
Hollandais	»	»	1	1.628	»	»	2	3.822	»	»	2	3.5[illegible]
Italien	6	4.032	2	1.572	5	3 440	7	4.095	9	5.887	8	5.2[illegible]
Ottoman	4	2.829	1	780	1	1.114	3	2.218	1	524	4	1 4[illegible]
Portugais	»	»	1	720	1	1 012	2	1.606	»	»	»	[illegible]
Russe	1	1.052	»	»	2	1 752	2	2.249	2	2.236	1	1.0[illegible]
Suédois-Norwég^ns	»	»	1	1.316	»	»	»	»	»	»	»	[illegible]
Tunisien	»	»	1	726	»	»	»	»	»	»	»	[illegible]
TOTAL	100	104.774	100	112.116	111	114 755	106	105 809	89	91.533	81	82.8[illegible]
TRANSIT :												
De Port-Saïd à Suez	57	»	61	»	62	»	56	»	38	»	45	»
De Suez à Port-Saïd	43	»	39	»	49	»	50	»	51	»	36	»

PAVILLON	JUILLET. NOMBRE.	JUILLET. TONNAGE.	AOUT. NOMBRE.	AOUT. TONNAGE.	SEPTEMBRE. NOMBRE.	SEPTEMBRE. TONNAGE.	OCTOBRE. NOMBRE.	OCTOBRE. TONNAGE.	NOVEMBRE. NOMBRE.	NOVEMBRE. TONNAGE.	DÉCEMBRE. NOMBRE.	DÉCEMBRE. TONNAGE.	Total de l'année 1872. NOMBRE.	TONNAGE.	Navires à vapeur.	Navires à voile.
Egyptien	1	859	1	1,160	»	»	»	»	2	1.718	»	»	15	9.639	15	»
Anglais	[illegible]2	113.063	55	102.441	51	83.510	60	106.169	55	92.232	64	111.037	758	1.058.689	736	22
Allemand	[illegible]	»	2	1.732	1	981	1	1.606	2	2.200	3	3.246	16	13.580	15	1
Austro-Hongrois	3	3.682	2	2.388	3	2.308	5	5.038	2	2.830	5	5.062	60	52.021	56	4
Américain	[illegible]	»	»	»	»	»	»	»	1	550	»	»	2	1.245	2	»
Birman	[illegible]	»	»	»	»	»	»	»	»	»	»	»	1	409	1	»
Danois	[illegible]	»	»	»	»	»	»	»	1	571	»	»	1	571	1	»
Espagnol	[illegible]	»	1	1.923	»	»	»	»	1	1.923	»	»	8	7.769	8	»
Français	7	19.689	7	16.663	8	18.828	4	11.580	7	19.224	8	18.304	81	164.649	80	1
Hollandais	1	2.147	»	»	2	4.879	1	2.141	»	»	4	7.973	13	26.128	13	»
Italien	9	4.446	6	4.905	4	3.731	3	4.162	4	4.545	4	3.043	67	49.086	36	31
Ottoman	4	5.302	4	4.945	1	1.425	2	2.890	4	5.113	3	2.963	32	31.537	31	1
Portugais	[illegible]	»	3	1.915	»	»	2	1.781	»	»	1	1.333	10	8.366	10	»
Russe	1	2.056	»	»	»	»	1	2.737	»	»	»	»	10	13 134	10	»
Suédois-Norwég^ns	[illegible]	»	1	524	»	»	1	472	2	615	2	2.141	7	5.068	3	4
Tunisien	[illegible]	»	»	»	»	»	»	»	»	»	»	»	1	726	1	»
TOTAL	[illegible]8	151.244	82	138.596	70	115.662	80	138.576	81	131.581	94	155.162	1.082	1.442.617	1.018	64
TRANSIT :																
De Port-Saïd à Suez	[illegible]3	»	39	»	38	»	46	»	43	»	46	»	564	»	533	31
De Suez à Port-Saïd	[illegible]5	»	43	»	32	»	34	»	38	»	48	»	518	»	485	33

N° 69. — TRANSIT DES NAVIRES PAR LE CANAL DE SUEZ DANS LES DEUX DIRECTIONS

Pendant les années 1870-71-72, — PAR PAVILLON.

PAVILLON	1870				1871					1872				
	Navires de guerre.	Batiments de Poste et de Commerce.	Total.	Tonnage	Navires de guerre.	Vapeurs de Poste et de Commerce.	Voiliers.	Total.	Tonnage.	Navires de guerre et vapeurs de Poste et de Commerce	Voiliers.	Total.	Tonnage	
Égyptien	12	21	33	21.43[illegible]	9	13	»	22	15.104	15	»	15	9.639	26
Anglais	10	319	329	298.22[illegible]	18	458	26	502	539.821	736	22	758	1.058.689	3
Allemand	»	»	»	[illegible]	»	1	4	5	2.166	15	1	16	13.579	88
Austro-Hongrois	1	25	26	19.68[illegible]	2	57	7	66	40.962	56	4	60	52.020	76
Américain	1	»	1	30[illegible]	1	2	»	3	4.173	2	»	2	1.245	28
Birman	»	»	»	[illegible]	»	1	»	1	408	1	»	1	408	55
Belge	»	»	»	[illegible]	»	4	»	4	4 400	»	»	»	»	»
Danois	1	»	1	66[illegible]	1	»	»	1	660	1	»	1	570	66
Espagnol	1	2	3	73[illegible]	1	4	»	5	3.157	8	»	8	7.769	2
Français	19	55	74	81.97[illegible]	22	43	2	67	90.083	80	1	81	164.649	50
Grec	»	1	1	4[illegible]	»	»	»	»	»	»	»	»	»	»
Hollandais	1	1	2	31[illegible]	»	5	»	5	6.712	13	»	13	26.128	23
Italien	2	10	12	8.25[illegible]	2	26	18	46	29.249	36	31	67	49.086	30
Ottoman	»	16	16	9.88[illegible]	4	24	2	30	17 455	31	1	32	31.537	44
Portugais	1	»	1	37[illegible]	2	»	»	2	920	10	»	10	8.366	19
Russe	»	2	2	96[illegible]	1	4	»	5	4.820	10	»	10	13.134	12
Suédois-Norvégien	»	»	»	[illegible]	»	1	»	1	1.347	3	4	7	5.067	59
De Zanzibar	»	1	1	88[illegible]	»	»	»	»	»	»	»	»	»	»
Tunisien	»	»	»	[illegible]	»	»	»	»	»	1	»	1	726	»
	49	453 (1)	502	443.70[illegible]	68	643	59	765	761.467	1.018 (2)	64	1.082	1 442.617	61
De Port-Saïd à Suez			300	259.35[illegible]				421				564		
De Suez à Port-Saïd			202	184.35[illegible]				344				518		

(1) Dont 27 voiliers de commerce.
(2) Dont 68 navires de guerre à vapeur.

N° 70. — Transit des navires et des barques

PAR LE CANAL DE SUEZ, DANS LES DEUX DIRECTIONS

Pendant les années 1870-71-72,

PAR MOIS.

MOIS.	1870			1871			1872		
	Barques, Chalands et Mahonnes.	NAVIRES		Barques, Chalands et Mahonnes.	NAVIRES		Barques, Chalands et Mahonnes.	NAVIRES	
	NOMBRE.	NOMBRE.	TONNAGE.	NOMBRE.	NOMBRE.	TONNAGE.	NOMBRE.	NOMBRE.	TONNAGE.
Janvier....	168	26	16.868	242	74	64.277	128	100	104.774
Février....	163	31	19.785	205	70	62 168	149	100	112.117
Mars......	213	54	49.253	185	69	72.937	130	111	114.755
Avril......	242	35	26.517	236	55	54.146	128	106	105.809
Mai......	303	42	41.453	231	49	49.562	121	89	91.359
Juin.......	247	48	40.674	204	44	42.690	113	81	82.809
Juillet......	231	39	36.995	253	62	57.383	160	88	151.244
Août......	198	42	39 284	200	60	64.672	150	82	138.596
Septembre.	220	32	35.843	227	58	53.874	149	70	115.661
Octobre....	240	39	40.320	180	79	84.552	134	80	138.577
Novembre.	262	43	38.628	246	65	73.986	116	81	131 582
Décembre..	245	71	59.091	188	80	81.220	113	94	155.161
TOTAUX..	2.732	502	(1) 444.711	2.597	765	761.467	1.591	1.082	(2) 1.442 618

(1) Avant l'ouverture du Canal Maritime de Suez à la grande navigation, le service des transits de la Compagnie avait opéré le transit de 31,281 tonnes de marchandises en 1867, et de 92,742 tonnes en 1868.

(2) Depuis le 1er juillet 1872, le tonnage considéré est le *gross tonnage*, ou tonnage de capacité marchande, déduction faite de l'espace uniquement affecté au logement de l'équipage, et non plus le tonnage officiel (ou registered) comme précédemment.

N° 71. — Marchandises importées à Damiette

PENDANT L'ANNÉE COPTE 1587.

MARCHANDISES.	MESURE.	QUANTITÉ	MARCHANDISES.	MESURE.	QUANTITÉ
Allumettes.	Colis.	104	Chaises.	Colis.	137
id.	Douzaines.	2.883	Clous.	»	82
Abricots secs.	Colis.	877	id.	Oques.	1.678
id.	Oques.	58.141	id.	Nombre.	1.000
Amidon fin.	»	148	Charbon de bois.	Oques.	67.781
id.	Colis.	3	Cordages en lin.	»	2.906
Amandes.	»	95	id.	Colis.	48
id.	Oques.	4.414	Colle.	»	5
Ammoniac.	»	100	id.	Oques.	951
id.	Colis.	1	Crêpe de Syrie.	Pièces.	5
Amadou.	»	2	Citrouilles.	Nombre.	135
id.	Oques.	39	id.	Oques.	851
Anis.	»	36	Conserves.	»	39
id.	Colis.	1	id.	Boîtes, cais^s^.	5 982
Biscuit.	Oques.	21	Concombres.	Oques.	313
Barres en fer.	Nombre.	200	Carvi.	»	205
Balais.	»	135	id.	Colis.	2
Bananes.	Oques.	2.561	Citrons doux.	Oques.	16.732
Blé.	Ardebs.	349	id.	Nombre.	59.700
Bracelets en verre.	Colis.	2	Dalles de marbre.	»	66
id.	Pièces.	44.000	Dattes.	Oques.	1.250
Bas en coton.	Paires.	43	id.	Colis.	116
Benjoin.	Oques.	49	Epices.	Oques.	23
Beurre.	Jarres.	4	id.	Pièces.	3.860
id.	Oques.	32	Eaux-de-vie.	Barils.	381
id.	Outres.	31	id.	Caisses.	30
Bracelets en cuivre.	Colis.	5	id.	Damejeannes	534
id.	Nombre.	50.000	Écorces de grenades	Sacs.	573
Bougies.	Colis.	23	id.	Barils.	1
Bouteilles, flacons.	Pièces.	81.000	id.	en p^tes^ nattes	150
Bois divers.	Pièces.	346.045	id.	grandes »	52
id.	Oques.	226.408	Encens (fasouh).	Colis.	7
id.	Quintaux.	49	id.	Oques.	669
Cannes.	Nombre.	5.030	Essences de fleurs.	»	7
Caroubes.	Sacs.	2	id.	Pièces.	9
id.	Grands sacs	2.078	Esprits de vin.	Colis.	3
Cocons.	Oques.	382	id.	Oques.	701
id.	Pièces.	17	Figues.	Boîtes, couff.	5.248
Café.	Oques.	1.450	id.	Sacs.	299

TABLEAU N° 71 *(suite)*.

MARCHANDISES.	MESURE.	QUANTITÉ	MARCHANDISES.	MESURE.	QUANTITÉ
Fromages.	Paniers.	1	Indigo.	Colis.	7
id.	Touloums.	2	Indienne.	Pièces.	5
id.	Cruches.	2	Jujubes.	Oques.	70
id.	Barils.	10	id.	Sacs.	4
id.	Sacs.	29	Kohl.	Colis.	1
id.	Pains.	1.520	id.	Oques.	82
Fer blanc.	Colis.	5	Lentilles concassées	»	93
Farine.	Oques.	1.606	id.	Sacs.	65
id.	Nombre.	20	id.	Barils.	2
Fèves du Soudan.	Colis.	2	Lits en fer.	Colis.	2
id.	Oques.	61	Lupins.	Ardebs.	1.061
Fers vieux.	»	4 113	Mouchoirs.	Pièces.	6.403
Fils de coton.	»	452	Meules.	»	969
Fers divers.	Colis.	19	Maroquin.	»	1.694
id.	Oques.	2.269	Manteaux en laine.	»	3
Grenades.	»	103.950	Mélasse.	Jarres.	75
id.	Nombre.	414.483	id.	Colis.	3
Goudron et résine.	Outres.	21	Miel.	Boîtes.	782
id.	Oques.	101	id.	Jarres.	1
id.	Barils.	61	id.	Outres.	78
Graines de pins.	Colis.	19	Mastic.	Barils.	4
id.	Oques.	1.277	id.	Oques.	117
Gingembre.	»	394	Narguilehs.	Nombre.	678
id.	Colis.	4	Noisettes.	Colis.	142
Helbé.	»	4	id.	Oques.	10.496
id.	Oques.	87	Noix.	Grands sacs	1
id.	Quintaux.	121	id.	Baril.	1
Houille.	Oques.	69.226	id.	Sacs.	184
id.	Quintaux.	157 582	id.	Nombre.	54.000
Huile d'olives.	Jarres.	31	Nacre.	Colis.	41
id.	Barils.	100	id.	Oques.	5.142
id.	Outres.	288	Noix de coco.	Nombre.	400
Haricots.	Colis.	8	id. de galles.	Oques.	1.767
id.	Oques.	801	id. id.	Colis.	22
Henné hedjazi.	»	199	Oranges.	Nombre.	650.404
Huile de sésame.	Jarres.	2	Olives.	Gdes cruches	1
id.	Gdes cruches	6	id.	Barils.	86
id.	Barils.	48	Poivre.	Colis.	107
Huile de lin.	Colis.	3	id.	Oques.	7.404
id.	Oques.	368	id.	Quintaux.	34
Indigo.	»	817	Papier à cigarette.	Colis.	144

TABLEAU N° 71 *(suite)*.

MARCHANDISES.	MESURE.	QUANTITÉ	MARCHANDISES.	MESURE.	QUANTITÉ
Papier à cigarette.	Cahiers.	2.150	Soude.	Colis.	140
Pastèques, Melons.	Nombre.	49.636	»	Quintaux.	199
id.	Oques.	4.343	Savon.	Sacs.	2.173
Poteries diverses.	Nombre.	325.931	»	Caisses.	102
Pétrole.	Caisses.	7.564	»	Ballots.	35
id.	Oques.	9.131	Sucre.	Oques.	3.714
Pommes de terre.	Barils.	5	id.	Colis.	12
id.	Sacs.	4	Suif.	Barils.	4
Pommes.	Colis.	10	Sacs en coton.	Nombre.	515
id.	Oques.	902	Sucre de violettes.	Oques.	14
Peignes.	Nombre.	5.100	Serrures.	Nombre.	776
Poulets.	»	8	Sumac.	Oques.	90
Poix.	Baril.	1	Sel Anglais.	»	113
id.	Couffes.	172	Sésame.	»	290.079
Poëles en fer.	Nombre.	110	Tabac Djabali.	Oques.	697
Pois-chiches.	Ardebs.	178	id.	Ballots.	43.899
Peaux d'Europe.	Ballots.	3	Teinture p. navires.	Barils.	393
id.	Oques.	117	id.	Oques.	216
Poisson salé.	Barils.	20	id.	Caisses.	2
Peaux de chèvres.	Nombre.	57	id.	Pièces.	650
Pavés de Chypre.	»	114	Tuyaux de pipes.	»	40.126
id. de Malte.	»	1.875	Tombac.	Caisses.	482
Réglisse.	Grands sacs	164	id.	Oques.	15.366
id.	Sacs.	82	Tabac de Syrie.	Ballots.	6.374
id.	Zembils.	188	id.	Oques.	264.298
Registres, Papiers.	Colis.	50	Tabac Hassan Keif.	Ballots.	9
id. id.	Pièces.	3.590	id. id.	Oques.	697
id. id.	Oques.	169	Thym.	»	27
Raisin sec.	Boîtes.	8.972	id.	Colis.	1
id.	Sacs.	485	Toile du pays.	Pics.	200
id.	Zembils.	45	Tapis.	Pièces.	4
id.	Couffes.	1	Vinaigre.	Bouteilles.	9
id.	Barils.	119	id.	Damejeannes	2
id.	Caisses.	22	id.	Barils.	326
Raisins.	Oques.	14 403	Vins.	»	471
id.	Colis.	722	id.	Damejeannes	1
Sabots en bois.	Nombre.	1.357	Verreries.	Nombre.	2.860
Soieries.	Colis.	61	id.	Colis.	8
Soieries.	Oques.	2.728	Vases de terre.	Pièces.	2.251

N° 72. — Marchandises exportées de Damiette

PENDANT L'ANNÉE COPTE 1587.

MARCHANDISES.	MESURE.	QUANTITÉ	MARCHANDISES.	MESURE.	QUANTITÉ
Anchois.	Zembils.	60	Cordes vieilles.	Oques.	26
id.	Douzaines.	2.080	Châles en laine.	Nombre.	2
Aimant.	Colis.	2	Coton.	Colis.	6
id.	Quintaux.	7	id.	Quintaux.	3
Amidon.	»	2	Carthame.	Colis.	1
id.	Oques.	115	id.	Oques.	139
Barils vides.	Pièces.	1 073	Cruches en terre.	Nombre.	449
Bracelets en verre.	Nombre.	2.000	id.	Colis.	48
Balais.	»	1.296	Cornes diverses.	Oques.	492
id.	»	1.886	id. de buffles	Pièces.	2.200
Boutarghe.	Colis.	12	Casse.	Colis.	24
id.	Oques.	600	id.	Oques.	2.998
id.	Pièces.	22	Chiffons.	Colis.	42
Beurre.	Colis.	23	id.	Oques.	33
id.	Oques.	1.186	id.	Quintaux.	16
Blé.	Ardebs.	238	Cumin.	Ardeb.	1
Bersim sec.	Pièces.	4	id.	Colis.	1
Canevas.	»	245	Cuivre travaillé.	Caisse.	1
id.	Ardeb.	1	id.	Oques.	79
Couffes vides.	Pièces.	77.318	Chaussures.	Pièces.	5
Cuivre.	Quintaux.	6	Dattes rouges.	Colis.	30
id.	Pièces.	98	id.	Oques.	1.811
Cordes de boyaux.	»	93	Draps.	Pièces.	11
Cordes de liffe.	»	16	Dattes adjalani.	Colis.	45
Cordes.	Colis.	1	id. id.	Oques.	6.013
id.	Rotolis.	83	id. amri.	Colis.	17
id.	Pièces.	8	id. id.	Oques.	1.015
Café.	Colis.	12	Déchets de coton.	Colis.	122
id.	Quintaux.	207	Eventails.	Nombre.	246
Cordages en lin.	Colis.	10	Etoupes en lin.	Colis.	39
id.	Oques.	276	id.	Oques.	2.975
Chaînes en fer.	»	472	Eau-de-vie.	Damejeannes	5
id.	Nombre.	10	id.	Barils.	2
Coutellerie.	Pièces.	109	Encens.	Colis.	57
Crêpe.	»	32	id.	Oques.	6.292
Caffas.	»	198	Fèves Saïdi.	Ardebs.	318
Cire.	Colis.	2	id.	Colis.	313
id.	Quintaux.	5	Fromage.	»	45
Cordes vieilles.	Colis.	2	id.	Oques.	50

TABLEAU N° 72 (*suite*).

MARCHANDISES.	MESURE.	QUANTITÉ	MARCHANDISES.	MESURE.	QUANTITÉ
Fromage.	Pièces.	1.200	Pois-chiches.	Couffes.	4
Fers vieux.	Oques.	1.111	id.	Sacs.	2
id.	Pièces.	50	id.	Barils.	507
Filasse de dattier.	»	179	Peaux fr. de bœufs.	Quintaux.	9.374
Fanaux, lanternes.	Sacs.	38	id. id.	Balles.	3.514
Fil de coton.	Colis.	24	id. id.	Pièces.	7.978
id.	Oques.	2.524	id. de chamx.	Quintaux.	3.644
Fromage hallouna.	Colis.	5	id. id.	Balles.	1 301
id.	Oques.	247	id. id.	Pièces.	3.264
Toile du Fayoum.	Colis.	14	Peaux sèc. de cha^m.	Balles.	73
id.	Pièces.	754	id. id.	Quintaux.	241
Graines de coton.	Colis.	48	id. id.	Pièces.	341
id. id.	Ardebs.	58	id. de bœufs.	Balles.	248
id. de lin.	»	22	id. id.	Quintaux.	882
id. de maïs.	»	4.392	id. id.	Pièces.	2.965
id. de bamia.	Colis.	2	Pipes à la persane.	»	676
Henné.	»	8	Paille.	Sacs.	4.379
id.	Oques.	293	Peinture p. navires.	Barils.	29
Haricots.	»	111	id.	Couffes.	1
id.	Colis.	1	Petits-pois.	Colis.	5
Indienne.	Pièces.	76	Pièces de peaux.	»	101
Lin.	Colis.	52	id.	Pièces.	1096000
id.	Oques.	17.830	Poterie.	»	98
Lentilles	Ardebs.	135	Peaux de moutons.	»	2.073
id.	Colis.	141	id. de chèvres.	»	450
Lupins.	Sacs.	4	Poissons secs.	Colis.	62
Livres.	Nombre.	944	id.	Pièces.	36.595
Madapolam.	Pics.	26	Palmiers.	»	15
id.	Pièces.	21	Planches de bois.	»	700
Miel noir.	Oques.	5	Porcelaines.	»	15
id.	Pièces.	1	Pastèques.	Nombre.	3.035
Mérinos.	»	10	Plantes médicinales.	Colis.	1
Nappes et tabliers.	»	26	id.	Oques.	31
Nattes.	»	1.700	Riz blanc.	»	66
Noyaux.	Colis.	3	id. id.	Ardebs.	12.436
id.	Oques.	116	id. Eïn-el-Bint.	»	368
Narghilehs.	Colis.	2	id. Sabaïni.	»	32
id.	Pièces.	400	id. Yamani.	»	19
Os.	Colis.	8	Résidu de lin.	Colis.	306
id.	Oques.	162.867	id.	Oques.	25.496
Paniers vides.	Pièces.	741	Raisins secs.	Colis.	1

TABLEAU N° 72 *(suite)*.

MARCHANDISES.	MESURE.	QUANTITÉ	MARCHANDISES.	MESURE.	QUANTITÉ
Raisins secs.	Oques.	48	Toile de lin.	Pièces.	6.113
Réglise.	»	84	Toile noire.	»	87
id.	Colis.	1	id.	Colis.	3
Serviettes.	Nombre.	6.335	Tarbouches.	Nombre.	30
Sacs vides.	»	1 425	Tapis.	»	90
Selles.	»	3	Tissus de laine.	»	19
Soude.	Colis.	228	Terre dite lunat.	Colis.	3
id.	Oques.	12.948	id.	Oques.	168
id.	Quintaux.	339	Vases en cuivre.	Pièces.	53
Savon.	Colis.	4	Volailles.	Nombre.	46
id.	Oques.	335	Voiles vieilles.	Colis.	6
Sabots en bois.	Pièces.	24	id.	Oques.	301
Sacs vides.	Colis.	12	Voiles neuves.	Quintaux.	2
id.	Oques.	1.499	id.	Pièces.	17
Sucre d'Europe.	Colis.	2	Vins.	Barils.	2
id.	Quintaux.	3	id.	Oques.	122
Tamis.	Pièces.	127	Zembils.	Colis.	1
Toile de lin.	Ballots.	109	id.	Oques.	38

N° 73. — Marchandises importées à Port-Saïd

PENDANT L'ANNÉE COPTE 1587.

MARCHANDISES.	MESURE.	QUANTITÉ	MARCHANDISES.	MESURE.	QUANTITÉ.
Amidon.	Colis.	61	Cuivre.	Colis.	7
id.	Oques.	3.485	Corderies.	»	704
Anis.	»	108	id.	Nombre.	40
id.	Colis.	2	id.	Oques.	102.600
Allumettes.	Caisses.	28	Cartes à jouer.	Colis.	1
id.	Douzaines.	3	id.	Douzaines.	36
Auges.	Pièces.	91	Colle rouge.	Colis.	31
Algues marines.	Colis.	9	id.	Oques.	3.086
Beurre.	»	125	Colle.	»	219
id.	Oques.	5.049	id.	Colis.	2
Bougies.	»	10.833	Craie.	»	2
id.	Colis.	157	id.	Oques.	389
Barres en fer.	»	829	Café.	»	12.002
id.	Oques.	39.263	id.	Colis.	218
Bouchons en verre.	Nombre.	102.910	Canelle.	»	3
Balais.	Pièces.	3.340	id.	Oques.	69
Briques.	»	151.235	Citrons.	Nombre.	2.025
Brosses.	»	60	Dattes et noyaux.	Colis.	2
id.	Douzaines.	101	id.	Oques.	149
Barils vides.	Nombre.	100	Dentelles.	Nombre.	26
Bijouterie.	Pièces.	7	Drap coloré.	»	552
Bas et faux-cols.	Douzaines.	1.188	Elastiques.	»	489
id.	Nombre.	126	Eaux de fleurs.	Colis.	1
Bois.	»	24.490	id. id.	Douzaines.	4
Ciment.	Colis.	26	id. id.	Oques.	100
Chiffons.	Quintaux.	52	Etain.	»	98
Cruches en faïence.	Colis.	1	id.	Colis.	1
id. id.	Nombre.	2.170	Epicerie.	»	1
Couvertures algé[nes].	»	199	Encre.	»	5
id. id.	Douzaines.	14	id.	Bouteilles.	104
Coffrets des Indes.	Nombre.	74	id.	Douzaines.	35
Cages d'oiseaux.	»	49	Eponges.	Colis.	1
Chevaux.	»	3	id.	Oques.	8
Chaux.	Sacs.	7.578	Esprit de vin.	Colis.	108
Caisses vides.	Pièces.	2.761	id.	Oques.	23.135
Charbon de terre.	Tonnes.	30.040	Farine.	»	544.720
Clous.	Colis.	645	id.	Colis.	9.057
id.	Oques.	68.329	Fèves du Soudan.	»	50
Cuivre.	»	1.762	id	Oques.	1.668

TABLEAU N° 73 (*suite*).

MARCHANDISES.	MESURE.	QUANTITÉ	MARCHANDISES.	MESURE.	QUANTITÉ
Fruits secs.	Oques.	18.739	Indiennes.	Pièces.	245
id.	Nombre.	3.487	Indigo.	Colis.	40
id.	Colis.	342	id.	Ardebs.	3
Fruits, pastèques.	»	88	id.	Oques.	2.731
id.	Nombre.	60.660	Lentilles.	»	573
id.	Oques.	4.466	id.	Ardebs.	1
Fil de coton.	Caisses.	8	id.	Colis.	10
id.	12ne paquets	2.066	Loubat.	Oques.	569
Fruits d'acacia.	Oques.	129	Liqueurs.	Colis.	850
Fèves Saïdi.	id.	413	id.	Bouteilles.	10
id.	Colis.	5	id.	Douzaines.	4.571
Fil de fer.	»	127	id.	Pièces.	7.443
id.	Oques.	6.399	id.	Oques.	147.421
Fer blanc.	»	54.381	Lunettes.	Nombre.	7
id.	Colis.	567	Manufactures.	Pièces.	118
id.	Pièces.	50	Mousseline.	»	2
Fusées.	Colis.	2	Musiques à main.	Colis.	2
id.	Douzaines.	13	id.	Douzaines.	1
Fusils, carabines.	Nombre.	21	Meubles de cuisine.	»	4
Faïences.	Douzaines.	267	Montres.	Pièces.	890
id.	Nombre.	40	Meubles.	»	126
id.	Colis.	4	id.	Colis.	19
Fil et ruban de cot^on	Nombre.	1.248	id.	Douzaines.	170
id.	Oques.	2	Mulets.	Nombre.	58
Gants.	Douzaines.	82	Machines de navires	Colis.	2
Graines à planter.	Colis.	4	id. diverses.	Pièces.	32
Gateaux et dragées.	»	35	Médicaments.	Colis.	17
id.	Caisses.	184	id.	Caisses.	2
id.	Douzaines.	154	id.	Douzaines.	218
id.	Oques.	669	id.	Nombre.	53
Graisse de porc.	»	1.525	id.	Oques.	594
id.	Colis.	26	Mastic.	»	3
Graisse.	»	111	Millet.	»	587
id.	Oques.	12.863	id.	Colis.	7
Graines de lin.	»	104	Nattes.	Pièces.	64
id.	Colis.	2	Narguilehs.	Douzaines.	5
Girofle.	»	2	Olives.	Caisses.	467
id.	Oques.	56	id.	Douzaines.	149
Huile p. machines.	Nombre.	412	id.	Oques.	33.034
id. térébenthine.	Colis.	17	Orge.	Ardebs.	4
id.	Oques.	852	Pots à fleurs.	Nombre.	7

TABLEAU N° 73 (*suite*).

MARCHANDISES.	MESURE.	QUANTITÉ	MARCHANDISES.	MESURE.	QUANTITÉ
Pierres de constr[ons].	Nombre.	44	Sucre d'Europe.	Oques.	63.535
id.	Colis.	4	id.	Colis.	407
Pantoufles.	Douzaines.	413	Savon.	»	866
id.	Nombre.	372	id.	Oques.	43.414
Parasols.	»	17	Salacoun.	»	1.180
id.	Douzaines.	120	id.	Colis.	11
Parfums divers.	Colis.	25	Sel de Soude.	»	6
Pierres à aiguiser.	Pièces.	1.041	id.	Oques.	730
Plomb de chasse.	Colis.	2	Sel ammoniac.	»	92
id.	Oques.	446	id.	Colis.	1
Pelles en fer.	Nombre.	6.155	Soiries.	Douzaines.	1
id.	Douzaines.	12	id.	Nombre.	1.444
Pois-chiches.	Colis.	2	Sacs de voyage.	»	116
id.	Oques.	143	Serviettes.	Douzaines.	253
Peaux diverses.	»	333	Toiles diverses.	»	2
id.	Nombre.	19	id.	Nombre.	1.295
id.	Douzaines.	5	Toile de laine.	Colis.	2
id.	Colis.	18	id.	Mètres.	600
Pétrole et gaz.	»	227	id.	Douzaines.	1
id.	Oques.	6 048	id.	Nombre.	1.520
Papiers à cigarette.	Colis.	4	Tapis d'Europe.	Pièces.	4.709
id.	Douzaines.	2.251	Tombac.	Colis.	6
Papier goudronné.	Colis.	6	id.	Oques.	328
id.	Oques.	240	Tamis.	Pièces.	12
Papiers ordinaires.	»	1.918	Peinture de navire.	Colis.	17
id.	Douzaines.	26	id.	Nombre.	40
id.	Colis.	80	id.	Oques.	2.733
Provisions.	id.	3.137	Tuyaux en métal.	»	235.912
id.	Bouteilles.	112	id.	Colis.	7.852
id.	Cais[es] lait[on].	8.104	Teinture.	»	114
id.	Douzaines.	758	id.	Douzaines.	232
id.	Nombre.	595	id.	Oques.	9.681
Poivre noir.	Colis.	11	Thé.	»	269
id.	Oques.	551	id.	Colis.	19
Pièces de fer.	»	27.115	Vis.	»	7.664
id.	Colis.	735	id.	Oques.	139.152
Quincaillerie.	»	250	Voiles de navires.	Colis.	6
id.	Nombre.	1.000	id.	Pièces.	30
id.	Douzaines.	940	Verres.	Colis.	58
id.	Colis.	192	Vêtements.	»	65
Rames.	Paires.	114	id.	Douzaines.	1.579
Riz d'Europe.	Colis.	411	Vêtements.	Nombre.	7.532
id.	Oques.	122.216	Zinc.	Colis.	38
Rité.	»	20	id.	Oques.	3,852

N° 74. — Marchandises exportées de Port-Saïd

PENDANT L'ANNÉE COPTE 1587.

MARCHANDISES.	MESURE.	QUANTITÉ	MARCHANDISES.	MESURE.	QUANTITÉ
Anchois.	Nombre.	304	Manches de haches.	Nombre.	93
Beurre frais.	Oques.	13	Mouchoirs en toile.	»	17
Bougies.	»	595	Médicaments.	Oques.	16
Blé Béhéra.	Ardebs.	6	Maïs.	Ardebs.	47
Barils vides.	Nombre.	2.755	Noix de coco.	Nombre.	178
Coton indien.	Quintaux.	2.521	Nattes des Indes.	»	2
id. afrité.	»	528	Nacre.	Oques.	16
Chiffons.	»	194	Olives.	»	210
Conserves.	Oques.	150	Œufs.	Cent.	100
Cages en palmier.	Nombre.	450	Os d'animaux.	Quintaux.	747
Citrons.	»	600	Peaux de bœufs.	»	499
Cuivre vieux.	Oques.	843	id. de chèvres.	Nombre.	175
Cire jaune brute.	»	618	id. de moutons.	»	2.647
Chaussures.	Paires.	15	id. vieilles.	Oques.	180
Chaux.	Sacs.	20	id. de Haslé.	»	90
Charbon de terre.	Tonnes.	125	Provisions.	Douzaines.	37
Cordages vieux.	Oques.	521	id.	Oques.	1.355
Corail.	Paquets.	2	Pois.	»	103
Dattes et noyaux.	Oques.	23.058	Plomb vieux.	»	120
Déchets de coton.	Quintaux.	27	Planches.	Nombre.	44
Eponges.	Oques.	268	Quincaillerie.	»	15
Fromages.	Nombre.	30	Riz de Damiette.	Ardebs.	13
Fèves Béhéra.	Ardebs.	1.131	Sacs en lin.	Nombre.	2
id. concassées.	»	2	Sucre.	Oques.	23
Fruits secs.	Oques.	1.950	Sacs vides.	Nombre.	100
Fer vieux.	»	42.578	Semences de chanvre.	Oques.	403
Fleur de farine.	Barils.	3	Savon.	»	324
Fusées.	Douzaines.	3	Toiles de navires.	Nombre.	3
Graines de coton.	Ardebs.	17.587	Teinture vieille.	Oques.	143
Graisse.	Oques.	23	Toiles diverses.	Pièces.	31
Grands pots.	Nombre.	27	Thé.	Oques.	4
Goudron.	Oques.	144	Toile.	Pièces.	500
Henné.	Quintaux.	17.050	Ustensiles en cuivre	Oques.	82
Laines.	Oques.	43	Verreries, porcelnes.	Nombre.	6.129
Liqueurs.	Douzaines.	17	id. cassées.	Oques.	854
id.	Oques.	2.791	Vêtements.	Nombre.	130
Lentilles.	Ardebs.	10	Voitures vieilles.	Pièces.	70
Livres.	Nombre.	280	Zinc usé.	Oques.	299
Lin.	Oques.	418	Zembils vides.	Nombre.	82

N° 75. — Marchandises importées à El-Arich

Pendant l'année 1587.

MARCHANDISES.	Mesure.	Quantité.
Anes	Nombre.	214
Blé	Ardebs.	3
Blé concassé	»	1
Biscuit	Quintaux.	115
Bœufs	Nombre.	97
Broches	½ douzaines.	13
Chameaux	Nombre.	5.789
Chevaux	»	642
Citrons	»	1.800
Chaussures	Paires.	2
Coton	Rotolis.	82
Faïences	Caisse.	1
Fèves	Ardebs.	2
Farine	Quintaux.	132
Graines de coton	Ardebs.	5
Henné	Ocques.	10
Huile d'olives	»	14
Huile de sésame	»	211
Halawa	»	5
Indienne	Pics.	136
Laines	Rotolis.	92
Manteaux en laine	Nombre.	19
Mulets	»	221
Maïs	Ardebs.	38
Mouchoirs en coton	Nombre.	10
Manteaux en drap rouge	»	6
Nattes	»	2
Oranges douces	»	100
Orge	Ardebs.	200
Provisions	Quintaux.	6
»	Ocques.	221
Petits-pois	Ardebs.	2
Réglisse	Ocques.	215
Riz	»	75
Savon	»	34
Sacs en laine	Nombre.	3
Serviettes en coton	»	4
Toile	Pièce	1
Tabac	Ocques.	124
Tombac	»	8

N° 76. — Marchandises exportées d'El-Arich

Pendant l'Année Copte 1587.

MARCHANDISES.	Mesure.	Quantité.
Anchois	Quintaux.	406
Ail	Ocques.	9
Branches de palmier	Nombre.	500
Bottes	Paires.	3
Couffes en feuille de palmier	Nombre.	4.298
Clous d'Europe	Ocques.	8
Cuivre	»	10
» vieux	Rotolis.	58
Couvertures de femmes	Nombre.	2
» de divans	»	5
» de femme (bassiouni)	»	1
Citrons	»	100
Corcora	Ardebs.	2
Dattes rouges et mûres	Quintaux.	536
» et noyaux	»	152
Draps	Pics.	5
Essuie-mains	Nombre.	240
Farine	Quintaux.	15
Fil de lin	Ocques.	4.438
Fromage du pays	»	15
Fèves	Ardebs.	4
Hachoirs de tabac	Nombre.	4
Henné	Quintaux.	2
Laine filée	»	4
Laine brute	»	17
Lin brut	Rotolis.	12
Manteaux	Nombre.	176
Mousseline teinte	Pics.	16
»	Pièces.	3
» dite hichr samah	»	10
» » moubared	»	5
Maïs	Ardebs.	48
Oignons	Quintaux.	18
Peaux	»	22
Soufre	»	13
Sacs	Nombre.	96
Sucre	Ocques.	4
Tamis	Nombre.	1
Soie et toile de lin	Pièces.	1.568
Tarbouches	Nombre.	173

N° 77. — Marchandises importées à Suez

PENDANT L'ANNÉE COPTE 1587.

MARCHANDISES.	MESURE.	QUANTITÉ	MARCHANDISES.	MESURE.	QUANTITÉ
Amandes.	Oques.	3.237	Charbon de terre.	Tonneaux.	99
Absinthe.	»	55	Châtaignes.	Quintaux.	8
Allumettes.	Douzaines.	1.599	Châles cachemire.	Nombre.	60
Amidon.	Oques.	668	Chameaux.	»	1.086
Animaux sauvages.	Nombre.	10	Couffes.	»	40
Argenterie.	Pièces.	137	Confiture.	Oques.	90
id.	Oques.	298	Cuir de chaussures.	»	294
Baklawa.	Caisses.	4	id.	Douzaines.	21
Balais.	Nombre.	452	Chaises.	»	8
Bois à brûler.	Fardeaux.	86	Cadenas.	Quintaux.	34
Bouchons.	Colis.	52.666	Dattes sèches.	Oques.	83.633
Bougies.	Paquets.	6.013	id. en chapelets.	Nombre.	59.129
Beurre frais.	12es de pains	8	Ivoire.	Oques.	47
Biscuit.	Nombre.	132	Eventails.	Douzaines.	12
id.	Oques.	66	id.	Nombre.	5.664
Bois sandal.	»	2.440	Eponges.	Oques.	2.120
Blutoirs.	Nombre.	1.150	Ecorces de grenade.	»	8,904
Bois de Chine.	Nombre.	855	Epiceries.	»	501
Basilic des Indes.	Oques.	3.533	Esprit de vin.	»	9.966
Brosserie.	Articles.	24.160	Etain.	Quintaux.	179
Baleine (en pièces).	Oques.	1.081	Effets et vêtements.	Nombre.	992
Beurre d'Abyssinie.	Quintaux.	3	id. id.	Quintaux.	70
Benjoin.	Oques.	8.235	id. id.	Oques.	13
Bois de campêche.	»	1.280	Parfums.	Nombre.	3
id. en planches.	Nombre.	9.750	Essence de rhum.	Oques.	80
Beurre.	Oques.	35.823	Farine.	»	595
Bissac.	Nombre.	210	Fromage.	»	2.043
Café.	Quintaux.	37.911	Fruits secs.	Douzaines.	41
id.	Oques.	2208348	id.	Oques.	8 982
Chokar.	Nombre.	80	Fil de palmier.	»	11.213
Canevas.	Sacs.	25.463	Girofle.	»	9.525
Cire jaune brute.	Oques.	21.161	Grains de chapelets.	»	67.000
Coton égrainé.	Quintaux.	939	Gomme.	»	173.597
Collyre en poudre.	Oques.	1.994	id.	Quintaux.	7.709
Canelle.	»	6.754	Graines de mil.	Oques.	130
Etoffes diverses.	Pièces.	233	Graisse de poisson.	»	10.439
Clous d'Europe.	Barils.	15	Gingembre.	»	17.904
Chemises des Indes.	Nombre.	127.314	Gomme adragante.	»	162
Cubèbe.	Oques.	746	Grandes cuvettes.	Nombre.	825

TABLEAU N° 77 (*suite*).

MARCHANDISES.	MESURE.	QUANTITÉ	MARCHANDISES.	MESURE.	QUANTITÉ
Goudron.	Oques.	469	Poivre.	Oques.	77.449
Huile d'olives.	Douzaines.	53	Peaux de bêtes fauv^es	Nombre.	36
Haricots.	Oques.	1.318	id. de poissons.	»	202
Halawé (douceurs).	»	1.094	id. ordinaires.	»	259
Halilegh.	»	793	Plumes d'autruche.	Quintaux.	32
Huile de rose.	»	72	id. d'oiseaux.	Nombre.	10.494
id. à brûler.	»	40	Pantoufles arabes.	»	1.500
Hell.	Nombre.	41.640	Plumes en roseau.	Paquets.	3.590
id.	Quintaux.	668	Porcelaine.	Pièces.	2.718
Henné.	Oques.	38.574	Poissons secs.	Douzaines.	10
Indigo divers.	»	382 223	id.	Nombre.	28.522
Joncs.	Paquets.	121.461	id.	Oques.	92
Kachad.	Oques.	889	Provisions.	Caisses.	1.648
Koura.	»	959	Poterie.	»	8
Laine.	»	2.214	Parfum.	12es flacons.	5
Légumes marinés.	Colis.	154	id.	Nombre.	1.533
Lait.	Boîtes.	288	Pommes de terre.	Oques.	25.282
Liqueurs.	Colis.	3.589	Peinture.	Caisses.	480
id.	Oques.	662	Paille à nattes.	Quintaux.	889
Maïs.	Ardebs.	2	Papier.	12es rames.	58
Mouchoirs.	Douzaines.	4	id.	Colis.	5
Médicaments.	Caisses.	9	Peaux de tigres.	Nombre.	32
Moulins à main.	Nombre.	688	Pétrole.	Caisses.	141
Maroquin.	»	200	Parasols.	Douzaines.	140
Manteaux arabes.	»	82	Pommes.	Oques.	2.624
Miel.	Oques.	339	Pastèques.	Nombre.	4.040
Myrrhe.	»	9 745	Plomb de chasse.	Oques.	260
Nacre.	»	566.373	Pipes de bois.	Nombre.	523
id.	Quintaux.	573	Rubans en peau.	»	6.333
Noix muscade.	Nombre.	5 333	Raisin sec des Indes.	Oques.	382
id.	Oques.	786	Riz Indien.	Ardebs.	1 019
Nattes.	Nombre.	182	id.	Oques.	259
Oignons secs.	Quintaux.	2	Résine.	»	409.700
Olives vertes.	Barils.	2	Sésame.	Ardebs.	1.420
Orge.	Ardebs.	147	Séné.	Oques.	10.780
Objets vides.	Oques.	196	Safran des Indes.	»	57 587
Parfum.	»	6 774	Soie.	Caisses.	76
Peaux de moutons.	Nombre.	73.977	Sahlab.	Oques.	115
id. de vaches.	»	101 359	Souliers.	Nombre.	155.033
id. id.	Quintaux.	757	Sucre.	Quintaux.	315
Poivre.	»	654	id.	Oques.	17.594

MARC
Soude.
Sang d
Savon.
Soie d
Safran
Sandal
Toile.
Tapis
Thym.
Térébe
Thé.
Teintu
Tarbou
Tapis d

TABLEAU N° 77 (*suite*).

MARCHANDISES.	MESURE.	QUANTITÉ	MARCHANDISES.	MESURE.	QUANTITÉ
Soude.	Quintaux.	10 307	Tissus poil de chèv^re	Nombre.	25
Sang dragon.	»	221	Toile en laine.	Pièces.	264
Savon.	Oques.	23 631	Tombac.	Oques.	84.495
Soie déliée.	»	1.194	Tamarin.	»	66.950
Safran.	Quintaux.	6	Vases en nacre.	Nombre.	12
Sandarac.	Oques.	7.658	Viande de porc.	»	328
Toile.	Pièces.	956	Vêtements.	Douzaines.	78
Tapis pour prière.	Nombre.	200	id.	Nombre.	773
Thym.	Oques.	116	Vermicelles.	Oques.	4.804
Térébentine.	»	957	Vaches des Indes.	Nombre.	9
Thé.	»	1.137	Vinaigre.	Oques.	77
Teinture bleue.	»	200	Zinc.	»	71
Tarbouches.	Nombre.	250	id.	Barils.	268
Tapis de Perse.	»	988			

N°. 78 — Marchandises exportées de Suez

PENDANT L'ANNÉE COPTE 1587.

MARCHANDISES.	MESURE.	QUANTITÉ	MARCHANDISES.	MESURE.	QUANTITÉ
Allumettes.	Douzaines.	43.855	Fusils de chasse.	Nombre.	153
Ail.	Quintaux.	56	Fruits secs.	Oques.	35 490
Amidon.	Oques.	1.691	Fromage.	Quintaux.	70
Aiguilles.	Nombre.	4.387	Fanaux divers.	Nombre.	2.630
Blé Saïdi.	Ardebs.	11.277	Farine du pays.	Oques.	109
id. concassé.	»	20	Feuilles d'absinthe.	Ardebs.	35
Bougies.	Paquets.	48.895	Fil de fer.	Oques.	2.308
Broderies diverses	Oques.	173	id. de cuivre.	»	2 697
Boutons.	Nombre.	22.500	Fenou grec.	»	31.272
Bourrelles.	Nombre.	116	Fil d'or.	Mitkals.	4.800
Cuillières diverses.	Douzaines.	1.065	Fèves.	Ardebs.	11.546
id.	Oques.	500	Ficelles.	Nombre.	2.556
Carvi.	»	2.828	Fil de coton.	Quintaux.	29
Clous divers.	Nombre.	44	id.	Oques.	232
id.	Quintaux.	111	Fer blanc.	Rouleaux.	2.401
Conserves.	Nombre.	2.779	Gâteaux.	Oques.	22
Cannes à sucre.	»	1.955	Gilets en Indienne.	Nombre.	14 045
id.	Quintaux.	10	Huiles d'olives.	Douzaines.	136
Cire.	»	27	id.	Oques.	16.171
Coton.	»	12	Hameçons.	Nombre.	132.000
id.	Oques.	6 626	Haricots.	Oques.	11.786
Cristaux divers.	Nombre.	7.100	Huile térébenthine.	»	1.274
Cordes en lin.	Quintaux.	21	Jujubes.	»	288
Couvertures laine.	Nombre.	200	Jarres vides.	Nombre.	850
Cuivre jaune.	Pièces.	254	Liqueurs diverses.	12ne bouteil.	1.993
id.	Oques.	687	id.	Nombre.	95
Chaussettes.	Douzaines.	336	id.	Oques.	9.439
Collyre en poudre.	Oques.	44.640	Livres arabes.	Nombre.	5.916
Chapelets en bois.	»	1.084	Limes en fer.	Grosses.	350
Cuivre.	Quintaux.	231	Légumes marinés.	Douzaines.	357
id.	Oques.	1.526	id.	Oques.	1.276
id. vieux.	Quintaux.	1.392	Lampes.	Nombre.	2.854
Canifs.	Douzaines.	1 360	Lentilles.	Ardebs.	175
Ciment.	Barils.	140	Mouchoirs.	Douzaines.	11.180
Draps.	Yards.	350	Maïs de Syrie.	Ardebs.	339
Etain.	Quintaux.	34	Miel noir.	Quintaux.	223
Epiceries.	Oques.	6.983	Manufactures.	»	26.112
Esprit de vin.	»	7.780	id.	Nombre.	4.696
Encens.	»	13.381	id.	Oques.	21.347

TABLEAU N° 78 *(suite)*.

MARCHANDISES.	MESURE.	QUANTITÉ	MARCHANDISES.	MESURE.	QUANTITÉ
Nattes.	Ballots.	400	Rasoirs.	Douzaines.	8.610
Oranges douces.	Nombre.	9.150	Réglisse.	Oques.	1.307
Olives.	Oques.	13.625	Soufre.	»	2.298
Oignons.	Quintaux.	665	Soieries brodées.	Mètres.	587
Outres.	Nombre.	2.149	id. de Tripoli.	Oques.	44
Orge.	Ardebs.	1.634	Sel ammoniac.	»	2.632
Plantes aromatiques	Oques.	6.234	Sucres divers.	»	51.547
Papiers divers.	Rames.	25.012	id.	Quintaux.	1.727
Planches.	Nombre.	140	Soie.	Oques.	1.778
Petits pois.	Ardebs.	33	Savons.	»	97.608
id.	Oques.	4.945	Toile de Syrie.	Pièces.	12.117
Peaux de vaches.	Nombre.	3.451	Thé.	Oques.	488
id. de chèvres.	»	704	Tarbouches d'Europ.	Douzaines.	1.604
Pièces de peau.	»	800	Tapis de Malte.	Nombre.	429
Pommes de terre.	Oques.	7.728	Théières.	»	77
Papier à cigarette.	Cahiers.	14.522	id.	Douzaines.	5
Poterie.	Par cages.	83	Teinture verte.	Oques.	509
Pétrole.	Caisses.	914	Tapis.	Nombre.	585
Plomb.	Oques.	13.008	Tasses de café.	»	356.753
Pâtisserie.	»	2 053	Vinaigre.	Flacons.	213
Pâtes d'Italie.	»	5.299	id.	Oques.	6.572
Quincaillerie.	Caisses.	248	Verroterie.	Paquets.	16.601
Riz Ein-el-bint.	Ardebs.	144			

N° 79. — Marchandises importées à Kosseïr

PENDANT L'ANNÉE COPTE 1587.

MARCHANDISES.	MESURE.	QUANTITÉ	MARCHANDISES.	MESURE.	QUANTITÉ
Beurre.	Quintaux.	20	Graines diverses.	Quintaux.	2
Bestiaux { Anes.	Nombre.	1	Grandes cruches.	Nombre.	40
Bestiaux { Chameaux.	»	926	Huile noire.	Oques.	11
Bestiaux { Chevaux.	»	14	Miel blanc.	Quintaux.	2
Bestiaux { Vaches.	»	1	Mouchoirs en coton.	Nombre.	22
Branches de palmier	»	2.300	Nattes en feuilles de palmier.	»	6
Bois de tamaris orientalis en gros.	»	1	Oranges douces.	»	1 025
Cire.	Quintaux.	2	Peaux de chèvres.	»	7
Châles ordinaires.	Nombre.	14	id. moutons.	»	293
id. Ghabani.	»	1	Riz des Indes.	Oques.	332
id. Basma.	»	24	Selle vieille en bois	Nombre.	1
Cristal yamani.	»	8	Sellières en bois.	»	380
Couvertures de femmes, en coton.	»	3	Sacs vides.	»	140
Cordes en laine.	»	3	Tentes en poil.	»	1
Dattes sèches.	Quintaux.	17	Toile.	Pièces.	11
Eventails.	Nombre.	100	id. de laine.	Pics.	7
Fer vieux.	Quintaux.	10	Tapis en poil de chèvre.	Nombre.	4
Feuilles de palmier en branches.	Ballots.	53	Voiles de navires.	»	4

N° 80. — Marchandises exportées de Kosseïr

PENDANT L'ANNÉE COPTE 1587.

MARCHANDISES.	MESURE.	QUANTITÉ	MARCHANDISES.	MESURE.	QUANTITÉ
Blé.	Ardebs.	19.911	Huile de lin.	Quintaux.	235
id concassé.	»	60	Jarres, cruches, pots marmites en terre.	Nombre.	3.350
Biscuit.	Quintaux.	73	Lentilles.	Ardebs.	6.277
Beurre.	»	1	Lupins.	»	53
Blutoirs.	Nombre.	12	Lanières en peau de chamelle.	Nombre.	14
Barils, cuves vides.	»	6	Lampes.	»	1.550
Cumin blanc.	Ardebs.	92	Maïs torréfié.	Ardebs.	8
Colocase.	»	3	Miel noir.	Quintaux.	445
Cresson.	»	2	Madapolam.	Pièces.	256
Clous en fer.	Quintaux.	14	Mousseline.	»	3
Cuivre vieux.	»	86	Nacre.	Oques.	9.828
Carthame.	»	4	Noisettes.	»	127
Caroubes.	Oques.	60	Orge.	Ardebs.	1.039
Citrons.	Nombre.	1.600	Oignons.	Quintaux.	431
Canards.	»	3	Opium.	Oques.	96
Cannes à sucre.	»	885	Outres vides.	Nombre.	6
Cornegrecque ou bamié.	»	195	Petits-pois verts.	Ardebs.	1.364
Citrouilles vertes.	»	39	Petits-pois.	»	3
Cornes de bœufs.	»	100	Persil.	»	6
Doum.	»	1.800	Pastèques et melons	Nombre.	131
Dattes du pays.	Quintaux.	1	Pipes à la persane.	»	1.250
Eponges.	Oques.	175	Papier à cigarette.	Caisses.	6
Etoffes en soie.	Pics.	21	Poissons salés.	Nombre.	6.945
Fèves	Ardebs.	4.988	Peau de poisson.	»	1
Fruits d'acacia.	»	40	Poulets grecs.	Paires.	47
Farine.	Quintaux.	537	id. hallani.	»	2.330
Fil de lin.	»	25	Pigeons.	»	76
Farine d'orge.	»	78	Sacs à blé.	Nombre.	16
Fromage.	Grands pots	58	id. en poil.	»	89
Fourrures en peau.	Nombre.	62	Sucre rouge.	Quintaux.	75
Graines de maïs.	Ardebs.	2.543	Safran d'Egypte.	»	102
id. Cresson.	»	132	Sacs neufs.	Nombre.	134
Goudron.	Quintaux.	143	Toile fine.	Pièces.	4
Grenades.	Nombre.	400	Verreries du pays.	Nombre.	2.970
Helbé.	Ardebs.	54			

N° 81. — Marchandises importées à Souakin

PENDANT L'ANNÉE COPTE 1587.

MARCHANDISES	MESURE.	PROVENANCES.		
		SUEZ.	GEDDA et YEMEN.	ADEN.
Ail et oignons secs.	Quintaux.	6	3	»
id.	Oques.	»	2.823	»
Allumettes.	Boîtes.	265	2.042	»
Armes.	Nombre.	»	25	»
Bas en laine et coton.	1/2 douzai[es].	120	90	»
Bois blanc.	Oques.	260	»	»
Bougies.	»	150	»	»
id.	1/2 douzai[es].	1.172	980	»
Bronze.	Pièces.	166	»	»
id.	Oques.	»	60	»
Bourelleries, fourrures et feutre.	Nombre.	68	»	»
Bois de sandal.	Oques.	»	7.378	542
id. de construction.	Pièces.	»	13.542	»
Châles, serviettes et autre.	Nombre.	1.348	27.042	»
Coiffures en coton.	»	50	65	»
Chapelets.	Oques.	106	568	»
Châles, cachemires et draps.	»	4	»	»
id.	Nombre.	»	2	»
Ceintures arabes en soie.	Oques.	4	»	»
Cuivre vieux.	»	31	5.005	»
id.	Quintaux.	116	»	»
Chaussures.	Paires.	494	102	»
Conserves.	Caisses.	»	29	»
Clous du pays et d'Europe.	Barils.	4	»	»
id.	Oques.	»	194	»
id.	Quintaux.	»	3	»
Chaînes en fer.	Nombre.	»	953	»
Café.	Quintaux.	»	1.936	»
Carvi.	Oques.	»	191	»
Corcora sec.	Nombre.	»	1 038	»
Draps en laine.	»	8	»	»
Dattes.	Colis.	»	764	»
id.	Oques.	»	27.952	»
id.	Quintaux.	»	21	»
Essuie-mains.	Nombre.	563	2.595	»
id.	Quintaux.	1	»	

TABLEAU N° 81 (*suite*).

MARCHANDISES	MESURE.	PROVENANCES.		
		SUEZ.	GEDDA et YEMEN.	ADEN.
Epicerie.	Nombre.	1.993	15.402	»
id.	Oques.	2.442	7.205	»
Encens.	»	»	30.931	»
id.	Quintaux.	»	»	7
id.	Nombre.	»	22	»
Etain.	»	»	293	»
Fer brut.	Quintaux.	»	»	57
Fruits divers.	Oques.	»	3.019	»
Fer brut et fonte.	Quintaux.	8	159	7
Fromage du pays et de Grèce.	Oques.	397	»	»
Fèves, blé et lentille.	Ardebs.	3	20	»
Farine.	Oques.	5.749	9.720	»
Fruits secs, douceurs, gingembres et pois-chiches.	»	4.965	1.691	»
Faïences d'Europe.	Nombre.	16	»	»
Fenou Grec.	Oques.	3.580	6.545	»
Fil de coton, diverses qualités.	Nombre.	151	897	»
id. rouge.	Paquets.	305	»	»
Gilets et bonnets en coton.	Nombre.	592	741	»
Graines de maïs.	Zembils.	»	154	»
Gingembre.	Quintaux.	»	243	»
Henné du pays et de Grèce.	Oques.	»	507	»
Hantit.	Quintaux.	»	1.449	»
Huile.	Oques.	35	4.624	»
Indienne.	Quintaux.	5	37	»
id.	Oques.	»	39.536	»
id.	Pièces.	526	501	20
(Kaf Arous).	Nombre.	»	»	5.405
Koufiés en soie.	»	»	60	»
Légumes marinés, olives, sardines.	»	135	»	»
id.	Oques.	125	229	»
Limes en fer, harnais et étriers.	»	15	»	»
id.	Nombre.	»	100	»
Laine.	Pièces.	31	»	»
Liqueurs.	Caisses.	136	»	»
id.	Oques.	6.288	»	»
Lanternes en verre.	Nombre.	61	»	»
Lits en bois des Indes.	»	»	»	53

Tableau n° 81 (*suite*).

MARCHANDISES.	MESURE.	PROVENANCES.		
		SUEZ.	GEDDA et YEMEN.	ADEN.
Mousseline.	Pièces.	985	»	»
id.	Oques.	412	»	»
id.	Quintaux.	497	»	»
Madapolam.	»	271	»	»
id.	Oques.	328	»	»
id.	Nombre.	337	»	»
Mousseline.	Pièces.	3	58	»
Manteaux en laine.	Nombre.	466	1.025	»
Mouchoirs.	1/2 douzaies.	252	712	»
Miel blanc.	Oques.	»	210	»
Maroquin rouge et jaune.	Pièces.	»	306	»
Ongles de gros poissons.	Oques.	»	1.202	»
id.	Quintaux.	»	»	13
Poterie d'Europe et du pays.	Nombre.	»	39	»
Poivre noir.	Oques.	»	2.284	»
Parfumerie et eau de fl. d'orangers	»	»	1.874	»
id.	Quintaux.	»	»	14
Papiers à cigarette.	Cahiers.	836	1.727	»
Pâtes d'Italie.	Oques.	286	20	»
Parasols.	Douzaines.	8	8	»
Quincaillerie et cadenas.	Caisses.	8	44	5
Riz des Indes et d'Egypte.	Sacs.	4	2.520	52
Soie de div. couleurs et dentelles.	Pièces.	535	»	»
id.	Oques.	376	»	»
id.	Quintaux.	6	»	»
Savon.	Oques.	8.731	12.867	»
Sucre d'Egypte et des Indes.	»	4.611	9.196	»
id.	Quintaux.	71	52	»
Sacs de voyage en laine.	Nombre.	»	11	»
Soierie et broderie de toilette.	Pièces.	»	634	»
id.	Oques.	»	10	»
Soubol.	»	»	1.339	»
Safran des Indes, curcuma.	»	»	8.751	1
id.	Quintaux.	»	»	»
(Saouard daoudani).	Nombre.	»	»	1.811
Serviettes de bain en soie et coton.	»	»	»	1.836
Tabliers.	»	»	»	2.771
Tombac de diverses qualités.	Oques.	»	1.987	9.581

TABLEAU N° 81 (*suite*).

MARCHANDISES.	MESURE.	PROVENANCES.		
		SUEZ.	GEDDA et YEMEN.	ADEN.
Tabac.	Oques.	»	21	»
Toile de coton blanche.	»	»	8.889	»
id.	Pièces.	»	418	»
Tentes.	Nombre.	4	»	»
Tapis d'Europe et de Perse.	»	47	681	»
Tarbouches.	1/2 douzaines.	217	24	»
Toile en laine et coton.	Pièces.	90	»	»
Toile teinte.	Nombre.	48	3.810	»
Toile en laine.	»	95	373	»
id.	Oques.	»	144	»
Toile en coton.	»	5.316	166.121	»
Id.	Pièces.	69	928	60
id.	Quintaux.	835	178	»
Vêtements en coton.	Nombre.	»	214	200
id. en drap.	»	68	17	»
id. en coton et soie.	Pièces.	75	737	»
Voiles de femmes, en coton et soie.	Nombre.	701	1.698	»
id.	Quintaux.	35	»	»
Vases en fer blanc.	Nombre.	356	100	»
Verroterie (perles).	»	1.755	»	»
Vinaigre.	Oques.	1.500	»	»
Voiles de navires.	Nombre.	»	12	»

N° 82. — Marchandises exportées de Souakin

PENDANT L'ANNÉE COPTE 1587.

MARCHANDISES.	MESURE.	DESTINATION.			
		SUEZ.	GEDDA.	ADEN, INDES et YEMEN.	MASSAOUAH et AKIK.
Anes.	Nombre.	»	14	»	»
Avoine.	Ardebs.	»	3.007	»	»
Autruches, perroquets et divers.	Nombre.	19	11	»	37
Bois kin.	Pièces.	»	»	»	25
Bois daleh.	»	»	»	»	39
Bois choub.	»	»	»	»	»
Beurre.	Oques.	1.780	113.553	»	30.000
Coquillages.	Nombre.	»	»	»	700
Citrouilles sèches du Soudan.	»	»	»	»	»
Chameaux.	»	»	50	»	122
Chaux.	Ardebs.	»	33	»	»
Cordes de palmier.	Nombre.	»	4.024	»	»
Cire jaune.	Oques.	2.355	16.097	»	424
Coton égrainé. (1).	Quintaux.	194	297	»	»
id. non-égrainé.	»	896	244	»	»
Dents d'éléphant.	Oques.	»	122	29 920	5
Dattes sèches du Soudan.	Ardebs.	»	»	»	»
Eponges.	Oques.	1.066	»	»	»
Ecaille.	Quintaux.	2	»	»	»
Eléphants, girafes et bêtes fauves.	Nombre.	15	1	»	»
Gommes.	Quintaux.	3.460	13.670	»	42
Graines de maïs.	Ardebs.	»	861	»	»
id. de doum pilées.	»	»	6	»	»
Graisse.	Quintaux.	»	49	»	»
Huile de sésame.	»	»	3	»	»
Hil d'Abyssinie en graines.	Centaines.	»	545	»	»
(Hout nachef).	Nombre.	»	10.600	»	»
Habsa d'Abyssinie.	Quintaux.	25	22	»	»
Miel blanc.	Oques.	»	46	»	»
Moutons.	Nombre.	»	122	»	»
Nattes en feuilles de palmier.	»	228	13.903	12	»
Nacre.	»	2.100	740	»	1[illegible]
Natron du Soudan.	Quintaux.	»	»	»	2[illegible]
Ongles de gros poisson.	»	»	»	»	2[illegible]
Outres.	Nombre.	1.183	»	»	»
Plumes d'autruche.	Quintaux.	2	2	»	

(1) Plus 2 quintaux exportés sur Alexandrie.

TABLEAU N° 82 (*suite*).

MARCHANDISES.	MESURE.	DESTINATION.			
		SUEZ.	GEDDA.	ADEN, INDES et YEMEN.	MASSAOUAH et AKIK.
Peaux de vaches brutes.	Nombre.	21.874	5.113	»	»
Peaux de poissons.	»	10	30	»	»
Peaux de vaches tannées.	»	»	3	»	»
Petites outres.	»	»	718	»	»
Pièces de toile en laine.	»	»	»	»	15
Sésame.	Ardebs.	132	4.514	351	»
Séné.	Quintaux.	»	27	»	»
Tabac du Soudan.	»	»	34	»	1
Tamarin.	»	57	151	»	»
Toiles en laine d'Abyssinie.	Nombre.	13	»	»	»
id. dites damour du Soudan.	»	206	»	»	52

N° 83. — Marchandises importées à Massaouah

PENDANT L'ANNÉE COPTE 1587.

MARCHANDISES.	MESURE.	PROVENANCES			
		SUEZ.	GEDDA.	YEMEN.	ADEN.
Armes.	Nombre.	»	»	»	658
Anes.	»	»	»	8	»
Bois de sandal.	Oques.	»	»	525	»
id.	Quintaux.	»	»	»	103
Basilic.	Oques.	»	75	4	»
Broderies d'or.	Mitkals.	»	»	»	384
Bronze.	Pièces.	42	»	»	»
Bougies.	Nombre.	190	»	»	»
Bourelles d'ânes.	»	3	»	»	»
Barres de fer et ferrures diverses.	Oques.	100	»	»	»
id.	Nombre.	2	»	»	949
Bois de construction.	»	»	820	1.200	483
Bottes et souliers.	»	12	160	»	5.242
Branches de palmier.	»	»	»	2.789	»
Cuivre vieux.	Oques.	454	»	»	»
id.	Quintaux.	277	»	»	»
Coffres-forts.	Nombre.	2	»	»	»
Cordes et Cordages.	Douzaines.	13	»	»	»
id.	Quintaux.	»	»	»	82
id.	Oques.	266	»	»	»
Châles, serviettes et autres.	Nombre.	149	26	190	409
Chaussettes.	Douzaines.	18	10	»	»
Coutellerie.	Oques.	308	267	»	60
Chapelets en os et agate.	Nombre.	»	1.165	»	»
id.	Oques.	»	476	»	»
Cuir rouge et jaune.	Nombre.	»	195	»	»
Coton des Indes et d'Egypte.	Oques.	»	402	80.546	»
id.	Quintaux.	»	»	35	»
Café.	Oques.	»	460	1.644	»
Couvertures de femmes.	Nombre.	»	»	»	1.737
id. de lits.	»	»	»	»	177
Clous en fer.	Quintaux.	»	»	»	42
Coffrets des Indes.	Nombre.	»	»	»	3
Cuivre travaillé.	Quintaux.	»	»	»	3
Drap.	Pièces.	40	2	»	523
Dattes diverses qualités.	Colis.	96	»	1.068	»

TABLEAU N° 83 *(suite).*

MARCHANDISES.	MESURE.	PROVENANCES			
		SUEZ.	GEDDA.	YEMEN.	ADEN.
Dattes diverses qualités.	Oques.	4.358	»	14.135	»
id.	Quintaux.	»	»	33	»
Eau de Rose.	Nombre.	»	»	16	»
Encriers, pots à eau, etc., en fer bl.	»	450	790	»	6.479
Etoffes en soie brodées.	Pièces.	»	»	»	56
id. diverses.	»	»	»	»	210
Epices et drogueries.	Oques.	»	1.208	531	2.125
Fromage de Grece.	»	174	»	»	»
Feutre.	Nombre.	»	1.400	»	»
Fer forgé.	Barils.	»	3	10	»
id.	Oques.	»	»	103	»
Fèves, blé et lentilles.	Ardebs.	»	67	»	»
id.	Oques.	»	»	424	»
Farine.	»	»	»	101	»
id.	Quintaux.	4.144	»	»	»
Fil de coton rouge.	»	»	»	206	28.634
Fer blanc en feuilles.	Nombre.	»	»	»	900
Graines de maïs.	Zembils.	»	9	679	»
id.	Oques.	»	»	405.801	»
Huile d'olives et de sésame.	»	183	»	3.697	743
Indienne.	Pièces.	220	27	6	190
Jarres d'Algérie et autres poteries.	Caffas.	45	»	»	»
Kohl.	Oques.	569	1.098	»	»
Légumes marinés, laitues, sardines.	»	138	»	»	»
Légumes frais.	»	217	»	170	»
id.	Barils.	»	»	»	6
Liqueurs.	Caisses.	492	»	»	124
id.	Oques.	2.734	»	»	»
Limes et cadenas.	Nombre.	»	41	»	100
Lits en bois des Indes.	»	»	»	»	80
Lustres et plats en porcelaine.	»	»	»	»	11
Longues-vues, horloges.	»	»	»	»	16
Moulins, cafetières et poëles.	»	4	40	29	»
Manteaux noirs.	»	»	»	8	»
Marawidi.	»	»	»	»	25.055
Madapolam blanc.	Oques.	»	»	»	1.324
Mousseline des Indes.	Pièces.	»	»	»	1.119
Miroirs.	Nombre.	»	»	»	500

TABLEAU N° 83 *(suite)*.

MARCHANDISES.	MESURE.	PROVENANCES			
		SUEZ.	GEDDA.	YEMEN.	ADEN.
Mouchoirs.	Nombre.	29	50	1	568
Noisettes.	Oques.	912	»	716	»
Nacre.	»	»	»	473	»
Olives, oignons et ail sec.	»	218	»	1.324	»
Perles en verre.	»	658	»	»	»
id.	Paquets.	11.061	»	»	1.178
Parfums et encens.	Quintaux.	2	»	»	135
id.	Oques.	»	1.270	69	19
Papiers.	Caisses.	4.460	72	»	»
Plomb de chasse.	Oques.	40	»	»	»
Passementeries.	Nombre.	200	»	»	»
Pantoufles.	»	»	»	586	»
Provisions.	Oques.	»	»	183	»
Porcelaines.	Nombre.	»	»	»	714
Quincaillerie et verres.	Caisses.	738	111	»	»
id.	Oques.	6	»	»	»
Raisins secs, halawa et fruits secs.	»	743	762	308	»
id.	Quintaux.	»	»	26	»
Résine.	Oques.	21	»	»	»
Riz des Indes.	Sacs.	»	703	316	903
Sucre en poudre.	Quintaux.	»	»	»	177
Saouard daoudani.	Nombre.	»	»	»	9.220
Sésame.	Oques.	»	»	260	»
Soieries de diverses couleurs.	»	776	2.349	»	»
id.	Pièces.	2	4.916	8	863
id.	Quintaux.	»	4	»	»
id.	Paquets.	»	»	»	63
Sel ammoniac.	Oques.	99	»	»	»
Serviettes div. et coufies en coton.	Nombre.	19	682	1.404	16.660
Sucre d'Egypte et d'Europe.	Oques.	545	2.177	319	»
Savon.	»	341	825	»	»
Sucre candi.	»	»	53	18	504
Toile en coton et mousseline.	Quintaux.	330	»	»	»
id.	Nombre.	91	16.157	»	7.140
id.	Oques.	»	24.181	»	99.229
Tarbouches.	Nombre.	380	62	»	»
Tapis divers.	»	57	25	235	»
id. d'Europe.	»	204	136	»	»

TABLEAU N° 83 (*suite*).

MARCHANDISES.	MESURE.	PROVENANCES			
		SUEZ.	GEDDA.	YEMEN.	ADEN.
Thé.	Oques.	»	3	»	»
Tasses et narghilehs.	Nombre.	»	15.240	65	»
Tombac.	Oques.	»	779	541	171.029
Toile en coton et laine.	Pièces.	»	»	»	7.378
Teinture.	Barils.	»	»	»	7
Tabatières.	Nombre.	1.270	5.289	»	»
Toile.	Oques.	»	»	»	1.024
Vètements.	Nombre.	1.527	»	»	75
Viandes salées et sèches.	Oques.	24	»	»	»
Vermicelle et macaroni.	»	88	»	»	»
Voiles de navires.	Nombre.	»	5	»	484
Velours et satin.	Pièces.	»	4	»	76
id.	Yards.	»	»	»	843
Zinc.	Oques.	»	99	»	1.785

N° 84. — Marchandises exportées de Massaouah

PENDANT L'ANNÉE COPTE 1587.

MARCHANDISES.	MESURE.	DESTINATIONS		
		SUEZ.	GEDDA.	YEMEN.
Avoine.	Ardebs.	—	5	14
Ail.	Quintaux.	—	1	—
Branches de palmier.	Nombre.	7	4 598	7
Beurre.	Oques.	7.673	176 580	214.217
Bois de suleiman.	Nombre.	—	63	—
Cornes de vache.	Kordje (de 20 cornes chaque).	—	—	15
Coquillages.	Quintaux.	—	—	3
Coquilles.	Nombre.	—	9.000	—
Cordes de palmier.	»	—	52	—
Café.	Quintaux.	4	2	—
Cire jaune.	Oques.	3.286	2.919	—
Dents d'éléphant (1).	»	95	—	2.217
Gomme.	Quintaux.	71	4	—
Graines de lin.	Oques.	—	55	—
» de moutarde.	Quintaux.	—	2	—
Graisse.	»	—	4	23
Halfa.	»	—	6	18
Helbé.	»	—	—	29
Hil d'Abyssinie.	Nombre de graines.	4.000	245 000	—
Rabsa id.	Quintaux.	18	16	—
Miel.	Oques.	301	2.047	34.465
Nacre.	Quintaux.	677	5	—
Plumes d'autruche.	Rotolis.	19	—	—
Peaux de vaches brutes	Nombre.	66.140	643	—
» » tannées	»	—	549	—
» de baleines.	»	2	4	—
Parfum d'Abyssinie.	»	1	7	4
Peaux de mouton.	»	90	—	—
» de tigre.	»	6	—	2
Petites outres.	Balles (de 20 outres chaque).	—	9	20
Pièces de bois	Nombre.	—	—	635
Petits-Pois.	Oques.	—	—	232
Séné.	Quintaux.	18	16	—
Tamarin.	»	436	90	—

(1) Plus 9.809 oques exportées aux Indes.

N° 85. — Prix d'estimation aux différentes Douanes d'Égypte

DES PRINCIPALES ESPÈCES DE MARCHANDISES D'EXPORTATION

Pendant l'année copte 1587.

MARCHANDISES.	UNITÉ estimée.	LOCALITÉS.	PRIX D'ESTIMATION en Piastres (1).
Avoine.	Sac.	Massaouah.	70
id.	Sac.	Souakin.	100-70
Anes.	Chaque.	»	100-200-120
Autruche moyenne.	»	»	200
Blé Béhéra.	Ardeb.	Alexandrie.	120-130-115
id.	»	Damiette.	148-160-130-140
Blé Saïdi.	»	Alexandrie.	129-150-120
id.	»	Damiette.	148-168-130-145
Beurre.	Oque.	Massaouah.	8-7-9
id.	»	Souakin.	11-6
Café d'Abyssinie.	Rotoli.	Massaouah.	3.20
Cire jaune.	Oque.	Souakin.	18
id.	»	Massaouah.	18-16
Chameaux.	Chaque.	Souakin.	160-250
Coton.	Quintal.	Alexandrie.	390-350-290-360
id.	»	Souakin.	200-240-180
Coton non-égrainé.	»	»	50-70
Cornes de vaches.	Oque.	Massaouah.	23
Dattes amri.	Quintal.	Damiette.	70-81
id. nili.	»	Souakin.	40
id. agalani.	»	Damiette.	48-52-48
Encens.		Souakin.	140
id.	Rotoli.	Massaouah.	30
Ecaille.	Rotoli.	»	20
Fèves Saïdi.	Ardeb.	Alexandrie.	90-100-88
id.	»	Damiette.	110-100

(1) Lorsque, pour une marchandise, plusieurs prix sont indiqués, le premier et le dernier sont ceux du commencement et de la fin de l'année 1587 : les prix intermédiaires, s'il y a lieu, sont le maximum ou le minimum atteint par le cours de la marchandise avant de subir un mouvement en sens contraire.

TABLEAU N° 85 (*suite*).

MARCHANDISES.	UNITÉ estimée.	LOCALITÉS.	PRIX D'ESTIMATION (en Piastres).
Fèves Béhéra.	Ardeb.	Damiette.	97-100
id.	»	Alexandrie.	85-100-82
Fèves du Kordofan.	»	Souakin.	100
Gommes hedjazi.	Quintal.	Damiette.	150-120
id.	»	Alexandrie.	220-215
Gommes Talk.	»	»	140-110-120
id.	»	Damiette.	200-180
Gommes du Sennar.	»	»	240-230
id.	»	Alexandrie.	290-250-265
Gomme ordinaire.	Oque.	Massaouah.	5.20
id.	Quintal.	Souakin.	123-60
Graines de lin.	Ardeb.	Alexandrie.	140-135-140
Gazelle.	Chaque.	Souakin.	100
Giraffe moyenne.	»	»	1.500
id. grande.	»	»	2.900
Graines de Maïs.	Ardeb.	Alexandrie.	100-75
id. de Coton.	»	»	80-75-80
Graisse.	Oque.	Massaouah.	4.20-5
id.	Quintal.	Souakin.	200
Halfa.		Massaouah.	20
Huile de sésame.	Quintal.	Souakin.	187
Helbé.	Ardeb.	Alexandrie.	40-60
id.	»	Damiette.	136-170
id.	Rotoli.	Massaouah.	1.20
Henné.	Quintal.	Alexandrie.	75-25
id.	»	Damiette.	80
id.	»	Souakin.	2
id. hedjazi.	»	Damiette.	150
Ivoire fin.	Oque.	Massaouah.	78-71-78
id.	»	Souakin.	54
Ivoire ordinaire.	Oque.	»	38-19
id.	Quintal.	Massaouah.	45
Ivoire.	Quintal.	Alexandrie.	1.900-2.600
Laines filées.	»	Damiette.	500-470
Laines.	»	»	300-290
id.	»	Alexandrie.	200-250
id.	»	Souakin.	175
Lentilles.	Ardeb.	Alexandrie.	90-100-85

TABLEAU N° 85 (*suite*).

MARCHANDISES.	UNITÉ estimée.	LOCALITÉS.	PRIX D'ESTIMATION (en Piastres).
Lentilles.	Ardeb.	Damiette.	128
id. concassées.	»	»	143
Lupins.	»	»	105-107
id.	»	Alexandrie.	60-70
Lin travaillé et écru.	Quintal.	Damiette.	100-77
id.	»	Alexandrie.	160-150-170
Lanières de peaux.	Pièce.	Massaouah.	2.20
Moutons.	Chaque.	Souakin.	20
Miel.	Oque.	»	8.20-10
id.	»	Massaouah.	6-5
Maïs.	Ardeb.	Alexandrie.	75-90
id.	»	Damiette.	135-100-108
Noyaux noirs.	Quintal.	»	61-70-65
Nattes en feuilles de palmier.	Balle.	Souakin.	15-10
id.	»	Massaouah.	4
id. de Fayoum.	Pièce.	Damiette.	13-12
id. de Samanoud grandes.	».	»	15
id. id. petites.	»	»	12
id. de Badari grandes.	»	»	8-7
id. id. petites.	»	»	4
Nacre.	Quintal.	Massaouah.	140-150-130
id.		Souakin.	10-20
Natron du Soudan.		»	75-100
Orge.	Ardeb.	Alexandrie.	70-85-67
id.	»	Damiette.	94-104
Parfum d'Abyssinie.		Souakin.	220
Peaux de bœufs sèches, 20 rot^{is}	Rotoli.	Damiette.	2.5-2
id.	Pièce.	Massaouah.	40
id.	»	Souakin.	50
Peaux de bœufs au-dessous de 20 rotolis.	Rotoli.	Damiette.	1.15-1.10-1.20
Peaux de vaches sèches moy^{nes}	»	»	2.5-2-2.5
id. de chameaux sèches id.	»	»	1.5-1
id. de chèvres fraîches.	Pièce.	»	5
Pois-chiches.	Ardeb.	Alexandrie.	70-150
Petits-Pois.	»	»	65
id.	Oque.	Massaouah.	1.5
Pois concassés.	Ardeb.	Alexandrie.	65

Tableau n° 85 (*suite*).

MARCHANDISES.	UNITÉ estimée.	LOCALITÉS.	PRIX D'ESTIMATION (en Piastres).
Peaux de bœufs. fraîch. grand.	Rotoli.	Damiette.	1.10-1.15
id. petites	»	»	1-0.30-1
Peaux de vaches, fraîches, grandes et petites.	Rotoli.	»	1.5-0.35-1
Peaux de vaches, fraîches, grandes et petites.	Pièce.	Massaouah.	15-23-21
Peaux de vaches, fraîches, grandes et petites.	»	Souakin.	25-11
Peaux de chameaux fraîches.	Rotoli.	Damiette.	0.20
Peaux de mouton moyennes, fraîches.	»	»	0.30
Petits couffins.	Pièce.	»	0.20-0.15
Plumes d'autruche blanches.	Rotoli.	Massaouah.	500
id. noires.	»	»	50
id.	»	Souakin.	300-400
Riz Yemani.	Ardeb.	Damiette.	347-337-380
id. Sabaïni.	»	»	402-350-389
id. Mahsous.	»	»	480-440-465
id. des Indes.	»	Souakin.	100
id. Eïn-el-Bint.	»	Alexandrie.	280-260-270
id.	»	Damiette.	429-386-436
Riz fahl.	»	»	394-371-403-398
id.	»	Alexandrie.	270-245-260
Safran.	Quintal.	»	90
Sésame.	Ardeb.	»	200
id.	»	Damiette.	310-270
id.	»	Massaouah.	140-145
id.	»	Souakin.	170-140
Séné.	Quintal.	»	40
id.	»	Massaouah.	60
Tabac vert du Soudan.	Fard.	Souakin.	100-200-150

N° 86. — Exportation des produits du Soudan

CONSTATÉE EN UN AN.

LOCALITÉS.		MARCHANDISES.	MESURES.	QUANTITÉS.
MOUDYRIEH du Sennar-Fazoglou, Khartoum et Bahr-el-abyad	Bahr-el-Abyad	Dents d'éléphant...	quintaux	3.000
		Plumes d'Autruche.	rotolis.	2.000
	Montagnes de Sennar.	Or	onces.	2.000
	Kalek.	Or	»	600
MOUDIRIEH de Kordofan.........		Fer brut..........	quintaux	1.000
		Sel......	ardebs.	3.000
		Dents d'éléphant...	quintaux	150
		Gomme..........	»	42.000
		Tamarin.........	»	400
		Graines médicinales	»	50
		Plumes d'autruche.	»	100
		Peaux de bœuf.. ..	unités.	6.000
MOUDIRIEH de Dongola Berber....		Dents d'éléphant...	quintaux	789
		Séné............	»	784
		Gommes	»	26.320
		Cire.......	»	116
		Peaux de bœuf	»	74
		Hebbe soda........	»	3
		Plumes d'autruche.	»	7

N° 87. — COMMERCE DE KHARTOUM.

MARCHANDISES.	LIEUX de PRODUCTION.	QUANTITÉS ANNUELLES — Mesure.	QUANTITÉS ANNUELLES — Consommées à Khartoum.	QUANTITÉS ANNUELLES — Importées en Égypte.	PRIX MOYENS — A KHARTOUM. — Mesure.	PRIX MOYENS — A KHARTOUM. — Prix.	PRIX MOYENS — AU CAIRE. — Mesure.	PRIX MOYENS — AU CAIRE. — Prix.	OBSERVATIONS.
Dents d'éléphant	Bahr-el-Abiad, Sennar et Fazoglou	quintaux	10	600			1 quintal	22-30 £	1.000 quint. am. à Boulaq de Khartoum et d'autres provenances.
Brimi, qualité supérieure					100 rotolis	2.500 P.T.			
Zahr Brimi »					150 »	2.500 »			
Bad					150 »	2.500 »			
Kilindj					400 »	4.000 »			
Machmouch					100 »	1.200 »			
Cornes de Khartil (cerf)	Bahr Abiad	id.	1	2	100 »	1.200 »			
Plumes d'autruche	Kordofan, Orban Bahara	id.		75					200 quint. am. à Boulaq.
Robidé					200 »	8.000 »	1 »	120-250 P.C.	
Bleues					100 »	8.000 »	1 »	700-1000 »	
Blanches					100 »	125.000 »	1 »	5000-6000 »	
Fer brut	Kordofan				1 quintal	175 P.C.			
Or	Sennar				1 once.	18-20 Talaris			
Sel	Kordofan				1 ardeb.	250 P.T.			
Coton					100 rotolis	30-35 »			
Cannes à Sucre					Produit de 1 feddan.	2.000 »			
Blé					1 ardeb.	100 »			
Fèves Masry					1 »	100-120 »			
Maïs de Syrie					1 »	30 »			
» du pays					1 »	35-40 »			
» tatrite					1 »	20-40 »			
Pois-chiches					1 »	100 »			
Haricots et lupins					1 »	25 »			
Sésame					1 »	80 »			
Légumes verts					Produit de 1 feddan	400 »			
Gommes					130 rotolis	20-32 »			
Gharb	Kordofan	id.		20.000	105 »		1 fard.	450-600 P.C.	8.000 fards am. à Boulaq.
Hachab	Sennar Kartoum	id.		15.000	105 »	80-100 »	1 »	330-450 »	2.000 » » »
Talka	»	id.		25.000	105 »	40-50 »	1 »	160-300 »	10.000 » » »
Cire jaune	Abyssinie				100 »	500 »	125 rotolis.	1400-1500 »	1.000 quint. am. à Boulaq
Henné	Sennar et Fazoglou	rotolis	100		1 »	4 »			

TABLEAU N° 87 *(suite)*.

MARCHANDISES.	LIEUX de PRODUCTION.	QUANTITÉS ANNUELLES			PRIX MOYENS				OBSERVATIONS.
					A KHARTOUM.		AU CAIRE.		
		MESURE.	Consommées à Khartoum.	Importées en Égypte.	Mesure.	Prix.	Mesure.	Prix.	
Indigo	Tamaniat, Kamilen.				1 oque.	70-90 P.T.			
Koussou	Abyssinie.	quintx		15	100 rotolis	500 »			
Séné	Khartoum, Sennar et Fazoglou.	id.		30	100 »	40 »	1 fard.	125-100 P.C.	3.000 fards amen. à Boulaq, le prix s'élève à 200-400 PC. en marché recherché.
Café	Abyssinie.	id.		3.00	100 »	225 »	1 »	550-520 »	20.000 fards amen. à Boulaq, dont moitié pour l'exportation.
Tamarin	Karkouh (Sennar).	id.		20	100 »	60 »	100 rotolis	480-525 »	600 quint. amen. à Boulaq.
Musc de civette	Abyssinie.	id.		4	100 »	30 000 »			
Musc de crocodile	Bahr-el-Abiad, Khartoum.	rotolis	2		1 »	100-150 »			
Peau de crocodile	Bahr-el-Abiad, Khartoum.	nombre.	20		1 »	15-20 »			
Peau d'hippopotame	Bahr-el-Abiad, Khartoum.	id.		30	1 »	500-000 »			
Peau de lion	Bahr-el-Abiad.	id.		15	1 »	30-50 »			
Peau de tigre	Bahr-el-Abiad, Sennar et Fazoglou.	id.		70	1 »	60-80 »			
Peau de lynx	Bahr-el-Abiad, Kordofan.	id.		10	1 »	10-15 »			
Peaux de bœuf sèches							1 oque.	17-18 »	3.000 peaux am. à Boulaq.
Poil de chèvre brut	Tout le Soudan.				1 »	2 »			Consommé au Soudan.
travaillé (en cordes de 15 pics)					1 »	10 »			
travaillé (en ceintures)					1 »	20 »			
Bois d'ébène (pièces de 2-3 pics de long., et 1/4-1/3 de gros.)	Bahr-el-Abiad, Sennar et Fazoglou.	pièces.	200		1 pièce.	40 »			
» *de buis* (5-11 pics de long., et 1/4-1/2 de gros.)	Fazoglou.	id.	150		1 »	100-120 »			
» *d'encens* (—id.—)	Sennar.	id.	300						
» *d'acacia* (8-12 pics de long. et 1/8-1/2 de gros.)	Bahr-el-Abiad, Sennar.	id.	3.000						

Nota. — Les données ci-dessus ont été recueillies par les notables et les cheikhs de corporations à Khartoum : les chiffres pour le Caire émanent de renseignements privés.

N° 88. — Foires et Marchés.

Les foires les plus remarquables au point de vue du mouvement commercial auquel elles donnent lieu, bien qu'ayant en principe un but religieux, sont celles de la province de Garbyé.

A Tanta, chef-lieu, trois foires annuelles (fêtes ou *mouled* de Sid-Achmed-el-Bedawi), ont lieu : la première, dite la grande foire (sauf changement de date administratif), dans la 1re quinzaine du mois de Misre (août) ;

La seconde, dite la petite foire, dans la 2me quinzaine du mois de Barmouda (avril) ;

La troisième, dite foire du Turban ou Regebi, dans la 2me quinzaine de Kyak (janvier).

Chacune d'elles dure 8 jours, d'un vendredi au vendredi suivant.

Pendant l'année 1871, le nombre de personnes venues à ces trois foires, a été de 1,118,000, soit 636,000 à la grande, 336,000 à la petite, et 146,000 à celle de Regebi.

Le nombre de colis de marchandises de toute espèce mis en vente à ces trois foires, a été de 200,000, ayant une valeur totale de 34,629 bourses (17,314,500 P.T.), soit 100,000 colis à la grande, 60,000 à la petite, et 40,000 à celle de Regebi.

Le nombre des bestiaux vendus à ces trois foires a été de 71,400, ayant une valeur totale de 120,150 bourses (60,075,000 P.T.), soit 40,000 têtes à la grande, 28,000 à la petite, et 3,400 à celle de Regebi. Ces bestiaux comprenaient environ :

5,100	bœufs ou vaches, valant	8	bourses chaque,	Total	40,800	Bses.
3,000	chameaux	» 8	»	»	24,000	»
3,600	buffles	» 7	»	»	25,200	»
3,400	chevaux	» 4	»	»	13,600	»
3,300	ânes	» 1	»	»	3,300	»
53,000	moutons	» 125	piastres chaque,	»	13,250	»
71,400	bestiaux, valant ensemble				120,150	Bses.

A Dessouk, trois foires annuelles (fêtes ou *mouled* de Sid-Ibrahim) ont lieu, chacune de 8 jours, et commençant 8 jours après celle de Tanta. On évalue à 200,000 le nombre de personnes venues à Dessouk pour ces trois foires.

—

Dans la province de Béhéra, trois foires (fêtes ou *mouled* de Cheikh-Attye-Abourrich) ont également lieu par an, chacune de 8 jours, et commençant 8 jours après la clôture de celle de Dessouk.

Dans la province de Minié, quatre foires par an : l'une à Aba-el-Wakf (*mouled* de Chalkami) au mois de Baouna, l'autre à Béni-mazar (*mouled* de Cheikh Abou-el-Leïl) au mois de Misre ; la 3me à El-Kayat (*mouled* de Cheikh Abdel-latif) au mois de Bachans, et la 4me à El-Rasne (foire des martyrs), au mois de Barmahat.

—

Outre les foires ci-dessus et les foires analogues des autres provinces, qui ont un caractère à la fois religieux et commercial, — des marchés de commerce local se tiennent périodiquement :

A Benha et à Tanta, tous les dimanches ;

A l'Atfé, tous les lundis ;

A Zagazig, tous les mardis ;

A Abou-Hommous, tous les mardis ;

A Kafr-Zaïat et à Birket-Abou-Hommous, tous les mercredis ;

A Kafr-Daouar, tous les jeudis ;

A Foueh, tous les samedis ;

A Damanhour, tous les vendredis et les dimanches ;

Au Caire, — le dimanche à Gizé, marché général ; — le lundi et le jeudi, à Khan-Khalil, marché de bric-à-brac, le vendredi, à Bab-el-Hadid, marché de baudets et de bestiaux ; — le samedi, à Boulaq (près l'ancienne Zaptye), marché aux bestiaux, et à Embabeh, marché général ; — tous les jours, de 3 à 5 heures après-midi, à Bab-el-Louq, marché aux baudets.

N° 89. — Marchandises arrivées par chemin de fer

SUR LE MARCHÉ DE TANTAH EN 1871.

MARCHANDISES.	PROVENANCES.	WAGONS.	ARDEBS.	PIEDS CUBES	QUINTAUX.	ROTOLIS.	NOMBRE.
Manufacturés.	Alexandrie.	»	»	»	28.453	2	4.718
Soie brute et travaillée.	Caire.	»	»	»	3.478	87	1.633
Drap.	»	»	»	»	485	92	136
Bonnets, tarbouches.	Alexandrie.	»	»	»	114	19	45
Lin écru et travaillé.	Caire.	»	»	»	2.063	45	745
Savon.	»	»	»	»	5.587	64	2.092
Café.	»	»	»	»	3.936	79	1.975
Epiceries.	»	»	»	»	6.312	89	3.007
Cuivre travaillé.	»	»	»	»	2.481	8	915
Légumes et fruits.	Alexandrie.	12	»	»	7.230	84	4.507
Dattes.	Caire.	7	»	»	14.338	35	6.314
Miel.	»	»	»	»	4.825	32	6.238
Bois brut et travaillé.	Alexandrie.	617	»	2.206	1 851	44	1.148
Huile.	»	»	»	»	2.599	76	1.059
Fer brut et travaillé.	»	38	»	»	3.658	52	1.898
Indigo.	Caire.	»	»	»	1.295	12	394
Sucres et confitures.	»	»	»	»	4.254	77	1.508
Peaux et outres.	»	»	»	»	691	27	204
Sable noir.	Dessouk.	»	»	»	4	92	4
Chaux et plâtre.	Caire.	16	»	»	678	»	249
Tapis.	»	»	»	»	680	31	187
Quincaillerie.	»	»	»	12	2.027	50	777
Articles divers.	Alexandrie.	»	529	841	24.565	94	12.303
Effets et habillements.	»	8	»	414	1.549	22	1.283
Bottes et souliers.	Caire.	»	»	»	2 285	80	754
Livres imprimés, papiers et registres.	»	»	»	»	661	96	325
Blés et maïs.	»	»	14.271	»	»	»	18.027
Porcelaine et poterie.	»	»	»	»	3.071	1	1.698
Cire vierge et travaillée.	Alexandrie.	»	»	»	394	61	149
Tabac.	»	»	»	»	13.717	14	6.098
Sacs vides.	»	»	»	246	6.865	90	3.973
Eaux fortes.	Caire.	»	»	»	176	83	84
Plomb brut et travaillé.	»	»	»	»	187	77	56
Conserves au vinaigre.	Samanoud.	»	»	»	48	67	16

TABLEAU N° 89 *(suite)*.

MARCHANDISES.	PROVENANCES.	WAGONS.	ARDEBS.	PIEDS CUBES.	QUINTAUX.	ROTOLIS.	NOMBRE.
Bois-gras.	Caire.	»	»	»	14	48	7
Beurre.	Mahallet-el-kibir.	»	»	»	28	12	32
Charbons divers.	Alexandrie.	631	»	»	882	15	637
Fromage.	»	»	»	»	95	»	48
Marbres et pavés.	Kafr-el-Zaiat.	106	»	»	2.225	93	537
Selles.	Caire.	»	»	»	429	1	128
Oignons.	»	»	19	»	1.384	1	613
Arbres.	Alexandrie.	»	»	»	54	83	20
Nattes.	Caire.	»	»	»	2.306	21	1.389
Coton.	Mahallet-el-kibir.	»	»	»	36.286	88	9.341
Liqueurs.	Alexandrie.	»	»	»	1.603	47	598
Figues.	Zifté.	»	»	»	163	20	90
Papier à cigarettes.	Alexandrie.	»	»	»	297	63	90
Matières inflammables.	Caire.	3	»	»	»	»	»
Couffes et filasse.	»	»	»	»	4.244	22	1.442
Marbre.	»	3	»	»	145	82	68
Farine et pain.	Alexandrie.	58	»	»	958	83	692
Fromage.	Mahallet-el-kibir.	»	»	»	437	91	218
Pipes.	Alexandrie.	»	»	»	11	12	7
Anchois.	Samanoud.	»	»	»	1 366	24	852
Bois de peuplier.	Mahallet-el-kibir.	3	»	»	745	64	352
Bois et roseaux.	Zagazig.	»	»	»	508	90	283
Paille de maïs.	Chibin-el-Kom.	»	»	»	7	87	6
Poissons frais.	Ismaïlia.	»	»	»	»	30	1
Monnaie de cuivre.	Dessouk.	»	»	»	122	59	71
Provisions.	Alexandrie.	»	»	»	47	21	20
Graines de maïs.	Chibin-el-Kom.	»	»	»	198	38	96
Chiffons.	»	»	»	»	66	10	25
Chanvre.	Talka.	»	»	»	146	70	43
Pipes à la persane.	Samanoud.	»	»	»	78	10	31
Bois à brûler.	Chibin-el-Kom.	»	»	»	15	70	11
Poudre pour les orfèvres.	Talka.	»	»	»	2	10	1
Sel.	Kafr-el-Zaït.	29	»	»	»	»	»
Carbonate de soude.	»	3	»	»	»	»	»
Coton filé.	Samanoud.	»	»	»	6	12	1
Etain brut et travaillé.	Alexandrie.	»	»	24	242	55	178
	TOTAUX........	1.534	14.820	3.744	205.701	38	102.557

N° 90. — MARCHANDISES AMENÉES PAR CHEMIN DE FER SUR LE MARCHÉ D'ALEXANDRIE

Pendant l'année Copte 1587.

PROVENANCES.	Marchandises diverses.				Chiffons.			Coton.			Graines de Coton.		Céréales.	
	Pieds cubes	Quintaux.	Rotolis.	Colis.	Quintaux.	Rotolis.	Colis.	Quintaux.	Rotolis.	Colis.	Ardebs.	Colis.	Ardebs.	Colis.
Gaire	4.197	55.491	59	19.535	28.828	97	4.812	3.878	17	1.400	814	809	206.940	270.435
Galioub	»	394	88	258	»	»	»	13.471	33	4 362	3.075	2.865	3.488	3.648
Toukh	»	750	5	984	»	»	»	2.570	73	1.181	2.292	2.408	4.614	4.834
Benha	19	4.276	26	1.824	»	»	»	23.319	32	8.850	13 963	14.164	26 880	29.894
Birket-el-Sab	»	409	55	387	»	»	»	16.088	66	8.187	13 596	13.816	33.680	41.237
Kafr-el-Zayat	62	5.636	31	2.429	1.921	41	192	15.324	93	7.530	5 969	6.040	36.069	41.146
Tell-el-Baroud	»	10.920	9	3.767	360	14	119	11.440	57	3.854	9.937	10.796	16.152	18.248
Damanhour	»	1.863	18	839	112	27	39	823	33	264	586	935	5.153	5.188
Kafr-el-Dawar et Abou-Hommos	»	274	15	201	»	»	»	25	17	11	»	»	216	230
Mahallet-Roh	7	40	24	25	»	»	»	20.424	86	6.503	14.211	14.372	3.255	3.513
Ismaïlia et Bardin	15	247	8	241	»	»	»	»	»	»	»	»	1.751	2.071
Chirbin-el-Fakoussé	»	19	21	20	134	99	35	»	»	»	»	»	»	»
Dessouk et Tell-el-Kibir	»	5.509	60	4.597	»	»	»	»	»	»	»	»	12	12
El-Bouha	»	4	83	7	»	»	»	456	92	202	410	337	216	216
Abou-el-Chikouk et Auchas	»	7	45	6	63	86	19	303	3	134	8	8	40	41
Simbalawin	»	24	67	23	537	26	159	87	38	27	»	»	265	292
Nachratt	»	10	95	12	48	31	14	2.160	55	603	1.741	1.889	5.410	7.233
Maghagha et Roda	»	»	»	»	»	»	»	2	50	1	»	»	299	299
El-Santa	»	413	91	122	»	»	»	3.780	84	1.703	3.093	2.088	1.752	1.957
Gizeh et Westa	»	»	»	»	»	»	»	»	»	»	»	»	9.656	9.669
El-Karchié	»	19	81	13	»	»	»	12.055	40	2.162	5.737	5.935	1.161	1.248
Fayoum	»	»	»	»	»	»	»	27	39	13	»	»	11.630	14.307
Suez	262	4 325	16	2.310	»	»	»	»	»	»	»	»	»	»
Chibin-el-Kanater	»	92	50	33	»	»	»	13 594	»	6 216	8.283	7.239	209	245
Nawi	»	»	»	»	»	»	»	425	39	211	»	»	439	463
Mahallet-el-Kobra	707	4.969	20	2.341	1.674	64	495	56 898	24	22.830	39.372	41.246	6.034	6.509
Tanta	147	6.348	35	3.341	783	11	321	103.187	85	44.406	87.525	90.081	68.732	93 340
Tella	24	362	73	201	»	»	»	»	»	»	»	»	12 526	14 279
Mit Berreh	»	707	41	318	»	»	»	12.397	»	5.571	7.661	7.784	3.502	3.878
Abou Hamad	»	2.199	1	1.426	»	»	»	»	»	»	»	»	48	45
Zagazig	37	7.996	62	3.514	323	87	97	298.467	42	103.483	123.994	114.061	6.885	8.226
Minet-el-Kamh	48	343	10	200	»	»	»	33 227	54	13 564	36.264	36.480	13.025	13.974

PROVENANCES.	Marchandises diverses.				Chiffons.			Coton.			Graines de Coton.		Céréales.	
	PIEDS CUBES	QUINTAUX.	ROTOLIS.	COLIS.	QUINTAUX.	ROTOLIS.	COLIS.	QUINTAUX.	ROTOLIS.	COLIS.	ARDEBS.	COLIS.	ARDEBS.	COLIS.
Bilbeïs	»	15.671	68	3.942	»	»	»	2.495	72	886	3.159	3.661	3.841	4.470
Samanoud	318	5.326	53	2.031	»	»	»	99.713	80	19.020	80.770	76.197	3.910	4.428
Cottour	»	1.336	69	674	»	»	»	5.774	42	1.861	2.948	2.948	9.378	10.565
Chibin-el-Kom	31	2.156	20	914	»	»	»	15.655	43	6.587	17.429	19.288	4.099	48.679
Talka	131	4.065	89	2.029	5.775	61	1.351	364.938	6	72.066	218.584	210.027	9.133	9.945
Haïha	24	237	76	121	»	»	»	11.280	58	4.721	9.066	7.948	6.989	7.303
Abou-Kibir	2	563	25	88	»	»	»	7.349	75	1.073	3.251	3.265	73	87
TOTAL SPÉCIAL pour les cinq march. ci-contre.	6.008	146.015	86	58.823	40.564	44	7.513	1.151.035	28	349.428	713.971	698.587	614.367	682.141

PROVENANCES.	Café.			Laine brute.			Laine nettoyée			Lin nettoyé.			Gommes.			Plumes d'autruche.		Riz blanc.	
	QUINTAUX.	ROTOLIS.	COLIS.	QUINTAUX.	ROTOLIS.	COLIS.	QUINTAUX.	ROTOLIS.	COLIS.	QUINTAUX.	ROTOLIS.	COLIS.	QUINTAUX.	ROTOLIS.	COLIS.	QUINTAUX.	COLIS.	ARDEBS.	COLIS.
Caire	7.287	73	5.225	7.816	8	2.030	11.357	52	2.388	106	86	279	61.310	38	15.876	184	121	40	40
Toukh	»	»	»	»	»	»	»	»	»	5	12	3	»	»	»	»	»	»	»
Cafr-Zaïat	»	»	»	»	»	»	3	95	2	17	75	4	»	»	»	»	»	»	»
Benha	»	»	»	»	»	»	»	»	»	998	42	297	»	»	»	»	»	»	»
Suez	»	»	»	»	»	»	»	»	»	»	»	»	»	»	»	»	»	175	175
Tell-el-Baroud	»	»	»	»	»	»	»	»	»	1.625	67	496	»	»	»	»	»	»	»
Talka	»	»	»	»	»	»	»	»	»	»	»	»	»	»	»	»	»	676	1.148
Mahallet-el-Kibir	»	»	»	»	»	»	»	»	»	341	74	95	»	»	»	»	»	»	»
Tanta	»	»	»	»	»	»	»	»	»	9.420	70	2.028	»	»	»	»	»	»	»
Tella	»	»	»	»	»	»	»	»	»	142	61	157	»	»	»	»	7	»	»
Zagazig	»	»	»	»	»	»	»	»	»	57	37	11	»	»	»	»	»	»	»
Haïha	»	»	»	»	»	»	»	»	»	28	30	9	»	»	»	»	»	»	»
TOTAL SPÉCIAL pour les sept marchan. ci-contre	7.287	73	5 225	7 816	8	2.030	11 361	47	2.390	12.714	60	3.329	61.310	38	15.876	184	121	891	1 363

Nota. — Les poids et volumes s'appliquent aux colis dont le nombre est indiqué en regard.

N° 91. — Prix successifs des Marchandises d'importation Étrangère

SUR LA PLACE D'ALEXANDRIE EN 1871.

MARCHANDISES.	UNITÉ DE VENTE.	EXPRESSION du PRIX.	RAPPORT CONVENU de 20 fr. effectifs A LA P.C.	PRIX SUCCESSIFS.
Acier en barres	Oques.	P.C. (1)	154 12/40	6 1/8-6 1/4-6
Allumettes d'amorce	Boîte.	»	»	3 1/4-4 3/8-2 3/4-3 1/2
» Salon Pyatrer	Douzaine.	Paras.	150	104-115-98-108
» Salon Allen.	Caisse.	P.C.	154 12/40	515-525-505-520
Alun.	Quintaux.	»	»	112-120- 90-115
Absinthe.	Caisse 12 b.	Francs.	»	16- 17
Amidon	Oques.	P.C.	154 12/40	8 1/4- 8 1/2
Bois de construction (Suède)	Pieds.	Paras T.	P.T. 77 6/40	59-60-52-57
Bougies stéariques poids juste	Oques.	P.C.	150	20 1/2-21 3/4-17 1/2-20
» » petites 3 paquets	»	»	»	14 1/2-19
» » poids manquant	»	»	»	18-20 1/2-18 1/2
» » Hollande	»	»	»	19 1/2-20 1/2
Bœufs d'Alexandrette.	Par bœuf.	Napol.	»	7-9-5 1/2
» de Beyrouth	»	»	»	12-18-7-12
» de Corfou	»	»	»	9 1/2-18-7-10
» de Chypre	»	»	»	2-6 3/4-5 1/2
» de Valachie	»	»	»	7-10 1/4-9 3/4
» d'Odessa	»	»	»	20-23-20
» de Turquie.	»	»	»	6-8
Beurre Styrie 1re qualité	Oque.	P.C.	154 12/40	20-23-19-20 1/2
» Salonique	»	»	»	22-22 1/2
» Styrie 2me et 3me qualité	»	»	»	14 1/2-18 1/2
Blanc de Trieste	*Boîte.*	»	»	65-62-65
Café Saint-Domingue	*Oque.*	»	»	16 1/2
Clous de Belgique	»	»	»	6 3/4
» *pointes de Paris*	»	»	»	8-5 3/4
Cochenille.	»	P.T.	77 6/40	45-54-49
Cognac.	Caisse 12 b.	Francs.	»	9-9 1/2
Cuivre rond en feuilles	Oques.	P.C.	154 12/40	18-19
Charbon Cardiff en attente.	Tonne.	Shilling.	»	26-30-27
» Newcastle »	»	»	»	29-32-27
» Liverpool »	»	»	»	23-27-23
» Cardiff au port.	»	»	»	30-26-31-27
» Newcastle »	»	»	»	32-34-29-24-30
» Liverpool »	»	»	»	26 29-23
» Cardiff à terre.	»	Talaris.	»	8 1/2-8-9
» Newcastle »	»	»	»	8 1/2-10-8 1/2-9
» Liverpool »	»	»	»	7 1/4-8 1/4-7 1/2
Camphre.	Oque.	P.C.	154 12/40	46 1/4
Etain en barres.	Quintaux.	»	»	1240-1360-1250-1600
» en pains	Oques.	»	»	27 1/2-32
Eau forte	»	»	»	12
Etain en bandes.	Boîte.	»	»	190-245
Esprit	Oques.	»	»	7 1/4-10 1/4
Essence d'anisette.	Dragmes.	P.T.	77 6/40	25-29-26 1/2-31
Farine SSSF de Trieste.	Baril.	Francs.	»	49-52-48-57
» Hongrie	Sac 100 kil.	»	»	56
» »	» 70 oq.	»	»	38-32-34
» Russie.	» 65 »	»	»	33-32-36
Gingembre...	Oques.	P.C.	154 12/40	6-7 3/4-7 1/4
Huile de lin crue.	»	»	»	9 1/8-8 5/8 9 1/2
» » cuite.	»	»	»	9 7/8-10-9 1/2
» fine de Bari.	»	»	»	18 1/2-19 1/2
» » de Toscane.	»	»	»	21-22-16-20
» de Candie.	»	»	»	9 1/2-10

Tableau n° 91 (*suite*).

MARCHANDISES.	UNITÉ DE VENTE	EXPRESSION du PRIX.	RAPPORT CONVENU de 20 fr. effectifs A LA P.C.	PRIX SUCCESSIFS.
Mercure.	Oques.	Francs.	154 13/40	13-10-12
Minium anglais	»	P.C.	154	6-6 1/4-3 1/2
Manufacture Longcloth grèges de 5/8 Livres.	Par livre.	P.T.	77 6/40	5 3/4-6 5/8
» Longcloth grèges 7/10 livres	»	»	»	6-5 1/2-6 1/2
» Coton filé n° 10/14	Paquets.	»	»	30-35
» » » 16/20 1re qualité	»	»	»	65-68-57 1/2-73
» » » 16/20 2me qualité	»	»	»	60-65
» » blanc n° 16/20 1re qualité	»	»	»	69-62-74
» » » n° 16/20 2me qualité	»	»	»	65-66
» Longcloth blanc 40 PT.28 *yards*	Pièce.	»	»	43-54-40-44
» » » 30 P. T. 27 »	»	»	»	30-35-28-31
» Tangibs 4/6 Livres	Livre.	»	»	19-22 1/2
» Coton (spinati)	Pièce.	»	»	26-32-24-26
» T. cloth Livres 6	Livre.	»	»	5 3/4-6 5/8
» Pièces coton 2 Livres.	»	»	»	11 1/2-13 1/2-12 1/4
» » de lin 2 »	»	»	»	17 1/2-16 1/2-25-23
» T. cloth 5/6	»	»	»	5 3/4-6 1/2
Poivre Singapore noir.	Quintaux.	P.C.	154 12/40	540-610-520-600
» Sumatra	»	»	»	545-560-505-580
» Garofane.	Oque.	»	»	6 1/2-8-7 1/2
Pétrole.	Boite 30 kil.	»	»	21 1/4-22-19
Plomb de chasse.	Sac.	Francs.	»	8-6 1/2-7 1/2
Papier jaune de Pise	Oque.	P.C.	154 12/40	2 3/4-3 1/2
» Belge	Rame.	»	»	11 3/4-10-12 1/2
Plomb en pains	Quintaux.	»	»	220-225-190-200
Rix (Gênes et Angleterre)	*Oque.*	*P.C.*	*154 12/40*	*3 3/4-3 7/8*
Sucre raffiné.				
» pains ronds.	»	»	*150*	*9 1/2-13-9 7/8*
Salspareille.	Quintaux.	»	154 12/40	1100-1150
Suif de Malte	Oque.	»	»	6-6 1/4
» de Russie.	»	»	»	11 1/2-12
Salpêtre	»	»	»	15-13 1/2-24
Vitriol.	Quintaux.	»	»	123-105-115
Vins Bouquier.	Bordne, 200 lit.	Francs.	»	54
» Bandol, Montpellier	»	»	»	33-75
» Noir	»	»	»	60-72
» Rivoire	»	»	»	55-57
» Rouge (Ad. Rey)	»	»	»	55-67
Vermouth.	Caisse 12 b.	»	»	9 1/2-13-12
Sel ammoniac.	Oque.	P.C.	154 12/40	10 1/2-12-11 1/2
Nard Celtique.	Quintaux.	»	150	125-260-250-270
Alquifoux.	Oque.	»	154 12/40	5-5 3/8-4 3/4-5 1/2
Blanc de Céruse.	Boite.	Francs.	»	62
Anisette.	Oque.	P.C.	154 12/40	7 1/2
Résine.	»	»	»	3
Soufre en cannes.	Quintaux.	»	»	140
Gros de soie de Lombardie.	Oque.	»	150	227-110-280

Nota. — La Piastre courante équivaut à la moitié de la Piastre tarif.

N° 92. — Marché d'exportation et de consommation d'Alexandrie, en 1871,

QUANTITÉS VENDUES DES PRODUITS DU SOL, PRIX, NOMBRE DES VENTES.

DÉSIGNATION DES MARCHANDISES.	NOMBRE de ventes	QUANTITÉ vendue.	PRIX EXTRÊMES en P.T.
Coton. — Balles vendues au comptant *à machine*		174.598	205/598
» » » *Rouge*, Ecart et Affritta		2.284	60/373
» » » *Achmouni*		98.153	280/480
» » » *Gallini*	4.280	32.823	306/650
» » » *Sea Island*		796	280/800
» » » *qualités inférieures*		12.282	105/502
» Balles pressées »	»	20.866	300/362
» » rondes »	»	26.506	60/452
» Quintaux vendus à terme, livraison à 1 mois	»	28.800	275/380
» » » » 2 »	»	49.050	270/392
» » » » 3 »	»	34.250	345/390
» » » » 4 »	»	92.300	275/410
» » » » 5 »	»	3.200	360/405
» » » » 6 »	»	17.000	372/400
» » » » 7 »	»	7.220	350/390
» » » » 8 »	»	83.410	220/400
» » » » 9 »	»	7.000	320/350
Graine de Coton. — Ardebs vendus au comptant	2.080	741.147	60/90
» » »	»	78.805	35/81
» » vendus à terme, livraison à 1 mois	»	13.650	74/77
» » » » 2 »	»	53.500	74/79
» » » » 4 »	»	15.000	70/79
» » » » *8/9* »	»	*200.700*	*35/88*
» » » » *9/10* »	»	*186.000*	*64/80*
***Blé** Saïdi* » *vendus au comptant*	740	*439.115*	*192/250*
» Béhéra » »	754	151.503	180/226
» Buhi » »	156	44.923	190/255
» Saïdi-Farchout » »	»	26.977	100/116
» Béhéra » »	»	12.575	105/106
» Fayoumi » »	»	7.670	104/119
» » vendus à terme, livraison à 1 mois	»	56.215	106/110
2 »	»	175.670	103/128
3 »	»	307.900	80/117
6/7 »	»	1.000	70
7/8 »	»	1.000	65
Fèves Saïdi, Ardebs vendus au comptant	1.388	644.936	148/152
» Béhéra » »	1.143	210.200	145/198
» Ghisami » »	»	7.660	151/162
» Saïdi-Farchout »	»	24.652	79/102
» Béhéra »	»	260	7
Orge. — Ardebs vendus au comptant	135	14.315	111/191
» (Barrani-Fayoumi), Ardebs vendus au comptant	»	10.930	60/78
Lentilles. — Ardebs vendus au comptant	30	3.989	150/175
Pois-chiches. — Ardebs vendus au comptant	2	90	180
Lupin. — » »	»	112	154
Maïs. — » »	312	62.495	122/198
Graine de Lin. — » »	7	2.522	125/275
Lin travaillé. — » »	73	2.332	76/175
Sucre centrifuge de Minié : Quintaux vendus au comptant	»	175.187	101/161
» rouge en poudre Maghagha, » »	»	75.074	72/119
» jaune, » »	»	285	72/100
» en pains, Roda, » »	»	17.403	101/149
» en poudre, » »	»	32.135	101/149
» Kham, » »	»	40.690	70/106
» diverses qualités, » »	»	20.515	79/114

N° 93. — Bestiaux importés en Égypte et exportés pendant l'année 1872.

PORTS D'IMPORTATION.	PROVENANCES.	ESPÈCE bovine.	ESPÈCE ovine.	CHAMEAUX.	CHEVAUX.	ANES ET MULETS.	CHÈVRES.
Alexandrie	Constantinople et Russie	777	»	»	»	»	»
	Turquie d'Asie	2.999	52.381	»	»	»	»
	Turquie d'Europe	631	711	»	»	»	»
	Archipel Ottoman	319	768	»	»	»	»
	Syrie	4.560	80 004	»	»	»	»
	Grèce	2.137	1.081	»	»	»	»
	Italie	16	»	»	»	»	»
	Barbarie (voie de terre)	4	3.755	»	»	»	»
	Barbarie (voie de mer)	»	»	»	129	»	»
	TOTAL POUR ALEXANDRIE	11.443	138.700	»	129	»	»
Rosette		»	»	»	»	»	»
Damiette	De Syrie, en presque totalité	»	1.368	»	30	9	1.344
Port-Saïd	id. id.	2.464	4.844	»	23	18	225
El-Arich	Syrie (voie de terre)	41	50.001	9.230	1.352	833	»
Suez	Arabie (voie de terre)	33	4.346	1.265	»	»	234
	Souakin et Massaouah (voie de mer)	204	828	»	»	»	91
TOTAL GÉNÉRAL		14.185	200.087	10.495	1.543	860	1.894

Les animaux exportés d'Egypte pendant l'année 1872, par la voie de terre, sont au nombre de 1,014 chameaux, 480 moutons, 7 chevaux, 6 mulets.

N° 94. — Marchandises importées à Alexandrie

PENDANT L'ANNÉE COPTE 1588.

MARCHANDISES.	MESURE.	QUANTITÉ	MARCHANDISES.	MESURE.	QUANTITÉ
Articles algériens.	Nombre.	113.706	Balais.	Nombre.	65.898
Alun.	Oques.	22.621	id.	Douzaines.	4.617
Allumettes.	Douzaines.	901.261	Bois de teinture.	Oques.	99.221
id.	Boites.	160.613	Balances.	Nombre.	154
Amidon.	Oques.	58.570	id.	Caisses.	22
Armes de chasse.	Nombre.	16.250	Blé de Russie.	Ardebs.	58.795
Ambre et corail.	Paquets.	1.620	Bois divers.	Pièces.	3866157
id.	Oques.	678	Borax.	Oques.	616
id.	paquets liés.	1.128	Comestibles.	Oques.	3352136
id.	Boites.	1.964	id.	Cais^{ses} lai^{ton}	123.263
Appareils télégraph.	Paquets.	8	id.	Nombre.	139.177
id.	Douzaines.	17	id.	Barils, cai^{ses}	7.489
id.	Colis.	50	id.	Boites.	17.580
Ail.	Oques.	12.065	id.	Douzaines.	7.613
Amadou.	Boites.	10 000	Cordes.	Oques.	442.448
id.	Oques.	9.725	Crin végétal, animal	»	5.555
Arbustes et semen^{ces}	Caisses.	143	id.	Paquets.	362
id.	Paquets.	403	id.	Colis.	20
id.	Oques.	1.745	Cigares.	Nombre.	3771945
id.	Fagots.	5	id.	Douzaines.	53.132
Beurre.	Oques.	523.906	id.	Boites.	46.600
Bougies.	»	673.383	id.	Paquets.	46.015
id.	Paquets.	460.111	Cuivre.	Oques.	572.743
Bijouterie orféverie	Drahmes.	4.928	id.	Douzaines.	2.044
id.	Boites.	16	Café.	Oques.	3.434
id.	Paires.	330	Collyre.	»	56.485
id.	Paquets.	35	Chaussures diverses	Paires.	254.870
id.	Douzaines.	413	id.	Grosses.	15
id.	Grosses.	1	id.	Douzaines.	1.881
id.	Méticaux.	20.453	Coffres-forts.	Nombre.	99
id.	Pièces.	100	Clous.	Barils.	6.044
id.	Oques.	1.890	id.	Oques.	58.806
id.	Nombre.	8.978	id.	Paquets.	21.435
Balga (souliers algé^{s})	»	136.758	Céruse.	Boites.	6.735
Bouchons.	Mille.	1.213	id.	Oques.	14.477
Brosses.	Douzaines.	2.124	Colle.	»	2.322
id.	Colis.	8	Corbeilles vides.	Nombre.	6.914
id.	Nombre.	312	id.	Masses.	2.145
Briques rouges.	»	265.755	id.	Fagots.	1.404

TABLEAU N° 94 (*suite*).

MARCHANDISES.	MESURE.	QUANTITÉ	MARCHANDISES.	MESURE.	QUANTITÉ
Châles.	Nombre.	8.744	Elastiques.	Douzaines.	56
id.	Douzaines.	109	Eponges.	Oques.	546
Cartouches.	Nombre.	349.009	Encens (fasoukh).	»	2.365
Couffes vides.	»	100	Fil de lin.	Colis.	230
Charbon (poussier).	Oques.	91.996	Fils, diverses qualités	Quintaux.	17.280
id.	Tonnes.	69	id.	Paquets.	26.600
Chiffons.	Oques.	5.661	id.	Grosses.	13.205
Cocons à soie.	»	2	id.	Pièces.	6.908
Cheveux de femmes.	12es de nattes	769	id.	Rouleaux.	1.140
id.	Colis.	4	id.	Boîtes.	6.479
id.	Boîtes.	32	Fruits conservés.	Oques.	1071782
id.	Paquets.	16	id.	Nombre.	116.887
Charbon de terre.	Tonnes.	289.921	id.	Boîtes.	342
id.	Oques.	538	id.	Caises laiton.	674
Crin animal, brut.	»	46	Fer blanc.	Rouleaux.	1.021
id.	Paquets.	48	id.	Nombre.	350
Cribles pour céréales	Nombre.	4	Fer.	»	250.470
Cannes à pêche.	Colis.	2	id.	Quintaux.	50.523
Drap.	Mètres.	62.629	id.	Oques.	3939791
id.	Pièces.	2.602	id.	Douzaines.	8.632
id.	Pics.	206.665	Faïences.	Grds paniers.	4.536
id.	Yards.	20.070	id.	Colis.	2.308
id.	Aunes.	460	id.	Douzaines.	17.552
Drogueries.	Oques.	708.748	id.	Nombre.	1245860
id.	Boîtes.	895	id.	Caisses.	1.343
id.	Douzaines.	369	Farine et fl. de farine	Barils.	3.405
id.	caises laiton.	231	id.	Oques.	319.797
id.	Quintaux.	2.335	Fèves du Soudan.	»	18.764
id.	Nombre.	1.471	Fils de fer.	Rouleaux.	24
id.	Paquets.	125	id.	Oques.	26.596
Dragues.	Nombre.	10	id.	Paquets.	2 309
Esprit de vin.	Oques.	293 265	Fil de pêche.	Oques.	2
id.	Bouteilles.	42	Feutre	Pièces.	110
Etain.	Oques.	56.993	Filets de pêche.	Oques.	26
Encre.	Barils.	6	Fourneaux.	Nombre.	51
id.	Caisses.	5	Guitares.	»	16
id.	Oques.	33	Graines de coton.	Quintaux.	85
Elastiques.	Pièces.	413	Garderobes.	Nombre.	36
id.	Mètres.	4.430	Huiles diverses.	Oques.	2182063
id.	Yards.	5.074	id.	Douzaines.	6.869
id.	Paquets.	26	id.	Dames-jeannes	89

TABLEAU N° 94 (*suite*).

MARCHANDISES.	MESURE.	QUANTITÉ	MARCHANDISES.	MESURE.	QUANTITÉ
Huiles diverses.	Caiss. laiton	14.616	Médicaments.	Paquets.	671
Huiles minérales.	Oques.	66.704	id.	Oques.	10.347
Indiennes.	Quintaux.	14.709	id.	Grosses.	87
id.	Pièces.	13.959	id.	Jarres.	6
id.	Morceaux.	5.582	id.	Caises laiton.	23
id.	Mètres.	758	Mouchoirs, ess-mains	Douzaines.	309.906
Instrts de musique.	Nombre.	2	id.	Nombre.	9.500
Indigo.	Oques.	2.897	id.	Paires.	1.009
id.	Boîtes.	200	Meubles.	Colis.	4.365
Jarres vides.	Nombre.	52	id.	Douzaines.	1.752
Liqueurs.	Oques.	1415.250	id.	Nombre.	9.624
id.	12nes flacons.	88.533	id.	Caisses.	1.220
id.	Barils.	37.156	id.	Pièces.	1.025
id.	Bouteilles.	1.975	Malles.	Nombre.	285
id.	Boites.	287	Mort-aux-rats.	Oques.	76
id.	Caiss. laiton	91	Machines ordinaires	Colis.	2.994
id.	Caisses.	477	id.	Nombre.	2.323
Livres.	Colis.	185	id.	Douzaines.	14.698
id.	Paquets.	31	Meubles.	Caisses.	112
id.	Nombre.	515	id.	Boite.	1
id.	Caisses.	12	id.	Paquets.	2
Laines diverses.	Pièces.	17.539	Miel.	Oques.	19.631
id.	Nombre.	852	Minium.	»	14.271
id.	Grosses.	17	Moulins et accesres.	Nombre.	36
id.	Petits morc.	1.412	Machines à vapeur	pièces	1.319
id.	Mètres.	3.473	id.	Caisses.	4
Lampes.	Caisses.	69	id.	Colis.	846
Lits.	Nombre.	826	Nattes diverses.	Nombre.	1.028
Laine brute.	Quintaux.	145	Orge de brasserie.	Oques.	23.352
Lin id.	Oques.	844	Oignons secs.	»	6.364
Manufacturés.	Colis.	13.244	Œufs.	Nombre.	4.000
id.	Quintaux.	220.268	Parfumerie.	Colis.	363
id.	Pièces.	24.420	id.	Douzaines.	655
id.	Morceaux.	555	id.	Grosses.	12
id.	Mètres.	55	id.	Boîtes.	399
id.	Yards.	50	id.	Dames-jeanes	6
id.	Grosses.	12	Peaux diverses.	Douzaines.	6.327
Médicaments.	Douzaines.	5.625	id.	Oques.	42.916
id.	Boites.	1.581	id.	Nombre.	4.644
id.	Dames-jeanes	233	Plomb et tuyaux.	Oques.	167.462
id.	Barils.	230	id.	Rouleaux.	1.707

TABLEAU N° 94 (*suite*).

MARCHANDISES.	MESURE.	QUANTITÉ	MARCHANDISES.	MESURE.	QUANTITÉ
Plomb et tuyaux.	Nombre.	1.465	Pierres à repasser.	Nombre.	3.849
Pétrole.	Oques.	1815127	id.	Oques.	59
id.	Caisses laiton	71.582	Paille pr bestiaux.	Balles.	816
Poudres diverses.	Oques.	1.687	Pierre de grès.	Nombre.	100 000
id.	Douzaines.	159	Paille de mer.	Oques.	4.455
Papiers.	Rames.	54.391	Pipes.	Nombre.	31.500
id.	Caisses.	875	Pois-chiches.	Oques.	622
id.	Feuilles.	132.088	Quincailleries.	Douzaines.	166.587
id.	Pièces.	37.746	id.	Grosses.	15.817
id.	Douzaines.	4.943	id.	Paquets.	209.687
id.	Oques.	127.929	id.	Nombre.	4643629
id.	Rouleaux.	59.516	id.	Mille.	2.123
Poivre.	Quintaux.	483	id.	Boites.	14.416
id.	Oques.	476	id.	Oques.	93.922
Peintures diverses.	»	196.360	id.	Pièces.	4.961
id.	12es flacons.	42.153	id.	Colis.	1.522
id.	Caisses laiton	18.718	Riz d'Europe.	Oques.	994.036
id.	Barils.	299	Rames en bois.	Nombre.	16
id.	Boites.	118	Résine.	Oques.	8.758
id.	Bouteilles.	6	Robinets en cuivre.	Nombre.	124
id.	Grosses.	4	Rouleaux d'égrainge	»	25
id.	Paquets.	1 565	Sacs vides.	»	882.619
Papiers à cigarettes	Boites.	1509759	id.	Quintaux.	29.125
id.	12nes cahiers	18.468	Sucre d'Europe.	Oques.	1868561
id.	Grosses.	415	Suif.	»	393.148
Plâtre et ciment.	Barils.	13.021	id.	Caisses laiton	282
id.	Oques.	8.423	Soie brute d'Europe.	Oques.	20.365
id.	Sacs.	59.009	Soieries et broderies	Douzaines.	4.410
Plomb de chasse.	»	81.110	id.	Nombre.	10.239
Pierres et marbres.	Caisses.	250	id.	Pièces.	19.720
id.	Nombre.	464.070	id.	Mètres.	403.313
Pots à fleurs.	»	400	id.	Morceaux.	804
Poudre insecticide.	Boîtes.	1.050	id.	Paquets.	8.991
id.	Douzaines.	8	id.	Boîtes.	5.069
id.	Paquets.	1.741	id.	Pics.	45 888
id.	Caisses.	150	id.	Grosses.	1.164
Parapluies.	Nombre.	27.914	id.	Méticaux.	248.145
id.	Douzaines.	501	id.	Yards.	3.358
Plumes d'autruches	Rotolis.	184	id.	Mark.	2.096
Pommes de terre.	Oques.	387.092	Sel ammoniac.	Oques.	10.132
Pompes.	Nombre.	188	Savon.	»	48.018

Tableau n° 94 *(suite).*

MARCHANDISES.	MESURE.	QUANTITÉ	MARCHANDISES.	MESURE.	QUANTITÉ
Seaux en bois.	Colis.	14	Tarbouches.	Douzaines.	38.918
id.	Nombre.	117	Tabac à fumer.	Oques.	5.812
Sacs de voyage.	»	74	Tabac à priser.	Paquets.	15.449
Sabres et épées.	»	1.000	id.	Flacons.	40
Selles de chevaux.	»	169	id.	Oques.	132
Sésame.	Oques.	8.323	id.	Vases.	43
Toile de lin.	Quintaux.	1.168	id.	Boîtes.	14
Toiles diverses.	Pièces.	33.375	Tamis en poil.	Douzaines.	2
id.	Nombre.	2.124	Toile grosse.	Oques.	195
id.	Paquets.	1.634	Térébenthine.	»	16.390
id.	Fracs de pièss	7.807	Vêtements.	Douzaines.	184.284
id.	Yards.	3.363	id.	Nombre.	213.358
id.	Mètres.	1.431	id.	Boîtes.	8.262
id.	Douzaines.	483	id.	Pièces.	15.809
id.	Paires.	618	id.	Paquets.	2.198
id.	Grosses.	6	id.	Mètres.	120.220
Toilette. (articles de)	Boîtes.	291	id.	Grosses.	15.237
id.	Douzaines.	402	id.	Rouleaux.	956
id.	Paquets.	2	id.	Yards.	7.988
Thé.	Oques.	4.238	id.	Caisses.	396
id.	Boîtes.	30	id.	Pics.	19.097
id.	Caissses laiton	85	id.	Petites boîtes	2
Tapis.	Pièces.	1.419	Voitures et accesres.	Nombre.	1.031
id.	Yards.	46.556	id.	Colis.	617
id.	Nombre.	2.059	id.	Pièces.	9
Toile grosse ordinre.	Pièces.	8.131	id.	Douzaines.	9
id.	Yards.	749	Verreries.	Colis.	15.052
Teinture blanche de			id.	Douzaines.	10.219
naviresres et goudron.	Barils.	4.113	id.	Nombre.	13.376
id.	Oques.	3.941	Verroterie.	Paquets.	38.897
Tapis divers.	Pièces.	464	id.	Quintaux.	879
id.	Nombre.	1.830	id.	Boîtes.	23.184
id.	Mètres.	1.221	id.	Caisses.	1.624
id.	Douzaines.	746	id.	Douzaines.	4.411
id.	Yards.	2.654	Zing, poudre de zing.	Oques.	160.138
Toiles cirées.	Pièces.	955	id.	Boîtes.	95
id.	Nombre.	216	id.	12nes paquets	160
id.	Rouleaux.	21	id.	Nombre.	553
id.	Douzaines.	35			

N° 95. — Marchandises exportées d'Alexandrie

PENDANT L'ANNÉE COPTE 1588.

MARCHANDISES.	MESURE.	QUANTITÉ	MARCHANDISES.	MESURE.	QUANTITÉ
Blé Saïdi.	Ardebs.	531.218	Lingots d'argent.	Oques.	486
Blé Béhéra.	»	351.631	Lentilles.	Ardebs.	36.958
Bois de cotonnier.	Quintaux.	358	Laine nouvelle.	Oques.	21.330
Coton.	»	2108.499	Miel noir.	Quintaux.	625
Chiffons.	»	404.838	Maïs de Syrie.	Ardebs.	192.093
Cire jaune brute.	»	61.819	Maïs Owéghé.	»	310
Café Yemeni.	Oques.	797	Mastic.	Oques.	2.343
Chevaux arabes.	Nombre.	3	Natron.	Quintaux.	108.867
Chevaux d'Europe.	»	4	Noix de galle.	»	4
Chevaux de Bagdad.	»	2	Nacre.	Oques.	4.642
Dents d'éléphant.	Quintaux.	1.288	Nattes Fayoumi.	Pics.	375.021
Dattes et noyaux.	Oques.	598.750	Os d'animaux.	Quintaux.	288.949
Etoupe.	Quintaux.	405	Orge.	Ardebs.	39.048
Ecaille.	Oques.	161	Paille de halfa.	Quintaux.	20.851
Farine du pays.	Oques.	934.793	Plumes d'autruche.	»	512
Fleur de farine.	quintaux.	797	Peaux diverses.	Nombre.	120.522
Fèves Saïdi.	Ardebs.	520.050	Peaux Koslé.	»	11.308
Fèves Béhéra.	»	115.978	Paille à nattes.	Quintaux.	20
Fers vieux.	Quintaux.	9.064	Pois-chiches.	Ardebs.	2.386
id.	Tonnes.	4.622	Petits-pois.	»	119
id.	Oques.	559	Potasse.	Oques.	99.900
Gomme Sennaar.	Quintaux.	75.274	Résidu de div. grai[nes]	Quintaux.	45.661
Gomme Talk.	»	75.878	Riz de Rosette.	Ardebs.	25.837
Gomme Hedjaz.	»	597	Sucre d'Egypte de diverses qualités.	Quintaux.	404.838
Graines de coton.	Ardebs.	1294 479			
Graines de lin.	»	1.726	Séné de Sennaar.	»	6.834
Graine de trèfle.	»	79	Safran.	»	991
Henné Belédi (du pays)	Quintaux.	18.385	Tuyaux en cuivre.	Tonnes.	125
Helbé.	Ardebs.	2.281	Tombac du pays.	Oques.	84.732
Hab Aziz.	»	13	Tombac de Perse.	»	234
Laine.	Quintaux.	26.060	Tamarin.	»	15.354
Lin.	»	24 595			

N° 96. — Marchandises importées à Port-Saïd et exportées pendant l'année 1872

(D'APRÈS DES TABLEAUX PARTICULIERS).

IMPORTATIONS.

PROVENANCES.	COMESTIBLES et HUILES.	VINS ET SPIRITUEUX.	DENRÉES COLONIALES.	FARINES.	BOIS.	TISSUS et CONFECTIONS.	QUINCAILLERIE	CHARBON.	MARCHANDISES diverses.	TOTAL.
	TON.	TON.	TON.	TON.	TON.	TON.	TON.	TON.	TON.	TON.
France	384	1.900	93	»	32	24	13	9.106	6.000 (2)	17.552
Autriche	457	324	»	»	1.120	33	7	»	800	2.741
Angleterre et Malte	127	»	»	»	»	8	»	162.520	90	162.745
Egypte	420	68	18	430	36	17	7	»	420	1.416
Italie	72	29	4	12	»	8	3	»	54	182
Grèce	105	41	»	»	»	»	»	»	2.081 (2)	2.227
Russie	»	»	»	310	»	»	1	»	»	310
Turquie (Syrie)	820	»	»	»	»	2	»	150 (1)	217	1.190
	2.385	2.362	115	752	1.188	92	31	171.776	9.662	188.363

(1) Charbon de bois.
(2) Dans ces chiffres sont compris dans une grande proportion les matériaux de construction.

Exportations. — Il a été exporté de Port-Saïd en 1872, en coton, 1826 balles, et en graines de coton, 27,000 tonnes, dont 10,000 embarquées à Ismaïlia, et 17,000 à Port-Saïd, arrivées : 5,000 par le Canal d'eau douce, 4,000 par Damiette, et 8,000 par le lac Menzaleh.

N° 97. — Pays de provenance des Marchandises importées à Alexandrie en 1872

D'APRÈS DES TABLEAUX PARTICULIERS.

MARCHANDISES.	MESURES.	Angleterre.	Autriche.	France.	Italie.	Grèce.	Belgique	États-Unis d'Amérique.	Russie.	Suède.	Allemagne.	Turquie d'Europe, Asie Mineure.	Syrie.	Barbarie.	TOTAL des Marchandises principales.
Bonnets	Douzaines.	»	28040	1323	1157	»	»	»	»	»	»	5936	»	22636	59.002
Bois de construction	Valeur en P.	1303440	12682305	989970	8978736	1150553	105893	»	»	2013600	335600	12145323	»	»	39.766.422
Charbons divers	Quintaux.	3891957	»	148340	38040	64320	8822	»	»	»	»	113954	9687	»	4.275.129
Cuivre	Oques.	983523	6809	7284	5189	»	»	»	»	»	»	57275	»	»	1.060.080
Drogues diverses	Colis.	1353	1473	1738	982	53	»	»	»	»	»	7214	1525	1210	15.548
Fers assortis	Quintaux.	258537	4556	10020	1741	»	»	»	»	»	»	»	»	»	274.854
Fruits secs	Colis.	2640	8942	8120	14464	7642	»	»	»	»	»	154611	14535	591	211.545
Huiles diverses	Oques.	1295240	88824	757430	698504	98940	»	»	»	»	»	954122	87508	595557	4.576.025
Marbres et pierres	Valeur P.T.	5191070	6007224	1096544	3959721	1096218	»	»	»	»	»	482596	145118	»	17.978.500
Manufactures	Colis.	20159	1232	1958	694	»	»	»	»	»	»	3191	2509	644	30.447
Provisions salées et légumes	»	10035	6246	11962	7218	1942	»	»	257	»	»	12612	1257	1284	52.814
Soie grège	Oques.	»	»	2174	3401	8725	»	»	»	»	»	38920	24487	»	77.707
Tabacs et Cigares	Colis.	114	58	38	13	725	»	»	»	»	»	2834	17654	»	21.433
Vins et Liqueurs	»	11112	9896	46971	7521	6174	141	»	»	»	»	11213	605	»	93.633
MARCHANDISES DE TOUTE NATURE	VALEUR en PIASTRES TARIF	268773319	60576429	62915199	45506657	12843229	750092	7168000	1471860	2013600	335600	66608299	33640648	27087657	590.291.480

N° 98. — PAYS DE DESTINATION DES MARCHANDISES EXPORTÉES D'ALEXANDRIE EN 1872

D'APRÈS DES TABLEAUX PARTICULIERS.

MARCHANDISES. PRINCIPALES.	MESURE.	ANGLETERRE	AUTRICHE.	FRANCE.	ITALIE.	GRÈCE.	BELGIQUE.	AMÉRIQUE.	RUSSIE.	TURQUIE d'Europe, ASIE MINEURE.	SYRIE.	BARBARIE.	TOTAL.
Blé	Ardebs.	829.472	1.755	24.330	11.771	100	»	»	»	300	»	»	867.728
Blé de Turquie	Id.	117.620	11.340	15.036	5.689	2.674	»	»	»	»	221	»	152.616
Coton Mako	Quintaux.	1.667.385	91.140	186 426	143.964	»	»	»	62 676	14.250	2.340	»	2.168.181
Café Moka	Id.	1.164	3.640	7.568	736	49	»	144	»	320	5.337	96	19.054
Drogues diverses	Colis.	237	154	261	354	53	»	»	»	1.014	213	223	2.509
Dents d'éléphant	Quintaux.	1.812	28	»	8	»	»	»	»	»	»	»	1.848
Fèves	Ardebs.	477.853	1.006	5.444	10	40	»	»	»	817	264	299	485.733
Gommes diverses	Quintaux.	49.616	33.404	24.756	16.224	»	»	300	»	156	84	»	124.540
Laine	Id.	33.439	»	1.728	416	»	»	»	»	»	96	»	35 679
Lin	Id.	10.745	»	872	0.440	»	»	»	»	1 900	149	»	20.166
Manufactures	Colis.	»	»	»	»	»	»	»	»	1.110	1.284	164	2.561
Nacre	Quintaux.	1 212	21.076	1.392	480	»	»	»	»	89	520	44	24.813
Semence de coton	Ardebs.	1.278.191	»	51.119	»	»	4.913	»	»	»	»	»	1.334.223
Sucre	Quintaux.	100.812	6.884	243.886	85.262	342	»	»	»	6 287	12.695	683	436.851
Marchandises de toute nature	Valeur en Piastres.	999.443.651	59.860.462	125.422.123	83 230.443	1.145.520	613.368	2 907.575	26.324.310	16.748.759	13.213.375	1.574.223	1.330.483.809

N° 99 — Valeur totale officielle

Des Exportations de toute l'Égypte,

PENDANT LES VINGT DERNIÈRES ANNÉES.

ANNÉES.	EXPORTATION.
	P. T.
1569 correspondant à 1853	191.477.866
1570 — 1854	186.825.883
1571 — 1855	274.788.275
1572 — 1856	330.019 633
1573 — 1857	257.295 375
1574 — 1858	207.527.141
1575 — 1859	215.324.750
1576 — 1860	211.836.475
1577 — 1861	291.116.417
1578 — 1862	505.770.912
TOTAL des 10 années......	2 671.782.727
1579 correspondant à 1863	865.151.414
1580 — 1864	1.404.407.633
1581 — 1865	1.317.228.980
1582 — 1866	1.052.157.050
1583 — 1867	1.002 685.567
1584 — 1868	1.058.868.400
1585 — 1869	1.623.088.000
1586 — 1870	1.028.283.900
1587 — 1871	1.200.873.500
1588 — 1872	1.471.614.500
TOTAL des 10 années.......	12.024.358.944

Nº 100. — Valeur totale officielle exportée par chaque Douane d'Égypte,

PENDANT LES 10 ANNÉES 1579-1588.

EXPORTATIONS (en Piastres tarif.)

ANNÉES	ALEXANDRIE.	DAMIETTE.	PORT-SAÏD.	EL-ARICH.	SUEZ.	KOSSEIR.	BAB-EN-NASR.	TOTAL.
1579	834.649 643	13.884.400	»	148.557	10.714.286	5 754.528	»	865.151.414
1580	1.380.554.083	11.240.183	»	202.167	3.911.450	7.491.967	1.007.783	1.404.407.633
1581	1.298.472.180	8.102.340	»	271.180	5.202.540	3.153.740	2.022.000	1.317.228.980
1582	1.033.904.025	7.176.500	»	529 825	6.113 225	2.544.075	1 839.400	1.052.157.050
1583	966.911.467	12 347.933	1.472.667	2.397.133	8.002.067	11.554.300	»	1.002.685.567
1584	974.810.150	31.947.450	3.522.550	4.083 650	10.337.900	34 166.700	»	1.058.868.400
1585	1.472.810.400	64.319.100	9.480.900	7.711.700	20.219.200	48.546.700	»	1.623.088.000
1586	1.079.342.100	56.468.200	4.922.400	1.208.900	25.128.800	38.803.100	»	1.028.283.900
1587	902 340.900	59.174.800	11.122.200	3.604.800	17.699.400	34.341.800	»	1.200 873.500
1588	1.334 323.900	53.591 200	16.192 200	308.300	16.493.400	50 705.500	»	1.471.614.500
TOTAL	11.273.118.848	318 252.106	46.712.917	20.516.212	123.822.268	237.067.410	4.869.183	12.024.358.944

N° 101. — Valeur totale des Importations et Exportations

D'ALEXANDRIE

de 1823 à 1872 (1).

ANNÉES.	Importations.	Exportations.	ANNÉES.	Importations.	Exportations.
	P. T.	P. T.		P. T.	P. T.
1823	80.451.975	158.476.460	1849	143.480.000	179.112.000
1824	119.529.975	243.167 750	1850	144.000.000	232 000.000
1825	»	115.566.430	1851	162.308.000	248.892.000
1826	»	80.855.910	1852	251.764.000	393.780.000
1827	»	85 383.400	1853	175.852.834	285.890.367
1828	»	130.159.150	1854	190.585.847	302.821.976
....	....	....	1855	214.125.250	459.082.353
1834	82.454.025	85 806.185	1856	276.372.788	459.225.373
1835	102.411.945	136.702.260	1857	285.098.337	357.554.825
1836	130.138.430	176.207.080	1858	273.504.307	301.844 582
1837	....	....	1859	240.881.348	263.882.191
			1860	248.212.795	268.893.302
1838	380.000.000		1861	291.224.087	372.943 584
1839	303.388.000		1862	319.002.073	668.828.398
			1863 correspondnt à 1579	399.671.501	834.649.643
1840	....	....	1864 — 1580	502 100.831	1.380.554.083
1841	170.612 000	154.080.000	1865 — 1581	516.323.011	1.298.472.180
1842	247.092.000	180.688.000	1866 — 1582	497.031 729	1.033.904.025
1843	185 908.000	191.488.000	1867 — 1583	539.620.512	966 911.467
1844	126.140.000	142.072.000	1868 — 1584	531.621.242	974.810.150
1845	184.000.000	188.000 000	1869 — 1585	517.287.545	1.472.810.400
1846	172.084 000	185.304.000	1870 — 1586	485.173.326	1.074 342.100
1847	193.340.610	243.424.900	1871 — 1587	560.919.609	902 340.900
1848	122.816.000	122.644.000	1872 — 1588	590.291.489	1.334.323.900

(1) Les chiffres ci-dessus sont tirés, pour les années 1823 à 1837, des mémoires de la Société Impériale Russe de Géographie; — pour les années 1838 à 1852, des Annales du Commerce extérieur, publiées par le Gouvernement Français; — pour les années 1853 à 1862, et pour les années 1863 à 1872 (importations), de données particulières; et pour les années 1863 à 1872 (exportations), de données officielles.

N° 102. — Pays de destination des Marchandises
EXPORTÉES D'ALEXANDRIE
et Pays de provenance des Marchandises
IMPORTÉES A ALEXANDRIE

Pendant toute la période de 1863 à 1872.

PAYS.	VALEUR IMPORTÉE.	VALEUR EXPORTÉE.
	Piastres Tarif.	Piastres Tarif.
Angleterre	2.261.129.127	8.740.387.052
Allemagne	3.393.155	»
Autriche-Hongrie . . .	442.324.693	627.194.172
Belgique	36.529.350	18.851.044
Barbarie	244.783.272	25.551.459
Espagne	232.270	4.065.314
Etats-Unis d'Amérique.	13.167.106	6.361.711
France	603.852.410	1.186.211.103
Grèce et Iles Ioniennes.	126.245.455	16.942.530
Hollande	»	245.533
Italie	335.953.304	339.419.713
Russie	12.839.136	37.279.877
Suède	9.057.420	»
Syrie	329.166.653	100.363.771
Turquie d'Europe, Asie mineure	721.367.444	170.245.569
TOTAL. . . .	5.140.040.795	11.273.118.848

N° 104. MARCHANDISES EXPORTÉES D'ALEXANDRIE

De 1863 à 1872.

MARCHANDISES.		1863	1864	1865	1866	1867	1868	1869	1870	1871	1872
Blé	Ardebs.	779.320	88.109	»	12.535	798.202	1.147.147	368.897	14.991	464.629	867 728
Blé de Turquie	»	133.142	1.365	»	1.455	69.124	193.113	240	»	46.360	158.616
Boutargue	Oques.	15.121	13.721	12.026	9.895	10.011	11 479	10.154	8.060	8.466	6.429
Coton Mako (1)	Quintaux.	1.181.888	1.718.791	2.001.100	1.288.761	1.260.916	1.258.454	1.280.713	1.481.471	1.961.152	2.387.159
Cire jaune	Oques.	75.786	91.485	69.446	80.864	95.040	98.986	65.901	60.858	89.063	98.464
Café moka	Quintaux.	15.847	18.066	23.102	28.563	30.126	22.106	22.488	38.808	37.335	19.054
Chiffons	»	95.837	94.560	43.312	81.825	66.735	75.400	95.604	98.293	100.279	138 274
Cendre de Soude	»	15 048	11.423	5.300	2.150	1.053	1.582	2.160	1 940	1.600	1.340
Cocole du Levant	»	686	451	261	461	270	433	304	376	360	166
Couffes vides	Colis.	18.051	15.968	12.002	13.223	12.221	12.272	11.705	9.073	7.631	5.024
Dattes	Quintaux.	40.280	34.707	28.015	28.629	29.208	28.416	29 944	27.030	22.925	30.088
Drogues diverses	Colis.	7.021	7 004	5.320	5.542	4.170	4.811	4.182	4.175	4.109	2.509
Dents d'éléphant	Quintaux.	1.379	1.207	888	643	430	523	1.131	2.214	2.894	1 848
Ecaille	Rotolis.	1.354	1.433	500	3.045	1.471	1.623	1.218	2.200	3.235	3.010
Farine	Colis.	5 217	157	»	»	2.451	14.783	5.755	9.822	10.906	18.191
Fèves	Ardebs.	479 275	56.750	5[illegible]	240.282	580.105	854.171	343.593	364.898	848.230	485.733
Fer assorti	Quintaux.	7.106	3.106	»	2.420	2.477	1.735	11.186	24.964	41.164	191.291
Gommes diverses	»	131 775	95 920	61.970	107.320	157.744	135.364	114.346	113.036	154 667	124.540
Henna	»	10.321	18.036	12.610	13.838	12.814	8.125	7.977	8 264	7.228	10.648
Encens	»	4.206	5.989	6.017	5 807	10.864	7.949	6.284	3 676	5.625	3.394
Laine	»	21.131	14.994	25.035	24.450	31 270	36.058	35.448	20.998	28.499	35.679
Lin	»	22.732	15.836	1.517	1.786	1.722	10.066	24 024	22.002	27.118	20 166
Lentilles	Ardebs.	48.077	3.585	»	1 025	42 706	73.677	2 947	1 038	8.393	40.564
Lupins	»	1.213	207	»	»	»	400	»	»	»	»
Manufactures	Colis.	1.602	1.533	1.218	1.470	797	814	704	809	920	2.504
Marchandises diverses	»	15.035	16.609	13.615	18.082	18.702	21.774	18.533	16.432	26.098	24 808
Nacre	Quintaux.	10.927	7.848	12.398	13.842	21.514	29.501	18.185	18.357	21.688	24.813
Natrons divers	»	55.831	100.830	37 500	30.204	83.461	67.328	11.122	28.033	24.051	48.529
Orge	Ardebs.	97.712	4.902	»	1.745	124.364	148.097	30.554	26.808	3.809	24.839
Opium	Oques.	11.148	7.950	4.831	4.090	2.820	3.819	6.052	8 920	8.660	1.386
Poivre	Quintaux.	728	685	488	472	619	742	722	673	726	492
Peaux salées	Nombre.	102.703	98.927	73.455	85.019	89.216	86.265	90.352	80.270	89.062	102.134
Plumes d'Autruche	Rotolis.	15.698	18.965	11.341	39.411	20.398	15.119	17.306	16.385	25.246	21.917
Riz	Ardebs.	28.964	14 871	10.743	12.157	12.500	9.627	8.073	6.496	5.699	6.050
Séné	Quintaux.	11.618	7.898	4.720	9.337	7.762	5.778	7.303	8.767	7.360	8.364

Tableau N° 104 (*suite*).

MARCHANDISES.		1863	1864	1865	1866	1867	1868	1869	1870	1871	1872
Semences diverses	Ardebs.	1.267	»	»	527	»	2.414	692	372	158	»
Graines de coton	»	716.159	857.353	1.283.331	686.497	869.027	889.052	786.867	934.042	1.264.507	1.334.223
Sésame	»	2.407	712	»	»	1.251	9.321	7 391	4.378	»	200
Semences de lin	»	1.181	3.197	450	444	»	10.552	3.625	12.378	2.730	586
Nattes	Colis.	1.705	1.413	1.235	1.700	1.921	1.574	1 334	1.254	1.447	801
Sel	Ardebs.	11.130	»	»	»	»	»	»	»	»	»
Sel-nitre	Quintaux.	3.220	6.840	»	80	280	»	9.354	1.200	»	»
Soieries	Colis.	21	13	10	»	125	42	39	40	43	31
Tamarins	Quintaux.	1.001	653	230	324	802	1.551	1.087	1.186	1.049	910
Tombac	Oques.	183.880	131.160	146.060	138.922	139.094	164.249	185.838	204.464	181.297	161.738
Toile de lin	Pièces.	21 640	20.012	17.300	18.750	23.020	20.120	20.950	19.500	20.814	14.900
Safranon	Quintaux.	997	905	317	180	432	706	986	2.328	1.610	1.264
Sucre	»	7.657	2.300	1.544	1.090	54.982	145.212	293.279	283.828	356.468	456.851
Pois-chiches	Ardebs.	6.127	398	»	»	»	1.378	80	43	153	2.726
Cornes de buffle	Colis.	1.168	360	»	50	149	27	449	256	156	»
Pois	Ardebs.	4.734	1.496	175	440	1.228	1.246	214	57	687	131
Musc et huile de rose	Onces.	19.883	23.210	21.293	15.299	21 579	26 264	38.130	49.634	43 809	37.500
Os	Quintaux.	»	»	»	»	»	»	30.296	157.578	169 850	143.265
Cuivre vieux	Oques.	»	»	»	»	»	»	32.716	16.147	34.604	86 328
Tourteaux	Quintaux.	»	»	»	»	»	»	57.438	44.947	59 489	61.093
Helbé	Ardebs.	»	»	»	»	»	»	»	»	1.896	1.997

(1) Les quantités indiquées pour le coton sont authentiques, et s'appliquent : pour les trois dernières années, aux années grégoriennes 1870-71-72, mais pour les sept premières, aux années coptes 1579 à 1585.

N° 105. — Prix sur place, du Coton d'Egypte, de 1821 à 1872

EN TALARIS DE CINQ FRANCS PAR QUINTAL.

I. Prix moyens annuels de 1821 à 1853, d'après le Cotton Supply Association

Années	1821	1822	1823	1824	1825	1826	1827	1828	1829	1830	1831	1832	1833	1834	1835	1836	1837
Prix moyen	16	15 1/2	15 1/2	17	13	13	13	13	12	12	10 1/2	15	28	30 3/4	25 1/4	18 1/2	13
Années	**1838**	**1839**	**1840**	**1841**	**1842**	**1843**	**1844**	**1845**	**1846**	**1847**	**1848**	**1849**	**1850**	**1851**	**1852**	**1853**	—
Prix moyen	15	18 1/4	13	13 1/4	10	7 3/4	18	6	10 1/4	10	7 1/4	10	11 3/4	8 3/4	10 1/4	10	—

II. Prix moyens mensuels du « Good Fair » de 1854 à 1872, d'après M. Planta.

MOIS.	1854	1855	1856	1857	1858	1859	1860	1861	1862
Janvier	9	9 1/2	10	14 1/2	10 1/2	13 1/2	11 3/4	13 1/4	16
Février	8 1/2	10	10	16	11 3/4	11 3/4	12	12 3/4	16 1/2
Mars	8 1/2	7 3/4	10 1/2	19	14 1/2	11 1/2	12 3/4	12	17 1/2
Avril	7	8 1/2	9 1/2	18	12 3/4	11 1/2	12 1/2	11 3/4	18 1/2
Mai	8 1/4	10 1/2	10	15	13 1/2	11 1/4	12 1/2	12 1/2	18
Juin	8 1/2	9 1/2	10 1/4	15	12 1/4	11 1/2	12 1/2	13 1/4	18 1/2
Juillet	7 1/2	9 1/4	10	15 1/2	13	10 1/2	11 1/2	14	22
Août	10	9 3/4	10 3/4	16 1/2	13	11 1/4	11	13 3/4	25
Septembre	10	8 1/2	10 1/4	17 1/2	12 1/2	11	11 1/4	15	28
Octobre	9 1/2	9	10 1/2	17 1/2	12 3/4	12 1/4	12 1/4	16	31
Novembre	7	9	12 1/4	17 1/2	13	11 3/4	12 3/4	17 1/2	31
Décembre	11 1/2	9 3/4	13 1/2	14	12 1/2	12	13	15	32

MOIS.	1863	1864	1865	1866	1867	1868	1869	1870	1871	1872
Janvier	35	44	37	41	26 1/2	12 1/2	22 1/4	22 3/4	14 3/4	20 1/2
Février	34	42 1/4	35	37 1/2	26	15	24 1/4	22 1/2	14 3/4	21 1/4
Mars	32	42 1/2	29	42	28 1/2	18 1/2	23	22	14 1/2	20 3/4
Avril	32	44	26	40	27 1/2	23 1/2	23 1/2	22 1/2	14 1/4	20 3/4
Mai	33 1/4	47	22 1/2	36	26 1/2	24 1/2	22 1/2	22 1/4	13 1/2	20 3/4
Juin	31	49	24	33	24	21 1/2	23	21 3/4	15 1/2	21 1/4
Juillet	30	50	30	37 1/2	25	18 1/2	24	20 1/4	17	21
Août	35	52	27	36 1/2	23	17 1/2	24 1/4	17	16	20 3/4
Septembre	40	49	29	30	20	18	23 1/2	17 1/4	16 3/4	20
Octobre	46 1/2	44	33	33	16	19 1/2	22	15 1/2	19	18 1/4
Novembre	43	39	40	30	15 1/2	19	22 1/2	15 1/2	17 1/4	18 1/2
Décembre	43 1/2	37	41	27	12 1/2	19 3/4	22 3/4	14 3/4	18 1/4	19

N° 106. — Exportation de Coton d'Egypte

PAR LA DOUANE D'ALEXANDRIE

De l'année 1821 à l'année 1873.

ANNÉES.	QUINTAUX.	ANNÉES.	QUINTAUX.
1821	944 (1)	1848	119.965
1822	35.108	1849	257.510
1823	159.426	1850	364.816
1824	228.078	1851	384.439
1825	212.318	1852	670.129
1826	216.181	1853	477.397
1827	159.642	1854	477 905
1828	59.255	1855	520.886
1829	104.920	1856	539.885
1830	213.585	1857	490.960
1831	186.675	1858	519.537
1832	136 127	1859	502.645
1833	56.067	1860 (2)	501.415
1834	143.892	1861	596 200
1835	213.604	1578 correspondant à 1862 (3)	721.052
1836	243 230	1579 — 1863	1.181.888
1837	315.470	1580 — 1864	1.718.791
1838	238.833	1581 — 1865	2.001.169
1839	134.097	1582 — 1866	1.288.762
1840	159.301	1583 — 1867	1.260.946
1841	193.507	1584 — 1868	1.253.455
1842	211.030	1585 — 1869	1.289.714
1843	261.064	1586 — 1870	1.351 797
1844	153.363	1587 — 1871	1.966.215
1845	344.955	1588 — 1872	2.108.500
1846	202.040	1589 — 1873 (4)	2.013.433
1847	257.492		

(1) De 1821 à 1859, ces chiffres sont tirés du *Rapport sur la culture du Coton en Egypte*, publié en 1860 par la « Cotton Supply Association » de Manchester.

(2) Pour les années 1860 et 1861, chiffres tirés des publications Carpi-Lévi : il y aurait lieu de déduire du chiffre de 1861 la quantité applicable au dernier trimestre (époque principale de l'exportation) compris dans l'année copte 1578, dont l'exportation totale est indiquée à la suite.

(3) De 1578 à 1589 (1862-1873) chiffres authentiques.

(4) Ce renseignement s'arrête au 4 avril 1873, mais comprend tout le premier semestre de l'année copte (automne et hiver), qui constitue le gros de la campagne d'exportation.

N° 107. — Prix courant du Coton d'Égypte

EN 1872.

DATES.		ALEXANDRIE.		LIVERPOOL.		MARSEILLE.	
		En Talaris de 5 Francs, par Quintal.		En Pence, par Livre anglaise.		En Francs, par 50 kilogrammes.	
		Fair.	Good-Fair	Fair.	Good-Fair	Fair.	Good-Fair
Janvier. . .	4	18 1/4	18 3/4	10 3/8	10 7/8	127.50	130 »
»	11	18 3/4	19 1/4	10 7/8	11 3/8	130 »	132.50
»	18	20 1/4	20 3/4	10 7/8	11 3/8	130 »	132.50
»	25	20 »	21 »	11 »	11 1/2	132.50	135 »
Février. . .	1	20 1/4	20 3/4	11 1/2	12 »	132.50	137 »
»	8	20 3/4	21 1/2	11 1/2	12 »	135 »	140 »
»	15	21 1/4	22 »	11 1/4	11 3/4	135 »	137.50
»	22	21 1/4	22 »	11 3/8	11 3/4	135 »	137.50
»	29	21 »	21 1/2	11 1/4	11 5/8	135 »	137.50
Mars	7	21 »	21 1/2	11 3/8	11 3/4	137.50	142.50
»	14	20 3/4	21 1/4	11 1/8	11 1/2	135 »	137.50
»	21	20 3/4	21 1/4	11 1/8	11 5/8	135 »	137.50
»	28	20 3/4	21 1/4	11 1/8	11 5/8	137.50	140 »
Avril	4	20 3/4	21 1/4	11 1/4	11 3/4	137.50	140 »
»	11	20 3/4	21 1/4	11 1/4	11 3/4	135 »	140 »
»	18	20 3/4	21 1/4	11 1/8	11 3/4	135 »	137.50
»	25	20 3/4	21 1/4	11 »	11 5/8	132.50	137.50
Mai	2	20 1/4	21 »	11 »	11 5/8	132.50	137.50
»	9	20 1/2	21 »	10 7/8	11 1/2	130 »	135 »
»	16	20 3/4	21 1/4	11 1/8	11 5/8	135 »	140 »
»	23	20 3/4	21 1/4	11 1/8	11 3/4	135 »	140 »
»	30	21 »	22 »	11 1/4	11 3/4	137.50	142.50
Juin	6	21 3/4	22 1/2	11 3/8	12 »	137.50	142.50
»	13	21 1/4	22 1/2	11 3/8	12 »	137.50	142 50
»	20	21 5/8	22 1/2	11 1/4	11 7/8	140 »	145 »
»	27	21 3/4	22 1/2	11 1/4	11 7/8	137.50	142.50
Juillet. . . .	4	21 1/8	22 1/4	11 »	11 1/2	135 »	140 »
»	11	21 »	22 »	10 3/4	11 3/8	137 »	143 »

TABLEAU N° 107 (*suite*).

DATES.		ALEXANDRIE. En Talaris de 5 Francs, par Quintal.		LIVERPOOL. En Pence, par Livre anglaise.		MARSEILLE. En Francs, par 50 kilogrammes.	
		Fair.	Good-Fair	Fair.	Good-Fair	Fair.	Good-Fair
Juillet....	18	20 1/2	21 1/2	10 1/2	11 1/8	137.50	143 »
»	25	20 »	21 »	9 7/8	10 3/8	137.50	143 »
Août	1	19 1/8	19 3/4	9 3/4	10 1/4	135 »	140 »
»	8	18 1/4	19 »	9 3/4	10 3/8	130 »	135 »
»	15	18 1/4	19 »	9 5/8	10 3/8	127 50	135 »
»	22	18 1/4	19 »	9 5/8	10 3/8	127.50	135 »
»	29	18 1/8	18 3/4	9 5/8	10 1/2	127.50	135 »
Septembre	5	18 3/4	19 1/2	9 3/4	10 5/8	130 »	135 »
»	12	18 1/4	19 »	9 5/8	10 1/2	132.50	137.50
»	19	18 »	19 »	9 1/2	10 1/2	130 »	135 »
»	26	18 1/4	19 1/4	9 3/8	10 3/8	127.50	132.50
Octobre. .	3	18 7/8	19 1/2	9 1/4	10 1/4	127.50	132 50
»	10	18 7/8	19 1/2	9 1/4	10 1/4	125 »	130 »
»	17	18 »	19 »	9 1/4	10 1/4	127.50	132.50
»	24	18 »	18 3/4	9 3/8	10 1/4	127.50	132 50
»	31	18 1/4	18 3/4	9 1/2	10 1/2	125 »	128 »
Novembre.	7	18 1/4	19 »	9 1/2	10 1/2	127.50	132.50
»	14	18 »	18 3/4	9 1/2	10 3/8	125 »	127.50
»	21	18 »	18 3/4	9 5/8	10 5/8	127.50	130 »
»	28	18 1/2	19 1/2	9 7/8	10 7/8	125 »	130 »
Décembre.	5	18 5/8	19 »	10 1/8	11 1/4	125 »	130 »
»	12	18 5/8	19 »	10 1/2	11 1/2	127.50	132.50
»	19	19 »	19 1/2	10 3/4	11 3/4	130 »	135 »
»	30	19 1/4	19 3/4	10 3/4	11 5/8	132.50	135 »

N° 108 — Réseau des Chemins de Fer.

I. — Lignes en Exploitation,

Construites avant l'année 1863.

D'Alexandrie au Caire	131	milles ang.
De Benha à Zagazig	24	»
	155	»

Construites pendant la période 1863-1872.

D'Alexandrie au Caire (double voie) .	131	milles ang.
De Benha à Zagazig (double voie). . .	24	»
De Galioub à Mansoura	88 ¾	»
De Zagazig à Suez (double jusqu'à Ismaïlia)	103 ½	»
De Tanta à Mansoura par Samanoud. .	33	»
De Zifte à Dessouk	60	»
De Tanta à Chibin-el-Kom	18 ¾	»
De Mit-Berry à Benha	8	»
Embranchement du Barrage.	7 ½	»
Embranchement de l'Abassieh	3	»
De Talka à Chirbin et Damiette	25	»
Du Caire à Minié.	151	»
De Minié à Roda.	25	»
Embranchement du Fayoum	25	»
» d'Aba-el-Ouaqf	8	»
» de Beni-Mazar	9	»
» d'Abouksa.	16	»
	736 ½	milles ang.

Total du Réseau en exploitation y compris les doubles voies, les voies de garage, et, pour mémoire, l'ancienne voie du Caire à Suez (90 milles anglais) abandonnée.	1.112	milles ang.

desservis par 68 stations, dont 17 dans la Haute et Moyenne Egypte, et 51 dans la Basse-Egypte. (1).

A la fin de l'année 1870, le réseau des chemins de fer Egyptiens en exploitation occupait une surface : de 10,806 feddans pour les voies et canaux latéraux ; de 319.753 mètres carrés pour les stations ; de 87,476 mètres pour 9 viaducs et un pont en fer ; de 61.000 mètres pour 21 ponts en bois ; de 118,000 mètres pour 77 grands ponts en maçonnerie ; et de 50,000 mètres pour 439 petits ponts en maçonnerie.

Les ateliers, d'une surface totale de 125.214 mètres carrés, occupent, outre les ouvriers de la construction proprement dite, 1164 ouvriers : 5220 agents et employés sont attachés au service de l'exploitation, plus 200 employés mixtes des chemins de fer et des télégraphes.

II. — Lignes en construction.

Du Caire (Embabeh) à Tell-Baroud, rive gauche du Nil.	85	milles angl.
De Dessouk à Damanhour par l'Atfeh. . .	12	»
De Dessouk à Chirbin.	58	»
De Roda à Monfallout et à Syout	53	»
	208	milles angl.

Ces sections, dont les travaux ont été très avancés durant l'année 1872, dépendent : la 2me, de la ligne de Rahmanye (longueur totale 140 milles) ; la 3me, de la ligne basse du Delta (longueur totale 70 milles) : et la 4me, de la ligne de la Haute-Egypte (longueur totale 379 milles jusqu'à Assouan).

(1). Outre les chemins de fer de l'Etat ci-dessus et ci-après, il existe en Egypte une ligne particulière, celle d'Alexandrie à Ramlé, ayant une longueur totale de 5 milles, 350 yards, à une voie, et desservie par 7 stations.

Les travaux de ces trois lignes (ensemble d'une longueur totale de 589 milles) sont poursuivis au fur et à mesure par sections.

III. — Ligne projetée du Soudan.

Tracé.

La ligne du Soudan, tel que le projet en a été officiellement établi par ordre du Khédive, par M. l'ingénieur Fowler, comporte une longueur totale de 889 kilomètres, de Wady-Halfa (2me cataracte) considéré comme point de départ, jusqu'à Metemmeh, gare d'arrivée sur la rive gauche du Nil, en face de Shendy, 16° 40' latit. N. et 32° 25' long. E., à 160 kilomètres entre Berber et Khartoum.

Cette ligne serait à compléter : au nord par une jonction avec Assouan et la Haute-Egypte ; au sud-est, par une jonction avec la mer Rouge, de préférence par Kassala et Massaouah.

La 1re partie, de Wady-Halfa à Kobé, longueur 257 kilomètres, sur la rive droite du Nil, comprend 6 stations : Wady-Halfa, tête de ligne ; Sarrus, à 52 kilom. ; Ambigole, à 102 kilom. ; Akasha, à 147 kilom. ; Ammara, à 203 kilom. ; Kohé, à 257 kilom. (rive droite).

La 2me partie comprend le passage du Nil à Kohé.

La 3me partie, de Kohé à Ambukol, longueur 349 kilomètres, comprend 10 stations : Kohé (rive gauche), à 258 kil ; Fakir Bender, à 310 kil. ; Hannek, à 352 kil. ; Ordeh, ou nouveau Dongola, à 396 kil. ; Teti, à 432 kil. ; Handak, à 462 kil. ; Vieux Dongola, à 508 kil. ; Dabbe, à 542 kil. ; Abdouhin, à 569 kil. ; Ambukol, à 606 kil.

La 4me partie, d'Ambukol à Shendy, longueur 283 kilomètres, traverse le désert de Bahinda, et aboutit à une station à 889 kilomètres (Metemmeh) : 5 arrêts pour approvisionnement d'eau, à Mofokkakart, El Howeigat, Abou-Halfa, Djebel-en-Noos, et Abou-Kly.

Devis.

Basé sur une voie large de 3 pieds 6 pouces (1 mètre, 07), sur des rails de fer pesant 50 livres par yard (24 kilog. 8 par mètre), avec traverses en fer et attaches proportionnelles, sur un maximum d'inclinaison des pentes de $^1/_{50}$ et sur un minimum de rayon des courbes de 500 pieds (152 mètres. 4), le devis total des dépenses pour une exécution complète en trois ans, est de 4 millions de livres sterling, dont 2,500,000 attribuables à l'industrie étrangère, et 1,500,000 attribuables au travail national pour la main d'œuvre et une partie des matériaux.

Le résumé de l'évaluation des terrassements est de :

168.184 mètres cubes de percements à taluter,
 73.338 de sol alluvial, graviers fins, sables,
 43.459 de grès doux, graviers grossiers,
 28.711 de grès dur, schiste et basaltes,
 26.676 de trappites, granit, porphyre, roches métamorphiques et quartz ;

201.271 mètres cubes de percements à déblayer,
 113.677 de sol alluvial, graviers fins, sables ;
 46.407 de grès doux, graviers grossiers,
 23.373 de grès dur, schiste et basaltes,
 17.814 de trappites, granit, porphyres, roches métamorphiques et quartz ;

3.015.235 mètres cubes de percement latéral à taluter, en sol alluvial, graviers fins et roches meubles.

Le résumé de l'évaluation des dépenses est le suivant :

Description des travaux.	Evaluation totale. £.	s.	d.	Par kilom. £.	Par mille. £.
Terrassements, 3,384,690 mètres cubes.	280.144	5	5	315	509
Voie permanente (97 tonnes de rails et accessoires, par kilomètre, rendus sur place)	2 674 512	1	»	3.009	4.850

Description des travaux.	Évaluation totale.			Par kilom.	Par mille.
	£	d.	s.	£	£
Pont du Nil à Kohé (en fer).	212.750	»	»	239	386
Viaducs, arches et ponceaux (54,513 mètres cubes de maçonnerie)	123.218	14	»	139	223
Télégraphes.	44.537	4	»	50	81
Stations (22) et ateliers . .	179 400	»	»	202	325
Matériel (66 locomotives et 11 voitures)	330.165	»	»	372	599
Travaux de génie et frais d'inspection.	155.272	15	7	174	281
TOTAL. . . . . . £.	4.000.000	»	»	4.500	7.254

N° 109. — Transports par Chemin de fer.

I. — MATÉRIEL.

Les chemins de fer de l'Etat consomment en un an une quantité de 38,447 tonnes de houille et de 20,544 tonnes de charbon koke.

Le nombre des locomotives s'élève à 239 ; celui des waggons pour voyageurs et pour marchandises, à 5,258.

II. — SERVICE LOCAL.

Pendant l'année 1871, le nombre des voyageurs transportés en service local a été comme suit :

	1re classe	2me classe	3me classe	ensemble
Tarif ordinaire,	34.828	146.646	1.361.135	1.542.609
Tarif 1/2 place,	2.023	10.408	212.975	225.406
Total...	36.851	157.054	1.574.110	1 768.015

Le trafic local, indépendamment des mouvements pour le le service de l'administration du chemin de fer, a été, en grande et petite vitesse réunies, de 3.390.785 colis de marchandises, pesant ensemble 6.130.103 quintaux ou 1.372.301 ardebs, et jaugeant 103,545 pieds cubes.

III. — Service international.

Pendant l'année 1871, les chemins de fer de l'Etat ont transporté en transit, par service international, le nombre de voyageurs et la quantité de marchandises ci-après.

D'Alexandrie à Suez :

	1re classe	2me classe	ensemble.
Voyageurs civils	1.196	2.569	3.765
» militaires	8.085	511	8.596
Ensemble...	9.281	3.080	12.361

Colis malle-poste, 24.777.

Colis bagages des passagers civils,	poids total	106 tonnes
» » militaires,	»	164 »
Marchandises diverses en grande vitesse poids total.	31.301	quintaux
Marchandises diverses en petite vitesse, poids total.	551.898	»
Matériel militaire en grande vitesse, poids total.	885	»
Matériel militaire en petite vitesse, poids total.	2.114	»
Poids total des marchandises et matériel	586.198	quintaux

De Suez à Alexandrie :

	1re classe	2me classe	ensemble.
Voyageurs civils	1.237	2.987	4.224
» militaires	7.220	515	7.735
Ensemble...	8.457	3.502	11.959

Colis malle-poste, 11.102

Colis bagages des passagers civils, poids total 72 tonnes
» » militaires, » 65 »

Marchandises diverses en grande vitesse, poids total.	57.502	quintaux
Marchandises diverses en petite vitesse, poids total.	586.330	»
Matériel militaire en grande vitesse, poids total.	1.753	»
Matériel militaire en petite vitesse, poids total.	1.548	»
Poids total des marchandises et matériel	647.153	quintaux

N° 110. — Transit des Marchandises par Chemin de Fer D'ALEXANDRIE A SUEZ, PENDANT L'ANNÉE 1872.

MARCHANDISES. (par colis)	PROVENANCES.					TOTAL
	Angleterre	Autriche.	France.	Italie.	Russie.	
Ambre	2	»	»	3	»	5
Armes	6	»	2	»	»	8
Corail	»	»	»	2	»	2
Conterie	»	10	»	210	»	220
Drogues diverses	16	32	18	16	»	82
Draps	2	4	»	3	»	9
Manufacturés	»	23	»	234	»	257
Machines	28	»	»	»	»	28
Marchandises diverses.	11.825	196	269	162	»	12.452
Provisions	5.407	364	310	49	»	6.730
Quincailleries	5	»	»	6	»	11
Soieries	»	»	12	7	»	19
Vins et liqueurs	2.150	58	231	31	»	2.470
	19.441	687	842	723	»	21.693

N° 111. — Transit des Marchandises par Chemin de Fer DE SUEZ A ALEXANDRIE PENDANT L'ANNÉE 1872.

MARCHANDISES (par colis).	DESTINATIONS.					TOTAL
	Angleterre.	Autriche.	France.	Italie.	Russie.	
Blé	11.497	30	»	»	»	11.527
Blé de Turquie	»	14	»	»	»	14
Coton	88.203	19.299	1.928	4.986	200	114.616
Café	443	2.820	4.146	107	»	7.516
Drogues diverses	93	65	23	16	»	197
Encens	»	4	»	»	»	4
Gommes diverses	134	42	»	3	»	179
Indigo	69	2.074	217	»	»	2.360
Laine	835	»	»	»	»	835
Marchandises diverses.	15.664	1.381	4.992	87	»	22.124
Poivre	»	210	520	»	»	730
Plumes d'autruche	»	»	33	»	»	33
Peaux	188	1.465	2.156	714	»	4.523
Séné	»	52	»	»	»	52
Soieries et Soies	3.500	»	3.709	2	»	7.211
	120.626	27.456	17.724	5.915	200	171.921

N° 112. — Réseau des Télégraphes.

LIGNES DE L'ÉTAT : (1) *(Basse-Égypte).*	Nombre des Fils.	Longueur en kilomètres : des Lignes.	des Fils.
* Du Caire à Alexandrie........	6	223.6	1 341.9
* Lignes autour du Caire.........	2	80.4	160 9
* Du Caire à Galioub et au Barrage	2	28.9	57.9
Du Caire à Gaza par Benha.....	2	455.3	910.6
Du Caire à Suez par Benha.....	1	242.9	242.9
Du Caire à Mansoura par Galioub	2	154.4	308.9
* Du Caire à Suez (ancienne ligne, directe)....................	4	144.8	579.2
* De Benha à Mit-Berreh (Palais).	2	14.4	28.9
De Benha à Zagazig et à Suez...	2	197.9	395.8
De Tanta à Talka et Damiette...	2	115.8	231.6
De Tanta à Zifte..............	2	53.0	106.0
De Tanta à Dessouk.....	2	74.0	148.0
De Tanta à Chibin-el-Kom.....	2	30.5	61.1
D'Ismaïlia à Port-Saïd	1	74.0	74.0
De Kantara à Port-Saïd	1	41.8	41.8
* De Damanhour à l'Afté et Rosette.	2	90.1	180.2
(Moyenne et Haute-Égypte)			
Du Caire à Minyé.............	2	276.7	553.4
Du Minyé à Syout.............	2	144.8	289.6
De Syout à Kéné..............	2	225.2	450.5
De Kéné à Assouan............	2	257.4	514.8
D'Assouan à Ouady-Halfa......	2	337.8	675.7
(Soudan)			
De Ouady-Halfa à Korbeït-Selim.	2	233.3	466.6
De Korbeït-Selim à Ourdyeh....	2	96.5	193.0
De Ourdyeh à Abou-Doum....	2	185.0	370.0

(1) Toutes ces lignes ont été établies dans la période 1863-1872, sauf celles marquées d'une astérisque *, et dont quelques unes ont d'ailleurs eu le nombre de leurs fils augmenté pendant cette période.

D'Abou-Doum à Berber........	2	394.2	788.4
De Berber à Shendy...........	2	168.9	337.8
De Shendy à Khartoum........	2	179.9	359.9
De Berber à Kassala..........	2	370.0	740.1
De Kassala à Souakin..........	2	482.7	965.4
De Kéné à Kosseïr............	2	188.2	376.5
Total.....	63	5 582.4	11 951.4
(Lignes projetées)			
Du Caire à Syout..............	1	405.4	405.4
De Kassala à Massaouah.......	2	353.9	707.9
De Massaouah à Souakin.......	2	280	560
TOTAL.........	68	6 611.7	13 624.7
(Lignes diverses, d'exploitation particulière)			
ANGLO-MEDITERRANEAN TELEGRAPH COMPANY			
D'Alexandrie à Suez par le Caire (ancienne ligne)............	2	368.4	736.4
D'Alexandrie à Suez par Benha et Zagazig (nouvelle ligne).....	2	362.0	724.0
Cie DU CANAL MARITIME DE SUEZ			
De Port-Saïd à Suez par Ismaïlia.	2	165.0	330.0
CHEMIN DE FER DE RAMLÉ			
D'Alexandrie à Ramlé	1	8.0	8.0
TOTAL.........	7	903.4	1 798.9
TOTAL GÉNÉRAL....	75	7.515.1	15 423.6

Les 5,582 kilomètres de lignes télégraphiques actuellement exploités par l'État, sont desservis par 77 stations: le service y est fait en langue Arabe, et de plus dans la Basse-Égypte, en langues européennes (Français, Italien, Anglais), par 368 employés speciaux et 200 employés mixtes du service combiné des chemins de fer et des télégraphes.

L'Égypte est reliée télégraphiquement à l'étranger :

Par la ligne terrestre de Gaza, qui la met en correspondance directe avec la Syrie et Constantinople ;

Par la ligne sous-marine d'Alexandrie à Malte et en Sicile, qui la met en correspondance avec l'Europe ;

Par la ligne sous-marine de Suez à Aden et aux Indes, qui la met en correspondance avec l'extrême Orient et l'Australie.

Deux autres lignes sous-marine sont projetées: l'une d'Alexandrie à Bône (jonction avec Alger et Marseille), l'autre d'Alexandrie à Brindisi par la Canée et les îles de la Grèce.

N° 113. — Service Télégraphique Égyptien.

(Année 1871).

ORIGINE DES DÉPÊCHES.	DESTINATION DES DÉPÊCHES.	NOMBRE DES TÉLÉGRAMMES			
		En langue arabe.	En langue turque.	En l'une des langues européen^es.	TOTAL.
Égypte ..	Égypte ..	166.327	»	389.225	555.552
Égypte ..	Étranger.	605	481	2.429	3.515
Étranger.	Égypte ..	702	607	2.457	3.766
Total.....		167.634	1.088	394.111	562.833

N° 114. — ROUTES DE TERRE.

I. — Voies publiques au Caire et dans les Villes ports maritimes.

VILLES.	RUES.	NOMBRE	LONGUEUR de développement.	SURFACE TOTALE.
LE CAIRE	Grandes rues anciennes	7	18.000	147.000
	Nouvelles rues : quartiers de l'Esbékieh et de la Gare	»	6.800	190.000
	» » Ismaïlyeh	»	17 000	210.000
		—	41.800	547.000 (¹)
ALEXANDRIE	Rues de 5 à 6 mètres de largeur	1	136	1.190
	» 6 à 7 » »	7	2.987	20.590
	» 7 à 8 » »	3	855	5.985
	» 8 à 9 » »	7	4.350	34.640
	» 9 à 10 » »	2	825	7.622
	» 10 à 11 » »	6	2.935	29.350
	» 11 à 12 » »	1	1.385	15.627
	» 12 à 13 » »	17	11.482	165.851
	» 13 à 14 » »	7	2.819	36.903
	» 14 à 15 » »	11	6.783	96.762
	» 15 à 16 » »	1	290	4.350
	» 16 à 18 » »	1	670	10.720
	» 18 à 20 » »	2	1.260	30.900
	» au-dessus de 20 mètres	1	420	10.560
		67	37.016	471.049 (²)
ROSETTE	Rues du Nord au Sud	4	3.990	32.320
	» de l'Est à l'Ouest	4	2.125	13 685
		8	6.115	[illegible]
DAMIETTE	Rues diverses	»	[illegible]	[illegible]
PORT-SAID	*Rues actuelles des quartiers Européens*	»	*9.513*	*171.244*
	» projetées	»	*3.946*	*69.065*
	» du quartier Arabe	»	2.752	46.787
	Quais	»	2.773	27.730
		»	18.984	314 826
ISMAILIA	Rues, places et quais intérieurs	»	»	175.500
SUEZ	Rues de l'Est à l'Ouest	5	7.910	196.300
	» du Nord au Sud	8	2.847	21.705
	Places	5	280	11.610
		18	11.037	229.615

(1) Ces nombres ne s'appliquent qu'à la ville proprement dite, les routes extérieures faisant partie de la moudyrieh de Gizeh.
(2) Ces nombres comprennent quelques routes extérieures.

2. — Routes proprement dites.

HAUTE-ÉGYPTE. — La grande vallée de Kosseïr, aboutissant à l'ouest vers la ville de Kéné : les caravanes [illegible] à chameaux emploient 4 jours pour aller de Kéné à Kosseïr et 3 seulement de Kosseïr à Kéné.

Une seconde ligne relie les oasis du désert Lybique aux villes d'Esné et de Syout ; la durée du trajet est de 8 à 10 jours.

Une troisième ligne remonte de Kéné vers le Nord-Ouest, pour aboutir au port de Djebel-Zeït.

MOYENNE-ÉGYPTE. — Deux grandes routes conduisent de Minieh aux petites oasis lybiques, et de Bénisouëf au Fayoum et à l'oasis d'Ammon.

BASSE-ÉGYPTE. — Une grande route ferrée conduit du Caire à Suez ; en outre, des routes accessibles seulement aux caravanes relient le Caire à Bilbeïs, à Salahyeh et aux lacs de Natron.

3. — Digues.

Les digues et chaussées servent de moyen de communication vicinale : les Tableaux Statistiques des Canaux permettent d'apprécier leur longueur de développement.

N° 115. — ROUTES ET TRANSPORTS DU SOUDAN.

ROUTES		NATURE DE LA ROUTE.	MOYENS de TRANSPORT.	DURÉE du TRANSPORT. (1)	MARCHANDISES TRANSPORTÉES.	FRAIS DE TRANSPORT	
DE	A					UNITÉ.	PIASTRES Tarif.
Dongola.	**Caire.**	....	....	....	De toute espèce.	1 rahl (3 ardebs) ou 4 1/2 quint.	109 30/40
De Hat Mohsen ou Sakout....	à Abaka........	Nil.	Barques.	Quelques heures.	»	» »	33 30/40
Abaka........	Wady Halfa ..	Terre.	—	—	»	» »	16 33
Wady Halfa........	1re Cataracte...	Nil.	Barques.	—	»	» »	16 35
1re Cataracte........	Assouan.......	Terre.	—	—	»	» »	8 20
Assouan........	Caire........	Nil.	Barques.		»	» »	33 30
Berber.	**Caire.**	....	....	....	Séné.	1 rahl (4 1/2 quint.)	49 20
De Berber........	à Korosko.......	Désert	Dromadaires. Chameaux.	10 jours. 16 jours.	»	»	36 »
Korosko........	1re Cataracte...	Nil.	Barques.	—	»	»	3 »
1re Cataracte........	Assouan.......	Terre.	—	—	»	»	2 20
Assouan........	Caire........	Nil.	Barques.	—	»	»	8 »
Khartoum, Sennar-Fazoglou et Bahr-el-Abyad	**Caire.**	....	....	....	Coton égrainé, etc.	1 quintal.	45 »
id.	id.	—	—	—	Gomme, Cire, etc.	»	50 - 60
id.	id.	—	—	—	Ivoire, etc.	»	100 »
D'un point du Nil........	à Kerari........	Nil.					
Kerari........	Dayah........	Terre.					
Dayah........	Dongola........	Nil.					
Kordofan.	**Caire.**	....	....	....	Plumes d'Autruche.	1 rotoli.	4 »
id.	id.	—	—	—	Gommes et autres.	1 quintal.	118 »
De Kordofan........	à Aboukassa. ...	Nil.	Barques.	—	»	»	(2) 45 »

(1) D'après les évaluations des différents Moudyrs. — Un auteur compé[illegible] John Manuel, estime de 5 à 7 lieues la distance franchie ordinairement en 1 jour, par les caravanes du Soudan.

(2) En hiver 35 P., en automne 55.

TABLEAU 15 (*suite*).

ROUTES DE	ROUTES A	NATURE DE LA ROUTE.	MOYENS de TRANSPORT.	DURÉE du TRANSPORT.	MARCHANDISES TRANSPORTÉES.	FRAIS DE TRANSPORT UNITÉ.	FRAIS DE TRANSPORT PIASTRES Tarif.
Kordofan (*suite*).	**Caire.**						
De Aboukassa	à Wady Halfa	Terre.	—	—	Gommes et autres.	1 quintal.	45 »
Wady Halfa	1re Cataracte	Nil.	Barques.	—	»	»	10 »
1re Cataracte	Assouan	Terre.	—	—	»	»	5 »
Assouan	Caire	Nil.	Barques.	—	»	»	(1) 13 »
Fagara (*Kordofan*)	Omel Darmat	Terre.	—	15 jours.			
l'Atmour (*Dongola*)	Aboukassa	Terre.	—	20 jours.			
Dieh (*Dongola*)	Ordyeh	Terre.	Dromadaires.	2 jours.			
		Terre.	Chameaux.	4 jours.			
		Nil.	Barques.	2 jours.			
Ordyeh	Wady Halfa	Terre.	Dromadaires.	6 jours.			
			Chameaux.	12 jours.			
Ordyeh	Abaka	Nil.	Barques.	10 jours.			
Abaka	Ordych	Nil.	Barques.	12 jours, vent favor.			
Tohar	Souakin	Terre.	—	15 jours.	Avoines, Maïs, etc.	1 ardeb.	18 »
id.	id.	Terre.	—	»	Coton.	1 quintal.	6 25
Ghedaref. Taka. Berber. Foz Ragab.	Souakin.	Terre.	Chameaux. Dromadaires.	15 jours. 8 jours.	Cire, Café, etc.	1 fardeau (4 à 5 quint. ou 1 ard. 1/2)	40 - 60
id.	id.	Terre.	Chameaux.	25 jours.	Marchandises lourdes.	»	140 - 160
De Ghedaref	à Kassala (*Taha*)	Terre.	—	—	Sésame, Coton, Peaux.	1 quintal.	20 - 30
id.	id.	Terre.	—	—	Gomme.	»	40 - 80
D'Abyssinie	Massaouah	Terre.	à dos d'hommes q.q.fois p. ânes				

(1) Y compris le déchargement.

N° 116. — PONTS ET CANAUX

EXÉCUTÉS DANS LES PROVINCES

Pendant les années 1280 à 1289.

Haute Egypte.

MOUDYRIEH DE ESNÉ, 10 ponts, y compris 3 sur le canal Remadé ;

KÉNÉ, 10 ponts ;

GHERGHE, 14 ponts ;

ASSYOUT, 33 ponts, y compris 9 à la prise d'eau de divers canaux dans le canal Ibrahimieh ;

MINIEH et BENIMAZAR, 24 ponts, y compris 21 à la traversée du chemin de fer ;

BÉNISOUEF, 13 ponts, y compris les ponts de Fachiche, de Kom-Abou-Nada et de Atouab ;

FAYOUM, 30 ponts, y compris 26 à la traversée du chemin de fer ;

GIZEH, 16 ponts,

Basse Egypte.

MOUDYRIEH DE GALIOUBYE. 9 canaux, 28 ponts ;

CHARKYÉ, 17 canaux, 94 ponts ;

DAHKALYÉ, 9 canaux, 38 ponts ;

GARBYÉ, 40 canaux, 32 ponts ;

MENOUFYE, 21 canaux, 14 ponts ;

BÉHÉRA, 16 canaux, 70 ponts, y compris 33 à la traversée du chemin de fer.

TOTAL.

112 Canaux et 426 ponts, dont 150 dans la Haute Egypte et 276 dans la Basse Egypte.

Cube total du terrassement : 123 millions de mètres.

Les principaux de ces canaux sont :

Le canal Ismaïlyeh, 98 kilomètres de longueur, 11 millions de mètres cubes de terrassement ;

Le canal Ibrahimieh, 150 kilomètres de longueur, 38 millions de mètres cubes de terrassement ;

Le canal Béhéreh (commencé en 1872), 42 kilomètres de longueur, 10 millions de mètres cubes de terrassement.

N° 117. — TRANSIT DES MARCHANDISES PAR LE CANAL MARITIME DE SUEZ

(DIRECTION DE PORT-SAÏD A SUEZ) PENDANT L'ANNÉE 1872.

MARCHANDISES (Par tonneaux de mer).	PROVENANCES										
	Égypte.	Angleterre.	Autriche	Allemagne.	Espagne.	France.	Italie.	Hollande	Russie.	Turquie.	Portugal
Charbons........	5 380	72.272	»	»	»	»	»	»	»	1.000	»
Autres marchandses.	14.985	406.132	8.278	4.600	1.930	33.934	15.036	10.541	10.400	11.232	2.344
Lest.............	24.732	20.628	»	»	»	7.195	3.961	»	1.359	2.702	448
Jauge des navires transporteurs de troupes et de pèlerins..........	»	11.289	»	»	1.146	11.018	»	»	»	6.965	720
ENSEMBLE...	45.097	510.321	8.278	4.600	3.076	52.147	18.997	10.541	11.759	21.899	3.512

N° 118. — TRANSIT DES MARCHANDISES PAR LE CANAL MARITIME DE SUEZ

(DIRECTION DE SUEZ A PORT-SAÏD) PENDANT L'ANNÉE 1872.

MARCHANDISES (Par tonneaux de mer).	DESTINATIONS											
	Egypte.	Angleterre et Malte.	Autriche	Allemagne.	Espagne avec Gibraltar et divers.	France.	Italie.	Hollande	Russie.	Turquie.	Portugal.	Belgique.
Coton	2.200	63.908	4 374	2.300	»	800	1.965	»	1.700	»	»	»
Graine de coton (des Indes)	500	»	»	»	»	»	»	»	»	»	»	»
Graines de coton d'Ismaïlia	»	9.979	»	»	690	»	»	»	»	»	»	»
Autres marchand^ses^.	13.578	437.935	10.178	5.900	17.100	54.596	18.003	16.427	6.109	2.453	»	2.000
Lest	9.804	7.729	»	»	»	4.848	381	»	2.201	8 544	1.605	»
Jauge des navires transporteurs de troupes et de pèlerins	4.595	25.536	»	»	»	12 683	»	»	»	9.373	1.333	»
ENSEMBLE	30.677	545.087	14.552	8.200	17.790	72.927	20.349	16.427	10.010	20.370	2 938	2.000

N° 119. — Mouvement du Numéraire en Égypte.

I. — IMPORTATION ET EXPORTATION LOCALE DE NUMÉRAIRE.

ANNÉES.	NUMÉRAIRE IMPORTÉ			NUMÉRAIRE EXPORTÉ		
	Paquebots des Messageries maritimes.	Paquebots de la Compagnie Péninsulaire.	ENSEMBLE.	Paquebots des Messageries maritimes.	Paquebots de la Compagnie Péninsulaire.	ENSEMBLE.
	FRANCS.	FRANCS.	FRANCS.	FRANCS.	FRANCS.	FRANCS.
1863	58.029.973	82.353.897	140.383.870	2.354.668	2.636.875	4.991.543
1864	82.000.000	42.313.925	124.313.925	5.766.030	7.157.575	12.923.605
1865	55.000.000	27.546.400	82.546.400	20.400.000	14.050.650	34.450.650
1866	34.205.986	17.624.900	51.830.886	42.600.000	36.256.475	78.856.475
1867	17.796.783	9.783.370	27.580.159	13.265.000	8.425.270	21.690.270
1868	20.942.800	59.503.420	80.446.220	3.737.000	4.037.777	7.774.777
1869	12.042.603	7.401.780	19.444.383	5.090.000	15.901.077	20.991.077
1870	1.260.924	32.138.700	33.399.624	10.615.000	39.371.277	49.986.277
1871	43.965.090	20.123.700	64.088.790	5.946.800	4.432.500	10.379.300
1872	40.405.937	22.564.584	62.970.521	596.204	3.169.950	3.766.154
Total.	365.650.096	321.354.676	687.004.772	110.370.702	135.439.426	245.810.128

TOTAL du numéraire importé . . . . 687.004.772 Francs.
» » exporté . . . . 245.810.128 »

EXCÉDANT de l'importation sur l'exportation . . . . 441.194.644 Francs.

Les autres lignes de navigation entre l'Egypte et l'Etranger, qui représentent d'ailleurs un mouvement beaucoup moins grand de numéraire, offrent généralement un excédant de l'importation sur l'exportation.

Pendant les 4 années 1869 à 1872, les paquebots du Lloyd ont importé d'Europe 57.830.125 francs et exporté d'Egypte 19.164.000 francs seulement ; du Levant, importé 30.731.125 francs et exporté 29.910.125 francs.

Pendant les 2 années 1871-1872, les paquebots Khédiviés ont importé du Levant 23.124.669 francs, et exporté d'Egypte 19.464.416 ; seuls, les paquebots russes, pendant les 5 années de 1868 à 1872, ont importé du Levant moins qu'ils n'ont exporté d'Egypte, 5.891.000 francs contre 16.375.076.

Pendant les 2 années 1871-72, les paquebots de la Compagnie Rubattino ont importé de l'Italie 18.123.479 francs et exporté d'Egypte une quantité insignifiante. — Les paquebots de la Compagnie Adriatico-Orientale, pendant les 9 années de 1864 à 1872, ont importé 9.822 500 francs : leurs exportations seraient restées bien au-dessous de ce chiffre, mais les envois expédiés par la poste italienne pour compte du public (seule agence postale étrangère qui, d'Egypte, effectue ces envois) en ont porté le chiffre total à 17.272.509 francs pendant ces mêmes années.

II. — CIRCULATION INTÉRIEURE DU NUMÉRAIRE.

Année					
Année 1865	valeur des mandats-poste	29.274.540 P.,	des groups	1.606.522.000	P.
» 1866	»	27.060.800 »	»	1.037.382.400	»
» 1867	»	25.762.587 »	»	968.452.632	»
» 1868	»	27.738.949 »	»	980.725.620	»
» 1869	»	23.253 745 »	»	934.217.597	»
» 1870	»	23.740.328 »	»	630.574.871	»
» 1871	»	22.783.521 »	»	926.163.436	»
» 1872	»	22.265.410 »	»	1.563.402.049	»

III. — TRANSIT INTERNATIONAL DU NUMÉRAIRE

par les Chemins de fer Égyptiens

POUR COMPTE DE LA COMPAGNIE PÉNINSULAIRE ET ORIENTALE.

ANNÉES.	DE SUEZ A ALEXANDRIE		D'ALEXANDRIE A SUEZ. —	ENSEMBLE.
	PROVENANCE DES INDES ET DE LA CHINE.	PROVENANCE D'AUSTRALIE.	PROVENANCE D'EUROPE.	
1860	—	—	—	319.160.450 Fr.
1861	—	—	—	268.888.775 »
1862	—	—	—	398.434.975 »
1863	—	—	—	357.045.675 »
1864	7.622.000 Francs.		398.000.000	405.622.000 »
1865	—	—	—	195.144.825 »
1866	—	—	—	288.765.675 »
1867	17 167 822 »		51.444.477	68.612.299 »
1868	33.933.722 »		116.181.322	150.115.044 »
1869	114 870.322 »		194.119.500	308.989.822 »
1870	196.027.600 »		67.952 900	263.980.500 »
1871	111.975.300	147 604.900	47.491.600	307.071.800 »
1872	12.659.025	123.750.550	170.059.225	296.468 800 »

N° 120. — Postes Khédiviées Égyptiennes.

I. — Correspondance (*Année 1872*).

NATURE DES CORRESPONDANCES	CORRESPONDANCES de L'INTÉRIEUR	CORRESPONDANCES DE L'ÉTRANGER (Arabie, Syrie, Constantinople, Corfou et Trieste)
Simples	1 381.075	46.485
Doubles	120.082	23.728
Surtaxées	95.095	612
Assurées et recommandées	25.805	3.475
Journaux	277.268	1.671
Echantillons	7 656	415
Imprimés	90.937	1.010
Totaux	1.997.918	77 396

II. — Numéraire (*Année 1872*).

Mandats : valeur totale	22.263.410	P. T.
Groups	1.563.402.049	»
Valeurs	4.143.185	»
Transports individuels déclarés	42 795.960	»
Contraventions, pour valeur de	977.605	»
Valeur Totale	1.633.584.209	»

III. — Récapitulation 1865-1872.

ANNÉE.	CORRESPONDANCES.	JOURNAUX.
1865	1.234.751	267.010
1866	1.201.543	272.110
1867	1.105.934	215.234
1868	1 197.591	265.594
1869	1 573.753	276 797
1870	1.020.942	231.364
1871	1.562.756	330.710
1872	1.696 357	378.957

Nota. — Voir la récapitulation du numéraire transporté par la Poste, au chapitre : mouvement du numéraire en Égypte.

N° 121. — Poste Autrichienne d'Alexandrie

(Année 1872).

Nombre des lettres expédiées en Europe (Corfou et Trieste)	86.350
Nombre des lettres expédiées dans le Levant	19.635
» » reçues d'Europe	119.265
» des paquets d'imprimés reçus d'Europe	30.732
» des lettres reçues du Levant	37.918
» des colis malles-poste expédiés à Trieste	587
» » » » dans le Levant	784
Nombre des colis malles-poste expédiés aux Indes	735
» » » reçus de Trieste	715
» » » » du Levant	738
» » » » des Indes	552

N° 122. — Poste Italienne d'Alexandrie

(Année 1872).

1. Nombre approximatif des lettres reçues de l'Italie et des pays au-delà	166.000
2. Nombre approximatif des journaux et imprimés reçus de l'Italie et des pays au-delà.	175.000
3. Nombre des lettres expédiées d'Alexandrie pour l'Italie et les pays au-delà	158.500
4. Nombre des journaux et des imprimés expédiés d'Alexandrie pour l'Italie et les pays au-delà	11.100
5. Nombre exact des colis de malles-poste expédiés d'Alexandrie pour l'Italie (vià Brindisi et Messine) par les bateaux italiens et anglais	443

6. Nombre exact des colis de malles-poste reçus de l'Italie (via Brindisi et Messine) par les bateaux italiens et anglais. 543

7. Nombre des colis malles-poste expédiés d'Alexandrie (bureau italien) pour les Indes et la Syrie par les bateaux français et Autrichiens 72

8. Nombre des mandats-poste délivrés : 11,205 d'une valeur totale de francs. 3.810.598 51

9. Nombre des mandats-poste payés : 693 d'une valeur totale de francs 733.765 85

N° 123.— Postes Anglaise, Française et Grecque

D'ALEXANDRIE.

Poste Anglaise. — Pendant l'année 1871, la malle des Indes a transporté de Brindisi à Alexandrie 8,766 valises postales pour les Indes, et d'Alexandrie à Brindisi 4,062 valises pour l'Europe. — Le service local d'Alexandrie (bureau Anglais) a, pendant le dernier trimestre de cette année, expédié aux Indes 828 valises provenant d'Egypte même ou reçues des bureaux de Poste Français et Autrichien ; et a expédié en Angleterre, par Brindisi ou Southampton, 250 valises provenant d'Egypte.

Poste Française. — Pendant l'année 1869, la Poste Française d'Alexandrie a reçu environ 276,000 lettres d'Europe, et 26,400 du Levant, plus 480,000 paquets d'imprimés ; elle a expédié environ 216,000 lettres en Europe, et 32,400 dans le Levant, plus 36,000 paquets d'imprimés.

Poste Grecque. — Pendant l'année 1871 (v. s.), la Poste Grecque d'Alexandrie a reçu de Grèce 28,269 lettres et 25,776 journaux ; elle a expédié en Grèce 29,958 lettres et 1,946 journaux, — par les deux voies de Corfou et Syra.

N° 124.

Exploitation des mines et métallurgie (1)

I. — NATRON.

Le natron s'exploite dans la province de Béhéra, en deux localités différentes : Terraneh et Hararah près Barnoughi.

Le natron de Terraneh (directement exploité par le Gouvernement) est extrait du mois d'avril au mois d'août : la quantité extraite en 1871 a été de 42.175 pesées (de 60 oques) de la qualité dite Sultani noir; — 13.354 pesées de la qualité Sultani blanc; et 15 768 pesées de la qualité khartayeh; en tout 71.297 pesées ou 4.277.820 oques. Les frais de revient de cette marchandise, rendue à Alexandrie, sont de 10 P. 8 paras par pesée, savoir :

Prix sur le lieu d'extraction	0 P.	20 paras
Transport par chameau jusqu'aux magasins de Terraneh	5 »	20 »
Salaire de portefaix	0 »	3 »
Transport par barques de Terraneh à Alexandrie . . . . , ...	3 »	10 »
Frais généraux.	0 »	35 »
	10 P.	08 paras

Le natron Barnoughi (affermé par le Gouvernement depuis près de 40 ans), est extrait depuis le mois de juin : la quantité extraite en 1871 a été de 18,872 pesées ou 1.132.320 oques. Les frais de revient de cette marchandise, rendue à Alexandrie, sont de 6 P. 10 paras par pesée, savoir :

(1) Premier groupe des programmes de l'Exposition Universelle de Vienne en 1873. — Le 2me groupe (agriculture) forme un chapitre spécial dans ce recueil.

Prix sur le lieu d'extraction.	0 P.	20 paras
Transport jusqu'à Abou Hamad au bord du Canal Mahmoudye	4 »	20 »
Embarquement	0 »	10 »
Transport par le Canal jusqu'à Alexand.	0 »	20 »
Frais généraux.	0 »	20 »
	6 P.	10 paras

II. — NITRE.

La quantité moyenne de nitre brut produite annuellement par les nitrières du Gouvernement à Bedrechin, Enané, Fayoum (Moyenne Egypte), et à Cheikh Ebadé, Manchié, Copt, Denderah, Karnak (Haute-Egypte), est évalué à 14 ou 15.000 quintaux de 100 rotolis (de 630.000 à 675.000 kil.).

Les quantités de nitrate de potasse raffiné fournies par la manipulation de ces matières centralisées à la salpétrière du vieux Caire, — à un titre qui n'est pas inférieur à 950, — s'élèvent en moyenne à 12 ou 13.000 quintaux (540.000 à 585.000 kil.), d'après les recherches de M. Gastinel-Bey.

III. — SEL.

Les salines en exploitation en Egypte sont au nombre de 12, savoir :

	Ouvriers.	Animaux.	Produit annuel.
Saline de Damiette	359	718	45.444 ardebs.
» *Rosette*	167	334	15.000 »
» *Farskour (Dahkalye)*. . .	50	100	4.500 »
» *Ballachi (lac Menzaleh)* .	28	56	2.500 »
» *Brullos (Garbyé)*	30	60	1.811 »
» *Transa*	21	42	1.250 »
» *Alexandrie*.	20	41	1 220 »
» *Havara*	7	14	415 »
» *Port-Saïd*.	1	1	20 »
» *Ismaïlia*.	1	1	27 »
» *Suez*.	1	1	24 »
	685	1 368	72.211 »

Salines de Souakin (renseignements non-officiels).

On évalue à près de 30 millions de quintaux la quantité de sel marin que pourraient produire les deux salines de Rawiah et Darrah près Souakin.

L'exportation de sel à Gedda pour l'alimentation du Yemen, de Aden et des Indes, s'élève à près de 4 millions de quintaux, valant environ 1 million de francs. Cette exportation a lieu ordinairement au printemps.

La quantité consommée à Souakin et la quantité importée par caravanes dans la province de Taka et dans une partie de l'Abyssinie est à peu près aussi considérable.

N° 125. — Arts Chimiques. (1)

I. — PERSONNEL ET SALAIRES.

L'industrie privée des arts chimiques occupe spécialement parmi la population indigène, en temps ordinaire :

Au Caire.		A Alexandrie.	Dans le reste de l'Egypte.	
890 h.	14 f.	279	4.834	Teinturiers.
132	2	32	491	patrons de pressoirs à huile.
6	2	»	»	marchands d'amidon.
1028 h.	18 f.	311	5.325	

6.664 hommes, 18 femmes.

Le salaire des ouvriers dans ces industries est en moyenne par jour de 7 P. à Alexandrie pour les ouvriers des presses à huile.

(1) Exp. de V., — 3me groupe. — Dans cette note et dans les suivantes, le personnel employé *spécialement* par une industrie s'entend des individus qui font de cette industrie leur métier habituel, et non qui s'y livrent temporairement à l'occasion.

II. — PRODUCTION ET VENTE

Fabriques d'essences de fleurs: au Caire, 30 ateliers fabriquant 86 quintaux par an; 30 lieux de débit; — à Alexandrie, bénéfice annuel réalisé dans cette industrie 70.000 piastres.

Fabriques de bougies : au Caire ; 10 ateliers fabriquant 230 quintaux par an; 7 lieux de débit, bénéfice annuel 23.000 piastres.

Presses à huile : au Caire, 101 ateliers ; — à Alexandrie, 4 ateliers fabriquant 400 quintaux par an ; 4 lieux de débit; valeur annuelle vendue 120.000 piastres ; bénéfice annuel 28.000 piastres.

Ont payé le droit d'octroi au Caire, en l'année 1871; comme produits du pays : 10 quint. d'eau de roses du pays, 15 de fleurs d'orangers, 2 d'eau de menthe, 9 d'eaux parfumées diverses.

Outre les presses à huile ci-dessus, il s'en trouve 11 à Damiette , 2 à Rosette, 12 dans la Moudyrieh de Dahkalye, 22 dans celle de Gherghe, et 16 dans celle de Esneh.

N° 126. — Substances Alimentaires et de Consommation comme produits de l'Industrie. (1)

I. — PERSONNEL ET SALAIRES.

Les industries ci-dessus (privées) occupent spécialement parmi la population indigène, en temps ordinaire :

Au Caire.		A Alexandrie.		Dans le reste de l'Egypte.		
934 h.	135 f.	489 h.		625 h.	81 f.	boulangers.
1.411	»	620	7 f.	759	»	cafetiers.
420	»	379	»	315	»	cuisiniers forains.

(1) Exp. de V., — 4me gr.

Au Caire.		A Alexandrie.		Dans le reste de l'Egypte.		
781 h.	6 f.	207 h.	» f.	235 h.	» f.	confiseurs.
180	»	69	»	62	»	marchands de conserves au vinaigre.
36	»	»	»	»	»	marchands de dattes.
298	»	85	»	966	»	épiciers-liquoristes.
45	»	»	»	2.857	»	marchands de fruits frais.
692	291	»	»	68	»	» » secs.
»	»	»	»	891	»	» d'huile d'olive.
»	»	»	»	116	»	» » de sésame.
427	6	101	»	111	»	» de lait caillé.
880	20	430	64	2 795	»	» bouchers.
173	»	»	»	16	»	limonadiers-liquoristes.
467	129	1.093	345	4.262	227	march. de légumes frais.
1170	113	509	100	36	4	» » secs.
655	51	413	4	1.500	»	meuniers.
175	»	»	»	53	»	mouleurs de café.
»	»	»	»	346	»	marchands de miel.
77	660	100	7	49	»	» de pains et gâteaux, forains.
191	28	151	4	69	»	pâtissiers.
196	14	104	»	476	»	marchands de poissons.
133	»	»	»	»	»	» de riz.
»	»	»	»	170	»	» de sel.
156	»	353	»	617	»	» de blé, céréales
97	»	79	»	1.589	»	cribleurs de blé.
134	56	51	48	1.321	»	marchands de volaille.
»	»	»	»	17	»	» de beurre.
35	»	»	»	»	»	tripiers.
9.763 h.	1.509f.	5.237 h.	579 f.	20.321 h.	312 f.	

35.321 hommes et 2.400 femmes.

Le salaire des ouvriers dans ces industries est en moyenne par jour de : 3 P. au Caire, 4 1/2 à Alexandrie, de 3 dans les provinces, pour les ouvriers meuniers ; de 2 au Caire, de

4 1/2 à Alexandrie et de 5 dans les provinces, dans les fabriques de confiserie ; et de 2 1/2 au Caire dans les pâtisseries.

II. — PRODUCTION ET VENTE.

Confiseries : au Caire, 20 ateliers fabricant 2,000 quintaux par an, 200 lieux de débit, bénéfice annuel 40,000 piastres ; — à Alexandrie, 32 ateliers fabricant 4,098 quintaux, 32 lieux de débit, valeur annuelle vendue 1,089,400 P., bénéfice annuel 155,000 piastres.

Moulins à vapeur : au Caire, 27 ateliers fabricant 30,186 ardebs par an, bénéfice annuel 300,000 piastres ; — à Alexandrie, 31 ateliers produisant 40,830 ardebs, 31 lieux de débit, valeur annuelle vendue 3,776,000 piastres, bénéfice annuel réalisé 66,000 piastres.

Moulins à vent : à Alexandrie, 37 ateliers produisant 12,060 ardebs par an, 37 lieux de débit, valeur annuelle vendue 173,800 P., bénéfice annuel réalisé 121,900 P.

Moulins à chevaux: au Caire, 575 ateliers, bénéfice annuel réalisé 349,000 P. ; — à Alexandrie, 127 ateliers produisant 53.120 ardebs, 127 lieux de débit, valeur annuelle vendue 3,743,000 P., bénéfice annuel réalisé 336.840 P.

Pâtisseries : Au Caire, 7 ateliers fabriquant 36 ardebs, 70 lieux de débit.

Fours et boulangeries : au Caire, 274 ateliers ; — à Alexandrie 236.

Cafés : au Caire 1.044 ; à Alexandrie 361.

Cabarets et brasseries : au Caire 346.

III. — L'ÉTAT.

Le Gouvernement a, au Caire et à Alexandrie, une fabrique de biscuit et pain de munition.

La boulangerie du Caire (à Boulaq) a travaillé, en l'année

1871, une quantité de 64.931 ardebs de farine, et consommé 48.000 quintaux de charbon de bois et 18.500 quintaux de houille.

La boulangerie d'Alexandrie a travaillé, pendant la même année, 52.806 ardebs de farine, et consommé 51.000 quintaux de charbon de bois et 5.300 de houille.

Ces établissements fournissent les services publics, notamment l'armée, et l'assistance publique, dont les distributions gratuites s'étendent chaque année à un nombre considérable d'indigents même étrangers et de pèlerins pauvres de passage en Egypte.

N° 127. — Fabriques de sucre de la Daïra du Khédive. (1)

Les fabriques de sucre, appartenant à la Daïra du Khédive en Egypte, sont au nombre de 17 en exploitation et de 5 en cours de construction.

Les 17 premières sont situées :

				Superficie de l'Usine et dépendances.	
1	à Erment,	Moudyrieh	de Esné	52.096	mètres carr.
1	à »	»	»	22.367	»
1	à Metaneh,	»	»	78.277	»
1	à Roda,	»	Assyout	43.767	»
1	à Abougorgos,	»	Minieh	98.000	»
1	à Minieh,	»	»	60.605	»
1	à Dameris,	»	»	25.461	»
1	à Massarat-el-Samalout,	»	»	224.262	»
1	à Mattaïe,	»	»	105.000	»
1	à Maghagha,	»	»	332.133	»
1	à Bénimazar,	»	»	11 462	»
1	à Cheikh Fadel,	»	»	6.445	»
1	à Aba,	»	»	290.558	»

(1) Exp. de V., — 4me gr.

		Superficie de l'Usine et dépendances.
1 à Fachn,	Moudirieh de Minié	259.466 mètres carr.
1 à Abouksa,	» Fayoum	144.287 »
1 à Farchout,	» Kéné	
1 à Massarat Doudeh,	« Fayoum	

Ces 17 usines peuvent produire annuellement 2,350,000 cantars ou 105,750 tonnes métriques de sucre :

Les 5 fabriques en construction sont situées :

		Superficie de l'Usine et dépendances
1 à Soliacrous,	Moudyrieh de Minié	336.000 mètres carr.
1 à Dabayeh,	» Kéné	22.367 »
1 à Bibeh,	» Bénisouef	247.933 »
1 à Achmont,	» Minié	
1 à Abougoncho,	» Fayoum	

Ces nouvelles usines pourront produire annuellement 900,000 cantars ou 40,500 tonnes métriques de sucre, ce qui permettra une production totale de 3.250.000 cantars ou 146.250 tonnes métriques de sucre par an, pour les 22 fabriques réunies.

Chaque feddan produisant en moyenne 500 cantars ou 22.500 kilos de cannes, soit pour chaque hectare 1.190 cantars ou 53.550 kilos, et le rendement des cannes en sucre étant de 8 à 9 pour cent, il s'ensuit que, pour assurer le travail en plein des 17 usines fonctionnant actuellement, il suffit d'une récolte de 27.650 000 cantars de cannes, et par conséquent d'une culture annuelle de 55.300 feddans. De même, pour assurer le travail en plein des 5 nouvelles usines, il suffira d'un supplément de récolte de 10 600.000 cantars de cannes, et par conséquent d'un supplément de culture de 21.200 feddans.

Ces premiers chiffres de récolte et de culture sont susceptibles de recevoir toute augmentation voulue, en proportion de la faculté de travail de toutes les nouvelles usines qui viendraient encore à être construites.

Le sucre produit par les usines de la Daïra du Khédive

est dans la proportion de deux tiers de sucre blanc et un tiers de sucre roux, soit pour une production de 1.500.000 cantars ou 67.500 tonnes, une quantité de 1.000.000 cantars ou 45.000 tonnes de sucre blanc et une quantité de 500.000 cantars ou 22.500 tonnes de sucre roux.

Le sucre blanc est en partie consommé en Egypte, et en partie exporté à l'étranger.

Une partie de la mélasse est également consommée en nature dans le pays; le surplus est converti en alcool, ou exporté en Europe.

La quantité de sucre exportée d'Egypte par Alexandrie a été de 456,851 quintaux en 1872.

La récolte et le travail de l'année 1872 promettent pour l'année 1873 une exportation plus considérable encore.

Le prix du sucre de la Daïra sur le marché d'exportation d'Alexandrie, en 1871, a été, d'après les renseignements du commerce :

De 101	à 161 P.	pour 175.187	quint.	sucre	cent[se] de Minieh.
» 72	119	75.074	»	»	rouge en poudre de Maghagha.
» 72	100	285	»	»	jaune.
» 101	149	17 402	»	»	en pains, Roda.
» 101	149	32.135	»	»	en poudre.
» 70	106	40.690	»	»	kham.
» 79	114	20,515	»	»	diverses qualités.

Par suite des usages de la place, ces quantités ne représentent d'ailleurs pas la quantité réellement vendue aux enchères, qui a été, pour toute l'année 1872, de 318.552 quintaux.

Le prix moyen du sucre d'Egypte, d'après les données officielles, a été de 104 P. $^{20}/_{40}$, calculé sur une vente de 532.000 quintaux livrés à l'exportation et à la consommation locale sur le marché d'Alexandrie.

Le prix moyen de la mélasse a été de 23 P. $^{10}/_{40}$.

Le prix moyen de l'alcool a été de 5 P. l'oque, calculé sur une vente de 35.600 oques provenant de l'usine d'Abouksa.

Les usines de la Daïra du Khédive fonctionnent par des machines à force centrifuges, dites turbines, pour le travail tout entier ; la canne desséchée, dite bagasse, suffit amplement à tous les besoins des usines.

Le personnel qu'elles emploient est rétribué ainsi :

Les ouvriers qui ont un état, tels que les maçons, charpentiers, serruriers, cuiseurs, etc., sont payés de 3 à 5 fr. par jour.

Les manœuvres reçoivent, selon leur âge et leur force, de 75 cent. à 2 fr. par jour.

N° 128. — Industrie des matières textiles et confections. (1)

I. — PERSONNEL ET SALAIRES.

Les industries ci-dessus (privées) occupent spécialement, parmi la population indigène, en temps ordinaire :

Au Caire.		A Alexandrie.		Dans le reste de l'Egypte.	
395 h.	0 f.	171 h.	» f.	1.773 h.	cordonniers-bottiers.
»	»	»	»	430	marchands de bonnets en feutre.
»	»	68	»	»	» de broderies.
»	»	53	»	»	blanchisseurs.
»	»	»	»	8	marchands du boutons.
»	»	230	»	»	ouvriers à la préparation de coton.
»	»	»	»	116	filateurs de coton et de lin.
»	»	»	»	16	rouisseurs de lin.
»	»	»	»	558	marchands de laine.

(1) Exp. de V., — 5me gr.

Au Caire.		A Alexandrie.		Dans le reste de l'Égypte.	
680 h.	0 f.	382 h.	0 f.	27	marchands de manufacturés.
459	»	106	»	181	passementiers.
1.126	»	»	»	320	marchands de soieries.
1.272	»	376	»	840	tailleurs.
597	13	75	»	16.997	tisserands.
»	»	»	»	247	tisseurs de soie.
»	»	58	»	674	marchands de toile.
»	»	25	55	»	chiffonniers press. de chiffons.
4.529 h.	13 f.	1.544 h.	55 f.	22.187 h.	

28.260 hommes et 68 femmes.

Le salaire des ouvriers dans ces industries, est en moyenne par jour de 3 P. $^{20}/_{40}$ à Alexandrie pour les ouvriers des presses de chiffons ; 5 P. au Caire pour les ouvriers à la préparation des cotons ; 5 au Caire et 3 $^{20}/_{40}$ à Alexandrie, pour les tisserands ; et 4 à Alexandrie pour les ouvriers tapissiers.

II. — PRODUCTION ET VENTE.

Tisseranderies de coton : A Alexandrie, 38 ateliers fabriquant 10,480 pièces par an, 38 lieux de débit, valeur annuelle vendue 974,730 piastres, bénéfice annuel 152,500 piastres.

Tapisseries : Au Caire, 11 ateliers fabriquant 1,180 quint., 28 lieux de débit ; — à Alexandrie, 31 ateliers fabriquant 24,100 pièces par an, 31 lieux de débit, valeur vendue 300,320 piastres, bénéfice annuel 82,600 piastres.

Ateliers de préparation du coton : Au Caire, 107 ateliers, 50 lieux de débit, bénéfice annuel 1,030,000 piastres.

Fabriques de toile coton et lin : Au Caire, 60 ateliers fabriquant 32,220 oques par an, 60 lieux de débit, bénéfice annuel 110,000 piastres.

Fabriques de laine : Au Caire, 20 ateliers travaillant 900 rotolis et 50,000 peaux par an, 20 lieux de débit, bénéfice annuel 45,000 piastres.

Presses de coton : A Alexandrie, 6 ateliers fabriquant 90,000 quintaux par an, valeur annuelle vendue 12,626,000 piastres, bénéfice annuel 360,000 piastres.

Presses de chiffons : A Alexandrie, 6 ateliers fabriquant 30,000 quintaux par an ; valeur annuelle vendue 421,800 piastres, bénéfice annuel 158,085 piastres.

Usines à égrainer le coton afrite : A Alexandrie, 11 ateliers, bénéfice annuel 72.000.

L'administration de l'octroi a constaté en un an le total suivant dans la production locale :

Au Caire	1.168	drachmes de coiffures en soie.
	367	» soie pour tamis.
	209	» soie *Scanderiani.*
	213	» soie de Salawi.
	21.219	voiles de femme, en soie.
	10.831	» » en coton.
	33.066	pièces de toile.
	7.756	toiles de coton.
	324	couvertures algériennes.
	4.308	serviettes.
	930	tabliers.
	7.509	pantoufles en laine.
	2.950	vêtements divers en laine.
	375	tapis.
	4.296	bonnets en feutre.
A Alexandrie	120	pièces de soie.
	840	oques d'articles en soie *Scanderiani.*
	3.780	voiles de femme, en coton et soie.
	480	ceintures en fil de soie doré.

A ALEXANDRIE	144	étoffes en laine.
	14.400	pièces de coton.
	12.960	paires de serviettes.
	120	manteaux en laine.
A ROSETTE	10.122	drachmes de soie akhawa.
	272	» » pour tamis.
	13	pièces d'étoffe de soie.
	16.189	pics de toile à voiles.
	1.337	pièces de toile de coton.
	51	pièces de voile de femme.
A SUEZ	285	voiles de femme.
	36	étoffes pour coiffure.
	43	pièces de toiles, crêpe et coton.
DANS LA MOUDYRIEH DE CHARKYE	6.649	pièces de drap.
	18.874	» cotonnade.
	23.173	» toile.
DANS LA MOUDYRIEH DE MENOUFYE	15.406	manteaux.
	124.352	pièces de toile de coton.
	3.611	» cotonnade.
	16.468	» toile de lin.
	516	» toiles pour tentes.
	3.678	» » de comm^ce de Syrie.
	11.055	ceintures en laine et coton.
A DAMIETTE	21.623	pièces d'étamine.
	1.535	» de crêpe.
	6.270	» toile ordinaire.
	3.532	» drap.
	747	étoffes pour coiffure.
	389	ceintures en coton.
	256	pièces pour tamis.
	6.269	voiles de femme.
	2.920	pics de rubans et dentelles.

L'industrie des soieries à Damiette occupe 166 ateliers produisant en un an 20,000 pièces de soierie diverses d'une valeur totale de 2,100,000 p. E. ; la vente en a lieu dans 65 magasins et boutiques, qui réalisent ensemble un bénéfice de 80,000 P.

62 ateliers y travaillent à la teinture de la soie.

III. — LES DAÏRAS.

Plusieurs importants établissements, se rattachant à l'industrie textile, sont situés :

Les uns à Boulaq et à Choubra près le Caire, fabriques de drap et toiles appartenant à la Daïra du Khédive ;

L'autre à Foueh, fabrique de tarbouches (coiffure nationale) et de tapis, appartenant à la Daïra de la Princesse-Mère.

Les établissements de Boulaq et de Choubra occupent 1438 ouvriers, dont le salaire moyen est de 2 P. $^{30}/_{40}$ par jour : ils fabriquent en un an, pour une valeur de 2,459,379 p. de vêtements en drap, fournis aux Administrations du Gouvernement, et pour une valeur de 274,782 piastres de voiles de navires.

L'établissement de Foueh occupe 179 individus, dont 174 ouvriers ayant un salaire moyen de 2 P. $^{35}/_{40}$: il fabrique, en un an, 47,165 tarbouches, valant 519,421 P., dont partie est fournie aux ministères de la guerre et de la marine, et dont partie est vendue au public ; plus 8,877 tapis en laine d'une valeur totale de 315,133 P.

N° 129. — Industrie du Cuir. (1)

I. — PERSONNEL ET SALAIRES.

L'industrie du cuir (industrie privée) occupe spécialement parmi la population indigène, en temps ordinaire :

Au Caire.		A Alexandrie.	Dans le reste de l'Égypte.	
465 h.		52 h.	297 h.	selliers-bourrelliers, etc.
775		214	779	tanneurs-corroyeurs.
179	4 f.	26	98	marchands d'outres.
»		»	107	» de peaux.
1304	4 f.	280	1.281	

2.865 hommes et 4 femmes.

Le salaire des ouvriers de cette industrie est, par jour, en moyenne de 4 P. $^{30}/_{40}$ au Caire et de 4 à Alexandrie, pour les selliers-bourrelliers ; de 7 $^{20}/_{40}$ au Caire et de 10 $^{31}/_{40}$ à Alexandrie, pour les tanneurs-corroyeurs.

II. — PRODUCTION ET VENTE.

Tanneries : au Caire, 20 ateliers produisant 163.600 peaux, bénéfice annuel réalisé 106.000 P. ; — à Alexandrie, 6 ateliers produisant 37.560 peaux, valeur annuelle vendue 860.000 P., bénéfice annuel réalisé 300.450 P.

Selleries-bourrelleries : au Caire, 150 ateliers fabriquant 21.875 pièces, valeur annuelle vendue 2.700.000 P. ; — à Alexandrie, 10 ateliers, fabriquant 36.000 pièces, valeur annuelle vendue 72.000 P., bénéfice annuel réalisé 21.000 P.

(1) Exp. de V., — 6me gr.

III. — L'ÉTAT.

La tannerie du Gouvernement à Alexandrie, qui fournit les services publics, a travaillé en un an 31.228 peaux fraîches de toute sorte. Elle consomme environ 111.500 oques de vallonée, 67.500 oques de sel, 117.000 oques de tamarin et 170.000 oques de houille.

Les ateliers de selliers et de corroyeurs du Gouvernement au Caire ont travaillé en un an 5.379 peaux diverses d'un poids total de 99.460 oques, et ont consommé 4.382 oques de clous et 53.689 de houille.

N° 130. — Industrie des métaux. (1)

I. — PERSONNEL ET SALAIRES.

L'industrie des métaux (industrie privée) occupe spécialement parmi la population indigène, en temps ordinaire :

Au Caire.		A Alexandrie	Dans le reste de l'Egypte.	
382 h.		51 h.	123 h.	armuriers.
528		200	1.160	bijoutiers et orfèvres.
192		»	381	chaudronniers.
251		124	23	marchands de cuivre.
382	2 f.	149	184	étameurs.
666		214	1.212	forgerons.
245		117	64	ferblantiers.
28		»	»	fondeurs de plomb.
44		23	2	horlogers.
»		»	28	maréchaux-ferrants.
»		»	14	repasseurs-aiguiseurs.
2.718 h.	2 f.	878 h.	3.231 h.	

6.827 hommes, 2 femmes.

(1) Exp. de V., — 7me gr.

Le salaire des ouvriers dans chacune de ces industries est, par jour, en moyenne (pour 300 jours de travail par an) : de 4 P. au Caire, et 4 P. $^{32}/_{40}$ à Alexandrie, pour les ferblantiers ; de 6 $^{20}/_{40}$ à Alexandrie, pour les forgerons, de 8 pour les fondeurs ; de 4 au Caire, et 4 à Alexandrie, pour les bijoutiers-orfèvres ; et 4 au Caire, pour les chaudronniers.

II. — PRODUCTION ET VENTE.

Fonderies de fer : au Caire, 83 ateliers ; — à Alexandrie 6 ateliers fabriquant 7.200 quintaux, 6 lieux de débit, valeur annuelle vendue 864.000 P., bénéfice annuel réalisé 180.000

Forges : à Alexandrie, 43 ateliers fabriquant 13.652 pièces, 39 lieux de débit, valeur annuelle vendue 682.000 P., bénéfice annuel réalisé 131.720 P.

Ferblanteries : au Caire, 80 ateliers fabriquant 36.000 pièces, 80 lieux de débit, bénéfice annuel réalisé 288.000 P. ; — à Alexandrie, 245.000 pièces fabriquées, 66 lieux de débit, valeur annuelle vendue 576.000 P., bénéfice annuel 172.000.

Orfèvries, bijouteries : au Caire, 242 ateliers, 250 lieux de débit, bénéfice annuel 1.627.397 P. ; — à Alexandrie, 93 ateliers fabriquant 35.000 pièces, 93 lieux de débit, valeur annuelle vendue 56.160 articles d'or et 2.851.840 articles d'argent, bénéfice annuel réalisé 219.000 P.

Chaudronneries : au Caire, 32.009 pièces fabriquées, 73 lieux de débit, bénéfice annuel réalisé 158.200 P.

III. — L'ÉTAT.

La part du Gouvernement dans l'industrie des métaux est représentée par les établissements suivants, destinés à pourvoir aux besoins de la marine et de l'armée.

1° *La fabrique d'armes à Alexandrie* a, pendant l'année 1871, employé 10.231 oques de fonte et 20.634 oques de fer brut, plus 4.745 de vieux fers et 7.140 de fer forgé; elle a, pendant la même année, consommé 38.088 oques de charbon de terre.

2° *L'atelier de moulage de canons au Caire* a employé 3.863 oques de cuivre, 12.122 de zinc, 1.489 de fer, 385 d'acier, 126 de fer blanc; la consommation de charbon y a été de 5.430 quintaux.

3° *La fonderie de canons au Caire* a employé 1.327 quintaux de cuivre, 84 d'étain.

4° *La fabrique de carabines* a employé 1.434 oques de fer et d'acier et 512 de cuivre, en consommant 10.689 oques de houille et 4.755 de charbon de bois.

5° *Les ateliers de la marine* qui, pour partie, appartiennent à l'industrie des métaux, sont au nombre de 3 : l'arsenal de l'Etat à Alexandrie (occupant avec ses dépendances une surface de 154.330 mètres et employant 300 ouvriers); l'atelier des paquebots-poste à Alexandrie (7.906 mètres de surface, 226 ouvriers); et l'atelier de Suez (1 244 mètres de surface, 32 ouvriers.

N° 131. — Bois ouvrés. (1)

I. — PERSONNEL ET SALAIRES.

L'industrie privée des bois ouvrés occupe spécialement parmi la population indigène en temps ordinaire :

Au Caire.	A Alexandrie.	Dans le reste de l'Egypte.	
607 h.	136 h.	144 h.	marchands de bois.
494	181	469	calfats.
»	»	43	charpentiers de marine.
374	»	»	» de moulins et sakyes
»	93	4	fendeurs de bois.
»	18	»	gardes des dépôts de bois
523	218	58	marchands et transporteurs de halfa et roseaux.
1.369	961	7.016	menuisiers et tourneurs.
70	»	282	scieurs de long.
363	63	3.433	vanniers.
21	»	»	fabricants de chaises.
3.821 h.	1.670 h.	11.449 h.	

16.940 hommes.

Le salaire des ouvriers des industries ci-dessus est, par jour, en moyenne : de 5 P. au Caire, 4 P. à Alexandrie, 10 à Suez, pour les vanniers ; 6 P. au Caire, 6 à Alexandrie, pour les menuisiers ordinaires ; 8 P. $^{30}/_{40}$ au Caire, pour les maîtres-menuisiers, et 3 P. au Caire, pour les garçons menuisiers.

II. — PRODUCTION ET VENTE.

Industrie de la liffe ou fil de palmier : à Alexandrie, 10 ateliers fabriquant 3600 quintaux par an ; 10 lieux de

(1) Exp. de V., — 8me gr.

débit ; valeur annuelle vendue 72 000 piastres; bénéfice annuel 21.000 piastres.

Tamis, blutoirs et corbeilles: au Caire, 20 ateliers fabriquant 300 fardeaux par an, 4 lieux de débit, bénéfice annuel 4,000 piastres ; A Alexandrie, 5 ateliers fabriquant 8.000 pièces par an, 5 lieux de débit, valeur annuelle vendue 36.000 piastres, bénéfice annuel 10.500 piastres.

Menuiserie: au Caire, 30 lieux de débit ; à Alexandrie, 14 ateliers, 14 lieux de débit, valeur annuelle vendue 275.000 piastres, bénéfice annuel 66.500 piastres.

Charpenterie; au Caire, 11 ateliers, bénéfice annuel 117.000 piastres.

Charronnerie et Charpenterie: au Caire, 30 ateliers, bénéfice annuel 60.000 piastres.

La statistique de la production des industries dont il s'agit se révèle encore par la quantité d'articles de fabrication locale, entrés ou produits pendant l'année 1871, dans les villes et provinces suivantes :

AU CAIRE	21.391	nattes en paille ordinaire.
	179.747	pics de natte en paille roug^{e}.
	2.841	couffes ordinaire.
	12.000	» en halfa.
	9.936	corbeilles.
	7.544	tamis et cribles.
	9.640	balais ord. en bois.
	463.910	» en branche de palm.
	89	ardebs de balais de la Haute-Egypte.
	95	éventails, dont 15 du Hedjaz, 10 de Suez, et 10 en plumes d'Autruche.
	20	plumeaux.
ALEXANDRIE	240,000	pics de nattes, travail de la ville.
	211,800	couffes diverses.

A Rosette	2.518	pics de nattes.
	170,433	couffins divers.
A Damiette	971	nattes.
Province de Menoufye	217.425	pics de nattes dites Magrawi
	111.764	» » de Rosette.
	122.364	» » Charhawi.
	1.729	nattes d'Abyssinie.
Province de Charkye	2.811	nattes.

N° 132. — Objets en pierre : Industrie de la verrerie et de la céramique. (1)

I. — PERSONNEL ET SALAIRES.

Les industries ci-dessus (privées) occupent spécialement, parmi la population indigène, en temps ordinaire :

Au Caire.		A Alexandrie.	Dans le reste de l'Egypte.		
46 h.	» f.	» h.	1.130 h.	» f.	briquetiers.
36	»	»	»	»	marchands de chapelets.
249	»	49	»	»	marbriers.
162	20	62	1.785	58	potiers.
287	»	38	»	»	paveurs.
150	5	41	716	»	fabricants de pipes.
563	»	172	362	»	tailleurs de piérre.
54	»	»	»	»	vitriers-verriers.
1.547 h.	25 f.	362 h.	3.993 h.	58 f.	

5.902 hommes et 83 femmes.

Le salaire des ouvriers de chacune de ces industries est par jour en moyenne : de 5 P. $^{20}/_{40}$ au Caire, de 9 $^{20}/_{40}$ à Alexandrie, pour les marbriers ; de 3 $^{10}/_{40}$ au Caire pour les verriers ; et de 2 P. $^{20}/_{40}$ en Galoubye, pour les briquetiers.

(1) Exp. de V., — 9me gr.

II. — PRODUCTION ET VENTE.

Fabriques de verroterie : au Caire, 6 ateliers fabriquant 100.000 pièces par an ; 6 lieux de débit : bénéfice annuel 13 400 piastres.

Fabriques de verres de lampes : au Caire, 2 ateliers, fabriquant 20,000 pièces ; 2 lieux de débit ; bénéfice annuel 3,000 piastres.

Marbreries : au Caire, 8 ateliers fabriquant 50.050 pièces, 8 lieux de débit, bénéfice annuel 100,000 piastres ; — à Alexandrie, 6 ateliers fabriquant 680 pièces, 6 lieux de débit, bénéfice annuel 950,000 piastres.

L'industrie de la poterie, plus principalement développée dans les provinces de la Haute-Egypte (Gherghé, Kéné, Assyout), a sa production annnelle constatée en partie par l'administration de l'octroi du Caire. Sont, en effet, entrés dans la Capitale, en un an, tant pour son approvisionnement que pour celui de la Basse-Égypte : 1.420 pots à eau, 161.000 cruches, et 156.249 vases divers, travail de Kéné, 7.612 cruches et 7.134 vases divers, travail d'Assyout. — L'octroi du Caire pour cette même année constate encore l'entrée de 94 750 cruches diverses, travail de Abou-Saoud (au vieux Caire), plus 1,910 pots à eau, 9.240 grands vases, 8.461 pots à fleurs, 1.415 dalles de boulangerie, 12.120 cruches ornementées, 3,779 grandes cruches, et 13.235 godets (de Sakies) sans désignation de provenance.

III. — L'ÉTAT.

La briqueterie de Galioub emploie 60 ouvriers et 2 contremaîtres.

Elle produit en un an 4.640.000 briques rouges valant 379 200 piastres, à raison de 80 P. le mille, et 21.600 ardebs de poussière de briques valant 64.800 piastres à raison de 3 P. l'ardeb.

N° 133. — Industrie du Papier. (1)

L'industrie du papier est représentée en Égypte par la papeterie de Boulaq, propriété de la Daïra du Khédive, qui occupe 155 employés et ouvriers à rétribution fixe mensuelle, et 63 ouvriers à la tâche.

Elle produit en un an :

347 quintaux de papier couverture pour l'industrie (notamment pour envelopper le sucre).

9.170	rames de papier	ordinaire	à 480	feuilles la rame.
9.030	» »	»	460	»
5.595	» »	ministériel	480	»
12.000	» »	commun	480	»
18.361	» »	ordinaire	480	»
622	» »	colorié	480	»
5.519	» »	grand format	480	»
6.214	» »	divers		

66.511 rames au total.

Les ateliers de reliure et cartonnage produisent : 13,000 enveloppes, 22,000 registres et 17,000 reliures de livres.

Le matériel consommé en un an a été de : 12,115 quintaux de chiffons ; 739 de halfa ; 2,392 de vieilles cordes ; 644 de sacs usés ; 308 de tiges de cannes à sucre ; 319 de papier déchet ; et 460 quintaux de divers, entrant dans la fabrication du papier ; plus 65,377 quintaux de houille.

Cet établissement, auquel sont annexés une usine à gaz pour l'éclairage, et une fabrique de chlore pour le blanchiment du papier, est mû par une machine de la force de 180 chevaux.

Les produits en sont principalement demandés au Hedjaz, où il en a été récemment exporté 15 000 rames, — et aux Indes.

(1) Exp. de V., — 11me gr.

N° 134. — Arts graphiques et Dessins industriels. (1)

I. — PERSONNEL ET SALAIRES.

L'industrie privée des arts graphiques et dessins industriels, occupe spécialement parmi la population indigène, en temps ordinaire :

Au Caire.	A Alexandrie.	Dans le reste de l'Égypte.	
30 h.	30 h.	» h.	libraires.
30	»	»	lithographes.
318	179	14	peintres-décorateurs.
61	62	»	typographes.
439 h.	209 h.	14 h.	

662 hommes.

Le salaire des ouvriers de chacune de ces industries est par jour en moyenne de 12 P. $^{10}/_{40}$ au Caire, pour les typographes, de 9 $^{20}/_{40}$ au Caire et 9 à Alexandrie pour les lithographes.

II. — PRODUCTION ET VENTE.

Typographies : au Caire, 5 ateliers, produisant 400.000 feuilles, bénéfice annuel 20.000 P; à Alexandrie, 4 ateliers produisant 100.000 articles, 4 lieux de débit, valeur annuelle produite 464.000 P., bénéfice annuel réalisé 128.000 P.

Lithographies : au Caire, 5 ateliers, produisant 500.000 feuilles, bénéfice annuel réalisé 12.000 P.

Librairies : au Caire, 23 lieux de débit, quantité annuelle vendue 10.000 livres, bénéfice annuel réalisé 20.000 P.

(1) Exp. de V., — 12me gr.

III. — La Daïra du Khédive.

L'imprimerie nationale de Boulaq, propriété de la Daïra du Khédive, occupe en temps ordinaire : 21 employés, 86 ouvriers à rétribution fixe mensuelle, et 75 ouvriers à la tâche.

Elle produit en un an :

2.966.000 feuilles d'impressions diverses,
35 000 livres et brochures,
2 005.000 billets et cartes d'administration, notamment tickets de chemin de fer.

Les types en usage se rapportent aux diverses langues, arabe, turque, persane, et européennes.

L'établissement a consommé en un an, au service spécial de typographie :

639 oques d'encre d'imprimerie, 1816 quintaux de houille,
4.339.000 feuilles de papier pour l'impression ordinaire,
10.000 feuilles de papier et 51 oques de carton pour les billets et cartes d'Administration.

A l'imprimerie est attaché un atelier de lithographie.

N° 135. — Abattoirs Publics des villes et chefs-lieux de province.

ANIMAUX ABATTUS PENDANT L'ANNÉE 1872.

VILLES ET CHEFS-LIEUX.	BŒUFS.	BUFFLES.	MOUTONS.	CHAMEAUX.	Vaches, Veaux, Porcs, Chèvres et divers.	TOTAL.
Le Caire : abattoir du nord.	3.229	3.156	71.522	661	97	78.665
» du sud.	329	555	89.241	757	»	90.882
Ensemble.... ..	3.558	3.711	160.763	1.418	97	169.547
Alexandrie....	(1) 11.612	(2) 1.962	87.157	148	117	100.996
Rosette..............	5	250	1.902	6	»	2.163
Damiette......	4	151	2.972	3	»	3.130
Port-Saïd......	1 612	42	3.335	1	188	5.178
Ismaïlia............	346	»	2.000	7	»	2.353
Suez...............	683	»	4 977	26	153	5.839
Damanhour..........	»	452	4 682	143	84	5.361
Zagazig	179	149	4.050	244	»	4.622
Mansourah..........	6	1.743	6.214	22	5	7.990
Chibin	10	516	1.495	33	»	2.054
Benha.......	11	246	1.822	52	»	2.131
Gizeh.....	6	207	1.634	2	»	1.849
Souhag..............	»	5	565	»	»	570
Syout..............	»	638	1.468	3	»	2.109
Kéné..............	»	14	1.040	13	41	1.108
Bénisouëf...........	4	107	851	16	372	1.350
Fayoum............	»	114	1.078	»	1.538	2.730

(1) Dont 11.089 importés de l'étranger.

(2) Dont 198 importés de l'étranger.

N° 136. — Nomenclat[illegible]ée des causes de mort

DANS LES V[illegible]EFS-LIEUX.

VILLES et Chefs-Lieux.	Fièvres.	Diathèses et Diacrasies.	Affections cérébro-spinales.	Maladies des voies respiratoires.	Maladies du cœur.	Affections des organes digestifs.	Affections nerveuses, névroses.	Affections cutanées.	Maladies des yeux.	Maladies chirurgicales.	MALADIES INCOMPLÈTEMENT DÉFINIES. Spasmes, convulsions.	MALADIES INCOMPLÈTEMENT DÉFINIES. Marasme sénile.	MALADIES INCOMPLÈTEMENT DÉFINIES. Affections diverses.	TOTAL. S. MASCULIN.	TOTAL. S. FÉMININ.
	S. MASCULIN. – S. FÉMININ.	S. MASCULIN. – S. FÉMININ.	S. MASCULIN. – S. FÉMININ.	S. MASCULIN. – S. FÉMININ.	S. MASCULIN. – S. FÉMININ.	S. MASCULIN. – S. FÉMININ.	S. MASCULIN. – S. FÉMININ.	S. MASCULIN. – S. FÉMININ.	S. MASCULIN. – S. FÉMININ.	S. MASCULIN. – S. FÉMININ.	S. MASCULIN. – S. FÉMININ.	S. MASCULIN. – S. FÉMININ.	S. MASCULIN. – S. FÉMININ.		
Alexandrie	778	62	180	1.176	84	2 9[illegible]	42	»	»	96	2.553	1.089	1	5.786	4.313
Rosette	20	65	5	102	9	23[illegible]	»	2		1	80	45	3	298	276
Damiette	4- 3	12- 1	19-10	108- 49	9- 1	248-[illegible]	»- 1	2- »	»- »	13- 2	31-28	108-35	64- »	618	576
Port-Saïd	3- 1	18-11	10- 3	46-9	3- 1	105-[illegible]	11-15	»- »	»- »	6- 3	»- »	»- »	»- »	202	100
El-Arich	5	»	»	7	32	[illegible]	»	»	»	17	8	9	»	34	44
Ismaïlia	10- 3	5- 1	7- 3	8- 8	3- »	23-[illegible]	»- »	»- »	»- »	8- 2	2- 1	9- 3	»- »	76	37
Damanhour	114	7	2	132	»	27[illegible]	»	»	»	16	171	»	42	419	347
Mansourah	»	2	»	»	»	[illegible]	»	»	»	8	»	»	977	524	463
Zagazig	66	5	13	114	6	14[illegible]	»	»	»	9	261	4	»	342	277
Chibin	26	8	85	144	»	32[illegible]	»	9	»	»	37	9	»	331	316
Benha	9- 8	25-13	3-»	16- 14	»	97-[illegible]	44-28	»- »	»- »	7- 3	»- »	»- »	»- »	201	136
Caire	579	83	290	2.312	92	5.2[illegible]	7	»	»	184	6.668	1.069	1	8 140	8.375
Gizeh	6	4	3	108	11	23[illegible]	129	»	»	5	»	»	»	242	256
Suez	37	54	21	87	3	10[illegible]	113	14	»	19	»- »	»- »	»- »	329	206
Benisouëf	285	»	»	»	»	[illegible]	»	»	»	10	»	»	12	145	162
Médinet Fayoum	883	1	»	»	1	[illegible]	»	»	»	5	»	»	30	473	447
Syout	84-79	1- 1	16-13	149-149	»- 1	228-[illegible]	3- »	»- »	»- »	13- 5	152-161	12- 2	5- 8	663	594
Kosseïr	2- »	1- »	4- 1	10- »	»- »	19-[illegible]	»- »	»- »	»- »	»- »	6- »	»- »	6-18	48	20
Souakin	20- 8	1- »	3- »	»- 1	1- »	21-[illegible]	»- »	»- »	»- »	7- 1	»- »	3- 1	»- »	56	11
Massaouah	6- »	2- »	»- »	7- »	2- »	9-[illegible]	»- »	»- »	»- »	2- »	1- 3	1- »	2- 2	32	15

N° 137. — Nomenclature des causes de mort,

AU CAIRE ET A ALEXANDRIE,

Pendant l'année 1872.

	ALEXANDRIE.	CAIRE.
Affections spasmodiques	2.543	6.133
Affections cardiaques.	68	44
Aphtes (?).	328	327
Abcès au foie.	66	30
Asthme.	74	8
Ascite.	3	»
Anémie.	8	1
Asphyxie.	36	56
Apoplexie.	44	119
Abcès à la cuisse.	2	»
Albuminurie	6	»
Anévrisme	3	»
Empoisonnement.	»	4
Anthrax	1	3
Anasarque	1	1
Faiblesse générale	1	»
Bronchite.	687	687
Brûlure.	16	47
Catalepsie.	1	»
Congestion cérébrale.	26	»
Gangrène.	36	33
Croup.	10	5
Commotion cérébrale.	12	27
Carie.	5	30
Cancer	6	9
Consomption, marasme.	1.336	977
Cystite	3	10
Cirrhose	»	»
Congestion pulmonaire.	33	2
Dyssenterie.	435	1.666
Diarrhée	1.021	1 271
Diphtérite.	21	20

Tableau n° 137 (*suite*).

	ALEXANDRIE.	CAIRE.
Dentition (?)	12	»
Delirium tremens	4	»
Hémiplégie	1	»
Entérite	287	1
Hépatite	46	56
Eclampsie	15	»
Hernie	6	16
Hémorragie	16	4
Encéphalite	41	41
Hématémèse	2	»
Epilepsie	6	3
Erysipèle	7	5
Elephantiasis	»	1
Eczéma	»	3
Fièvre pernicieuse	288	3
» gastrique	146	7
» typhoïde	352	481
» maligne-nerveuse	234	1
» intermittente	141	31
» bilieuse	46	»
Flébite	1	»
Contusions	28	28
Blessures	10	19
Phlegmon	7	3
Fistule	»	2
Gastrite	102	1.717
Hydrocéphalite	1	»
Hydropisie	13	63
Infection purulente	14	1
Néphrite	1	1
Ictère	3	»
Invagination intestinale	1	»
Insolation	1	»
Hypertrophie de la rate	»	22
Laryngite	1	»
Calcul urinaire	4	2
Hydrophobie	1	»
Inanition	5	»
Suette miliaire	2	»

TABLEAU N° 137 (*suite*).

	ALEXANDRIE.	CAIRE.
Méningite	65	25
Muguet	117	1
Métrite	25	73
Mélène	1	»
Morsure de scorpion	»	12
Otite	»	1
Folie	1	»
Coqueluche	646	»
Péritonite	69	33
Péricardite	2	»
Paralysie	47	72
Accouchement	16	2
Pyémie	12	»
Pleurésie	6	1
Rougeole	15	12
Rhumatisme	27	2
Ramollissement du cerveau	6	»
Rachitisme	1	1
Dysurie	1	»
Syphilis	18	28
Myélite	4	1
Scrofule	11	21
Fièvre scarlatine	2	»
Ecrasement (?)	8	10
Strangulation	2	3
Phthisie pulmonaire	386	2.136
Tétanos	10	4
Typhus	19	»
Urémie	3	»
Ulcère intestinal	17	»
Petite vérole	139	94
Vice de conformation	19	»
Tumeur froide	1	6
TOTAL	10.373	16.559

N° 138. — Morts-Nés

DANS LES VILLES ET CHEFS-LIEUX DES PROVINCES

D'ÉGYPTE,

Depuis l'Année 1277 jusqu'à l'Année 1288.

Année	1277	— 1.318	Morts-nés		Année	1283	— 1.672	Morts-nés
id.	1278	— 1 314	id.		id.	1284	— 2.584	id.
id.	1279	— 1.478	id.		id.	1285	— 1.596	id.
id.	1280	— 1.732	id.		id.	1286	— 1.561	id.
id.	1281	— 1.589	id.		id.	1287	— 1.559	id.
id.	1282	— 1.696	id.		id.	1288	— 1.442	id.

N° 139. — Hôpitaux existant en Egypte et au Soudan.

LOCALITÉS.	NOMBRE des LITS.	LOCALITÉS.	NOMBRE des LITS.
CAIRE : Hôpital général. . . .	1.153	Chibin.	25
» » Européen (1). .	150	Zagazig.	55
ALEXANDRIE : Hôpital général. .	350	Mansoura	50
» » Européen (1).	150	Benha.	25
» » Grec (1). . . .	60	Gizeh.	25
» » Diaconesses(1)	80	Le Barrage (2). .	30
Rosette.	50	Benisouef.	50
Damiette.	50	Médinet-Fayoum	10
Port-Saïd (2).	45	Minieh.	25
Ismaïlia (2).	34	Syout.	30
SUEZ : Hôpital général (2). . .	40	Souhag.	25
» » Européen (1) .	50	Kéné.	25
Kosseïr.	25	Esné.	25
Souakin (2)	40	Dongola.	15
Massaouah.	41	Taka.	38
Damanhour.	50	Berber.	20
L'Atfé.	15	Kordofan.	35
Tanta.	30	Sennar.	60
Mehallet-el-Kibir.	25	Khartoum. . . .	270
		TOTAL : 38 Hôpitaux. . . .	3.236

(1) Hôpitaux étrangers.

(2) Hôpitaux où les femmes ne sont pas admises.

N° 140 — Maladies traitées aux Hôpitaux des Provinces de la Basse-Egypte (1)

Pendant l'année 1871.

MALADIES.	Sexe masculin			Sexe féminin			Guérisons.	Morts.	Sous traitement au 31 déc. 1871	Nombre des journées d'hôpital (2).	OBSERVATIONS.
	Enfance.	Age adulte.	Vieillesse.	Enfance.	Age adulte.	Vieillesse.					
Fièvres	»	149	23	»	2	»	157	17	»	2.233	(1) Moins les provinces de Garbieh et de Charkye : à l'hôpital de cette dernière Province, les maladies ont été ainsi classées : *maladies internes*, 54 guérisons, 2 décès ; *maladies chirurgicales*, 63 guérisons, 12 décès ; *maladies cutanées*, 61 guérisons, 7 décès ; *maladies vénériennes*, 54 guérisons, 8 décès ; *maladies des yeux*, 95 guérisons, 12 décès. — Total 327 guérisons, 43 décès, 7401 journées d'hôpital.
Diatèses et discrasies	»	17	»	»	»	»	17	»	»	732	
Affections cérébro-spinales	»	5	1	»	»	»	4	1	1	160	
Maladies des voies respiratoires	»	18	»	»	»	»	12	6	»	292	
Maladies du cœur	»	14	4	»	»	»	12	6	»	525	
Affections des organes digestifs et des viscères abdominaux	0	96	9	»	5	1	77	34	»	1.469	
Maladies mentales	0	13	8	»	»	»	19	2	»	437	
Affections nerveuses, névroses	0	1	»	»	»	»	1	»	»	2	
Affections cutanées	0	48	»	»	2	»	50	»	»	1.158	(2) Ce nombre ne s'applique pas à l'hôpital de la province Menoufye, qui compte 158 guérisons et 8 décès dans les précédentes colonnes de ce tableau.
Maladies des yeux	0	35	»	»	»	»	32	1	2	719	
Maladies chirurgicales	1	333	17	1	49	26	415	21	1	4.018	
Totaux	1	729	62	1	58	27	796	88	4	10 935	

NOTA. — On a dû conserver provisoirement les données ci-dessus, telles qu'elles ont été fournies, sauf à en perfectionner ultérieurement la classification.

N° 141. — Maladies traitées aux Hôpitaux des Ports Égyptiens

DE LA MER MÉDITERRANÉE (1)

Pendant l'année 1871.

MALADIES.	SEXE MASCULIN.			SEXE FÉMININ.			GUÉRISONS.	MORTS.	SOUS TRAITEMENT au 31 décemb. 1871	NOMBRE de JOURNÉES D'HOPITAL
	Enfants.	Adultes.	Vieillards.	Enfants.	Adultes.	Vieillards.				
Fièvres.	20	270	28	5	42	6	349	20	2	675
Diatèses et discrasies.	1	221	5	3	20	3	233	18	2	746
Affections cérébro-spinales. . .	»	30	8	2	3	1	29	14	1	234
Maladies des voies respiratoires	4	102	8	1	23	3	117	24	»	50
Maladies du cœur.	»	5	5	»	»	2	6	6	»	26
Affections des organes digestifs et des viscères abdominaux.	6	334	43	»	48	4	358	75	»	735
Maladies mentales.	»	12	»	»	4	»	16	»	»	17
Affections nerveuses, névroses	»	14	1	»	12	»	26	1	»	38
Affections cutanées.	17	201	»	2	8	»	221	5	2	123
Maladies des yeux.	8	143	11	7	8	»	170	»	7	107
Maladies chirurgicales.	4	185	35	»	23	1	234	14	»	1.575
TOTAUX.	60	1517	144	20	191	20	1759	177	14	4.326

(1) Alexandrie (Hôpital Européen), Rosette, Damiette, Port-Saïd, Ismaïlia, El-Arich.

N° 142. — Malades traités aux Hôpitaux

DE LA HAUTE ET MOYENNE ÉGYPTE (1)

Pendant l'année 1871.

MALADIES.	SEXE MASCULIN.			SEXE FÉMININ.			GUÉRIS.	MORTS.	RESTANT au 31 décemb. 1871
	Enfants.	Adultes.	Vieillards.	Enfants.	Adultes.	Vieillards.			
Fièvres.	»	5	13	»	»	»	5	4	9
Diatèses et discrasies.	»	17	1	»	1	1	18	2	»
Affections cérébro-spinales. .	»	9	24	»	2	2	25	4	8
Maladies des voies respiratoires	»	»	22	»	»	1	12	2	9
Maladies du cœur	»	»	8	»	»	»	1	2	5
Affection des organes digestifs et des viscères abdominaux.	»	36	65	»	»	1	50	22	30
Maladies mentales.	»	»	1	»	»	»	1	»	»
Affections nerveuses, névroses	»	»	11	»	»	»	5	2	4
Affections cutanées.	»	26	100	»	8	20	76	3	75
Maladies des yeux.	»	22	52	»	»	»	39	»	35
Maladies chirurgicales.	2	165	254	1	15	29	251	12	203
TOTAUX.	2	280	551	1	26	54	483	53	378

(1) Benisouëf, Fayoum, Assyout.

N° 143. — Maladies traitées aux Hôpitaux des Ports Égyptiens

DE LA MER ROUGE (1)

Pendant l'année 1871.

MALADIES.	SEXE MASCULIN.			SEXE FÉMININ.			GUÉRISONS.	MORTS.	SOUS TRAITEMENT au 31 décemb. 1871	NOMBRE de JOURNÉES D'HOPITAL
	Enfants.	Adultes.	Vieillards.	Enfants.	Adultes.	Vieillards.				
Fièvres.	3	65	5	»	»	»	65	8	»	57
Diatèses et discrasies.	»	122	10	»	»	»	125	4	3	492
Affections cérébro-spinales. . .	»	1	»	»	»	»	»	1	»	»
Maladies des voies respiratoires	»	33	5	»	»	»	24	13	1	25
Maladies du cœur.	»	11	»	»	»	»	10	1	»	»
Affections des organes digestifs et des viscères abdominaux.	7	68	9	»	»	»	50	34	»	139
Maladies mentales.	»	4	»	»	»	»	4		»	39
Affections nerveuses, névroses	»	»	»	»	»	»			»	»
Affections cutanées.	»	4	»	»	»	»	2	1	1	»
Maladies des yeux.	»	47	6	»	»	»	52		1	144
Maladies chirurgicales.	2	261	5	»	1	»	249	15	5	929
TOTAUX.	12	616	40	»	1	»	581	77	11	1.825

(1) Suez, Kosseïr, Souakin et Massaouah.

N° 144. — Vaccinations et Malades traités

DANS CHAQUE VILLE ET PROVINCE D'ÉGYPTE

Pendant l'année de l'Egire 1288.

VILLES et PROVINCES.	VACCINATIONS.	MALADES traités.	VILLES et PROVINCES.	VACCINATIONS.	MALADES traités.
Le Caire . . .	12.136	34.324	Prov. Garbye.	14.643	443
Alexandrie . .	9.671	4.270	Dahkalye	10.990	494
Rosette. . . .	614	192	Galioubye	6 653	297
Damiette . . .	1.718	676	Menoufye.	10.778	361
Port-Saïd. . .	93	362	Charkye	7.670	650
Ismaïlia . . .	100	419	Benisouëf.	2.083	356
Suez	595	239	Fayoum	2.553	725
El-Arich . . .	91	44	Minieh-Benimazar .	2.736	1.656
Le Barrage. .	135	62	Assyout	6.680	636
Massaouah . .	158	139	Gherghé	12.306	761
Souakin. . . .	99	1.013	Kéné-Kosseir . . .	4.997	241
Prov. Béhéra. .	5.256	1.470	Esné	4.451	203
Gizeh . .	4.879	981			
			TOTAL GÉNÉRAL (1)	122.085	51.014

(1) Ces nombres sont ceux des vaccinations opérées et des malades traités par les médecins du gouvernement, soit à domicile, soit dans les hôpitaux.

N° 145. — Vaccinations et Malades traités

DANS CHAQUE MOUDIRIEH DU SOUDAN.

Pendant l'année de l'Hégire 1288.

MOIS.		DONGOLA.	TAKA.	BERBER.	KORDOFAN.	SENNAR et FAZOGLOU	KHARTOUM.	TOTAUX.
Moharrem...	Vaccinations ...	65	»	44	102	12	73	296
»	Malades traités .	6	13	13	63	6	116	217
Saffer.....	Vaccinations ...	67	»	52	110	15	74	318
»	Malades traités .	8	7	13	32	5	99	164
Rabi-Awel..	Vaccinations ..	78	»	87	100	5	85	355
»	Malades traités .	4	10	16	44	6	65	145
Rabi-Akher..	Vaccinations ..	57	»	93	50	7	47	254
»	Malades traités .	2	7	29	30	12	51	131
Giamad-Awel.	Vaccinations ...	50	»	88	40	»	48	226
»	Malades traités .	4	9	10	40	1	60	124
Giamad-Akher	Vaccinations ...	53	»	74	30	5	64	226
»	Malades traités .	5	»	7	45	7	108	177
Regeb.....	Vaccinations ...	56	»	83	80	7	50	276
»	Malades traités .	5	15	11	31	13	120	195
Chaaban....	Vaccinations ..	39	»	93	70	5	40	247
»	Malades traités .	3	20	11	45	9	127	215
Ramadan ...	Vaccinations ...	31	»	78	60	6	37	212
»	Malades traités .	3	11	10	39	5	112	180
Chawal....	Vaccinations ...	40	»	45	90	4	59	238
»	Malades traités .	3	15	8	45	10	221	302
Zilcade	Vaccinations ...	48	»	»	100	5	57	210
»	Malades traités .	5	20	14	51	8	226	324
Zilhegge....	Vaccinations ...	64	»	87	95	6	35	285
»	Malades traités .	3	13	13	29	2	202	262
TOTAUX	Vaccinations ..	648	»	824	927	77	669	3.145
	Malades traités .	51	145	155	494	84	1,507	2.436

N° 146. — Service de la Vaccination en Égypte

DE 1269 A 1278 ET DE 1279 A 1288.

ANNÉES.	VACCINATIONS.	ANNÉES.	VACCINATIONS.
1269	80.372	1279	110 719
1270	74.652	1280	106.810
1271	66.664	1281	111.376
1272	93.549	1282	110.137
1273	92.022	1283	130.823
1274	102 494	1284	129.122
1275	116.571	1285	135.950
1276	108.626	1286	130 121
1277	108.711	1287	(1) 130.740
1278	102.580	1288	(2) 122.085
TOTAL...	946.241	TOTAL...	1.217.883

(1) Non compris le Soudan proprement dit, mais y compris Souakin pour 98 vaccinations.

(2) Non compris le Soudan proprement dit, mais y compris Souakin pour 99 et Massaouah pour 158 vaccinations.

N° 147. — Hospice des aliénés de Boulaq (Caire),

DE L'ANNÉE 1283 (1866) A L'ANNÉE 1287 (1870).

ANNÉES.	ALIÉNÉS RESTANT de l'année précédente.		ENTRÉS pendant l'année		TOTAL DES ALIÉNÉS TRAITÉS pendant l'année.			Guéris.		Morts.	
	HOMMES.	FEMMES.	HOMMES.	FEMMES.	HOMMES.	FEMMES.	Ensemble.	HOMMES.	FEMMES.	HOMMES.	FEMMES.
1283	126	37	213	73	339	110	449	130	38	52	23
1284	157	49	190	50	347	99	446	154	31	73	19
1285	120	49	151	47	271	96	367	127	32	53	14
1286	92	50	76	75	168	125	293	130	44	64	33
1287	74	47	168	39	242	86	328	139	29	40	15
TOTAL..	569	232	798	284	1.367	516	1.883	680	174	282	104
Moyenne Annuelle..	114	46	160	57	273	103	376	136	35	56	21

Les causes d'aliénation des malades, traitées pendant un même mois de l'année 1287, se classifient ainsi :

Abus du hachich	65	Hommes	2	Femmes.
Orgueil	3	»	0	»
Chagrin violent	25	»	20	»
Excès vénériens	4	»	4	»
Suite de maladies physiques	7	»	11	»
Effets de la vieillesse	10	»	11	»
Folie constitutionnelle	6	»	3	»
Folie de grandeurs (religieuse)	2	»	0	»
Emotions	1	»	0	»

N° 148. — Hôpital Grec d'Alexandrie en 1872.

MALADIES.	GUÉRIS.	MORTS.	SORTIS AVANT guérison.	TOTAL.
Etat gastrique, fièvres, embarras gastriques	80	»	»	80
Fièvre typhoïde	47	8	»	55
Fièvre intermittente	107	»	»	107
Engorgement palud. du foie et de la rate	4	»	2	6
Hépatite et engorgement aigu du foie	63	»	»	63
Abcès au foie	6	16	7	29
Dyssenterie	48	»	»	48
Ulcères intestinaux	2	10	3	15
Diarrhée aiguë et chronique	11	»	»	11
Péricardite	2	»	»	2
Pleurésie et pleuropneumonie	3	»	»	3
Bronchite catarrhale	5	»	»	5
Rhumatisme	17	1	»	18
Rhumatismes blenorrhagiques	2	»	»	2
Syphilis	135	»	»	135
Cystite et rétrécissement de l'urètre	7	»	»	7
Névralgies et affections nerveuses	16	»	»	16
Albuminurie	»	2	»	2
Urémie	»	1	»	1
Variole	18	7	»	25
Rougeole et parotides	8	»	»	8
Tœnia et affections parasitaires	4	»	»	4
Ophtalmie catarrhale	8	»	»	8
Ophtalmie purulente et ses suites	47	»	»	47
Granulations	22	»	2	24
Kératites	5	»	»	5
Rétinite et iridochoroïdite syphilitiques	8	»	»	8
Cataracte	10	»	3	13
Trichiasis	2	»	»	2
Erysipèle infectant des blessés	6	3	»	9
Métrite chronique, périmétrite	16	»	4	20
Blessures, brûlures et gangrènes	14	2	»	16
Blénorragies et hémophilis	6	»	»	6
Eczéma	»	»	5	5
Maladies mentales	»	2	»	2
Méningite cérébro-spinale	»	25	21	46
Tubercules pulmonaires	»	1	»	1
Ictère essentiel	1	»	»	1
Ataxie locomotrice	»	»	1	1
Carie des os	6	2	»	8

TABLEAU N° 148 *(suite)*.

MALADIES.	GUÉRIS.	MORTS.	SORTIS AVANT guérison.	TOTAL.
Tétanos	»	1	»	1
Phlébite et pyémie	1	2	»	3
Hydrocèle	6	»	»	6
Calculs dans la vessie	7	»	1	8
Fistule à l'anus	8	»	»	8
Erysipèle et phlegmon	20	»	»	20
Scrofule	6	»	»	6
Fièvre puerpérale	1	1	»	2
Anémie	5	»	»	5
Myélite chronique	1	»	3	4
Courbature	17	»	»	17
Fiévre bilieuse rémittente	1	»	»	1
Blénorrhagie cérébrale	1	2	»	3
Angine simple	5	»	»	5
Cancer du sein	1	»	»	1
Maladie organique du cœur	»	1	5	6
Delirium Tremens	1	»	»	1
Kystes de l'Ovaire	»	1	»	1
TOTAL	821	88	57	966
En traitement au 31 Décembre 1873				43
TOTAL GÉNÉRAL				1009

OBSERVATIONS.

La mortalité générale a été de 8.72 p. 100.

Les 1.009 malades (865 hommes et 144 femmes) se répartissent ainsi :

D'après l'âge, 16 de 1 à 10 ans; 121 de 10 à 20; 396 de 20 à 30; 237 de 30 à 40; 106 de 40 à 50; 52 de 50 à 60; 23 de 60 à 70; 9 de 70 à 80; 6 de 80 à 90; 43 divers;

D'après la nationalité, 759 grecs, 84 égyptiens, 74 italiens, 10 français et 82 divers.

Le total des journées d'hôpital a été de 15,790.

168 malades ont été soignés gratuitement; pour les 841 autres, il a été payé une somme totale de 22,452 francs.

(Statistique dressée par M. le Dr ZANCAROL et M. GOUSSIO).

N° 149. — Décès et morts-nés d'Alexandrie,

CLASSÉS PAR NATIONALITÉ (1)

Pendant l'année 1872.

NATIONALITÉ.	DÉCÈS		MORTS-NÉS.		TOTAL.
	S. MASCULIN.	S. FÉMININ.	S. MASCULIN.	S. FÉMININ.	
Egyptiens	4.869	4.352	295	167	9.221
Chrétiens rayas	135	74	»	»	209
Anglais	147	84	1	2	231
Autrichiens	23	23	4	1	46
Belges	1	»	»	»	1
Danois	1	»	»	»	1
Espagnols	10	6	»	»	16
Français	55	49	2	1	104
Grecs	132	77	1	»	209
Italiens	144	80	6	3	224
Ottomans	28	11	»	»	39
Prussiens	12	2	»	»	14
Polonais	2	»	»	»	2
Persans	1	»	»	»	1
Russes	7	2	»	»	9
Suisses	2	2	»	»	4
Brésiliens	1	»	»	»	1
Enfants trouvés	15	26	»	»	41
TOTAUX	5.585	4,788	309	174	10.373

(1) D'après les déclarations faites au service sanitaire.

N° 150. — ÉCOLES MILITAIRES ET AUTRES.

Ecoles Militaires.

Ecole d'Etat-Major	87	élèves.
Ecole d'Artillerie	85	»
Ecole d'Infanterie	187	»
Ecole de Cavalerie	64	»

Ecoles diverses.

Ecole de Mathématiques	18	élèves.
Ecole d'art vétérinaire	22	»
Ecole d'Agriculture	34	»

Nombre des Professeurs des 7 Ecoles ci-dessus : 45

Ecole de Culture maraichère à Djezireh.

Ecole de Marine Militaire à Alexandrie, 40 élèves et 7 Professeurs.

N° 151. — ÉCOLES ÉGYPTIENNES [1]

I. — Ecoles spéciales

DONT L'ENTRETIEN EST AUX FRAIS DU GOUVERNEMENT

	Nombre effectif des élèves.	Elèves existants.
ECOLE POLYTECHNIQUE. — Fournit des ingénieurs pour les travaux d'irrigation, de construction, ainsi que des sujets pour le génie et l'artillerie	80	67
ECOLE DE COMPTABILITÉ ET D'ARPENTAGE. — Fournit des écrivains comptables, des arpenteurs et des conducteurs de travaux.	60	64

(1) D'après une publication du Ministère de l'Instruction Publique, — Février 1873.

	Nombre effectif des élèves.	Élèves existants.
ECOLE DE DROIT ET DES LANGUES. — Fournit des sujets pour le barreau et des traducteurs.	44	37
ECOLE DES ARTS ET MÉTIERS. — Fournit des mécaniciens, des ajusteurs et des contre-maîtres pour les usines et les mines.	52	42
ECOLE DE MÉDECINE ET DE PHARMACIE. — Fournit des médecins, des chirurgiens et des pharmaciens pour les services sanitaires, civils et militaires	85	85
ECOLE D'ACCOUCHEMENT. — Fournit des sage-femmes	32	21
ECOLE D'ÉGYPTOLOGIE. — Fournit des sujets pour l'étude des hiéroglyphes et la langue abyssinienne.	7	7
ECOLE NORMALE. — Fournit des professeurs	50	50
MISSION ÉGYPTIENNE en Europe :		
En France. . . . 24 élèves.		
En Allemagne . . 2 »		
En Angleterre . . 13 »		
En Italie . . . . 12 »		
51 . . .		51
ECOLES PRÉPARATOIRES au Caire et Alexandrie. — Les élèves sortant de l'école primaire, rentrent dans ces écoles pour se préparer aux écoles spéciales.	400	372
ECOLES PRIMAIRES au Caire et à Alexandrie. — Les élèves reçoivent l'instruction élémentaire pour entrer ensuite aux écoles préparatoires.	440	370
ECOLE DE KORDOFAN.		27
TOTAL des Élèves des écoles spéciales entretenues aux frais du Gouvernement .		1.193

Observations. — Dans ces différentes écoles, en outre des cours de science et de littérature, suivis spécialement dans chaque école, les élèves apprennent les langues européennes : française, anglaise, allemande, suivant leur demande.

Ainsi il y a pour :

La langue française	547	élèves.
La langue anglaise	344	»
La langue allemande	253	»
La langue italienne	15	»
	1.159	

Voici la liste des professeurs attachés à ces différentes écoles :

Professeurs	de langues européennes	24
»	de turc et de persan	16
»	de dessin	10
»	d'égyptologie	1
»	langue abyssinienne	1
»	littérature arabe	26
»	calligraphie arabe	9
»	mathématiques, physique, médecine et sciences naturelles	47
	Total des professeurs	134

Tous les élèves apprennent le turc et le persan.

II. — Écoles Gratuites

Pour les pauvres et les orphelins

ENTRETENUES AUX FRAIS DU DIVAN DES WAKFS ET AVEC L'AIDE DU GOUVERNEMENT.

École au Caire	408
École à Alexandrie	100
Total, élèves	508

Observations. — Les élèves apprennent tous les langues arabe et turque ; au fur et à mesure qu'ils avancent en âge, ils étudient les langues européennes. Parmi ces élèves :

92 apprennent le français.
33 » l'anglais.
29 » l'allemand.

154

Quelques-uns apprennent des métiers : la menuiserie, la peinture, etc.

III. — Écoles Centrales

Dans les Chef-lieux des Provinces

ENTRETENUES PAR LES REVENUS DES WAKFS DES ÉCOLES ET AVEC L'AIDE DU GOUVERNEMENT ET DES PARENTS.

École de Benisouef	270
École de Benha	262
École de Siout	213
TOTAL	745

Observation. — D'autres écoles seront organisées cette année :

à Minieh	270 élèves
à Tantah	400 »
à Mansourah	300 »
	970 élèves

Par suite, le total des élèves dans les chef-lieux des provinces sera de 1,715 et pourra augmenter suivant les besoins.

IV. — Pensionnats

Au Caire et à Alexandrie

ENTRETENUS AUX FRAIS DU DIVAN DES WAKFS, PAR DONATIONS DES PARTICULIERS.

École de	Kérabieh	183	élèves
»	Kalaoun	145	»
»	Nahhassine	60	»
»	Khalil-Aga	150	»
»	Akkadine	90	»
»	Abbania	43	»
»	Cheikh Saleh	46	»
»	Sultan Mustapha	49	»
»	Sultan Caïd-Bey	58	»
»	Mère d'Abbas-Pacha	112	»
»	Cheikhoum	114	»
»	Kazlar à Boulac	65	»
»	Hafouz-Pacha	66	»
»	Mohamed-Bey Sid Ahmed	20	»
»	Ratib-Pacha	72	»
»	Abbassiri	85	»
	Total des élèves	1,358	

Observations. — On enseigne dans ces écoles : le Coran, les préceptes religieux, la langue arabe, la langue turque; dans quelques-unes : les langues européennes, l'histoire, la géographie et l'arithmétique.

Les enfants pauvres et orphelins sont admis gratuitement et on leur donne 75 drachmes de pain par jour, par élève.

La solde des directeurs, des professeurs, les fournitures de livres, etc., et les prix de fin d'année sont à la charge des Wakfs.

Suivant leurs moyens, les parents paient 15, 10 ou 5 piastres par mois pour chaque élève.

Les professeurs sont désignés par le Ministère de l'Instruction publique et sont au nombre de :

12	pour l'arithmétique.
3	pour le français, la géographie.
31	pour le Coran et l'arabe.
15	pour la calligraphie.
13	pour la langue turque.
74	

V. — Écoles de différents rites,

Entretenues en partie par les donations du gouvernement et des particuliers, en partie aux frais des parents, au Caire.

Collége Copte du Patriarcat (1)	290	élèves
Ecole copte de Hart-Saqqaïn.	125	»
Deux écoles coptes pour filles	136	»
Six écoles primaires coptes	192	»
Quatre écoles » juives.	155	»
Trois écoles » Syriennes	84	»
Une école » arménienne	20	»
	1,002	élèves.

(1) A ce Collége et aux trois écoles suivantes, qui comptent 32 professeurs ensemble, sont affectés les revenus de 1,500 feddans de terrain donnés par le Khédive et certains biens Wakfs de l'Eglise copte.

VI. — Collèges Nationaux

AUX FRAIS DES PARENTS.

COLLÈGES AU CAIRE.

Quartiers	Ecoles	Prof.	Elèves
Darb-el-Gamamiz	23	23	830
Darb-el-Ahmar.	34	34	1.015
Heissoun	13	13	405
Khalifa	18	18	985
Esbékieh	31	31	1.244
Gamalieh	69	69	3.562
Bab-el-Gharieh.	25	25	900
Abdin.	15	15	491
Vieux-Caire	27	27	790
Boulaq	34	34	1.274
Ecole d'El Azhar	1	314	9.441
TOTAUX. . .	290	603	20.937

Observations. — Les élèves d'El-Azhar sont divisés en sections :

4.570 chaffièh ; 3.710 moulekièh.
30 hambaliè ; 1.131 hanafièh.

COLLÈGES D'ALEXANDRIE.

1er arrondissement. . . .	43	43	742
2me »	19	19	354
3me »	23	23	396
4me »	40	40	702
TOTAUX. . . .	125	125	2.194

Résumé. — Collèges au Caire et à Alexandrie, avec El-Azhar : 414 écoles ; 728 professeurs; 23,131 élèves.

COLLÉGES DANS LES CHEFS-LIEUX

(BASSE-EGYPTE).

	écoles.	prof.	élèves.
Zagazig	8	8	535
Chibin-el-Côm	14	14	505
Damiette	28	28	1.430
Galioub	6	6	110
Rosette	14	14	538
Mansourah	22	22	798
Damanhour	21	21	582
Mehallet-el-Kibir	26	26	425
Tantah	18	18	500
Totaux.	157	157	5.423

COLLÉGES DANS LES VILLAGES

(BASSE-EGYPTE).

	écol.	prof	élèv.	villag.
Prov. Galioubieh	131	131	2.924	38
» Charkieh	100	100	1.932	38
» Dakahlieh	96	96	2.416	46
» Garbieh	206	206	4.758	46
» Menoufieh	262	262	11.250	106
» Béhéra	174	174	4.850	88
Totaux.	969	969	28.130	362

COLLÉGES DANS LES CHEFS-LIEUX

(HAUTE-EGYPTE).

	écol.	prof.	élèv.
Giseh	12	12	222
Benisouef	9	9	343
Fayoum	24	24	682
Minieh	14	14	461
Syout	24	24	1.330
Souhag	6	5	330

	écol.	prof.	élév.
Ghirgeh	7	7	280
Kéneh.	8	8	330
Totaux.	104	104	3.978

COLLÉGES DANS LES VILLAGES
(HAUTE-EGYPTE).

		écol.	prof.	élév.	vill
Prov.	Giseh	8	8	300	4
»	Benisouef	10	10	254	3
»	Fayoum	39	39	1.240	23
»	Minieh	33	33	1.164	12
»	Syout.	133	133	6.480	35
»	Ghirgeh.	152	152	5.140	55
»	Kéneh	49	49	2.060	27
	Totaux.	423	423	16.638	159

Résumé.—Colléges au Caire, à Alexandrie et dans les chefs-lieux et villages des provinces : 2,067 écoles ; 2,381 professeurs ; 77,292 élèves.

Observations.— Le local occupé par chaque école est généralement un don de bienfaisance; quelquefois le professeur loue lui-même ce local, et à cet effet, les parents paient de une à quatre piastres par mois, suivant leurs moyens.

Ces écoles sont sous le contrôle de l'instruction publique.

VII. — Résumé général des Écoles indigènes.

Elèves aux frais du Gouvernement	1.193
Elèves aux frais des Wakfs avec l'aide du Gouvernement	2.223
Elèves aux frais des Wakfs avec l'aide du Gouvernement et des parents	2.240
Elèves aux frais des parents	77.300
Total général, élèves . . .	82.950

Le Gouvernement s'occupe aussi de l'instruction des filles; une école est déjà créée à Sioufieh, au Caire, et de grands établissements sont en voie d'organisation.

N° 152. — ÉCOLES ÉTRANGÈRES. (1)

NOMBRE DES ÉCOLES.	LOCALITÉS.	NOMBRE DES MAITRES.	NOMBRE des ÉLÈVES Garçons	Filles.	TOTAL.
	Le Caire. (2)				
1	Ecole gratuite des Frères de la Doctrine Chrétienne.	26	150	»	150
1	Ecole payante des Frères.		155	»	155
1	Ecole mixte des missions étrangères Anglaises	4	160	60	220
3	Ecoles des missions Américaines.	8	205	»	205
2	Ecoles des missions Américaines.	5	»	120	120
1	Externat des Sœurs du Bon Pasteur.	3	»	175	175
1	Pensionnat des Sœurs.	5	»	42	42
1	Orphelinat et Asile des Sœurs.		»	61	61
1	Pensionnat et externat des Sœurs Clarisses.	8	»	107	107
1	Orphelinat des Sœurs Clarisses.	4	»	70	70
1	Ecole Italienne, gratuite.	3	110	»	110
1	Ecole mixte Italienne.	2	20	20	40
1	Collége Israëlite.	5	120	»	120
1	Collége Grec Orthodoxe.	8	92	»	92
1	Ecole de filles, Grecque Orthodoxe.	»	»	78	78
3	Ecoles Grecques, Catholiques.	»	170	»	170
2	Ecoles Coptes, Catholiques	»	45	»	45
1	Ecole Orientale (Dar-el-Cadi).	»	36	»	36
1	Ecole Andersa.	»	25	25	50
1	Ecole des Sœurs Clarisses à Boulaq.	5	»	45	45
26	TOTAL DU CAIRE.	—	1 288	803	2.091

(1) D'après M. DOR (l'Instruction publique en Egypte), pour partie; — nombre de ces Ecoles est subventionné par le Gouvernement.

(2) L'établissement de nouvelles Ecoles libres, gratuites, universelles, au Caire, se poursuit actuellement.

TABLEAU N° 152 *(suite).*

NOMBRE DES ÉCOLES.	LOCALITÉS.	NOMBRE DES MAITRES.	NOMBRE des ÉLÈVES Garçons	Filles.	TOTAL.
	Alexandrie.				
1	Pensionnat des Sœurs de la Miséricorde. . . .	20	»	180	180
1	Orphelinat id. . . .		»	120	120
1	Asile id. . . .		»	100	100
1	Ecole gratuite id. . . .		»	885	885
1	Ecole gratuite des Frères de la Doctrine Chrétienne.	38	350	»	350
1	Ecole payante et Pensionnat id. . . .		250	»	250
1	Collége des Lazaristes.	13	62	»	62
1	Orphelinat id. . . .		52	»	52
1	Collége Italien (externat).	12	224	»	224
	(cours du soir).		129	»	129
1	Ecoles libres gratuites (externat)	8	271	»	271
	id. cours d'adultes du soir		432	»	432
2	Ecole primaire et collége grecs.	8	191	»	191
1	Ecole grecque pour les filles	4	»	95	95
2	Ecoles des missions Ecossaises	10	52	70	122
1	Ecole mixte des missions américaines.	5	160	24	184
1	Ecole gratuite israëlite (pour les garçons) . .	5	130	»	130
1	id. (pour les filles. . . .	3	»	100	100
1	Ecole israëlite, mixte, Osima.	4	41	12	53
1	Ecole grecque-catholique-syrienne	1	30	»	30
1	Ecole allemande Bauder (mixte)	8	75	26	101
1	Ecole industrielle pour les filles.	»	»	70	70
3	Pensionnats divers de filles.	»	»	125	125
1	Pensionnat de garçons . . . . , . . .	»	111	»	111
2	id. mixtes	»	65	60	125
28	TOTAL D'ALEXANDRIE.	—	2.625	1 867	4.492

TABLEAU N° 152 *(suite)*.

NOMBRE DES ÉCOLES.	LOCALITÉS.	NOMBRE DES MAITRES.	NOMBRE des ÉLÈVES		
			Garçons	Filles.	TOTAL.
	Port-Saïd.				
1	Ecole des Pères de Terre-Sainte	3	52	»	52
1	Ecole des Sœurs Clarisses	4	»	28	28
1	Ecole Israëlite	1	15	»	15
	Mansoura.				
1	Ecole des Sœurs Clarisses	4	»	28	28
1	Ecole mixte des Missions Américaines	4	35	30	65
	Medinet-Fayoum.				
1	Ecole mixte des Missions Américaines	4	35	36	71
	Syout.				
1	Ecole de théologie des Missions Américaines.	4	24	»	24
2	Ecoles mixtes	3	40	16	56
1	Ecole Copte-Catholique	1	37	»	37
	Tahta.				
1	Ecole Copte-Catholique	2	40	30	70
	Achmen.				
1	Ecole Copte-Catholique	2	50	15	65
	Gherghé.				
1	Ecole Copte-Catholique	2	30	25	55
	Kéné.				
1	Ecole Copte-Catholique	1	20	»	20
	Nagadeh.				
1	Ecole Copte-Catholique	1	20	»	20
	Kous.				
1	Ecole mixte des Missions Américaines	2	20	4	24
16	TOTAL des 10 villes ci-dessus	38	418	212	630
70	TOTAL GÉNÉRAL, y compris le Caire et Alexandrie	—	4.321	2.882	7.213

N° 153. — Résultat des examens scolaires en 1872.

1° — ÉCOLES DU GOUVERNEMENT.

	ÉLÈVES avec note extrêmement bien.	ÉLÈVES avec note très-bien.	ÉLÈVES avec note bien.	ÉLÈVES avec note médiocre.	ÉLÈVES avec note mal.	Totaux.	ÉLÈVES qui n'ont pas subi
Ecole polytechnique et Ecole de comptabilité et d'arpentage.....	48	40	25	10	»	123	
Ecole de droit......	17	9	3	1	»	30	
Ecole d'Egyptologie	2	3	2	»	»	7	
Ecole des Arts et Métiers..	6	7	15	12	2	42	
Ecole de Médecine............	49	29	6	»	1	85	
Ecole d'Accouchement	4	11	3	3	»	21	
Ecole préparatoire. — Caire.. ...	38	80	78	85	14	295	
Ecole primaire. — Caire	27	35	46	48	9	165	
Ecole préparatoire. — Alexandrie.	30	26	11	6	1	74	
Ecole primaire. — Alexandrie....	25	71	71	18	1	186	
Collége de Khartoum...........	»	»	15	10	1	26	
Collége à Nasrieh. — Caire......	52	83	104	96	53	388	
Collége de Bienfaisance.—Alexand.	2	12	31	42	12	99	
Collége à Benha...........	30	96	91	37	8	262	
Collége à Syout	68	62	45	25	2	202	
Totaux........	308	564	546	394	105	2.006	

Tableau n° 153 (*suite*).

2° — COLLÉGES NATIONAUX AU CAIRE ET A ALEXANDRIE.

	EXTRÊMEMENT BIEN.	TRÈS BIEN.	BIEN.	MÉDIOCRE.	MAL.	**Totaux.**	ÉLÈVES qui ont fini le Coran.
Collége de bienfaisance au Caire...	135	178	250	289	349	1.201	189
Quartier Abdin............... ..	10	9	10	29	195	253	13
» Djamalieh........... ...	35	99	116	123	425	798	124
» Darb-el-Ahmar.........	16	48	63	67	455	649	33
» Keissoun....	1	1	11	61	126	200	27
» Khalifa	51	14	39	81	318	503	59
» Vieux Caire	49	50	82	100	320	609	55
» Darb-el-Gamamis	71	56	51	91	119	388	32
» Esbékieh.......... ...	21	41	34	123	405	624	75
» Bab-el-Charieh	14	46	32	80	169	334	31
» Boulaq......	41	44	59	72	351	567	63
Ecole de bienfaisance à Alexandrie.	44	43	37	30	3	157	11
1er quartier..................	67	87	64	187	51	456	28
2e »	24	60	66	96	40	286	24
3e »	33	64	45	54	17	213	21
4e »	3	23	34	68	17	145	27
5e »	11	34	44	60	13	162	28
6e »	9	27	63	96	39	234	13
7e »	10	39	92	105	37	283	25
8e »	24	65	126	147	57	419	40
Totaux.	669	1.028	1.318	1.969	3.497	8.481	807

N° 154. — Tribunaux Égyptiens

(ANNÉE 1288).

1° Nombre des affaires présentées aux Tribunaux de 1re instance des diverses provinces :

Affaires civiles	1.378
Instructions criminelles, correctionnelles et contraventions	6.129
ENSEMBLE. . .	7.507

2° Nombre des décisions des Tribunaux de 1re instance.

a. Jugements rendus en dernier ressort ou devenus exécutoires :

Affaires civiles.	783
» correctionnelles et criminelles . . .	4.528
ENSEMBLE. . .	5.311

b. Instructions ou décisions préparatoires soumises d'office aux Tribunaux d'appel :

Affaires civiles.	86
» correctionnelles et criminelles . . .	1.230
ENSEMBLE. . .	1.316

3° Nombre des appels interjetés par les parties contre les décisions des Tribunaux de 1re instance :

Affaires civiles	50
» correctionnelles	91
ENSEMBLE. . .	141

4° Nombre des arrêts rendus par les Tribunaux d'appel tant sur l'appel des parties que sur les affaires soumises d'office :

Affaires civiles	189
» correctionnelles	1.453
ENSEMBLE. . .	1.642

5° Affaires soumises au « Meglis-el-Akham » :

Affaires civiles	111
» criminelles	95
Ensemble	206

6° Arrêts rendus dans l'année 1288 par le Meglis-el-Akham : 576.

N° 155. — Tribunal de Commerce mixte

D'ALEXANDRIE (Année 1289).

Demandes en première instance	391
Jugements en première instance (préparatoires, interlocutoires et définitifs)	340
Jugements divers en matière de faillite	57
Appels des jugements ci-dessus	29
Actes d'appel contre des jugements du Tribunal du Caire	23
Jugements divers en seconde instance	82
Protêts	175

N° 156. — Tribunal Consulaire d'Autriche-Hongrie

D'ALEXANDRIE (Année 1872).

Actes de procédure enregistrés	2.981
Transactions	55
Assignations	70
Jugements rendus en 1re instance	67
id. id. 2e id.	9
Poursuites correctionnelles	22
Faillite déclarée	1
Règlements de succession	10

N° 157. — Cour Consulaire Britannique

D'ALEXANDRIE (Année 1872).

1° AFFAIRES CIVILES ET COMMERCIALES.

Matière sommaire (au-dessous de 20 £).

Actes de procédure enregistrés.	166
Nombre des demandes (montant total 1,155 £).	166
Nombre des jugements (montant total 654 £) .	128

Matière ordinaire (au-dessus de 20 £).

Actes de procédure enregistrés.	748
Nombre des demandes (montant total 27,437 £).	60
Nombre des jugements (montant total 14,615 £).	50
Expertises	11
Protêts de lettres de change.	43
Arrangements en faillite.	1
Règlements de succession	1

2° AFFAIRES CORRECTIONNELLES ET CRIMINELLES.

Matière sommaire.

Nombre des plaintes.	103
» d'emprisonnements prononcés	30
» de bannissements prononcés	26

Matière ordinaire.

Nombre de plaintes.	211
» d'emprisonnements	116
» de bannissements	2

N° 158. — Tribunal Consulaire de France

D'ALEXANDRIE (Année 1872).

Citations en conciliation	598
Transactions	57
Actes de procédure enregistrés.	993
Assignations au Tribunal.	419
Jugements rendus en matière civile et commerciale.	304
id. id. id. correctionnelle	15
Ordonnances de référé	6
Faillite déclarées	1

N° 159. — Tribunal Consulaire de Grèce

D'ALEXANDRIE (Année 1872).

Citations en conciliation	900
Demandes au civil formées en 1re instance	375
Sentences du Tribunal au civil.	313
Désistements	62
Appels transmis à la Cour d'Athènes.	46
Sentences du Tribunal au correctionnel.	25
Affaires criminelles transmises à la Cour de Syra	26
Faillites.	2

N° 160. — Tribunal Consulaire d'Italie

D'ALEXANDRIE (ANNÉE 1872).

1° AFFAIRES CIVILES ET COMMERCIALES.

Instances de la compétence du Consul	91
Sentences du Consul	75
Demandes présentées au Tribunal	176
Jugements du Tribunal	170
Ordonnances de commun accord	105
Actes de procédure divers	413

2° AFFAIRES CORRECTIONNELLES ET CRIMINELLES.

Action publique.

Nombre d'affaires	71
Ordonnances de non lieu.	31
Affaires transmises à la Cour d'Ancône	4
» Jugées par le Consul	4
» Jugées par le Tribunal	8
» Comprises dans l'amnistie du 2 juin. .	1
» En cours d'instruction.	23

Poursuites Particulières.

Nombre d'affaires	32
Affaires terminées par désistement	18
» Jugées par le Consul.	6
» Jugées par le Tribunal.	3
» En Cours d'instance	3

N° 161. — Nombre des Mosquées

EXISTANT DANS CHAQUE VILLE ET PROVINCE.

Le Caire, 523 mosquées (dont 20 construites depuis l'année 1863); Alexandrie, 168 (dont 30 construites depuis 1863); Rosette 55; Damiette 52.

Moudyrieh de Béhéra 372; de Garbye 121; de Charkye 720; de Dahkalye 743; de Menoufye 720; de Galioubye 311; de Benisouëf 203; de Fayoum 206; d'Assyout 1.012; de Gherghe 1.411; de Kéné 677; d'Esné 247.

Nº 162. — Naissances d'Alexandrie
POUR L'ANNÉE 1288,
Classées par religions.

RELIGIONS.	SEXE		TOTAUX.
	Masculin	Féminin.	
Musulmans..	4.425	4.024	8.449
Catholiques latins............	263	249	512
Grecs orthodoxes.............	101	118	219
Cophtes....................	44	42	86
Grecs catholiques (Melchites)..	25	20	45
Maronites..................	16	9	25
Eglise protestante allemande..	10	3	13
Eglise protestante anglaise.. ..	9	11	20
Israélites [1]	»	»	»
	4.893	4.476	9.369

(1) Cet état ne comprend que les naissances déclarées aux diverses communautés religieuses, et en laisse par conséquent un certain nombre en dehors de cet enregistrement officiel.

N° 163. — Mariages et divorces musulmans dans toute l'Égypte

EN 1288 (1871)

VILLES et PROVINCES.	MARIAGES.	DIVORCES.	VILLES et PROVINCES.	MARIAGES.	DIVORCES.
Le Caire	1.952	552	Dahkalye	5.000	3.000
Alexandrie	1.172	1.332	Menoufye	2.153	771
Rosette	97	49	Galioubye	3.850	300
Damiette	116	418	Gizeh (*)	5.700	450
Port-Saïd	6	110	Benisouëf	609	281
Ismaïlia	10	53	Fayoum	700	225
Suez	198	104	Minieh-Benimazar	113	200
Mattarié	100	61	Assyout (*)	150	270
Bassin du Mahmoudyé	6	64	Oasis de Syout	117	87
Béhéra (*)	2.100	1.300	Gherghe	135	209
Garbye	3.524	1.447	Kéné	165	36
Charkye	720	332	Esné	1.796	1.057
			TOTAUX	30.489	13.008

(*) Chiffres approximatifs tirés des chiffres officiels de la Moudyrieh la plus voisine, proportionnellement au nombre de la population.

N° 164. — Pèlerins de la Mecque

PASSÉS A SUEZ

Depuis l'année 1865 (pèlerinage 1281-1282)

Jusqu'à l'année 1872 (pèlerinage 1288-1289).

ANNÉES.	PÈLERINS PARTIS DE SUEZ.	PÈLERINS REVENUS A SUEZ.
1865	»	18.490
1866	»	12.887
1867	8.847	8.447
1868	9.680	8.074
1869	11.212	10.724
1870	20.866	19.109
1871	12.402	11.637
1872	16.504	12.919
1873	22.911	22.259

Nota. — Les chiffres ci-dessus comprennent les Pèlerins de transit comme les Pèlerins Egyptiens, voyageant par mer et par terre.

N° 165. — Personnel et salaires des travaux agricoles.

L'agriculture privée occupe spécialement, en Egypte, parmi la population indigène, en temps ordinaire :

Dans la Moudirieh de Béhéra 18,495 cultivateurs-propriétaires et 4,252 ouvriers des champs ;

Dans celle de Garbye 100.000 cultivateurs et ouvriers des champs ;

Dans celle de Charkyeh 57.000 cultivateurs-propriétaires et 43.000 ouvriers des champs ;

Dans celle de Dahkalyeh 4.000 ouvriers des champs outre les cultivateurs-propriétaires.

Dans celle de Menoufye 47.430 cultivateurs-propriétaires et 12.000 ouvriers des champs ;

Dans celle de Galioubye 20.909 ouvriers des champs outre les cultivateurs-propriétaires ;

Dans celle de Minié et Bénimazar 11.602 ouvriers des champs outre les cultivateurs-propriétaires ;

Dans celle d'Assyout 19.091 cultivateurs-propriétaires et 10.396 ouvriers des champs ;

Dans celle de Kéné 22.888 ouvriers des champs outre les cultivateurs-propriétaires ;

Dans celle d'Esné 28.899 cultivateurs-propriétaires et 5.860 ouvriers des champs.

On compte de même 700 jardiniers au Caire
414 » à Alexandrie
373 » à Rosette
248 » dans le reste de l'Egypte.

Le salaire des ouvriers cultivateurs est en moyenne :

Dans la Moudirieh de	Minié et Bénimazar	$2\ ^{30}/_{40}$	P.T.	p[r] jour
»	Esné	$2\ ^{20}/_{40}$	»	»
»	Dahkalye	2	»	»
»	Galioubye	2	»	»
»	Garbye	2	»	»
»	Menoufye	2	»	»
»	Charkye	$1\ ^{20}/_{40}$	»	»
»	Kéné	$1\ ^{10}/_{40}$	»	»
»	Assyout	1 à $1\ ^{20}/_{40}$	»	»
»	Béhéra	$1\ ^{10}/_{40}$	»	»

Le salaire des ouvriers jardiniers est en moyenne de 3 P.T.

N° 166. — Canaux non-navigables servant à l'irrigation agricole.

DÉSIGNATION PAR LOCALITÉS.	NOMBRE des canaux	MÉTRAGE EN KASSABAS — LONGUEUR TOTALE.	MÉTRAGE EN KASSABAS — SURFACE TOTALE.
MOUDYRIEH de Esné : Districts d'Assouan et d'Edfou	8	13.316	30.145
» » d'Esné	1	700	1.134
» Kéné :	14	60.100	286.400
» Guerghé : District de Gherghé	7	15.075	29.035
» Manchah	6	5.550	13.537
» Souhag	3	640	1.240
» Tahta	3	2.680	8.345
» Assyout : District d'Abou-el-Cheickh	9	14.600	95.300
» Syout	6	4.985	30.980
» Abnoub	11	11.010	43.001
» Monfalout	8	11.430	42.860
» Mellawi	20	17.605	85.269
Inspection de Mellawi	9	10.000	83.250
» Minye-Bénimazar : District de Minye	16	23.836	43.620
» Klousna	18	26.226	76.290
» Bénimazar	12	27.304	56.880
» Fachn	25	13.625	27.983
» Bénisouef : District de Zawiat	15	15.580	47.035
» Bénisouëf	25	28.775	63.742
» Baya-el-Kobra	12	9.400	48.350
» Fayoum : Canaux dérivés directement du Bahr-Youssef	[illegible]	[illegible]	[illegible]
Canaux dérivés des précédents	80	385.818	232.504
» Gizeh :	9	89.655	589.877
» Galioubye :	27	101.414	321.467
» Menoufye :	24	95.303	231.647
» Garbye : Canal Sahel (districts de Giafferye, Zifte, Mahalleh	1	36.200	478.800
Canaux divers	74	282.810	1.604.735
» Charkye : district de Minet-el-Kamh	38	65.000	294.600
» Azizie (canal de Nahran)	1	76.200	228.600
» Azizie (canaux divers)	42	57.230	274.120
» Adin	42	150.690	274.574
» Bilbeïs	18	65.080	171.500
» Alakine	40	102.377	328.978
» Dakhalye : District de Noussa-el-Gheït (canal dérivé directement du Nil)	1	10.000	70.000
» » (canaux dérivés indirect^{t})	6	50.765	339.710
» Simbellawin (canaux dérivés directement du Nil)	3	3.790	89.200
» » (canaux dérivés indirect^{t})	11	46.875	310.750
» Mit Gamhr	5	24.500	264.500
» Dahrans	1	13.000	104.000
Direction de Tharskour	1	15.400	169.400
» Behéra : Partie non-navigable du canal Katatbeh	1	60.869	2.305.735
Canaux divers	72	843.468	9.096.149
Totaux	756	2.993.129	19.303.356

N° 167. — Moteurs servant à l'irrigation agricole

DANS CHAQUE PROVINCE D'ÉGYPTE.

PROVINCES.	SAKYES.	CHADOUFS.	TABOUTS.	MACHINES A VAPEUR.
Béhéra	391	102	1.292	83
Garbye	4.891	615	195	196
Charkye	4.675	5.245	346	33
Dahkalye	8.000	445	4.400	100
Menoufye	4.127	503	693	64
Galioubye	3.072	912	—	—
Benisouëf	107	715	—	—
Fayoum	448	413	—	—
Minié, Benimazar	23	715	—	—
Assyout	704	14.633	—	—
Gherghe	383	32.929	—	—
Kéné	1.353	7.473	—	—
Esné	1.910	5.808	—	—
TOTAUX	30.084	70.508	6.926	476

N° 168. — Animaux de Ferme existant dans chaque province d'Egypte (1)

I. — BÊTES DE SOMME ET BÊTES A LAINE.

PROVINCES.	Taureaux, Bœufs, Vaches et Veaux.	Buffles.	Chevaux et Juments	Mulets.	Anes.	Chameaux.	Moutons.	Chèvres.
Damiette	12	3	637	»	377	25	193	47
Béhéra	4.729	14.538	1.302	119	5.669	1.892	5.191	»
Garbye	37.325	41.654	5.859	685	19.841	6.013	34.241	2.167
Charkye	13.881	7.509	1.321	482	5.868	2.210	5.546	1.171
Dahkalye (2)	13.519	18 489	2 893	510	10.685	3.138	12.175	»
Menoufye	21.691	56.279	1.430	185	22.810	10.503	26.004	4.303
Bassin du Mahmoudye	9	25	25	»	37	»	17	»
Galyoubye	10.431	11 616	818	»	8.684	3.719	15.574	»
Bénisouëf	2.080	1.795	419	10	1.923	590	4.224	2.223
Fayoum	10.000	4 000	2.000	100	2.000	1.000	10.000	5.000
Minié-Benimazar	2.766	1.550	400	8	2.580	1.019	11 469	3.679
Assyout	2.908	1.477	365	»	4 120	1.969	22.913	»
Oasis de Syout	153	348	37	»	809	»	102	394
Gherghé	3.080	3.656	479	3	3.929	1.521	9.174	»
Kéné	2.162	1.664	167	»	3.262	1.539	9.179	2.507
Esné	2.243	508	51	3	2.047	440	6.655	2.416
Totaux...	126 989 (3)	165.111	18.203	2.105	94.641	35.578	172.657	23 907

(1) Non compris la capitale et les ports qui ne font pas partie des campagnes proprement dites.

(2) Indépendamment des bestiaux des propriétés de la Daïra.

(3) L'épizootie qui a régné en Egypte pendant les années 1863 et 1864, a fait périr un grand nombre d'animaux de l'espèce bovine.

II. — VOLAILLE.

PROVINCES.	POULES.	POULETS.	PIGEONS.	FOURS A POULETS	
				NOMBRE des fours.	COUVÉE annuelle.
Damiette	400	1.200	»	2	100.000
Béhéra	1.000.000	1.000.000	1.350.000	51	1.939.000
Garbye	677 900	82.400	205.000	92	1.706.000
Charkye	356.400	32.900	35.500	33	609.000
Dahkalye	337.900	39.000	55 000	63	596.000
Menoufye	1.160.000	65.600	30.000	112	1.893.000
Galyoubye	487 200	250.300	250.000	18	2.132 000
Benisouëf	32.200	»	87 000	21	226.000
Fayoum	150.000	15.000	50.000	10	200.000
Minyé-Bénimazar	32.800	22.400	1.800	50	162.000
Assyout	23.200	»	74 000	88	880 000
Gherghe	80.000	»	1.732.000	53	195.000
Kéné	58.200	»	24.000	»	127.000
Esné	17.800	178.400	163.000	10	»
Totaux	4.414.000	1.687.200	4.057.300	603	10.765.000

Nº 169 — Combustibles végétal et animal, et engrais.

I. — CHARBON DE BOIS.

Le charbon de bois que l'industrie locale fabrique dans le pays, est le plus souvent demandé au *sant (acacia nilotica)*. La quantité produite en un an est comme suit :

Moudyrieh de Béhéra	300	quintaux
» Menoufyeh	»	»
» Galioubye	12.500	»
» Dahkalye	1.000	»
» Charkye	5.000	»
» Garbye	100.000	»
» Bénisouef et Fayoum	2.000	»
» Minieh et Bénimazar	»	»
» Assyout	12.617	»
» Kéné	50	»
» Esné	10.000	»

II. — GHILLEH OU COMBUSTIBLE ANIMAL.

La quantité de ghilleh, combustible animal, fabriquée par l'industrie locale, s'élève par année, pour chaque localité ci-après, savoir :

Moudyrieh de Béhéra	à 163.474	quintaux
» Menoufye	888.650	»
» Galioubye	105.415	»
» Dahkalye	71.345	»
» Charkye	242.155	»
» Garbye	375.737	»
» Bénisouef	15.541	»
» Fayoum	100.000	»
» Minieh et Bénimazar	2.947	»

Moudyrieh de Assyout	. . . .	à 4.898	quintaux
»	Oasis de Siout	0	»
»	Gherghé.	40.639	»
»	Kéné.	2.885	»
»	Esné.	1 114	»
»	Damiette.	853	»

III. — ENGRAIS.

Les engrais égyptiens les plus riches sont les suivants :

1° Colombine ou guano local ;

2° Engrais aux tourteaux de graines de coton :

3° » aux urines conservées ;

4° » au sang d'abattoir ;

5° » aux débris de poissons (*fsih*, produit local).

D'après M. Gastinel-Bey, la quantité de colombine employée à la culture de la canne à sucre est, pour 1 feddan, d'environ 500 kilog. contenant 17 k. 50 d'azote et 17. 50 de phosphate de chaux, proportion type pour la culture d'un feddan de terrain.

Pour une surface agricole de 4.624.000 feddans, cette proportion exigerait une quantité totale de 2.312.000 tonnes d'engrais aussi riche que le guano : la production annuelle de ce dernier s'élève, d'après les moudyrichs, à 2.000.000 d'ardebs (267.000 tonnes) pour la Haute et Moyenne-Egypte et à une quantité presqu'égale (253.000 tonnes) pour la Basse-Egypte.

Les divers engrais ci-dessus n'étant évidemment pas produits en quantités suffisantes pour toute l'agriculture Egyptienne, pourraient, toujours suivant M. Gastinel-Bey, être réservés pour les cultures les plus importantes (blé, coton, cannes à sucre), — les déjections de l'homme et des animaux, dûment préparées, fournissant l'engrais aux autres cultures.

N° 170. — PHÉNOMÈNES NATURELS

des

PLANTES ALIMENTAIRES, INDUSTRIELLES ET MÉDICINALES,

cultivées en Égypte (1).

I. — Céréales.

NOMS FRANÇAIS.	ÉPOQUE de la feuillaison.	ÉPOQUE de la floraison.	ÉPOQUE de la fructification.	ÉPOQUE de l'effeuillaison.	HAUTEUR MOY. en centimètres.	PATRIE.
Blé de la Basse-Égypte	1-2	2-3	3-4	0	70	Inconnue.
Blé de la Haute-Egypte	1-2	2-3	3-4	0	75	id.
Maïs d'été	4	5	6	0	200	Amérique.
Maïs d'hiver	7	9	10	0	200	id.
Sorgho d'été	4	5	6	0	300	Inde.
Sorgho d'hiver	7	9	10	0	300	id.
Orge de la Basse-Egypte	2	3	4	0	80	Inconnue.
id. de la Haute-Egypte	2	3	4	0	80	id.

II. — Légumineuses alimentaires.

NOMS FRANÇAIS.	ÉPOQUE de la feuillaison.	ÉPOQUE de la floraison.	ÉPOQUE de la fructification.	ÉPOQUE de l'effeuillaison.	HAUTEUR MOY. en centimètres.	PATRIE.
Embrevade jaune	1-12	9-4	10-5	0	400	Inde Orientale.
Embrevade rouge	1-12	9-4	10-5	0	400	id. id.
Fève de la Basse-Egypte	12	1	2-3	0	60	Perse.
id. de la Haute-Egypte	12	1	2-3	0	60	id.
Lentille	1	2	3	0	30	France.
Pois-Chiches	1	2	3	0	30	Europe méridionale.
Pois des champs	2	3	4	0	70	id. id.
Pois vert des champs	2	3	4	0	80	id. id.
Lupin jaune	1	2	3	0	100	Orient.
Lubia cultivé	2	3	4	0	90	id.

(1) Les espèces comprises dans ce tableau sont répandues dans les provinces ou cultivées dans tout le pays. Les autres ne se rencontrent guère que dans les jardins du Caire, d'Alexandrie, d'Ismaïlia, et aux environs de ces trois villes.

Les époques de feuillaison, de floraison, de fructification et d'effeuillaison, sont indiquées par des chiffres représentant chacun des mois de Janvier à Décembre dans leur ordre (de 1 à 12). Les indications 1-12 pour la feuillaison et 0 pour l'effeuillaison, se rapportent aux plantes à feuillage persistant.

TABLEAU N° 170 (*suite*).

III. — Plantes fourragères.

NOMS FRANÇAIS.	ÉPOQUE de la feuillaison.	ÉPOQUE de la floraison.	ÉPOQUE de la fructification.	ÉPOQUE de l'effeuillaison.	HAUTEUR MOY. en centimètres.	PATRIE.
Trèfle d'Egypte	12	1-2	4	0	80	Egypte.
Trèfle de l'Hedjaz	1-2	5-11	8-11	0	60	Europe.
Fenu Grec	12	12-1	1	0	35	France méridion[ale]
Gesse cultivée	12	12-1	1-2	0	80	Europe méridion[ale]

IV. — Plantes saccharines.

NOMS FRANÇAIS.	ÉPOQUE de la feuillaison.	ÉPOQUE de la floraison.	ÉPOQUE de la fructification.	ÉPOQUE de l'effeuillaison.	HAUTEUR MOY. en centimètres.	PATRIE.
Canne à sucre blanche	1-12	0	1	0	300	Inde Orientale.
id. id. violette	1-12	0	1	0	300	id. id.
id. id. rubanée	1-12	0	1	0	300	id. id.

V. — Plantes potagères.

NOMS FRANÇAIS.	ÉPOQUE de la feuillaison.	ÉPOQUE de la floraison.	ÉPOQUE de la fructification.	ÉPOQUE de l'effeuillaison.	HAUTEUR MOY. en centimètres.	PATRIE.
Ail	5-6	6-7	7-8	8	60	Europe.
Aubergine	6-7	7-8	8-11	12	80	Amérique mérid[ionale]
Carotte	4-5	6	7	11	40	Europe.
Céleri	1-12	5	6	0	40	id.
Chicorée sauvage	1-12	6	8	0	30	id.
Chou pommé	1-12	5	6	0	60	France.
Chou-fleur	1-12	11	6	0	70	id.
Citrouille	5-8	6	7	12	40	Afrique.
Coqueret comestible	5-6	6-10	10-11	12	75	Amérique.
Colocase d'Egypte	6	8-9	10	11	60	Amérique tropi[cale]
Coriandre	4-5	6	8-9	0	60	Orient.
Concombre petit	4-5	5-6	7-9	0	30	Inde.
id. à gros fruit	4-5	5-6	7-9	0	35	id.
id. blanc	4-5	5-6	7-9	0	30	id.
Courge trompette	5	6-7	7-8	0	45	Orient.
id. petite	5	6-7	7-8	0	35	id.
id. maculée	5	6-7	7-8	0	30	id.
id. jaune ovoïde	5	6-7	7-8	0	30	id.
id. massue	5	6-7	7-8	0	30	id.
Cresson de fontaine	1-12	5-6	7-8	0	80	France.

TABLEAU N° 170 (*suite*).

NOMS FRANÇAIS.	ÉPOQUE de la feuillaison.	ÉPOQUE de la floraison.	ÉPOQUE de la fructification.	ÉPOQUE de l'effeuillaison.	HAUTEUR MOY. en centimètres.	PATRIE.
Epinard	1-12	5-6	7-8	0	80	France.
Fenouil	5	6	8	0	100	Europe.
Fraisier à gros fruit	1-12	2-3	3-4	0	25	id.
Giraumon	5	6-7	7-8	0	30	Inde Orientale.
Gombo d'Egypte	6	7-8	8-10	11	200	Inde.
id. exotique	6	7-8	8-10	11	200	id.
Haricot commun	5	6	7-8	10-11	100	id.
id. flageolet	5	6	7-8	10-11	200	id.
id. maculé	5	7-8	9-10	11-12	100	id.
Laitue pommée	3-4	6	7-8	0	50	Asie.
id. id. d'été	3-4	6	7-8	0	50	id.
id. id. d'hiver	10-11	5	7	0	50	id.
id. id. romaine	3-4	6	7-8	0	60	id.
Melokie	4-5	5-6	7-8	0	100	Inde.
Melon chate	5-6	6-7	7-8	0	35	Egypte.
id. à chair verte	4-5	5-6	7-8	0	40	Asie.
id. à chair rose	4-5	5-6	7-8	0	40	id.
id. à côtes	4-5	5-6	7-8	0	45	id.
id. de Constantinople	4-5	5-6	7-8	0	40	id.
id. sucrin	4-5	5-6	7-8	0	40	id.
Mauve potagère	5	7-8	9-10	0	40	Egypte.
Moutarde noire	4	5	6-7	0	100	Europe.
Navet violet	4	5	6	0	80	id.
id. blanc plat	4	5	6	0	80	Europe.
id. id. pointu	4	5	6	0	80	id.
Oignon commun	5	7	8	8	100	Inconnue.
Oseille commune	4	6	7	8	60	Europe.
id. à grande feuille	4	6	7	8	80	id.
Oxalide crénelée	1-12	6	7	0	25	Pérou.
Pastèque	5	6	8	9	80	Orient.
id. maculée	5	6	7-8	9	80	id.
id. à écorce solide	5	6	7-8	9	80	id.
id. caroube	5	6	7-8	9	80	id.
id. blanche	5	6	7-8	9	80	id.
id. verte	5	6	7-8	9	80	id.
id. du Sultan	5	6	7-8	9	80	id.
id. de Constantinople	5	6	7-8	9	80	id.
Patate douce	5	7-8	11-12	12	60	Inde Orientale.
Persil commun	3	7-8	9	10	100	Italie.

TABLEAU N° 170 (*suite*).

NOMS FRANÇAIS.	ÉPOQUE de la feuillaison.	ÉPOQUE de la floraison.	ÉPOQUE de la fructification.	ÉPOQUE de l'effeuillaison.	HAUTEUR MOY. en centimètres.	PATRIE.
Piment annuel	4	6-9	8-11	0	60	Soudan.
id. fructescent	1-12	6-9	8-11	0	80	Inde Orientale.
Poireau	1-12	6 7	8	0	125	Europe.
Pois des jardins	2	3-4	5	0	80	Europe méridionale.
Pourpier	4	5	6	0	25	Europe.
Radis gros noir	1-12	7	8	0	40	Chine.
Souchet sultan	1-12	8	10	0	25	Egypte.
Tomate rouge	4	6-10	7-11	0	80	Mexique.
id. jaune	4	6-10	7-11	0	80	id.
id. dure	4	6-10	7-11	0	80	id.
Topinambour	4	8-9	0	12	200	Brésil.
VI. — Plantes textiles.						
Agave vivipare	1-12	4-8	1-10	0	600	Amérique.
Asclepiade de Curaçao	1-12	6-9	7-10	0	70	Antilles.
id. gigantesque	4-5	6-8	7-10	12	400	Egypte.
Bananier	1-12	6-10	9-12	0	800	Inde.
Cotonnier Jumel	3	5-9	9-11	12	225	Inde Orientale.
Gomphocarpe textile	1-12	6-8	7-10	0	200	Afrique.
Ketmie chanvre	4	6-8	10-11	12	250	Inde Orientale.
id. changeante	4	6-8	10-11	12	300	id. id.
Lin d'Egypte	11	2	3	3	80	Europe.
Ortie textile de Chine	4-5	9	10	12	150	Chine.
VII. — Plantes oléifères.						
Arachide	4	5-6	7-8	0	30	Amérique tropicale.
Colza ordinaire	1	3	4	0	40	Europe.
Laitue oléifère	3-4	6	7-8	0	50	Asie.
Laurier noble	1-12	7-9	11	0	900	Italie.
Pavot à œillette	4	7-8	9-10	0	50	France.
Radis oléifère	4	7	8	0	40	Chine.
Ricin commun	1-12	1-12	1-12	0	700	Inde Orientale.
id. sanguin	1-12	1-12	1-12	0	700	id. id.
Sésame	6	8	10	10	150	Inde.
Sénevé	4-5	5-6	6-7	0	100	Europe.
Tournesol	4	5	6	6	60	France.

Tableau n° 170 (*suite*).

VIII. — Plantes tinctoriales.

NOMS FRANÇAIS.	ÉPOQUE de la feuillaison.	ÉPOQUE de la floraison	ÉPOQUE de la fructification.	ÉPOQUE de l'effeuillaison.	HAUTEUR MOY en centimètres.	PATRIE.
Carthame	1	4	5	0	100	Inde Orientale.
Henné	1-12	6-9	8-11	0	300	Orient.
IX. — Plantes papyrifères.						
Sparte (halfa)	1-12	8-9	10-11	0	200	Chine.
X. — Plantes médicinales.						
Cumin	3	6-7	7-8	0	25	Egypte.
Casse fistuleuse	1-12	4-5	12	0	1000	Inde.
Coloquinte	5	7-9	11-12	0	40	Egypte.
Nigelle	3	7-8	8-9	0	30	Crète.
Haschich	3	6	7-8	0	80	Orient.
Ponnus épineuse	1-12	6-11	11-12	0	250	France.
Tabac	12-2	5	6	7	60	Amérique.
XI. — Arbres fruitiers.						
Abricotier	3-4	2-3	6	12	700	Asie mineure.
Amandier	3-4	2-3	5-6	11	600	Perse.
Amone squameuse	1-12	5-6	9-10	0	400	Amérique méridion[le].
Balanite d'Egypte	1-12	5-6	12	0	400	Soudan.
Bammier du paradis	1-12	5-10	8-12	0	700	Inde.
Caroubier	1-12	4-5	10-11	0	1000	Europe méridionale.
Citronnier commun	1-12	4-5	1-12	0	600	Asie.
id. à gros fruit	1-12	4-5	8-12	0	600	id.
Cedratier gros	1-12	4-5	12	0	500	id.
Coignassier	4-5	4-5	9-10	11	400	Crète.
Dattier mâle	1-12	3-4	0	0	2000	Egypte, Arabie.
Dattier femelle	1-12	3-4	8-12	0	2000	id. id.

TABLEAU N° 170 (*suite*).

NOMS FRANÇAIS.	ÉPOQUE de la feuillaison.	ÉPOQUE de la floraison.	ÉPOQUE de la fructification.	ÉPOQUE de l'effeuillaison.	HAUTEUR MOY. en centimètres.	PATRIE.
Doumier	1-12	3-4	7-10	0	1200	Haute-Egypte.
Figuier comestible	4-5	9-10	10-12	12	700	Europe méridionale.
id. sycomore	1-12	6-10	6-10	0	1500	Egypte.
id. d'Inde	1-12	4-5	7-8	0	400	Inde.
Goyavier porte-poire	1-12	4-5	8-9	0	600	Guyane.
Grenadier	4-5	5-6	8-10	12	250	Mauritanie.
Jujubier commun	1-12	5-6	11-12	0	1200	Arabie.
Limonier spongieux	1-12	4-5	8-12	0	500	Asie.
id. rugueux	1-12	4-5	8-12	0	500	id.
Mûrier blanc	3-4	4-5	6	12	1000	Chine.
Néflier du Japon	1-12	11-12	3-4	0	250	Japon.
Olivier	1-12	5-6	10-11	0	800	Europe méridionale.
Oranger doux	1-12	4-5	11	0	500	Asie.
id. sanguin	1-12	4-5	12	0	500	id.
id. mandarine	1-12	4-5	11	0	250	id.
id. amer	1-12	4-5	12	0	500	id.
Pêcher	3	2-3	7	12	600	Perse.
Poirier	4	6	8-9	11	700	Europe.
Pommier	4	6	8-9	11	500	id.
Prunier	4	6	9	11	500	id.
Tamarinier	1-12	1-12	11-12	0	1000	Inde.
Vigne	4	5-6	7-9	12	1000	Asie.
XII. — Arbres à bois d'ébénisterie et de construction.						
Cyprès pyramidal	1-12	0	0	0	1500	Asie.
Filao dresse	1-12	10	4	0	1500	Nouvelle Hollande.
Gommier du Nil	1-12	7-12	2-3	0	1400	Egypte.
Pin d'Alep	1-12	8-9	11	0	1500	Syrie.
Tamarix	1-12	5	0	0	1500	Egypte.

Dressé par M. DELCHEVALERIE, Directeur de l'école d'agriculture du Caire.

N° 171. — Culture et production du Coton

DANS CHAQUE PROVINCE EN 1871.

PROVINCES.	NOMBRE de FEDDANS cultivés en Coton.	RÉCOLTE (en quintaux).		PRIX SUR PLACE DE PRODUCTION (en Piastres Tarif).	
		MOYENNE par feddan.	TOTALE.	MOYEN pr quintal.	TOTAL.
Garbye	237.258	3	711.774	350	249.120.500
Charkye	125.000	3 1/2	437.500	500	218.750.000
Béhéra	64.731	1 3/4	119.070	344	40.978.320
Dahkalye	126.933	3	380.799	268	102.119.600
Menoufye	72.939	3	218.917	300	65.645.331
Galioubye	32.110	2 1/8	68.240	375	25.590.000
Benisouëf	26	3	78	300	23.400
Fayoum	20.000	1 1/2	30.000	100	3.000.000
Totaux et Moyennes (sans la province de Gizeh)	718.997	2 3/4 (1)	1.966.378	358	705.227.151
Prix moyen de l'Exportation d'Alexandrie en 1588, *pour une quantité égale*				400	786.551.200
Différence de prix représentant approximativement le bénéfice du commerce et les frais jusqu'à l'embarquement				42	81.324.049

(1) La moyenne du rendement annuel en coton, par feddan, a atteint 6 quintaux (domaine de Gizéh) et 5 quintaux 3/4 (domaines de Mit-Berry), sur les propriétés de la Daïra du Khédive, en 1871.

N° 172. — Récolte des produits d[illegible], par culture et par Province.

RÉCOLTE ANNUELLE.		CHARKYE.	DAHRALYE.	MENOUFYE.	GALIOUBYE.	GARBYE.	GHIZEH.	FAYOUM.	ASSYOUT.	MINYE.	KÉNÉ.	GHERGHE.	BENISOUEF.	ESNÉ.	Total (Sans la province de Ghizeh).
NATURE.	MESURE.														
Ail.	valeur en piast.	»	»	»	»	21000	»	»	»	»	»	»	»	»	21.000
id.	quintaux.	»	4000	»	»	»	6	1400	»	»	»	»	»	»	5.406
id.	ardebs.	»	»	»	»	»	»	»	»	»	»	600	»	»	6 000
Aubergines.	quintaux.	»	»	»	2150	»	»	300	»	»	»	»	»	»	2.450
Anis.	ardebs.	»	»	»	»	»	»	»	»	»	»	12	»	»	12
Blé.	id.	550968	258752	248821	230580	63734[illegible]	127463	146500	254682	117320	70843	267599	104812	18775	3.040.455
Blé et orge, culture mêlée.	id.	»	»	»	»	166[illegible]	4036	»	»	»	»	»	»	»	5.704
Bamiers.	Quintaux.	»	»	»	5535	»	»	300	»	»	»	»	»	»	5.835
Carottes.	charges de cham.	»	»	»	»	»	»	140	»	»	»	»	»	»	140
id.	valeur en piast.	»	»	»	2500	»	»	»	»	»	»	»	»	»	2.500
Carthame.	ardebs.	»	»	»	»	»	»	»	»	»	»	»	395	»	395
Corcora.	quintaux.	»	»	»	11357	»	»	»	»	»	»	»	»	»	11.357
Concombres.	id.	»	»	»	8822	»	»	195	»	»	»	»	»	»	9.017
Cumin.	ardebs.	»	»	»	»	»	»	»	»	»	»	5	»	»	5
Chanvre.	id.	»	»	»	»	»	»	»	»	»	»	»	»	1455	1 455
Courges.	quintaux.	»	»	»	4570	»	»	600	»	»	»	»	»	»	5.170
id.	ardebs.	»	»	»	»	»	»	600	»	»	»	»	»	»	600
Colocase.	quintaux.	»	»	4273	»	»	»	»	»	»	»	»	»	»	4.273
Cannes à sucre (1) (Sucre et mélasse produits)	id.	»	»	»	»	3408[illegible]	»	175000	500	1182915	163950	4587	»	148	1.530.508
id.	charg. de cham.	»	»	20393	31020	»	»	»	»	»	»	»	»	»	51.613
id.	valeur en piast.	[illegible]55000	1500000	»	»	»	255370	»	»	»	»	»	41545	»	2.551.915
Coton (égrainé).	quintaux.	437500	380799	218917	68.240	711774	120027	70000	»	»	»	»	78	85	2 007.420
Graines de Coton.	id.	»	»	»	»	»	»	40000	»	»	»	»	»	»	40.000
id.	ardebs.	»	»	»	»	»	11533	»	»	»	»	»	»	»	11.533
Fèves.	id.	174490	91191	114883	146690	32638[illegible]	68710	123000	272330	127856	71637	190989	115401	5677	1.849.259
Haricots.	id.	»	»	470	»	»	»	»	»	»	»	»	»	1775	2.245
Hebbe Soda.	id.	»	»	»	30	»	1/3	»	»	»	»	»	»	»	30 1/3
Helbe.	id.	56331	17220	3421	12262	837[illegible]	2441	70000	48101	72384	42	4574	27851	»	323.300
Henné.	quintaux.	»	»	»	590	»	»	»	»	»	»	»	»	»	590
Indigo.	id.	32	»	»	»	»	2	600	»	»	»	50	»	»	684
id.	ardebs.	13	»	»	»	»	»	»	66	»	»	»	»	»	79
Jalap.	id.	»	»	»	»	»	»	»	»	»	28166	2137	»	8708	39.011

(1) Culture et récolte augmentée depuis 1871, surtout dans les provinces de Esné, [illegible]out et Bénisouef.

TABLEAU [illegible] (suite).

RÉCOLTE ANNUELLE. NATURE.	MESURE.	CHARKYÉ.	DAKHALYÉ.	MENOUFYÉ.	GALIOUBYÉ.	GARBYÉ.	BÉHÉRA.	FAYOUM.	ASSYOUT.	MINYÉ.	KÉNÉ.	GHERGUÉ.	BENISOUEF.	ESNÉ.	Total (sans la province de [illegible])
Jardins	valeur en piast.	»	1200000	»	2926440	16260[illegible]	47340	»	»	»	»	»	»	»	5.799 786
Lupins	ardebs.	1284	»	5535	1103	[illegible]	2992	625	2567	8713	267	1591	»	1474	26.271
Lentilles	id.	6795	3184	4075	3135	[illegible]	1623	»	15970	»	33441	133885	4996	»	207.064
Lin	quintaux.	4610	1500	16027	3464	[illegible]	1102	8000	270	»	»	»	»	»	42.056
Lin (graine de)	ardebs.	2305	900	4379	2172		405	7000	121	»	»	»	»	»	23.384
Légumes divers	quintaux.	»	»	»	»	[illegible]	7717	6996	»	»	22037	»	»	»	36.750
id.	valeur en piast.	1745800	1000000	849600	»		»	»	2350000	51900	»	198900	»	»	6.785.700
Maïs de Syrie	ardebs.	»	»	»	»		»	»	238	60	»	»	»	22	840
» Seifi, ordinaire	ardebs.	185830	294729	517439	231574	[illegible]	162049	300000	39603	29012	50570	68449	34087	59178	2.392 570
» Nili	id.	236932	»	»	»		»	»	16365	»	»	»	»	»	253.297
Oignons	valeur en piast.	»	»	»	»		»	»	»	25000	»	»	»	»	25.000
id.	quintaux.	11150	100000	»	49700	[illegible]	3602	2000	»	»	»	»	»	»	176.084
id.	ardebs.	»	»	44460	»		90	»	440	»	»	2892	»	3	47.885
Orge	ardebs.	248346	377272	124671	75235	[illegible]	170751	8000	55500	98260	63415	98207	50103	23892	2.156.040
Pavots (graines)	id.	»	»	»	»		»	»	»	»	»	4 1/2	»	»	4 1/2
Id. (opium)	rotolis.	»	»	»	»		»	222	»	»	»	6	»	»	228
Pastèques-melons	quintaux.	»	»	»	»		»	5500	»	»	»	»	»	»	5.500
id.	ardebs.	»	»	»	»		»	»	»	»	»	»	»	5566	5.566
id.	valeur en piast.	53900	»	»	590500		»	»	»	»	»	»	»	»	644.400
Pois-chiches et petits pois	ardebs.	»	»	833	1310	[illegible]	3336	200	4120	966	8544	1060	1695	6397	31.395
Riz	id.	»	25656	»	310	[illegible]	»	»	»	»	»	»	»	»	66.316
Riz d'orge	id.	7208	»	»	»		15013	»	»	»	»	»	»	»	22.221
Radis	quintaux.	»	»	»	»		»	»	»	»	»	»	»	156	156
id.	charg. de cham.	»	»	»	»		»	400	»	»	»	»	»	»	400
Sésame	ardebs.	1093	200	74	475	[illegible]	570	75	»	»	»	»	»	»	3.093
Tabac	quintaux.	430	»	2330	295		»	»	5548	»	126	5752	2039	2901	19.421
id.	valeur en piast.	»	»	»	»		»	»	»	109500	»	»	»	»	109.500
Tombac	quintaux.	»	»	»	1828		»	»	»	»	»	»	»	»	1.828
Trèfle (3)	ardebs.	12500	12382	13904	10645	(4)	1471	45000	72981	»	325	2228	4096	»	175.732
Tournesol	id.	»	»	»	»		»	»	»	»	»	30	»	»	30

(2) Valeur vendue, ne représentant qu'une partie de la récolte.
(3) Récolte effectuée après la pâture des bestiaux.
(4) Produit consommé sur place par la pâture. 71.885 ardebs.

N° 173. — Culture et récolte des cannes à sucre

DANS CHAQUE PROVINCE EN 1871 (1).

PROVINCES.	NOMBRE de FEDDANS cultivés en cannes.	RÉCOLTE EN SUCRE ET MÉLASSE.		
		TOTALE.	MESURE.	MOYENNE par FEDDAN.
Gherghe	183 1/2	4.587	Quintaux.	25
Kéné	2.182	163.950	»	75.11 r.
Esné.........	18 1/2	148	»	8
Minyeh	26.287	1.182.915	»	45
Assyout.	25	500	»	20
Benisouëf.. ..	35	41.545	Piastres.	1 187
Fayoum......	5.000	175.000	Quintaux.	35
Menoufye ...	411	20.593	Charges de cham.	50
Dahkalye.....	500	1.500.000	Piastres.	3.000
Charkye	285	855.000	»	3.000
Galioubye ...	440	31.020	Charges de cham.	70.5
Garbye.......	284	3.408	Quintaux.	12
Béhéra.......	134	255.370	Piastres.	1.900

(1) La culture et la production ont considérablement augmenté depuis l'année 1871, notamment dans les provinces de Esné, Assyout et Benisouëf. — Manque la province de Gizeh.

N° 174. — Cultures de Cannes à Sucre de la Daïra du Khédive.

Au cours des années 1871-1872, les domaines de la Daïra du Khédive consacrés à la culture de la canne à sucre étaient les suivants, dans la Haute et la Moyenne-Egypte :

Propriétés	Erment et Motaneh,	Moudirieh de	Esné	5.018	feddans.
»	Massarat Samalout	»	Minié	4.000	»
»	Minié	»	Minié	5.000	»
»	Mellawi	»	Assyout	10.000	»
»	Maghagha	»	Minié	4.793	»
»	Aba	»	»	3.200	»
»	Bénimazar	»	Bénimazar	6.000	»
»	Mattaïe	»	Minié	4.000	»
»	Soliacrous	»	»	1.779	»
»	Echment	»	Minié	134	»
»	Abouksa	»	Fayoum	3 010	»
»	Bibeh	»	Bénisouef	2.397	»
»	El-Fachn	»	Minié	2.414	»
»	Tamïé	»	Fayoum	3.000	»
»	Gizeh et Gezireh	»	Gizeh	193	»
			Total...	54.938	feddans.

N° 175. — Nombre d'arbres et arbustes dans chaque Ville et Province d'Egypte.

DÉSIGNATION DES ARBRES.	Alexandrie.	Rosette.	Ismaïlia.	Béhéra.	Garbye.	Menoufye.	Caire.	Suez.	Fayoum.	Benisouef.	Minie Benimazar.	Assiout.	Oasis de Syout.	Ghergheh.	Keneh.	Esné.	Dakhalie.	Charkhie.	Galioubye.	Total (Sans la Province de Guizeh.)
Acacias nilotica	»	»	»	49005	14856	38825	100000	1	20	1051	371	2592	»	4540	100	3992	27633	14170	21329	280.468
Acacias Laybach	22016	»	1100	2769	1275	843	2000	602	2	204	124	110	»	145	»	41	1244	862	10545	46 410
Amandiers	»	»	»	16	»	»	10000	»		»	»	»	»	»	»	»	»	33	»	10.049
Abricotiers	14827	50	»	521	2281	517	50000	»	2000	500	»	150	57	»	»	»	2000	177	49460	140.540
Bananiers	40000	»	»	152	160	»	95000	»		»	»	»	»	»	»	»	1800	»	»	137.112
Cassiers	»	»	»	»	»	»	10000	»		»	»	»	»	»	»	»	»	»	»	10.000
Cédrats	»	»	»	»	2021	380	500	»		»	5	»	»	»	»	»	»	29	»	2.935
Citronniers	»	750	»	247	14775	8123	10000	123	1200	245	317	2246	20	3804	»	129	12000	3356	288300	356 435
Citronniers doux	»	»	»	»	5222	1876	5000	»		»	8	»	»	»	»	»	»	85	»	12.191
Citrus	»	»	»	35	2328	2237	1500	»		»	»	»	»	»	»	»	»	111	2257	8.468
Coignassiers	»	»	»	98	20	»	20000	»		»	»	»	»	»	»	»	»	»	3300	23.418
Carroubiers	»	»	»	3	»	»	50	»		»	»	»	»	»	»	»	»	3	»	56
Cyprès	500	»	»	»	3	»	2000	109		»	»	»	»	»	»	»	100	»	178	2.890
Figuiers	64474	»	»	1194	7041	2146	1000	78	5000	500	130	643	357	769	»	15	8000	16216	340627	493 190
Figuiers d'Inde	»	»	»	1	»	»	100000	22	4000	500	»	»	»	»	»	»	»	»	»	140.523
Grenadiers	5070	»	»	3669	3201	3270	100000	949	200	522	200	2860	»	2411	»	216	10000	9179	26975	170.532
Griottiers	»	»	»	»	»	»	10000	»		»	»	»	»	»	»	»	»	»	»	10.000
Henné	3091	»	»	»	»	»	500	»		»	»	»	»	»	»	94	»	125	»	3.810
Anone squameuse	»	»	»	»	»	»	5000	»		»	»	»	»	»	»	»	200	»	»	5.200
Jujubier sauvage	393	»	»	42	266	835	30000	»	200	11	28	1114	»	1076	475	»	375	1238	1124	58.990
Manguiers	»	»	»	»	»	»	200	»		»	»	»	»	»	»	»	»	»	»	200
Mûriers	»	1510	215	105587	29203	5164	6000	180	50	»	»	»	»	25	»	»	9516	9213	5167	172.280
Néfliers d'Inde	»	»	»	»	»	»	15000	»		»	»	»	»	»	»	»	»	»	»	15.000
Noyers	»	»	»	281	»	2496	»	»		»	»	»	»	»	»	»	»	163	»	2.930
Oliviers	4135	80	»	1366	1089	36	100000	28	2500	»	170	10	43	»	»	»	376	1217	7759	141 309
Osiers	»	120	»	3098	15	2133	50000	»		»	»	»	»	»	»	»	»	»	1241	56 607
Orangers	500	950	»	576	2618	3440	7000	»		1517	»	»	»	»	»	»	»	»	»	15 084
Orangers à fruits doux	»	195	»	161	12869	19358	20000	»		»	16	»	»	»	»	»	20000	8309	340825	423.250
Orangers à fruits sanguins	»	»	»	»	»	»	10000	»		»	»	»	»	»	»	»	2000	218	»	12 218
Orangers à mandarines	19368	»	»	9	»	»	20000	»		»	»	»	»	»	»	»	»	»	8115	47.392
Palmiers	51701	39582	200	44535	193606	14900	2500	739	40000	74840	114110	465061	277381	201774	228587	669353	94467	430186	105974	3.429.498
Pêchers	»	»	»	1572	110	7894	30000	»		»	»	»	»	»	»	»	»	11237	29160	79.973
Poiriers	»	»	»	5	»	»	30000	»	2000	100	»	»	»	»	»	»	»	»	»	32 105
Goyaviers	»	»	»	»	»	»	1000	»		»	»	»	»	»	»	»	»	»	»	1.000
Poivriers	»	»	»	»	»	»	10000	»		»	»	»	»	»	»	»	»	200	»	10.200
Poivriers rouges	»	»	»	25	»	»	»	»	2000	»	»	»	»	»	»	»	»	»	»	2 025
Poivriers du Yemen	»	»	»	»	»	»	50000	»		»	»	»	»	»	»	»	»	»	»	50.000
Peupliers	»	»	»	»	3352	»	50000	»	200	»	»	»	»	»	»	»	4969	12240	1161	73.770
Pommiers du pays	»	»	»	282	3754	67	3000	»	200	400	»	313	»	203	»	75	4000	1241	1500	16.835
Pruniers	2545	»	»	14	4537	»	50000	»	200	150	2	100	»	120	»	»	18000	»	»	77.468
Ricins	600	»	»	»	34	»	200000	4	210	»	»	»	»	»	»	»	»	5	5	202.748
Rosiers du pays	»	»	»	390	»	»	100000	»	(1)	»	»	»	»	»	»	»	5000	»	»	105.390
Rosiers d'Arabie	»	»	»	»	»	»	50000	»		»	»	»	»	»	»	»	»	»	»	50.000
Sycomores	2192	190	»	677	2203	1648	1500	»	200	21	16	185	»	»	62	161	3408	1036	360	15.719
Tamaris orientalis	12185	»	»	15222	1599	22094	100000	299	300	»	70	»	»	1293	19	890	19249	19640	38918	231.478
Vignes	55137	»	»	2071	32293	5846	50000	61	1000	1200	40	140	»	2448	»	41	40000	1518	20763	221.560

(1) Manque le nombre de pieds de rosiers. Des renseignements non officiels évaluent la quantité d'essence de roses fabriquée au Fayoum à 38.000 onces en 1869 et à 49.500 onces en 1870.

N° 176. — Culture constatée au Soudan.

LOCALITÉS.	FEDDANS cultivables. — NOMBRE.	FEDDANS CULTIVÉS — GENRE de culture.	FEDDANS CULTIVÉS — NOMBRE	RÉCOLTE ANNUELLE — MESURES	RÉCOLTE ANNUELLE — par feddan.	RÉCOLTE ANNUELLE — au TOTAL.	OBSERVATIONS.
MOUDYRIEHS de KHARTOUM, SENNAR-FAZOGLOU, BAHR-EL-ABIAD.							
Entre le Nil bleu et le Nil blanc	7 000.000						Non compris la forêt Om-Bim de 200 kil. car.
Iles du Nil bleu et du Nil blanc.	1 000.000						
Entre le fl. Rahad et le fl. Dandar	3.000.000						
Ouest de Atbara	3.000.000						
		Sésame........	—	ardebs.	3	—	5.000 ard. sont amenés à Khartoum p. y être pres.
		Séné.........	—	quintaux	»	1.000	
		Blé.........	—	ardebs.	2 à 6	—	
		Coton.........	—	quintaux	6 à 20	70.000	Nubie.
		Gommes......	—	»	»	10.000	de Akaba (nord de Cachoura)
		»	—	»	»	1.000	Amara (district de Cachoura)
		»	—	»	»	100.000	Karkong (sud du Sennar)
		»	—	»	»	30.000	Ghedaref
MOUDYRIEH DE DONGOLA BERBER.		Coton.........	[illegible]	»	1 ½	12.[illegible]	Quantité restant après égrainage; le terrain est arrosé [illegible]
		[illegible]	[illegible]	[illegible]		[illegible]	
		Fèves.........	1.[illegible]	»		3 807	
		Oignons	1.303	quintaux		26.073	
		Tabac.........	2.883	»		4.325	
		Orge..........	15.000	ardebs.	1 ½	22 500	
		Avoine	20.000	»		24.000	
		Lupins........	1 800	»		2.250	
		Haricots......	2.500	»		3.750	
		Graine de Maïs	54.754	»		273.770	
			150.318				
MOUDYRIEH DE KORDOFAN.		Graine de Maïs		ardebs.		400.000	
		Sésame.......		»		1.000	Fournis 7.260 quin. d'huile
		Fèves.........		»		500	
		Haricots......		»	3	200	
		Blé..........		»		300	
		Corne grec. hamieh		»		200	
		Tabac........		quintaux		300	
		Oignons......		ardebs.		160	
		Coton........		quintaux		500	
MOUDYRIEH DE TAKA.		Coton........	36.600				
MASSAOUAH ET SOUAKIN.							
Tokar	125 000	Coton........	25.000	quintaux	5 à 6	20.000	
		Maïs.........		ardebs.	6 à 10		
		Avoine.......		»	6 à 10		
Souakin............		Maïs.........	600				
Aghib		Avoine et Maïs	200				

N° 177. BUDGET ÉGYPTIEN

POUR L'ANNÉE COPTE 1590.

Recettes

RECETTES DES PROVINCES (Oasis comprises) :

	Bourses.	Piastres.	Bourses.	Piastres.
Impôt foncier et dîme foncière.	915.860	028		
Déduction pour bonification des anticipations.	139.768	168		
NET.	776.091	860		
Dîme des dattiers.	28.607	13		
Werko des professions (patentes)	31.116	416		
Droits des Mehkémés, droits de vente de terrains et de propriétés, droits de pesage, d'abattage, etc.	21.526	447		
Droits des huiles et propriétés	2.803	305		
Fermage de terrains du Gouvernement.	8.930	355		
Droits quarantenaires.	135	402		
	869.212	298	869.212	298
Recettes des Douanes			105 603	57
id. des chemins de fer (nettes)			150.000	»
id. nettes du Soudan.			20 000	»
id. des Salines			37.429	068
Intérêt des actions du Canal de Suez.			34.062	055
Recettes des papiers timbrés, du contrôle de l'orfèvrerie, etc			37.000	»
Recettes du Matarieh, des barques du Nil, du natron, des écluses, et autres			51.579	497

	Bourses.	Piastres.
Revenus des propriétés du Gouvernement et droits sur les ventes de propriétés dans les Gouvernorats	37.100	»
Recettes des Gouvernorats.	44.577	372
id. nettes des paquebots-poste Khédivié et du Remorquage.	5.562	386
Recettes nettes des phares.	167	226
TOTAL.	1.392.463	499

Dépenses.

Liste civile de S. A. le Khédive	60.000	»
Allocation annuelle de S. A. le Prince Héritier, Président du Conseil Privé, et des membres de la famille du Khédive.	28.145	260
Tribut de Constantinople.	131.667	249
Conseil Privé, Ministères de l'Intérieur et de la Justice.	4.367	321
Ministère de la Guerre et Ecoles Militaires .	140.000	»
id. des Finances et ses dépendances. .	30.342	101
id. de la Marine (y compris les vapeurs du Nil)	42.000	»
Ministère des Affaires Étrangères	1.662	081
Cour supérieure de justice (Meglys El-Ahkam), Tribunaux de 1re instance et d'appel, Tribunaux de Commerce	6.722	369
Moudyriehs (préfectures) des provinces de la Basse et Haute-Egypte	29.603	025

MINISTÈRE DES TRAVAUX PUBLICS :

	Bourses.	Piastres.		
Personnel et frais du Ministère.	8.803	040		
Payements.	155.592	376		
			164.395	416

	Bourses	Piastres.
Gouvernorats (y compris les embellissements des rues du Caire et d'Alexandrie), Intendance Sanitaire et Hôpitaux.	41.892	498
Préfectures de Police du Caire et d'Alexandrie	17.856	288
Instruction Publique.	9.603	246
Douanes.	5.660	490
Retraites et pensions ; allocation au pèlerinage et aux établissements religieux . . .	68.150	331
Intérêt des actions du Canal de Suez.	34.062	055
Réparation des ponts, entretien des digues du Nil.	38.596	480
Frais et personnel des Salines, de l'hôtel des Monnaies, du Matarieh, du Conseil de Contrôle et de la Commission des anticipations foncières (mokablah).	9.451	363
Fonds de réserve.	40.000	»

SERVICE ET AMORTISSEMENT DES EMPRUNTS :

(Les obligations Medjidieh étant complétement amorties, et le dernier payement pour l'amortissement intégral de l'Emprunt des Chemins de fer ayant déjà été porté au budget des dépenses de l'année 1589).

		Bourses.	Piastres.		
Emprunt 1862 —		51.700	»	358.550	123
id. 1864 —		120.957	165		
id. 1868 —		185.892	458		
				1.262.732	196

Résumé.

RECETTES..	1.392.463	499
DEPENSES..	1.262.732	196
EXCÉDANT DES RECETTES SUR LES DÉPENSES.	129.731	303

N° 178. — Cours des Changes d'Egypte

SUR LA FRANCE ET L'ANGLETERRE

(1872)

Les plus bas cours des changes ont été, en l'année 1872 :

Sur France (contre 20 piastres égyptiennes remises à Alexandrie, le pair à 5.19),
à 3 jours de vue, 5.31 le 24 Octobre :
à 3 mois de date, Banque sur Banque, 5.39 le 1 Janvier :
à 3 mois de date, Commerce, 5.41 le 14 Janvier :

Sur l'Angleterre (pour 1 livre sterling fournie à Londres, le pair à 97.20),
à 3 jours de vue, 95 $^{3}/_{4}$ le 24 Octobre :
à 3 mois de date, Banque sur Banque, 94 $^{1}/_{4}$ le 21 Octobre :
à 3 mois de date, Commerce. 94 le 21 Octobre ;

Les plus hauts cours des changes ont été :

Sur France,
à 3 jours de vue, 5.09 le 17 Octobre :
à 3 mois de date, Banque sur Banque, 5.23 $^{1}/_{2}$ le 4 Avril :
à 3 mois de date, Commerce, 5.21 le 7 Avril :

Sur l'Angleterre,
à 3 jours de vue, 98 $^{1}/_{16}$ le 8 Août ;
à 3 mois de date, Banque sur Banque, 97 $^{7}/_{8}$ le 22 Février;
à 3 mois de date, Commerce, 97 le 21 Juillet.

N° 179. — DETTE ÉGYPTIENNE.

DÉSIGNATION DES EMPRUNTS.	NOMBRE D'ANNUITÉS		MONTANT de l'annuité pour l'amortissement et les intérêts.	SERVICE DES INTÉRÊTS.
	PAYÉES jusque au 30 avril 1873.	A PAYER de juillet 1873 jusqu'à fin 1898.		
Emprunt 1862, 7 %	11	19	£ 264.382	1er Mars et 1er Septembre.
Obligations 1864, 7 %	9	6	£ 620.262	1er Avril et 1er Octobre.
Emprun du Chemin de fer, 1866, 7 %	5	1	£ 535.000	1er Janvier et 1er Juillet.
Emprunt 1868, 7 %	5	25	£ 953.297	15 Janvier et 15 Juillet.
Total des annuites : Reliquat de 1873 (déduction faite des 4 premiers mois)			£ 936.572	
année 1874			£ 2.354.846	
de 1875 à 1879			£ 1.837.941	
de 1880 à 1891			£ 1.217.604	
année 1892			£ 1.085.259	
de 1893 à 1898			£ 953.297	

N° 180. — Impôt foncier des terres de culture pour l'année copte 1588.

SITUATION par MOUDYRIEHS.	TERRES ACHOURYÉES (1).		TERRES KHARAGYÉES (2).		ENSEMBLE.	
	SURFACE en Feddans.	IMPOT ANNUEL en P^{es} Tarif.	SURFACE en Feddans.	IMPOT ANNUEL en P^{es} Tarif.	SURFACE en Feddans.	IMPOT ANNUEL en P^{es} Tarif.
Garbye	268.075 1/2	13.745.300	479.808	68.038.884	747.883 1/2	81.784.184
Menoufye	25.067	1.709.549	327.186 1/2	51.263.239	352.253 1/2	52 972.788
Dahkalye	125.783	6.498.856	303.853	38.846.669	429.636	45.345.525
Charkye	137.393 1/2	6.792.913	267.099 1/2	29 838.043	404.493	36.630.956
Galioubye	35.510	2.470.285	145.605	22.076.407	181.115	24.546.692
Béhéra	127.874	4.813.513	236.366	28.366.002	364 240	33.179.515
Gizeh et (l'Atfeh)	27.134	986.477	143.809	20.095.145	170.943	21.081.622
Benisouëf	56.717	1.589.550	172.065	18.993.608	228.782	20.533.158
Fayoum	116.253	2.228.701	89.803	9.346.136	206.056	11.574.837
Minyé et Benimazar	141.053	4.118 290	251.725	27.864.130	392.778	31 982 420
Assyout	25.425	921.895	395.677	49.362.437	421.102	50 284 332
Gherghe	24.359	713.208	305.817	37.626.134	330.176	38.339 342
Kéné	14.199	586.129	248.824	27.349.770	263.023	27 935.899
Esné	30.724	746.648	101.016	7.639.860	131.740	8.386.508
TOTAUX	1.155.567	42.921 314	3.468.651	436 656.464	4.621.221	484.577.778

(1) Divisées en 6 catégories qui paient une dîme *(achour)* annuelle de 10 à 60 Piastres par Feddan.
(2) Divisées en 6 catégories qui paient un impôt annuel de 40 à 150 Piastres par Feddan.

Nº 181. — Nombre et surface des constructions

EXISTANT DANS CHAQUE VILLE ET PROVINCE.

VILLES et PROVINCES.	NOMBRE de constructions servant à l'habitation humaine.	NOMBRE de constructions servant au commerce, à l'industrie, etc.	NOMBRE Total.	SURFACE TOTALE des CONSTRUCTIONS.	
Le Caire	54.576	27.709	82.285	8.094.000	m.q.
Alexandrie	23.240	13.091	36.331	3.217.520	»
Rosette	2.336	669	3.005	709.164	»
Damiette	3.780	2.319	6.099	812.126	»
Port-Saïd	2.995	»	»	260.400	»
Ismaïlia	444	»	»	290.600	»
Suez	632	62	694	»	»
Bassin de Mattarye	518	»	»	42	fedd.
Bassin du Mahmoudye	801	180	981	12	»
Moudyrieh de Béhéra	»	»	»	1.798	»
Charkye	50.291	10.000	60.291	3.983	»
Dahkalye	64.747	2.688	67.435	4.750	»
Menoufye	72 607	»	»	3.446	»
Galioubye	24.407	79	24.486	1.812	»
Minieh et Benimazar	19 723	20.742	»	2 439	»
Assyout	41 147	2.353	43.500	»	»
» Oasis	3.719	»	»	80	»
Gherghé	42.030	876	42.906	4.587	»
Kéné	21.376	»	»	3.005	»
Esné	26.760	505	27.265	1.970	»

N° 182. — Cas de médecine léga[le co]nstatés dans toute l'Égypte (1)

Pend[ant l']année 1871.

NATURE DES CAS.	CAS PEU GRAVES GUÉRIS.			CAS DANGEREUX MAIS GUÉRIS.			CAS SUIVIS DE MORT IMMÉDIATE.				CAS AYANT ENTRAINÉ LA MORT après traitement.			TOTAL.
	Sexe Masculin.		Sexe Féminin.	Sexe Masculin.		Sexe Féminin.	Sexe Masculin.		Sexe Féminin.		Sexe Masculin.		Sexe Féminin.	
	Indigènes.	Étrangers.	Indigènes.	Indigènes.	Étrangers.	Indigènes.	Indigènes.	Étrangers.	Indigènes.	Étrangers.	Indigènes.	Étrangers.	Indigènes.	
Cas accidentels ou réputés tels et cas restés douteux.														
Asphyxie par immersion	»	»	»	»	»	»	117	4	23	»	»	»	»	144
Asphyxie par absorption de gaz non respirables	»	»	»	»	»	»	»	1	»	»	»	»	»	1
Accidents de voiture	»	»	»	3	»	»	8	»	4	»	»	»	1	16
Chutes	1	»	»	2	3	»	7	»	4	»	2	3	»	22
Coups d'apoplexie et morts naturelles sur la voie publique	»	»	[illegible]	»	»	»	61	»	6	»	1	»	»	68
Accidents de machines	61	7	»	2	3	»	31	2	7	»	10	3	1	146
Ecroulements, éboulements	»	»	»	»	»	»	14	»	7	»	»	»	»	21
Morsures de scorpions	»	»	»	1	»	»	9	»	4	»	1	»	2	17
Empoisonnements	»	»	»	»	»	»	»	»	»	»	»	1	»	1
Brûlures	»	»	»	5	»	2	2	»	1	»	»	»	»	10
Divers et de culpabilité douteuse	525	105	[illegible]	3	»	1	18	»	»	»	»	»	»	657
Cas délictueux et criminels.														
Blessures d'armes à feu	»	»	[illegible]	11	»	1	13	1	»	1	14	2	2	46
» d'armes blanches	18	5	[illegible]	17	»	3	5	1	6	1	6	3	»	72
» contondantes, coups et blessures	234	3	»	119	»	20	30	»	8	»	9	»	»	469
Strangulations	»	»	»	»	»	»	2	2	3	»	»	»	»	7
Empoisonnements	»	»	»	1	»	»	»	»	»	»	»	1	»	2
Divers	»	»	»	51	»	»	7	4	1	»	4	»	»	67
Suicides	»	»	[illegible]	»	»	»	»	4	2	»	»	»	»	6
Total	839	120	73	217	6	30	324	19	76	2	47	13	6	1.772

A l'égard des étrangers, la plupart des cas de médecine légale le[s co]ncernant sont directement déférés à leurs autorités respectives, dans les grands centres notamment, et ne sont par conséquent pas notés dan[s ce] tableau.

(1) Moins la province de Garbye, et y compris Souakin et Massaouah.

N° 183. — Naissances et Décès des Colonies étrangères

ENREGISTRÉS AUX CONSULATS D'ALEXANDRIE ET DU CAIRE

Pendant l'année 1872.

NATIONALITÉS.	ALEXANDRIE.				CAIRE.			
	NAISSANCES		DÉCÈS.		NAISSANCES		DÉCÈS.	
	Sexe Masculin.	Sexe Féminin.	Sexe Masculin.	Sexe Féminin.	Sexe Masculin.	Sexe Féminin.	Sexe Masculin.	Sexe Féminin.
Italienne...........	99	81	73	18	42		54	
Française.........	40	36	49	33	40	30	41	25
Anglaise.........	15	18	110	85	4	2	5	2
Austro-Hongroise...	18	15	26	7	5		12	
Allemande.........	7	7	14	4	2	4	1	2
Russe............	»	2	4	1	1	1	2	»
Belge.............	2	1	»	»	»	»	»	»
Hollandaise........	1	»	1	»	»	»	»	»
Brésilienne.......	1	»	»	1	»	»	»	»

Nota. — Les Naissances et Décès qui ont échappé à l'enregistrement des Consulats ne sont pas compris dans ce Tableau. — Aucune naissance ni décès aux Consulats de Suède, de Portugal, de Danemark, au Caire et à Alexandrie en 1872. — Les Consulats de Grèce, d'Espagne et de Perse ne pratiquent pas cet enregistrement.

N° 184. — Opérations du Mont-de-Piété d'Alexandrie de 1867 à 1872.

ANNÉES.	ENTRÉE.		SORTIE.		TOTAL de l'Entrée et de la Sortie.
	ARTICLES.	TOTAL des Engagements.	ARTICLES.	TOTAL des Dégagements.	
1re Année. Du 1er Octobre 1867 au 30 Septembre 1868	Engagements effectifs 3,560 d° par renouvt 385	3.945	Dégagements effectifs 1,634 d° par renouvt 385 d° par vente.. »	2.019	5.964
2e Année. Du 1er Octobre 1868 au 30 Septembre 1869	Engagements effectifs 5,029 d° par renouvt 1,514	6.543	Dégagements effectifs 3,742 d° par renouvt 1,514 d° par vente.. 437	5.693	12.236
3e Année. Du 1er Octobre 1869 au 30 Septembre 1870	Engagements effectifs 6,026 d° par renouvt 1,986	8.012	Dégagements effectifs 4,844 d° par renouvt 1,986 d° par vente.. 455	7.285	15.297
4e Année. Du 1er Octobre 1870 au 30 Septembre 1871	Engagements effectifs 6,625 d° par renouvt 2,774	9.399	Dégagements effectifs 5,817 d° par renouvt 2,774 d° par vente.. 562	9.153	18.552
5e Année. Du 1er Octobre 1871 au 30 Septembre 1872	Engagements effectifs 6,685 d° par renouvt 2,838	9.523	Dégagements effectifs 5,802 d° par renouvt 2,838 d° par vente.. 696	9.336	18.859

TABLE DES MATIÈRES

II. — Population.

(1) Voir à la fin du volume.
(2) Voir à la fin du volume.

III. — Navigation.

IV. — Commerce.

V. — Travaux publics et Transports.

(1) Voir à la fin du volume.

VI. — Industrie.

VII. — Service Sanitaire.

VII. — Instruction Publique.

VIII. — Justice et Religion.

IX. — Agriculture.

X. — Finances.

XI. — Divers.

MARCHANDISES IMPORTÉES A ALEXAN

864	1865		1866		
VALEUR.	QUANTITÉ.	VALEUR.	QUANTITÉ.	VALEUR.	QUANTI
117.660	4.572	137.160	3.701	111.030	3.(
693.060	41	623 920	27	537.790	
818.495	6.396	690.768	5.311	573.588	4.4
4.080.243	210	2.448.415	130	1.758.372	1
437.082	497	373.247	549	396.560	1.5
6.437.748	22.473	7.153.638	25.393	7.664 216	28.5
20.402.530	»	21.369.136	»	20.444.855	»
5.425.518	241.977	5.565.471	261.069	6.004.587	272.6
8.875.000	242.933	29.159.080	73.468	8 081.480	35.8
397.430	3.659	285.808	2.950	219.310	2.9
3 708.820	31.617	4.633.060	31.029	4.423.190	34.6
12 859.326	2.678.002	22.390.048	2.019.343	17.349.505	2.040.6
288.573	613	296.220	513	364.510	5
749.115	6 145	934.465	5.839	866.767	5.1
249.200	29.882	239 056	30.561	244.488	28.5
3.605.832	6.610	5.045.775	7.233	5.607.680	6.6
2.672.124	10.112	2.665.660	6.444	2.120.958	7.4
1.533.420	12.412	620.600	13.293	664 650	12.0
1.856.400	1.913	1.626.050	2.812	[illegible]	[illegible]

Nº 105. — MARCHANDISES IMPORTÉES À ALEXANDRIE DE L'ANNÉE 1863 À L'ANNÉE 1872.

MARCHANDISES.		1863		1864		1865		1866		1867		1868		1869		1870		1871		1872		
		QUANTITÉ.	VALEUR.	QUANTITÉ.	VALEUR.	QUANTITÉ.	VALEUR.	QUANTITÉ.	VALEUR.	QUANTITÉ.	VALEUR.	QUANTITÉ.	VALEUR.	QUANTITÉ.	VALEUR.	QUANTITÉ.	VALEUR.	QUANTITÉ.	VALEUR.	QUANTITÉ.		VALEUR.
Argent vif	Ocques.	3.008	90.240	3.922	117.660	4.572	137.160	3.701	111.030	3.090	92.700	4.040	121.200	3.673	110.190	3.647	109.410	2.702	67.550	Ocques.	3.018	75.450
Ambre	Colis.	25	522.332	38	683.000	41	621.980	27	587.790	24	618.740	23	472.500	27	383.280	23	200.000	28	335.300	Colis.	33	351.000
Acier	Quintaux.	4.739	507.114	6.498	818.49[illegible]	6.396	690.708	5.311	574.588	1.437	209.250	1.411	103.980	2.011	289.800	3.409	523.250	2.746	405.800	Quintaux.	2.013	437.940
Armes	Colis.	48	480.101	240	4.080.243	210	2.418.415	130	1.758.372	130	1.188.000	141	805.310	123	750.750	137	617.300	100	604.530	Colis.	203	641.110
Alquifoux	»	450	311.709	582	437.082	497	374.215	519	395.500	1.507	674.010	2.981	931.925	1.748	787.092	1.510	679.500	2.181	1.111.770	»	2.358	1.221.810
Bonnets	Douzaines.	18.210	4.080.023	10.870	6.437.748	22.473	7.153.620	25.033	7.064.210	28.353	10.110.070	30.820	9.160.100	29.180	8.073.310	26.381	8.623.800	57.515	11.803.210	Douzaines.	50.002	12.502.500
Bois de construction	—	»	17.880.721	»	20.402.340	»	21.509.130	»	20.441.855	»	22.018.652	»	26.801.188	»	27.130.702	»	25.714.150	»	37.150.471	—	»	30.706.422
Bois à brûler	Quintaux.	252.708	3.672.255	230.009	5.425.518	211.977	5.565.471	281.029	6.081.287	272.058	6.271.088	287.131	6.491.082	276.451	6.178.821	265.428	6.204.844	265.880	5.581.009	Quintaux.	251.101	5.398.011
Blé	Ardebs.	»	»	101.400	8.815.0[illegible]	212.193	20.120.080	73.468	8.081.480	35.878	3.946.030	»	»	12.300	1.057.800	31.340	3.603.800	15.100	1.816.000	Ardebs.	14.272	1.458.160
Céruse	Colis.	2.082	290.503	3.827	367.430	3.050	285.808	2.050	210.910	2.392	258.080	2.330	197.180	2.917	276.000	3.295	314.370	2.963	303.500	Colis.	2.952	281.712
Cordages	Quintaux.	15.748	2.883.740	21.400	3.708.820	31.017	4.632.060	31.029	4.424.150	31.659	3.775.720	40.210	4.768.050	35.015	3.372.108	30.748	3.141.370	34.250	3.510.102	Quintaux.	31.011	3.676.028
Charbons divers	»	1.312.103	12.702.225	1.438.814	12.859.820	2.078.094	22.330.016	2.019.318	17.310.562	2.010.992	11.861.008	1.051.215	10.752.409	3.880.817	25.903.442	4.306.077	28.012.228	4.417.315	29.800.831	»	4.275.129	28.972.173
Couterie	Colis.	720	106.000	756	288.570	613	294.220	513	301.510	500	471.500	675	780.450	602	734.400	772	1.028.095	708	975.270	Colis.	712	853.180
Clous assortis	»	3.271	622.231	5.033	749.115	6.143	931.405	5.830	806.767	5.151	510.150	6.080	940.705	6.302	832.170	6.224	707.120	6.086	819.970	»	6.611	885.910
Café d'Europe	Ocques.	30.504	213.528	35.000	219.200	29.882	233.050	30.563	241.788	28.705	171.550	29.077	174.402	31.582	157.910	30.792	153.900	28.642	198.210	Ocques.	31.080	324.506
Chandelles diverses	Colis.	2.290	2.912.873	4.340	3.605.832	6.610	5.015.775	7.233	5.665.080	6.813	5.223.051	6.834	5.487.800	6.710	5.167.850	6.130	4.768.810	5.785	4.928.880	Colis.	7.250	5.356.804
Cristaux et Verreries	»	8.651	1.703.151	10.992	2.072.121	10.112	2.075.000	6.444	2.120.958	7.185	2.392.723	10.098	3.115.625	11.737	2.717.708	10.788	2.312.745	9.213	2.292.162	»	8.518	2.803.201
Cochenille	Ocques.	16.672	750.240	31.070	1.332.490	12.412	420.500	13.228	601.032	12.075	330.750	15.020	675.300	14.170	637.455	16.453	740.385	18.117	815.265	Ocques.	18.810	846.720
Corail	»	1.105	1.070.250	2.184	1.856.400	1.913	1.020.050	2.812	2.320.250	2.173	1.817.050	1.510	1.283.500	1.224	1.040.400	1.451	1.217.400	870	739.500	»	411	349.350
Cuivre	»	859.725	10.810.070	1.027.123	12.014.380	1.071.728	11.402.730	745.290	8.017.010	820.596	7.041.274	885.750	9.382.732	1.029.453	9.748.873	878.165	8.451.302	909.091	8.710.101	»	1.050.080	10.396.805
Drogues diverses	Colis.	10.025	5.247.340	10.903	6.091.101	12.154	7.211.763	13.294	6.916.822	15.430	9.412.290	15.745	9.187.338	11.449	8.503.158	15.211	8.643.975	15.128	8.018.500	Colis.	15.518	9.064.440
Draps	»	329	8.265.022	481	9.138.550	121	8.161.530	511	9.351.913	437	7.768.000	368	4.150.800	428	4.061.550	342	3.356.500	362	3.280.300	»	377	3.309.821
Eau de rose	Ocques.	27.405	219.240	30.871	318.198	31.290	271.090	42.078	339.624	40.133	245.765	61.687	308.185	38.712	281.701	61.801	275.854	35.700	160.650	Ocques.	40.314	221.912
Étain	Quintaux.	1.098	547.081	1.342	689.788	1.403	581.081	1.117	536.790	1.221	430.500	1.457	521.520	1.320	475.200	1.413	508.680	1.382	658.764	Quintaux.	1.405	748.410
Épices	»	895	80.370	708	61.270	840	75.000	1.088	97.980	1.015	90.150	1.150	103.500	1.278	103.518	1.184	95.904	1.327	119.430	»	1.403	131.670
Fer blanc	Colis.	6.450	774.000	7.824	938.880	8.902	919.820	7.570	831.160	7.160	698.695	8.888	791.840	8.840	618.800	7.088	550.160	6.743	472.000	Colis.	6.185	439.135
Fer assorti	Quintaux.	125.708	5.023.990	133.207	5.328.280	262.312	10.102.480	237.990	9.516.000	225.190	10.132.155	235.415	9.217.025	182.374	8.206.830	194.800	8.768.700	214.108	9.206.014	Quintaux.	274.851	11.166.149
Fèves	Ardebs.	»	»	1.800	151.200	1.170	115.810	963	105.920	»	»	»	»	»	»	»	»	»	»	Ardebs.	»	»
Fil d'or	Métikaux.	181.197	905.985	100.010	595.050	173.099	863.750	149.860	749.290	151.558	605.511	176.408	791.103	146.332	585.408	158.220	632.904	161.729	616.156	Métikaux.	171.011	687.776
Fruits secs	Colis.	101.324	7.819.782	121.075	9.861.950	159.777	10.309.280	160.744	12.720.997	183.029	13.292.865	194.020	14.885.417	158.946	12.499.808	170.004	11.143.500	197.528	17.409.275	Colis.	211.545	18.284.751
Fayences diverses	»	1.428	3.845.607	1.710	4.883.308	2.217	5.502.774	2.357	6.759.280	2.021	5.836.671	2.203	5.552.119	2.329	5.732.641	2.327	5.046.808	2.200	5.981.580	»	2.400	6.572.778
Farines	»	1.169	665.000	42.508	6.386.250	42.802	6.591.092	35.024	5.626.180	21.442	3.489.720	12.138	2.057.700	12.508	2.251.440	16.022	2.738.180	24.565	2.755.070	»	21.892	3.919.900
Girofle	Ocques.	1.920	9.165	2.131	12.170	2.375	14.825	3.183	15.645	2.500	17.500	1.900	11.040	2.210	8.840	2.846	11.384	2.361	9.444	Ocques.	2.145	8.580
Goudron et Poix	Colis.	6.767	279.700	5.885	255.381	5.128	221.850	6.861	288.150	6.983	327.810	9.778	480.372	9.230	470.650	9.146	451.715	10.589	611.815	Colis.	9.101	419.450
Huiles diverses	Ocques.	611.820	6.855.530	1.163.831	21.871.177	3.010.845	25.921.851	3.702.007	27.820.921	1.753.104	29.894.974	4.536.088	29.298.058	4.221.434	25.109.345	4.215.926	23.466.381	4.251.446	24.487.240	Ocques.	1.570.025	25.001.049
Indigo	»	48.708	2.191.605	57.238	2.575.200	44.041	2.200.550	43.277	2.163.850	26.500	1.325.000	21.282	1.054.100	20.684	1.034.300	20.013	1.000.650	16.143	807.150	»	16.619	830.950
Laine	Quintaux.	580	117.250	674	232.750	873	226.980	890	161.200	508	96.810	721	129.780	950	190.600	1.125	225.000	1.352	297.440	Quintaux.	1.304	356.000
Laiton et Fil de fer	Colis.	750	702.480	910	1.029.183	855	1.088.760	850	1.016.800	780	1.211.742	518	705.910	770	772.638	662	856.210	800	910.175	Colis.	883	842.083
Marbres et Pierres	»	»	6.898.035	»	9.301.182	»	11.903.230	»	12.509.392	»	13.271.000	»	12.011.010	»	11.787.800	»	12.860.485	»	17.635.250	»	»	17.978.500
Meubles	»	»	3.731.410	5.527	5.627.118	7.374	6.332.451	9.105	3.243.878	6.677	3.071.710	7.440	4.947.002	7.462	4.840.727	6.216	3.818.179	5.701	4.023.948	»	6.437	4.615.849
Mohlep et Mastic	»	297	873.091	410	988.104	325	511.700	491	895.709	560	731.792	682	818.400	767	951.000	717	925.215	829	1.053.580	»	740	905.452
Manufactures	»	24.293	163.995.437	26.780	179.738.360	27.378	138.053.320	26.823	136.196.841	24.133	180.630.818	27.131	175.050.002	27.423	173.990.025	26.310	145.381.840	28.504	165.747.300	»	30.417	178.825.731
Machines en fer	»	22.059	11.407.470	22.208	18.066.179	17.432	17.148.600	14.879	13.679.512	8.517	10.761.799	6.620	15.083.189	4.114	10.910.015	5.313	7.296.221	12.398	18.037.074	»	15.236	24.217.221
Merceries diverses	»	21.750	21.412.708	23.387	26.886.010	30.721	30.001.714	31.472	31.082.000	30.371	31.100.983	38.710	33.750.167	39.447	31.489.180	41.301	30.014.287	55.202	42.106.417	»	59.415	44.789.104
Orge	Ardebs.	»	»	30.310	1.815.500	49.020	2.454.430	21.999	1.024.955	»	»	»	»	»	»	»	»	»	»	Ardebs.	»	»
Papiers	Colis.	5.275	4.981.478	5.784	6.503.088	6.200	6.991.300	9.081	8.190.050	9.072	8.323.973	9.221	6.018.031	8.500	5.525.280	8.082	5.761.520	8.355	6.165.485	Colis.	9.215	5.416.020
Poivre	Quintaux.	2.037	306.300	3.879	108.320	4.005	882.900	4.057	780.200	4.087	760.000	6.300	108.500	7.103	1.289.340	8.387	1.507.860	9.702	2.425.500	Quintaux.	10.432	2.588.000
P[illegible]	Ocques.	»	»	»	»	»	»	»	»	»	»	1.012.500	2.408.125	941.500	2.353.750	1.375.087	3.442.202	2.075.505	4.154.010	Ocques.	4.255.508	8.511.186
Plomb et Grenailles	Quintaux.	9.053	814.770	10.516	951.300	11.167	1.005.000	11.500	1.035.000	12.475	1.122.750	14.050	1.261.700	15.898	1.430.820	13.851	1.246.590	14.010	1.268.000	Quintaux.	13.320	1.199.610
[illegible]ies de terre	»	34.585	934.795	42.020	1.515.530	43.205	901.100	56.938	1.232.840	46.241	1.218.588	52.088	1.405.241	33.616	1.118.442	60.110	1.883.990	79.148	2.136.996	»	85.734	2.315.358
Provisions salées et Légumes	Colis.	21.085	8.467.398	26.451	10.787.600	47.073	16.917.655	49.071	18.201.405	48.916	19.256.051	48.700	17.153.520	45.422	14.089.003	43.516	14.315.722	53.001	18.054.008	Colis.	52.814	17.082.100
Quincailleries	»	4.208	8.551.095	3.769	8.790.261	4.031	9.223.045	4.298	8.203.114	4.040	10.222.029	4.068	9.033.028	4.088	7.308.093	5.116	8.705.737	6.209	9.915.950	»	5.787	8.310.385
Soieries	»	320	8.501.243	494	9.550.013	388	10.339.938	620	11.092.321	722	11.501.800	668	10.287.130	666	8.881.305	732	7.821.935	990	9.310.081	»	912	8.209.280
Soie grège	Ocques.	53.323	7.672.410	67.881	9.811.500	70.000	11.703.000	94.427	13.071.210	112.296	16.868.800	109.380	15.030.250	88.730	13.309.500	101.779	15.266.850	85.214	12.782.105	Ocques.	77.707	11.656.050
Savons	Quintaux.	15.010	2.186.024	13.938	2.014.302	16.175	2.320.200	18.979	2.792.112	21.205	3.000.926	21.850	3.330.700	22.141	3.188.304	23.491	3.382.704	26.180	3.770.784	Quintaux.	26.460	3.810.240
Souliers et Cuirs	Colis.	1.091	5.402.531	1.015	7.186.713	1.852	7.744.719	1.996	8.947.371	2.150	10.032.225	2.315	9.706.044	2.511	9.536.083	2.511	8.851.005	2.280	7.008.208	Colis.	2.257	7.519.855
Sucre	Quintaux.	6.041	550.490	11.755	1.092.482	17.004	2.447.470	19.808	2.852.762	20.237	2.914.128	21.427	3.085.488	26.373	3.800.712	23.175	3.360.400	23.201	3.341.376	Quintaux.	23.212	3.342.328
Soufre	»	2.072	99.240	2.052	82.810	1.791	80.720	2.346	105.570	1.082	48.690	312	14.040	1.071	38.091	701	25.235	616	22.176	»	1.184	42.624
Salsepareille	»	209	212.100	290	281.200	255	183.600	342	246.240	222	159.840	210	151.200	235	169.200	215	151.800	228	164.160	»	249	179.280
Safran	Rotolis.	10.335	521.750	1.482	74.100	1.000	151.350	930	139.500	702	38.160	516	25.800	625	15.250	851	127.650	1.060	150.900	Rotolis.	915	137.250
Tabacs et Cigares	Colis.	39.811	10.128.222	27.344	13.194.317	28.301	12.528.320	27.205	12.018.775	23.600	11.761.885	24.048	11.389.075	21.242	10.740.721	21.989	9.898.673	23.986	10.880.941	Colis.	21.431	10.677.687
Tissus de laine	»	610	3.020.910	697	6.167.010	777	6.316.500	846	7.900.900	697	7.778.200	913	7.088.372	990	7.305.910	1.050	820.450	1.165	6.054.428	»	1.204	6.567.607
Vermillon	»	160	480.000	269	614.209	»	»	»	»	»	»	»	»	»	»	»	»	»	»	»	»	»
Vins et Liqueurs	»	20.831	14.570.838	40.381	18.116.167	76.711	26.189.476	84.907	26.771.027	94.811	27.786.864	91.284	26.037.550	101.194	22.305.933	100.800	22.200.800	91.790	22.419.580	»	93.038	22.048.030
TOTAUX EN PIASTRES ÉGYPTIENNES.			369.671.501		362.103.831		510.323.011		397.081.720		389.029.512		351.621.242		517.287.545		485.173.326		560.910.000			390.291.189

[illegible] PENDANT L'ANNÉE DE L'HÉGIRE 1288

Villes et provinces	Moharrem Sexe masculin	Moharrem Sexe féminin	Moharrem Total	Safar Sexe masculin	Safar Sexe féminin	Safar Total	Rabi-el-Awal Sexe masculin	Rabi-el-Awal Sexe féminin	Rabi-el-Awal Total	Rabi-el-Akher Sexe masculin	Rabi-el-Akher Sexe féminin	Rabi-el-Akher Total	Gamad-el-Awal Sexe masculin	Gamad-el-Awal Sexe féminin	Gamad-el-Awal Total	Gamad-el-Akher Sexe masculin	Gamad-el-Akher Sexe féminin	Gamad-el-Akher Total	Regeb Sexe masculin	Regeb Sexe féminin	Regeb Total	Chaaban Sexe masculin	Chaaban Sexe féminin	Chaaban Total	Ramadan Sexe masculin	Ramadan Sexe féminin	Ramadan Total	Chawal Sexe masculin	Chawal Sexe féminin	Chawal Total	Zilkadé Sexe masculin	Zilkadé Sexe féminin	Zilkadé Total	Zilhiggé Sexe masculin	Zilhiggé Sexe féminin	Zilhiggé Total	Total du sexe masculin	Total du sexe féminin	Total général
…	587	583	1.169	570	583	[illegible]	[illegible]	564	1.204	730	610	1.340	694	684	1.378	632	688	1.301	587	596	1.182	637	609	1.246	[illegible]	692	1.341	680	680	1.360	642	604	1.246	626	588	1.214	7 629	7.400	15.029
…andrie	323	321	644	323	301	[illegible]	287	285	572	327	329	656	393	340	733	380	362	742	339	319	658	360	338	698	[illegible]	351	776	439	375	814	372	360	732	450	366	816	44.22	4.045	8.467
…	29	24	53	45	37	[illegible]	27	20	47	26	29	55	24	29	53	26	28	54	26	28	54	26	23	49	[illegible]	24	49	7	26	33	26	17	43	34	34	68	323	317	640
…tte	86	87	173	61	56	[illegible]	67	58	125	65	65	130	61	58	119	79	86	165	69	76	145	58	53	111	[illegible]	58	125	61	71	132	70	70	140	88	73	161	831	821	1.652
…saïd	11	7	18	3	4	[illegible]	7	8	15	10	10	20	9	»	17	5	10	15	12	10	22	8	14	22	9	5	14	11	9	20	10	8	18	11	14	25	106	107	213
…ia	7	5	12	3	10	[illegible]	10	11	21	3	3	6	4	4	8	5	5	10	2	5	7	6	8	14	4	6	10	13	5	18	6	3	9	2	7	9	56	72	[illegible]
…	18	18	36	11	20	[illegible]	21	24	45	15	13	28	19	18	37	19	23	42	19	22	41	17	11	28	16	15	31	15	19	34	22	19	41	19	17	36	211	219	430
…ch	3	1	4	2	2	[illegible]	9	7	16	3	4	7	9	»	9	6	5	11	1	2	3	5	3	8	1	»	1	7	5	12	4	4	8	6	3	9	59	33	92
…ge	12	10	22	13	2	[illegible]	5	1	6	»	2	5	4	5	9	4	3	7	6	6	12	5	3	8	3	3	6	10	9	19	6	6	12	7	6	13	78	56	134
…ounah	»	»	»	»	»	[illegible]	»	»	»	»	»	»	»	»	»	»	»	»	»	»	»	»	»	»	»	»	»	»	»	»	»	»	»	»	»	»	»	»	»
…in	»	»	»	5	8	[illegible]	8	3	8	3	3	6	3	2	5	3	3	6	5	2	4	4	4	8	5	5	10	5	5	10	5	3	8	5	3	8	46	36	82
Basse-Egypte.																																							
… Chef-lieu	35	34	69	23	31	[illegible]	22	29	51	28	22	50	22	20	58	36	21	57	22	30	52	29	35	64	34	28	62	43	34	77	30	34	64	38	37	75	4.074	3.649	7.723
Districts	423	370	793	293	251	[illegible]	431	369	800	281	259	540	281	263	544	244	220	464	225	225	445	197	182	379	222	189	411	401	276	577	402	410	812	352	318	670			
… Chef-lieu	20	24	44	17	15	[illegible]	20	18	38	20	20	40	21	22	43	17	19	36	13	15	28	9	15	24	30	19	49	11	15	26	13	9	22	20	14	34	4.068	3.529	7.597
Districts	310	296	606	343	310	[illegible]	346	262	667	303	264	567	282	234	516	238	207	445	280	240	520	212	173	385	351	289	640	370	324	694	373	333	706	449	408	857			
… Chef-lieu	54	47	101	54	59	[illegible]	54	63	117	63	47	110	38	46	84	60	65	125	45	45	90	42	44	86	47	44	91	55	52	107	45	50	95	51	52	103	14.024	13.116	27.140
Districts	1.175	1.049	2.224	1.244	1.181	[illegible]	1.129	1.032	2.161	1.038	916	1.974	965	808	1.773	919	845	1.764	917	894	1.811	820	831	1.651	1.026	1.017	2.043	1.359	1.386	2.745	1.484	1.240	2.804	1.340	1.202	2.542			
…tyé Chef-lieu	60	48	108	41	40	81	38	42	80	35	44	79	52	44	96	35	49	84	44	46	90	46	42	88	47	48	95	57	37	94	59	49	108	57	31	88	9.564	9.102	18.666
Districts	831	767	1.598	819	760	1.579	780	738	1.477	699	613	1.312	595	587	1.182	645	614	1.259	672	639	1.311	605	567	1.102	697	739	1.436	912	813	1.725	941	911	1.852	844	844	1.688			
…byé Chef-lieu	21	17	38	15	9	[illegible]	27	15	42	14	10	24	12	10	22	15	16	31	8	11	19	20	13	33	20	9	29	15	16	31	10	11	21	18	13	31	4.368	4.066	8.434
Districts	483	422	905	449	496	[illegible]	314	337	651	317	294	611	371	356	727	292	336	628	255	219	474	222	222	444	251	235	486	367	363	730	388	356	744	437	395	832			
…fyé Chef-lieu	20	31	51	17	33	[illegible]	21	27	48	22	36	58	35	23	58	29	27	55	23	22	45	14	27	41	29	35	64	40	36	76	42	26	68	23	29	52	10.453	9.711	20.164
Districts	965	939	1.904	868	832	[illegible]	783	728	1.511	823	698	1.521	784	778	1.562	645	615	1.260	588	541	1.129	517	457	974	787	688	1.475	1.207	1.043	2.250	1.113	1.048	2.161	959	995	1.954			
…yé Chef-lieu	30	28	58	20	19	[illegible]	16	10	26	39	33	72	19	11	30	14	16	30	26	23	49	13	19	32	19	19	38	23	21	44	23	17	40	23	12	35	6.283	5.410	11.693
Districts	606	570	1.176	607	533	1.140	564	471	1.035	425	392	817	449	374	823	432	339	771	387	312	699	320	286	606	431	381	812	543	552	1.095	614	495	1.109	630	477	1.097			
Moyenne-Egypte.																																							
…ef Chef-lieu	19	19	38	24	6	[illegible]	12	24	37	17	11	28	12	18	30	10	19	29	14	16	30	13	15	28	25	13	38	23	18	41	14	12	26	14	18	32	2.008	1.624	3.632
Districts	179	127	306	147	112	[illegible]	126	113	239	122	98	220	151	132	283	131	107	238	72	63	135	155	102	257	97	81	178	203	163	366	179	146	325	248	193	441			
… Chef-lieu	41	39	80	39	41	[illegible]	25	29	54	32	37	69	37	33	70	30	33	63	34	46	80	36	41	77	49	49	98	61	58	119	46	44	90	58	41	99	2.716	2.469	5.185
Districts	201	170	371	144	118	[illegible]	167	172	339	103	97	199	122	128	250	108	103	361	187	136	323	109	153	262	258	208	466	213	157	370	253	289	542	213	188	401			
… Chef-lieu	24	23	47	26	20	[illegible]	19	21	40	25	31	56	24	17	41	33	43	76	31	29	60	29	17	46	35	20	55	41	37	78	46	29	75	31	45	77	2.338	1.713	4.051
Districts	166	121	287	104	103	[illegible]	186	104	290	141	92	233	124	99	223	106	71	177	96	73	169	180	119	299	173	128	301	178	131	309	236	179	415	224	154	378			
Haute-Egypte.																																							
… Chef-lieu	55	47	102	41	28	[illegible]	57	46	103	49	51	100	51	34	85	40	47	87	39	42	81	40	43	83	46	66	112	40	54	94	45	53	98	39	45	84	5.849	4.740	10.589
Districts	375	297	672	301	291	[illegible]	457	352	809	408	309	717	414	358	772	349	296	645	495	390	885	439	356	795	449	331	780	487	334	821	490	396	886	553	474	1.027			
…é Chef-lieu	7	15	22	23	20	[illegible]	7	15	22	8	9	17	24	14	38	11	9	20	18	17	35	13	7	20	18	14	32	3	12	15	18	20	38	21	15	36	6.855	6.001	12.856
Districts	547	430	977	590	494	[illegible]	675	490	1.065	485	472	957	528	490	1.018	455	427	882	588	540	1.128	949	488	1.037	484	496	979	587	487	1.084	672	568	1.240	605	513	1.118			
Kosseir.. Chef-lieu	20	25	45	32	21	[illegible]	18	17	35	25	36	61	26	22	48	22	17	39	29	20	49	37	42	79	24	19	43	30	27	57	26	26	52	24	18	42	3.878	3.235	7.113
Districts	234	226	460	329	258	[illegible]	263	199	462	317	280	597	264	213	477	156	118	274	397	355	752	307	239	546	269	234	503	270	269	539	397	304	701	322	260	582			
… Chef-lieu	14	13	27	18	22	[illegible]	18	16	34	15	26	51	20	20	40	27	18	45	21	15	36	20	17	37	19	16	35	27	32	59	23	21	44	22	22	44	3.167	2.875	6.042
Districts	237	218	445	272	216	[illegible]	230	196	426	201	208	409	205	177	382	172	194	366	253	231	484	264	249	513	291	242	533	292	217	509	240	242	482	256	250	506			
Totaux	8.228	7.457	15.685	8.005	7.286	[illegible]	[illegible]	6.900	14.671	7.300	6.441	13.741	7.158	6.491	13.649	6.620	6.144	12.764	6.847	6.294	13.141	6.437	5.875	12.312	7.431	6.756	14.187	8.906	8.088	17.084	9.410	8.460	17.870	9.109	8.176	17.285	93.412	84.348	177.760

N° 16. — DÉCÈS DE CHAQUE VILLE ET PROVINCE DE L'ÉGYPTE, PAR SEXE ET PAR AGE, PENDANT L'ANNÉE DE L'HÈGIRE 1288.

NOMS DES VILLES ET PROVINCES.		Moharrem.	Safar.	Rabi-Awel.	Rabi-Akher.	Gamad-Awel.	Gamad-Akher.	Ragab.	Chaaban.	Ramadan.	Chawal.	Zilcadé.	Zilhegge.	TOTAL des Hommes	TOTAL des Garçons	TOTAL des Femmes	TOTAL des Filles	ENSEMBLE.	TOTAL Général
Caire		[illegible]	[illegible]	[illegible]	[illegible]	[illegible]	[illegible]	[illegible]	[illegible]	[illegible]	[illegible]	[illegible]	[illegible]	[illegible]	[illegible]	[illegible]	[illegible]	[illegible]	[illegible]
Alexandrie		[illegible]	[illegible]	[illegible]	[illegible]	[illegible]	[illegible]	[illegible]	[illegible]	[illegible]	[illegible]	[illegible]	[illegible]	[illegible]	[illegible]	[illegible]	[illegible]	[illegible]	[illegible]
Rosette		[illegible]	[illegible]	[illegible]	[illegible]	[illegible]	[illegible]	[illegible]	[illegible]	[illegible]	[illegible]	[illegible]	[illegible]	[illegible]	[illegible]	[illegible]	[illegible]	[illegible]	[illegible]
Damiette		[illegible]	[illegible]	[illegible]	[illegible]	[illegible]	[illegible]	[illegible]	[illegible]	[illegible]	[illegible]	[illegible]	[illegible]	[illegible]	[illegible]	[illegible]	[illegible]	[illegible]	[illegible]
Port-Saïd		[illegible]	[illegible]	[illegible]	[illegible]	[illegible]	[illegible]	[illegible]	[illegible]	[illegible]	[illegible]	[illegible]	[illegible]	[illegible]	[illegible]	[illegible]	[illegible]	[illegible]	[illegible]
Ismaïlia		[illegible]	[illegible]	[illegible]	[illegible]	[illegible]	[illegible]	[illegible]	[illegible]	[illegible]	[illegible]	[illegible]	[illegible]	[illegible]	[illegible]	[illegible]	[illegible]	[illegible]	[illegible]
Suez		[illegible]	[illegible]	[illegible]	[illegible]	[illegible]	[illegible]	[illegible]	[illegible]	[illegible]	[illegible]	[illegible]	[illegible]	[illegible]	[illegible]	[illegible]	[illegible]	[illegible]	[illegible]
El-Arich		[illegible]	[illegible]	[illegible]	[illegible]	[illegible]	[illegible]	[illegible]	[illegible]	[illegible]	[illegible]	[illegible]	[illegible]	[illegible]	[illegible]	[illegible]	[illegible]	[illegible]	[illegible]
Le Barrage		[illegible]	[illegible]	[illegible]	[illegible]	[illegible]	[illegible]	[illegible]	[illegible]	[illegible]	[illegible]	[illegible]	[illegible]	[illegible]	[illegible]	[illegible]	[illegible]	[illegible]	[illegible]
[illegible]		[illegible]	[illegible]	[illegible]	[illegible]	[illegible]	[illegible]	[illegible]	[illegible]	[illegible]	[illegible]	[illegible]	[illegible]	[illegible]	[illegible]	[illegible]	[illegible]	[illegible]	[illegible]
[illegible]		[illegible]	[illegible]	[illegible]	[illegible]	[illegible]	[illegible]	[illegible]	[illegible]	[illegible]	[illegible]	[illegible]	[illegible]	[illegible]	[illegible]	[illegible]	[illegible]	[illegible]	[illegible]
Basse-Égypte.																			
Béhéra	Chefs-lieux	[illegible]	[illegible]	[illegible]	[illegible]	[illegible]	[illegible]	[illegible]	[illegible]	[illegible]	[illegible]	[illegible]	[illegible]	[illegible]	[illegible]	[illegible]	[illegible]	[illegible]	[illegible]
—	Districts	[illegible]	[illegible]	[illegible]	[illegible]	[illegible]	[illegible]	[illegible]	[illegible]	[illegible]	[illegible]	[illegible]	[illegible]	[illegible]	[illegible]	[illegible]	[illegible]	[illegible]	[illegible]
Ghizé	Chefs-lieux	[illegible]	[illegible]	[illegible]	[illegible]	[illegible]	[illegible]	[illegible]	[illegible]	[illegible]	[illegible]	[illegible]	[illegible]	[illegible]	[illegible]	[illegible]	[illegible]	[illegible]	[illegible]
—	Districts	[illegible]	[illegible]	[illegible]	[illegible]	[illegible]	[illegible]	[illegible]	[illegible]	[illegible]	[illegible]	[illegible]	[illegible]	[illegible]	[illegible]	[illegible]	[illegible]	[illegible]	[illegible]
Garbyé	Chefs-lieux	[illegible]	[illegible]	[illegible]	[illegible]	[illegible]	[illegible]	[illegible]	[illegible]	[illegible]	[illegible]	[illegible]	[illegible]	[illegible]	[illegible]	[illegible]	[illegible]	[illegible]	[illegible]
—	Districts	[illegible]	[illegible]	[illegible]	[illegible]	[illegible]	[illegible]	[illegible]	[illegible]	[illegible]	[illegible]	[illegible]	[illegible]	[illegible]	[illegible]	[illegible]	[illegible]	[illegible]	[illegible]
Dakhalyé	Chefs-lieux	[illegible]	[illegible]	[illegible]	[illegible]	[illegible]	[illegible]	[illegible]	[illegible]	[illegible]	[illegible]	[illegible]	[illegible]	[illegible]	[illegible]	[illegible]	[illegible]	[illegible]	[illegible]
—	Districts	[illegible]	[illegible]	[illegible]	[illegible]	[illegible]	[illegible]	[illegible]	[illegible]	[illegible]	[illegible]	[illegible]	[illegible]	[illegible]	[illegible]	[illegible]	[illegible]	[illegible]	[illegible]
Galioubyé	Chefs-lieux	[illegible]	[illegible]	[illegible]	[illegible]	[illegible]	[illegible]	[illegible]	[illegible]	[illegible]	[illegible]	[illegible]	[illegible]	[illegible]	[illegible]	[illegible]	[illegible]	[illegible]	[illegible]
—	Districts	[illegible]	[illegible]	[illegible]	[illegible]	[illegible]	[illegible]	[illegible]	[illegible]	[illegible]	[illegible]	[illegible]	[illegible]	[illegible]	[illegible]	[illegible]	[illegible]	[illegible]	[illegible]
Menoufyé	Chefs-lieux	[illegible]	[illegible]	[illegible]	[illegible]	[illegible]	[illegible]	[illegible]	[illegible]	[illegible]	[illegible]	[illegible]	[illegible]	[illegible]	[illegible]	[illegible]	[illegible]	[illegible]	[illegible]
—	Districts	[illegible]	[illegible]	[illegible]	[illegible]	[illegible]	[illegible]	[illegible]	[illegible]	[illegible]	[illegible]	[illegible]	[illegible]	[illegible]	[illegible]	[illegible]	[illegible]	[illegible]	[illegible]
Charkyé	Chefs-lieux	[illegible]	[illegible]	[illegible]	[illegible]	[illegible]	[illegible]	[illegible]	[illegible]	[illegible]	[illegible]	[illegible]	[illegible]	[illegible]	[illegible]	[illegible]	[illegible]	[illegible]	[illegible]
—	Districts	[illegible]	[illegible]	[illegible]	[illegible]	[illegible]	[illegible]	[illegible]	[illegible]	[illegible]	[illegible]	[illegible]	[illegible]	[illegible]	[illegible]	[illegible]	[illegible]	[illegible]	[illegible]
Moyenne-Égypte.																			
Béni-Souef	Chefs-lieux	[illegible]	[illegible]	[illegible]	[illegible]	[illegible]	[illegible]	[illegible]	[illegible]	[illegible]	[illegible]	[illegible]	[illegible]	[illegible]	[illegible]	[illegible]	[illegible]	[illegible]	[illegible]
—	Districts	[illegible]	[illegible]	[illegible]	[illegible]	[illegible]	[illegible]	[illegible]	[illegible]	[illegible]	[illegible]	[illegible]	[illegible]	[illegible]	[illegible]	[illegible]	[illegible]	[illegible]	[illegible]
Fayoum	Chefs-lieux	[illegible]	[illegible]	[illegible]	[illegible]	[illegible]	[illegible]	[illegible]	[illegible]	[illegible]	[illegible]	[illegible]	[illegible]	[illegible]	[illegible]	[illegible]	[illegible]	[illegible]	[illegible]
—	Districts	[illegible]	[illegible]	[illegible]	[illegible]	[illegible]	[illegible]	[illegible]	[illegible]	[illegible]	[illegible]	[illegible]	[illegible]	[illegible]	[illegible]	[illegible]	[illegible]	[illegible]	[illegible]
[illegible]	Chefs-lieux	[illegible]	[illegible]	[illegible]	[illegible]	[illegible]	[illegible]	[illegible]	[illegible]	[illegible]	[illegible]	[illegible]	[illegible]	[illegible]	[illegible]	[illegible]	[illegible]	[illegible]	[illegible]
—	Districts	[illegible]	[illegible]	[illegible]	[illegible]	[illegible]	[illegible]	[illegible]	[illegible]	[illegible]	[illegible]	[illegible]	[illegible]	[illegible]	[illegible]	[illegible]	[illegible]	[illegible]	[illegible]
Haute-Égypte.																			
Assiout	Chefs-lieux	[illegible]	[illegible]	[illegible]	[illegible]	[illegible]	[illegible]	[illegible]	[illegible]	[illegible]	[illegible]	[illegible]	[illegible]	[illegible]	[illegible]	[illegible]	[illegible]	[illegible]	[illegible]
—	Districts	[illegible]	[illegible]	[illegible]	[illegible]	[illegible]	[illegible]	[illegible]	[illegible]	[illegible]	[illegible]	[illegible]	[illegible]	[illegible]	[illegible]	[illegible]	[illegible]	[illegible]	[illegible]
Ghirgueh	Chefs-lieux	[illegible]	[illegible]	[illegible]	[illegible]	[illegible]	[illegible]	[illegible]	[illegible]	[illegible]	[illegible]	[illegible]	[illegible]	[illegible]	[illegible]	[illegible]	[illegible]	[illegible]	[illegible]
—	Districts	[illegible]	[illegible]	[illegible]	[illegible]	[illegible]	[illegible]	[illegible]	[illegible]	[illegible]	[illegible]	[illegible]	[illegible]	[illegible]	[illegible]	[illegible]	[illegible]	[illegible]	[illegible]
Keneh et Kosseir	Chefs-lieux	[illegible]	[illegible]	[illegible]	[illegible]	[illegible]	[illegible]	[illegible]	[illegible]	[illegible]	[illegible]	[illegible]	[illegible]	[illegible]	[illegible]	[illegible]	[illegible]	[illegible]	[illegible]
—	Districts	[illegible]	[illegible]	[illegible]	[illegible]	[illegible]	[illegible]	[illegible]	[illegible]	[illegible]	[illegible]	[illegible]	[illegible]	[illegible]	[illegible]	[illegible]	[illegible]	[illegible]	[illegible]
Esneh	Chefs-lieux	[illegible]	[illegible]	[illegible]	[illegible]	[illegible]	[illegible]	[illegible]	[illegible]	[illegible]	[illegible]	[illegible]	[illegible]	[illegible]	[illegible]	[illegible]	[illegible]	[illegible]	[illegible]
—	Districts	[illegible]	[illegible]	[illegible]	[illegible]	[illegible]	[illegible]	[illegible]	[illegible]	[illegible]	[illegible]	[illegible]	[illegible]	[illegible]	[illegible]	[illegible]	[illegible]	[illegible]	[illegible]
TOTAUX		[illegible]	[illegible]	[illegible]	[illegible]	[illegible]	[illegible]	[illegible]	[illegible]	[illegible]	[illegible]	[illegible]	[illegible]	[illegible]	[illegible]	[illegible]	[illegible]	[illegible]	[illegible]
Par sexe		[illegible]	[illegible]	[illegible]	[illegible]	[illegible]	[illegible]	[illegible]	[illegible]	[illegible]	[illegible]	[illegible]	[illegible]	[illegible]	[illegible]	[illegible]	[illegible]	[illegible]	[illegible]

Each month is subdivided into Hommes, Garçons, Femmes, Filles, Total.

Nota. — Les garçons et filles [illegible] dans ce tableau sont les enfants au-dessous de l'âge de 10 ans.

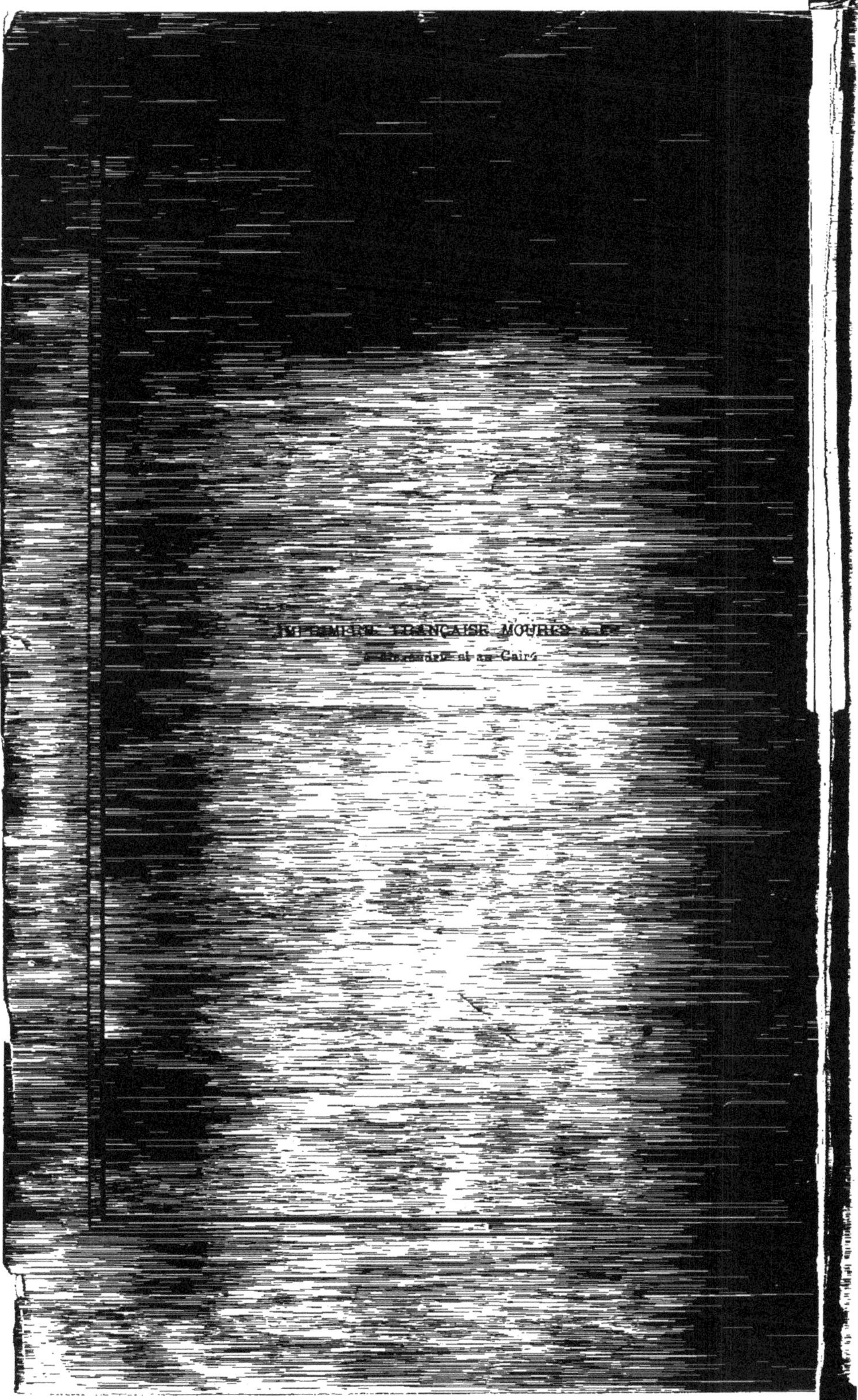

IMPRIMERIE FRANÇAISE MOURÈS & Cie
à Alexandrie et au Caire

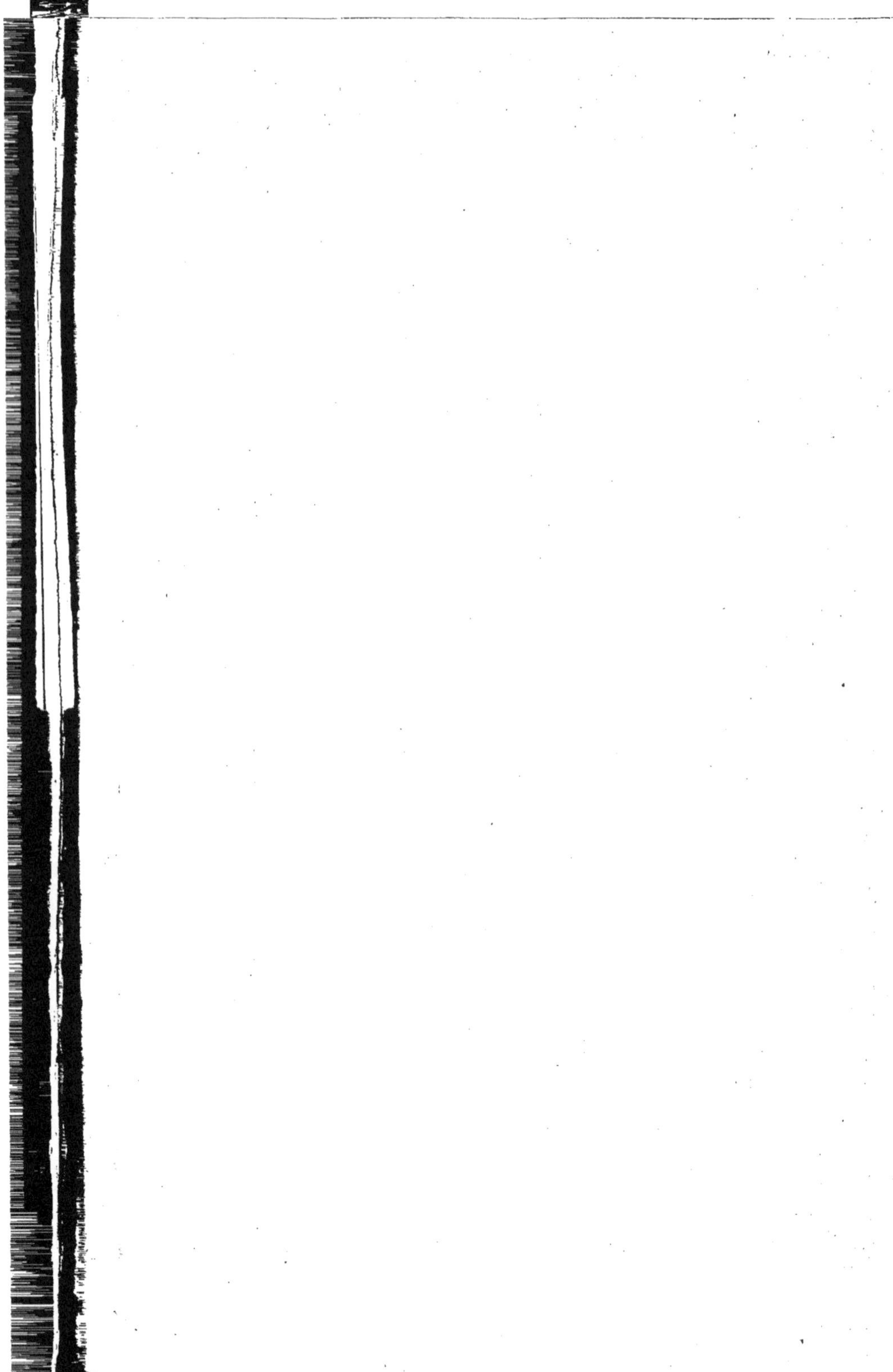

www.ingramcontent.com/pod-product-compliance
Ingram Content Group UK Ltd.
Pitfield, Milton Keynes, MK11 3LW, UK
UKHW021103220726
13924UKWH00005B/2212

9 782019 945725